民國文存

37

中國六大文豪

謝無量 編

知識產權出版社

本書收錄了屈原、司馬相如、揚雄、李白、杜甫、韓愈中國古代六位大文學家的作品，結合其生平、創作及思想，充分展示其文字成就，並摘引歷代文論對諸文學家的評論，編者亦提出了自己的品評。可以說，此書是一部小型的文學選集。

　　本書適合對古典文學感興趣者及相關研究者閱讀。

責任編輯：羅　慧　　　**責任校對：韓秀天**　　　**動態排版：賀　天**

特約編輯：陳棣芳　　　**責任出版：盧運霞**

圖書在版編目（CIP）數據

中國六大文豪/謝無量編.－北京：知識產權出版社，2012.9

（民國文存）

ISBN 978-7-5130-1531-8

Ⅰ.①中…　Ⅱ.①謝…　Ⅲ.①作家－列傳－中國－古代　Ⅳ.①K825.6

中國版本圖書館 CIP 數據核字（2012）第 216998 號

中國六大文豪

Zhongguo Liuda Wenhao

謝無量　編

出版發行：知識產權出版社			
社　　址：北京市海澱區馬甸南村 1 號		郵　　編：100088	
網　　址：http://www.ipph.cn		郵　　箱：bjb@cnipr.com	
發行電話：010-82000860 轉 8101/8102		傳　　真：010-82005070/82000893	
責編電話：010-82000860 轉 8345		責編郵箱：luohui@cnipr.com	
印　　刷：北京中獻拓方科技發展有限公司		經　　銷：新華書店及相關銷售網站	
開　　本：720 mm×960mm　　1/16		印　　張：26.5	
版　　次：2013 年 7 月第一版		印　　次：2013 年 7 月第一次印刷	
字　　數：318 千字		定　　價：75.00 元	

ISBN 978-7-5130-1531-8/K · 142(4367)

民國文存

（第一輯）

編輯委員會

出版前言

民國時期，社會動亂不息，內憂外患交加，但中國的學術界卻大放異彩，文人學者輩出，名著佳作迭現。在炮火連天的歲月，深受中國傳統文化浸潤的知識份子，承當著西方文化的衝擊，內心洋溢著對古今中外文化的熱愛，他們窮其一生，潛心研究，著書立說。歲月的流逝、現實的苦樂、深刻的思考、智慧的光芒均流淌於他們的字裡行間，也呈現於那些細緻翔實的圖表中。在書籍紛呈的今天，再次翻開他們的作品，我們仍能清晰地體悟到當年那些知識分子發自內心的真誠，蘊藏著對國家的憂慮，對知識的熱愛，對真理的追求，對人生幸福的嚮往。這些著作，可謂是中華歷史文化長河中的珍寶。

民國圖書，有不少在新中國成立前就經過了多次再版，備受時人稱道。許多觀點在近一百年後的今天，仍可說是真知灼見。眾作者在經、史、子、集諸方面的建樹成為中國學術研究的重要里程碑。蔡元培、章太炎、陳柱、呂思勉、謝無量、錢基博等人的學術研究今天仍為學者們津津樂道；魯迅、周作人、沈從文、丁玲、梁遇春、李健吾等人的文學創作以及傅抱石、豐子愷、徐悲鴻、陳從周等人的藝術創想，無一不是首屈一指的大家名作。然而這些凝結著汗水與心血的作品，有

1

的已經罹於戰火，有的僅存數本，成為圖書館裡備受愛護的珍本，或成為古玩市場裡待價而沽的商品，讀者很少有隨手翻閱的機會。

鑑此，為整理保存中華民族文化瑰寶，本社從民國書海裡，精心挑出了一批集學術性與可讀性於一體的作品予以整理出版，以饗讀者。這些書，包括政治、經濟、法律、教育、文學、史學、哲學、藝術、科普、傳記十類，綜之為民國文存。每一類，首選大家名作，尤其是對一些自新中國成立以后沒有再版的名家著作投入了大量的精力，進行了整理。在版式方面有所權衡，基本採用化豎為橫、保持繁體的形式，標點符號則用現行的規範予以替換，一者考慮了民國繁體文字可以呈現當時的語言文字風貌，二者顧及到今人從左至右的閱讀習慣，以方便讀者翻閱，使這些書能真正走入大眾。然而，由於所選書籍品種較多，涉及的學科頗為廣泛，限於編者的力量，不免有所脫誤遺漏及不妥當之處，望讀者予以指正。

目　錄

緒言

說者曰："吾國文學，甚難知也。"古今文章至富，作者至衆。一人著述，則有專集，掇其菁英，則有總集。紀文人行事，則有文苑等傳。評論文章流別，及其利病，則有文史諸書。吳兢《西齋書目》始列文史之名。凡《文心雕龍》《詩品》之屬，均入焉。後世史家於詩話、文評別於總集，後出一文史類。《中興書目》曰，文史者，所以譏評文人之得失是也學者始患文章浩博，不能徧覩，每諷覽總集，以趣約易。總集采拾篇章，局於部類。工者或以繁詞被擯，拙者或以備體見收。名家之製，反病裁割太甚。故欲深觀一家作者用心，仍不得不求之專集。專集多經後人編定，時不免於蕪雜。欲辨其高下，又不能不求討論得失之書，如詩話、文評等類。至於文人行略，諸史文苑傳中，往往缺略不具。又必旁及年譜、傳志，以至稗官雜說所載佚事，而後可以盡見文章之源流，重以風尚代殊，好惡錯出，選擇之事，抑揚不同。評論之家，是非鋒起❶。博洽者尚無以核其是，弇陋者尤不足觀其通，信夫吾國文學之難也。雖然，文學匪難，得要爲難。學者致力文學，豈惟是辨析古今流變，記作者姓名而已哉？固將深稽其體勢，揆其所志，使己之所爲，得追而與之。並夫愛博則情不專，泛濫者心得必寡。一國之大，千歲之遠，文人雖接踵布武，然卓然爲一代宗匠，可以轢古啟今者，率亦不過數人。此數人者，實曠世之

---

❶ "鋒起"今爲"蜂起"。——編者註

1

英，非尋常所遇者也。學者尚友古之作者，而先求此足以代表一國文學之數人，取其文章，朝歌而夕吟，心摩而手追，既涵濡自得之。然後退觀古今餘作，譬之浮大海者之視潢汙，陟喬岳者之俯丘垤也。故曰文學匪難，得要為難。嘗試論之。文章之原，出於五經，^{顏之推說}然經術所包廣大，不當徒以文論，下此則有諸子傳記，如《左傳》《國策》。孟軻、莊周，皆文士所亟稱，而《文選》不錄。且序其意，曰："姬公之籍，孔父之書，與日月俱懸，鬼神爭奧。孝敬之准式，人倫之師表，豈可重以芟夷，加之剪截？老莊之作，管孟之流，蓋以立意為宗，不以能文為本。今之所撰，又以略諸。若賢人之美辭、忠臣之抗直、謀夫之話、辨士之端，冰釋泉涌，金相玉振。所謂坐狙邱，議稷下，仲連之卻秦軍，食其之下齊國，留侯之發八難，曲逆之吐六奇，蓋乃事美一時，語流千載，概見墳籍，旁出子史。若斯之流，又亦繁博，雖傳之簡牘，而事異篇章。今之所集，亦所不取。至於記事之史，繫年之書，所以褒貶是非，紀別異同，方之篇翰，亦已不同。"然則昭明所選，悉不取五經、諸子、史傳，後人間有議其非者。要之昭明實深知美文之義例，是以其說如此也。五經雖曰文章之原，而美文實出詩教。《詩》三百篇，固多聖賢發憤所作，其人不僅以文自見，因其志之足尚，則其詞可傳。至於詞與志並勝，奇文蔚起，恢詭迅激，有過於詩者，斯惟騷人之文，當以屈原為宗。屈原《離騷》，上兼前代之風雅，下開後來之文賦，哀豔悱惻，寄愛國之思，其體製古所未有，且盛為後人取材。故吾國文豪，必首推屈原。詩教之體，至是始大矣。漢司馬相如、揚雄，廣造諸賦，富於荀、宋，而靡於屈原，且多偶對之辭，為六朝駢儷之淵源，亦美文之極則也。五七言詩，興於漢世。建安風骨益茂，齊梁兼尚聲律。至於唐之李杜，而後盡有前古諸體，集詩人之大成。唐時儷文之體極敝，韓愈復倡古文，善指事類情，尤重於氣質，後世實用文學之祖也。於是美文漸廢，古文起而代之，要本諸韓愈氏。然則綜論古今文人，其足以代表一國之文學者，不外屈原、司馬相如、揚雄、李白、杜甫、韓愈六家，乃敍六人，為《中國六大文豪》，冀為學者研精之助焉。

何以僅取此六人也？夫五經諸子之書，既如前說，不可與文學並論。司馬遷、班固，又皆良史之材，事異於篇翰者也。自餘詞賦作者，並沐相如、子雲之遺澤，不能更樹為宗。六朝之際，美文斯極，觀當時所造，若是班乎？吾國文學極盛，首推周季，次惟六朝。周之諸子，創論著議，莫不奇偉。六朝文士，非對不發。一以理勝，一以詞勝。作者並世相望，難於甲乙也。蓋一時之盛，流風扇於眾材，曠世之英，高步絕於前後。二者固當分別，今惟希心傑士，政宜棄彼取此，且理勝之文，本非所慕。閎詞麗句，則導源於揚馬，齊、梁諸英，莫外乎是矣。枚叔蘇李，肇興五言；建安曹劉，波瀾益茂。以至太康嗣響，元嘉變格。永明之間，漸研聲病，於是五言七字，體有古今，大備於唐初，集成於李杜。後來詩人雖眾，無出李杜之禮者。故於詩人，惟著二家。宋世已稱七家古文，明人始並列八家。然韓可以兼柳，歐、蘇、曾、王，皆承韓公之緒焉。是以舉此六豪，兼攝眾家。若夫繼是博覽，則亦存乎其人云爾。

司馬相如、揚雄，並為自序，載己之行事，及其文章。司馬遷、班固因以入史。劉子玄譏其繁博，乖於史例，不知文士之傳，直當如此耳。章實齋曰：馬班二史，於相如、揚雄諸家之著賦，俱詳載於列傳。自劉知幾以還，從而抵排非笑者，蓋不勝其紛紛矣，要皆不為知言也。蓋為後世文苑之權輿，而文苑必致文采之實蹟。以視范史而下，標文苑而止敍文人行略者為遠勝也，然而漢廷之賦，實非苟作，長篇錄入於全傳，足見其人之極思。殆與賈疏董策，為用不同，而同主於以文傳人也。又詞賦之作，旁羅名物，義旨閎贍，非假訓釋，莫達其趣。《漢書》《文選》，在古輒須師授，幾為專門之學。誦平子之文，必資薛綜之解；傳左思之賦，不廢張劉之篇。而謝靈運《山居賦》，且自作註，恐後人義事有不審也，沈約《宋書》載之是矣。近來總集，多不列註。雖講業者旁考不難，而自修者獨習寡悟。茲於上稱六家，先論其文章與時勢關系，及其作文歲月先後，並證以行事所歷。文之精粹，頗加采掇，悉下詮註，並著後之評論，以見指歸，冀有助學者知人論世之功。且於六家名著，既得崖略，兼可明其義訓也。

夫文章與時高下，其變遷之跡，必有所因。茲編雖以六家為主，仍各考其淵源所自，次及並世之人，次及感勢所被，兼明各家相連屬之道。學者既能深觀六家之神理，即又可由是以辨古今文學之源流也。

第一编 屈原

第一章　屈原傳略

《史記》曰：屈原者名平，楚之同姓也，為楚懷王左徒。博聞彊志，明於治亂，嫺於辭令。入則與王圖議國事，以出號令；出則接遇賓客，應對諸侯。王甚任之。上官大夫與之同列爭寵，而心害其能。懷王使屈原造為憲令，屈平屬草稿未定。上官大夫見而欲奪之，屈平不與，因讒之曰：「王使屈平為令，眾莫不知。每一令出，平伐其功，曰：『以為非我莫能為也。』」王怒而疏屈平。屈平疾王聽之不聰也，讒諂之蔽明也，邪曲之害公也，方正之不容也，故憂愁幽思，而作《離騷》。《離騷》者，猶離憂也。夫天者，人之始也；父母者，人之本也。人窮則反本，故勞苦倦極，未嘗不呼天也；疾痛慘怛，未嘗不呼父母也。屈平正道直行，竭忠盡智，以事其君，讒人間之，可謂窮矣。信而見疑，忠而被謗，能無怨乎？屈平之作《離騷》，蓋自怨生也。《國風》好色而不淫，《小雅》怨誹而不亂。若《離騷》者，可謂兼之矣。上稱帝嚳，下道齊桓，中述湯武，以刺世事。明道德之廣崇，治亂之條貫，靡不畢見。其文約，其辭微，其志潔，其行廉，其稱文小而其指極大，舉類邇而見義遠。其志潔，故其稱物芳；其行廉，故死而不容自疏。濯淖汙泥之中，蟬蛻於濁穢，以浮游塵埃之外，不獲世之滋垢，皭然泥而不滓者也。推此志也，雖與日月爭光可也。按：此是史遷本淮南王安之詞　屈平既絀，其後

7

秦欲伐齊，齊與楚從親，惠王患之，乃令張儀詳❶去秦，厚幣委質事楚，曰：“秦甚憎齊，齊與楚從親。楚誠能絕齊，秦願獻商於之地六百里。”楚懷王貪而信張儀，遂絕齊，使使如秦受地。張儀詐之曰：“儀與王約六里，不聞六百里。”楚使怒去，歸告懷王。懷王怒，大興師伐秦。秦發兵擊之，大破楚師於丹淅，斬首八萬，虜楚將屈匄，遂取楚之漢中地。懷王乃悉發國中兵以深入擊秦，戰於藍田。魏聞之，襲楚至鄧。楚兵懼，自秦歸。而齊竟怒，不救楚，楚大困。明年，秦割漢中地與楚以和。楚王曰：“不願得地，願得張儀而甘心焉。”張儀聞，乃曰：“以一儀而當漢中地，臣請往如楚。”如楚，又因厚幣用事者臣靳尚，而設詭辯於懷王之寵姬鄭袖。懷王竟聽鄭袖，復釋去張儀。是時屈平既疏，不復在位。使於齊顧反，諫懷王曰：“何不殺張儀？”懷王悔，追張儀，不及。其後諸侯共擊楚，大破之，殺其將唐眛。時秦昭王與楚婚，欲與懷王會。懷王欲行，屈平曰：“秦，虎狼之國，不可信，不如無行。”懷王稚子子蘭勸王行：“奈何絕秦歡？”懷王卒行。入武關，秦伏兵絕其後，因留懷王以求割地。懷王怒不聽，亡走趙，趙不內。復之秦，竟死於秦而歸葬。長子頃襄王立，以其弟子蘭為令尹。兵挫地削，亡其六郡，身客死於秦，為天下笑，此不知人之禍也。《易》曰：“井渫不食，為我心惻，可以汲。王明，並受其福。”王之不明，豈足福哉！《史記》記屈原放絀，而詳楚不能用賢，以致削亡之故。其意謂屈原若見任，則齊楚之交可以不絕，張儀之詐可以不行，楚未致遽削。然則屈原豈徒文章之雄而已哉？於是令尹子蘭使上官大夫短屈原於頃襄王，頃襄王怒而遷之江南。屈原執忠直而身放廢，心迷意惑，不知所為。嘗經太卜之家，稽問神明。卜已居世，何所宜

---

❶ “詳”據上下文疑為“佯”。——編者註

行，乃作《卜居》之篇。其辭曰：

屈原既放三年，不得復見。竭智盡忠，蔽鄣於讒，心煩意亂，不知所從。乃往見太卜鄭詹尹曰："余有所疑，願先生決之。"詹尹乃端策拂龜，曰："君將何以教之？"屈原曰："吾寧悃悃款款，朴以忠乎？將送往勞來，斯無窮乎？寧誅鋤草茅以力耕乎？將游大人以成名乎？寧正言不諱以危身乎？將從俗富貴以媮生乎？寧超然高舉以保真乎？將哫訾栗斯，_{哫，音足。訾，音貲，以言求媚也。栗斯，謹畏詭隨之意}喔咿嚅唲，_{強笑噱也}以事婦人乎？寧廉潔正直以自清乎？將突梯滑稽，_{轉隨俗也}如脂如韋，_{柔弱曲也}以潔楹乎？_{《文選》潔作絜絜。楹，謂同謟諛也}寧昂昂若千里之駒乎？將氾氾若水中之鳧乎？與波上下，偷以全吾軀乎？寧與騏驥亢軛乎？_{軛，車轅前也}將隨駑馬之迹乎？寧與黃鵠比翼乎？將與雞鶩爭食乎？此孰吉孰凶？何去何從？世溷濁而不清，蟬翼為重，千鈞為輕，黃鐘毀棄，_{賢隱藏也}瓦釜雷鳴，_{愚讒訟也}讒人高張，賢士無名。吁嗟嘿嘿兮，誰知吾之廉貞？"詹尹乃釋策而謝曰："夫尺有所短，寸有所長；物有所不足，智有所不明；數有所不逮，神有所不通。用君之心，行君之意，龜策誠不能知此事。"

又與漁父問答，作《漁父》之篇曰：

屈原既放，游於江潭，行吟澤畔。顏色憔悴，形容枯槁。漁父見而問之，曰："子非三閭大夫歟？何故至於斯？"屈原曰："舉世皆濁我獨清，眾人皆醉我獨醒，是以見放。"漁父曰："聖人不凝滯於物，而能與世推移。_{隨俗方圓}世人皆濁，何不淈其泥_{淈，古沒切，濁也}而揚其波？眾人皆醉，何不餔其糟而歠其醨？_{餔，食也。歠，飲也。糟醨，皆酒滓}何故深思高舉，自令放為？屈原曰："吾聞之：'新沐者必彈冠，新浴者必振衣。'安能以身之察察，受物之汶汶者乎！_{察察，潔白也。汶，音門，蒙垢塵也}寧赴湘流，葬於江魚之腹中，安能以皓皓之白，而蒙世俗之塵埃乎？"漁父莞爾而笑，鼓枻而去。枻，音曳。鼓枻，叩船舷也。舷，船邊。歌曰：「滄浪之水清兮，可以濯吾纓。滄浪之水濁兮，可以濯吾足。」遂去不復與言。

　　按《卜居》《漁父》，或謂皆假設問答以寄意。然《漁父》之詞，司馬遷、劉向皆采之以為實錄。未幾，屈原作《懷沙》之賦。《懷沙》是《九章》之一，《史記》不載《離騷》而獨載此篇，冠以賦名懷石自投汨羅而死。《史記》曰：「屈原既死之後，楚有宋玉、唐勒、景差之徒者，皆好辭而以賦見稱；然皆祖屈原之從容辭令，終莫敢直諫。其後楚日以削，數十年竟為秦所滅。

　　《新序》曰：「屈原者，楚之同姓大夫，有博通之智，清潔之行，懷王用之。秦欲吞滅諸侯，並兼天下。屈原為楚東使於齊，以結強黨。秦國患之，使張儀之楚，貨楚貴臣上官大夫靳尚之屬，上及令尹子蘭、司馬子椒；內賂夫人鄭袖，共譖屈原。屈原放逐於外，乃作《離騷》。」王逸曰：「屈原與楚同姓，仕於懷王，為三閭大夫。三閭之職，掌王族三姓，曰昭、屈、景。《戰國策》楚有昭奚恤。《元和姓纂》云：「屈，楚公族羋姓之後。楚武王子瑕食采於屈，因氏焉。」又云：「景，羋姓，楚有景差。漢徙大族昭、屈、景三姓於關中。」屈原序其譜屬，率其賢良，以厲國士。入則與王圖議政事，決定嫌疑；出則監察羣下，應對諸侯。謀行職修。王甚珍之。同列大夫上官靳尚，朱子《楚詞辨證》曰：「王逸曰：『同列大夫上官靳尚，妒害其能。』似以為同列之大夫，姓上官而名靳尚者。」洪氏曰：「《史記》云：『上官大夫與之同列。』又云：『用事臣靳尚。』則是兩人明甚。逸以騷名家，不應繆誤如此。然詞不別白，亦足以誤後人矣。」妒害其能，共譖毀之。王乃疏屈原。屈原執履忠貞而被讒衷，憂心煩亂，不知所愬，乃作《離騷經》。離，別也；騷，愁也；經，徑也。言已放逐離別，中心愁思，猶依道徑，以風諫君也。故上述唐虞三后之制，下序桀紂羿澆之敗，冀君覺悟，反於正道而還已也。是時秦昭王使張儀譎詐懷王，令絕齊交，又使誘楚，請與俱會武關。遂脅與俱歸，拘留不遣。卒客死於秦。其子襄王，復用讒言，遷屈原於江南。屈原放在草野，復作《九章》，援天引聖，以自證明，終不見省。不忍以清白久居濁世，遂赴汨淵，自沈而死。”

《漢志》：“屈原賦二十五篇。”按《離騷》一篇、《九歌》十一篇、^{《楚詞辨證》曰：“篇名《九歌》而實十有一章，蓋不可曉}《天問》一篇、《九章》九篇、《遠游》一篇、《卜居》《漁父》各一篇，合二十五篇也。《大招》或云亦屈原作，或云景差作。《漢志》僅稱二十五篇，則當無《大招》也。

屈原自投汨羅，^{汨，音覓}應劭曰：“汨水在羅，故曰汨羅也。”按《前漢·地理志》：“長沙有羅縣。”《荊州記》曰：“羅縣北帶汨水，水源出豫章艾縣界，西流注湘。沿湘西北，去縣三十里，名為屈潭，屈原自沈處。”《史記正義》曰：“故羅縣城在岳州湘陰縣東北六十里。春秋時羅子國，秦置長沙郡而為縣也。縣北有汨水及屈原廟。”《續齊諧記》曰：“屈原以五月五日投汨羅而死，楚人哀之，每於此日以筒貯米，投水祭之。漢建武中，長沙區回，白日忽見一人，自稱三閭大夫，謂回曰：‘聞君常見祭甚善。但常年所遺，為蛟龍所竊，今若有惠，　可以練樹葉塞上。以五色絲轉縛之，此物蛟龍所憚。’回依其言。世人五月五日作糭，并帶五色絲及練葉，皆汨羅之遺風。”區回事雖甚怪誕，然風俗流傳所自，且見世人追慕屈原之篤也。

屈原遺事，鮮可考見。《異苑》曰：“長沙羅縣，有屈原自投之川，山明水淨，異於常處。民為立廟，在汨潭之西，峯側石盤馬跡猶存。相傳云，原投川之日，乘白驥而來。”《拾遺記》曰：“懷王好進姦雄，羣賢逃越。屈原以忠見斥，隱於沅湘，披蓁茹草，混同禽獸，不交世務，採柏實以和桂膏，用養心神，被王逼逐，乃赴清泠之水。楚人思慕，謂之水仙。其神游於天河，精靈時降湘浦。楚人為之立祠。”又王逸註《離騷》“女嬃之嬋媛”句。以為女嬃屈原姊也，則屈原嘗有姊矣。賈侍中說：“楚人謂女曰嬃。”《水經注》引袁崧云："屈原有賢姊，聞屈原放逐，亦來歸，喻令自寬。鄉人冀其見從，因名曰秭歸。縣北有原故宅，宅之東北，有女嬃廟。擣衣石猶存。"按即今之秭歸縣也。

第二章　屈原在文學上之價值

屈原者，古今愛國詩人之宗也。自淮南王為《離騷》作傳，以為：“《國風》好色而不淫，《小雅》怨誹而不亂。若《離騷》者，可謂兼之。”又曰：“推屈原之志，雖與日月爭光可也。”太史公取此語以入列傳，故屈原在文學上之價值，經淮南、史遷已定。班固之徒，或以為疑，亦未深觀屈原之詞而察其志耳。《漢志》錄屈原之詞謂之賦，賦者，古詩之流也。古之為詩者眾，孔子獨載三百五篇為經，可以美教化、移風俗、動天地、感鬼神，皆聖賢發憤之所作為也。後之作者，宜蔑以加矣。《詩》有六義，而風、雅則尤盛。淮南、史遷以《離騷》之詞，直足兼風、雅。言固若是其重乎！今請先明風、雅之義，而後屈原之志，可得而論也。《詩序》曰：“上以風化下，下以風刺上，主文而譎諫，言之者無罪，聞之者足以戒，故曰風。至於王道衰，禮義廢，政教失，國異政，家殊俗，而變風變雅作矣。國史明乎得失之跡，傷人倫之廢，哀刑政之苛，吟詠情性，以風其上，達於事變，而懷其舊俗者也。故變風發乎情，止乎禮義。發乎情，民之性也；止乎禮義，先王之澤也。是以一國之事，繫一人之本謂之風。言天下之事，形四方之風謂之雅。”《正義》曰：“一人者作詩之人。其作詩者，道己一人之心耳，要所言一人心，乃是一國之心。詩人覽一國之意以為己心，故一國之事，繫此一人，使言之也，但所言者，直是諸侯之政，行風化於一國，故謂之風，以其狹故也。言天下之事，亦謂一人言之。詩人總天下之心，四方風俗，以為己意，而詠歌王政，故作詩道說天下之事，發見四方之風。所言者乃是天子之政，施齊正於天下，故謂之雅。以其廣故也。"又曰："鄭志張逸問：'嘗聞一人作詩何謂？'答曰：'作詩者一人而已，其取義者一國之事。變雅則譏王政得失，閔風俗之衰，所憂者廣，發於一人之本身。'如此言風雅之作，皆是一人之言耳。一人美則一國皆美之，一人刺則天下皆刺之。"又曰："莫不取眾之意，以為已辭。一人言之，一國皆悅。假使聖哲之君，功齊區宇，設有一人，獨言其惡，如卞隨、務光之羞見殷湯，伯夷、叔齊之恥事周武，海內之心，不同之也。無道之主，惡加萬民。設有一人，獨稱其善，如張竦之美王莽，蔡邕之惜董卓。天下之意，不與之也。必是言當舉世之心，動合一國之意，然後得為風，雅，載在樂章，不然則國史不錄其文也。"《正義》所以釋風、雅之作，可謂詞費矣。嘗綜而論之，曰風，曰雅，皆詩人自言其一人之志，而此一人之志，即一國之志、天下之志，義不可以不言者也。所議論得失，或關國之存亡興廢，有驗於後，是以國史取焉。夫一國天下之志，宜一國天下之人所當言，一國天下之人卒莫言，而此一人言之，斯尤足貴也。孟子曰："王者之迹熄而詩亡，詩亡然後《春秋》作。"蓋王迹初衰，詩人譏刺，猶所不禁。至於暴君代作，防遏謗言。詩人主義，不得以明。《春秋》乃隱約其詞，以寓褒❶貶。主人問其讀而習其傳，不知己之有罪。其寓意之微，亦時勢所迫，無如何也。至於戰國大亂之時，風人輟詠，亦已久矣，屈平獨起而操風、雅之義。《離騷》之作，不僅諷諫

---

❶ "褎"爲"褒"的異體字。——編者註

其君，又沈憂於宗國之墜、民族之淪，哀己之志不行，遂狂激投淵而死。今夫為一國之人，則當愛其國；為天下之人，則當愛其天下。此口雖不言，而人人之心，未嘗不同也。屈原之志，愛國為本，故以美人、芳草寄其意，而不為好色；斥其君為桀紂，而不為怨誹。自《風》《雅》以來，未之有矣。《春秋》既作，諷刺久熄，忽乃有此《風》《雅》之文出焉，可不謂難乎！且《風》《雅》之作，多因一時之事，形於詠歎，其作者未必能自以其術易天下者也。屈原有治強楚國之材，幾見用而廢，覿禍亂之將至，終身愁吟，死而後已。昔之詩人，在王化之下，屈原生春秋之後，事勢有不同，立志壹卓絕如此，誠古今愛國詩人之宗。淮南、史遷，以為可與日月爭光，非過論也。

　古今文人，類多長於辭采，而乏經綸之材。卑者至詭詞巧說，阿世以取容，雖騁篇章之美，而君子惡之。其能稍稍自異者，亦或因時發憤，有所諷刺勸戒，喻民志於正，以風動天下，斯足稱矣。然未必真有濟變治國之材也。屈原則不然，《史記》稱原明治亂，議國事，造憲令，接遇賓客，應對諸侯，其所試者，皆盡厥職。及觀原之文章，則所試僅小小者耳。固將強宗國，穌民人，施行美政，慕堯舜之至德，述桀、紂之喪亡。愁歎往復，以見其志，此豈尋常文學之士哉？故史遷於列傳中，歷敍楚之所由敗滅，蓋深悲楚之不用原，自致此禍也。屈原所以論政治者，今雖不可得見，賈誼夙號“王佐之才”，史遷以與屈原同傳。屈原之言政治，宜亦賈生之倫。屈賈皆有其才而不遇其時，賈誼固以原自比，史遷以為二人愛國之志同科。考古今文士，所言能見諸行事者，屈原之後，則惟賈誼，是以敍而論之。非僅以誼之文章次於原，又嘗弔屈原之故，而載其事於一篇也。或曰：戰國之時，縱橫長短之家，言詞辯麗，何遽不若原?且亦能轉移時勢，連合諸侯，定安危於一言，變強弱於俄頃。其游說應對，殆文章之雄乎！力又足以存亡人之國，視屈原之憤懣至死，終不得效者，亦有間矣。雖然，縱橫之士，罕以愛國為心。苟求己之富貴，不顧其義，有假敵國之勢，以凌其宗邦者矣，此固屈原之所羞也。故寧死不去父母之國，屈原誠古今愛國詩人之宗歟?

屈原愛國之志，溢於言外。《九章》中自述其去國之意曰："望長楸而太息兮，涕霑霑其若霰。過夏首而西浮兮，顧龍門而不見。心嬋媛而傷懷兮，眇不知其所蹠。順風波以從流兮，焉洋洋而為容。淩陽侯之氾濫兮，忽翱翔之焉薄。心絓結而不解兮，思蹇產而不釋。將運舟而下浮兮，上洞庭而下江。去終古之所居兮，今逍遙而來東。羌靈魂之欲歸兮，何須臾而忘反。背夏浦而西思兮，哀故都之日遠。登大墳以遠望兮，聊以舒吾憂心。哀州土之平樂兮，悲江介之遺風。當陵陽之焉至兮，淼南渡之焉如。曾不知夏之為丘兮，孰兩東門之可蕪。心不怡之長久兮，憂與愁其相接。惟郢路之遼遠兮，江與夏之不可涉。"此先敍其惓惓不忍去之志，繼言夏殿將為丘墟，東門將蕪。言己去而宗國將亡，尤為憂愁不忍也。至其思歸之極，則曰："曼余目以流觀兮，冀一反之何時。鳥飛返故鄉兮，狐死必首丘。"又怪己愛國而他人不知愛國曰："惟郢路之遼遠兮，魂一夕而九逝。曾不知路之曲直兮，南指月與列星。願徑逝而未得兮，魂識路之營營。何靈魂之信直兮，人之心不與吾心同。理弱而媒不通兮，尚不知余之從容。"蓋己思郢至切，魂夢以之，他人未必如是，故曰人心不同也。史遷《屈賈列傳》論曰："余讀《離騷》《天問》《招魂》《哀郢》，悲其志。適長沙觀屈原所自沈淵，未嘗不垂涕想見其為人。及見賈生吊之，又怪屈原以彼其材游諸侯，何國不容，而自令若是。讀服鳥賦同死生，輕去就，又爽然自失矣。”史遷此論，蓋未為知屈原者。原豈肯去家國游諸侯，如彼縱橫之士哉！《離騷》嘗述靈氛之占，教原以適異國矣。其辭曰：“兩美其必合兮，孰信修而慕之。思九州之博大兮，豈唯是其有女。曰勉遠逝而無狐疑兮，孰求美而釋女。何所獨無芳草兮，爾何懷乎故宇。”此謂九州博大，奚往而不可，何必楚國。屈原亦躊躇將行矣，而終以為不可，故曰：“陟陞皇之赫戲兮，忽臨睨夫舊鄉。僕夫悲余馬懷兮，蜷局顧而不行。”故國在心，終不可去，其愛國之篤有如此者。李陵《答蘇武書》曰：“丈夫生不成名，死則葬蠻夷中。”此書後人擬作亦異乎屈原之撰矣。

　　古者國家與政府之區別未明，故往往以效忠於君者，即為效忠於國。大凡屈原思君之詞，莫非愛國之志所發也。若以屈原僅惓惓於一人之惠，既不見用，發憤至死，此殊未然。蓋惟有政治思想者，其愛國乃愈甚。屈原懷救國之方，閔斯人之不得其所，宗國將淪為丘墟，而己無藉以拯之，是其最痛心之事，非如世俗所謂牽於君臣之義而已，故《離騷》之卒章曰：“既莫足與為美政兮，吾將從彭咸之所居。”則屈原之沈淵，亦慨夫美政之不得行耳。然所謂美政，果屬何等，今無可考。惟《九章·惜往日》曰：“奉先功以照下兮，明法度之嫌疑。國富強而法立兮，屬貞臣而日娛。”又觀《史記》載原草憲令之事，則原之政治主義，亦主法度，尚富強。殆在管、商之間，非必儒者之術。蓋當時列國交爭，非富強立法，不足制勝也。顧其於政治，自信甚篤，自負亦甚，往往情見乎辭。《九歌·湘君》曰：“令沅湘兮無波，使江兮水安流。”此以自喻其平治之本領矣。又《大司命》曰：“紛總總兮九州，何壽夭兮何予。”人之壽夭，在乎司命；國之壽夭。在乎賢者。又曰：“壹陰兮壹陽，眾莫知兮余所為。”言己所

17

欲設施者，雖足以制國之命，而眾人不察也。至《九歌・國殤》一篇，尤足發揚軍國民之精神焉，前此未有也。其詞曰：

操吳戈兮被犀甲，車錯轂兮短兵接。旌蔽日兮敵若雲，矢交墜兮士爭先。淩余陣兮躐余行，左驂殪兮右刃傷。霾兩輪兮縶四馬，援玉枹兮[枹，作桴] 擊鳴鼓。天時墜兮威靈怒，[墜，落也。言己戰闘，適遭天時，命當墜身。雖死之而威神怒健不畏懼也] 嚴殺盡兮棄原埜。[埜，古野字] 出不入兮往不反，平原忽兮路超遠。帶長劍兮挾秦弓，首身離兮心不懲。誠既勇兮又以武，終剛強兮不可淩。身既死兮神以靈，子魂魄兮為鬼雄。

淮南、史遷，謂《離騷》義兼《風》《雅》。《詩序》云："一人之事，繫天下之本謂之風。言天下之事，形四方之風謂之雅。"其義既如前釋，即一人之詞，而能表一國天下之志者也。屈原生於楚國，度當時楚國之人，無有願其國之亡者。推之天下後世之人，亦無有自願其國之亡者。故屈原愛國之志，實當為古今所共尊仰而不渝者也。屈原之生，楚國之人，或不察其志。及其已死，則相與哀而慕之，傳以為神。至於五月五日，縷絲角糭，弔其魂魄，風俗相承，更千年而不廢，遂由楚而遍及於國中，愛國之士，為世所重如此。《離騷》《九歌》之屬，作於楚，謳習所被，類足以振厲其人之志氣，是以屈原之美政未行，楚遂不免於亡。而屈原文章之力，猶使楚之民氣，獨盛於他國。時相為語曰："楚雖三戶，亡秦必楚。"屈原愛國之化也。暴秦之際，攘臂而起者，多楚之豪士，或假藉楚名，號曰"張楚"。漢高帝亦好楚聲，列在樂府。漢雖代王，而楚之壯氣，實以亡秦，則文學之有益人國，豈淺鮮哉！漢以楚聲為興國文學之本，諸帝多好《楚辭》。然則屈原於文學之價值，即在此愛國之精神，故錄之為古今文豪之首。若僅謂為詞賦之宗，稱其文采之麗，亦末乎云爾。茲之所論，輒棄彼取此，庶明屈原文章所以可貴者，使覽者無疑焉。

第三章　離騷經

　　屈原所作二十五篇，而《離騷》一篇，尤為其志力所萃，故淮南但為《離騷》作傳，班固、賈逵，亦作《離騷》章句，而不及餘篇。太史公曰："離騷者，猶離憂也。"班固曰："離，猶遭也。騷，憂也。明己遭憂作辭也。"惟《史記》僅稱《離騷》。王逸《章句》，始稱《離騷經》，逸又謂淮南王作《離騷經》。《章句》不知是本來稱經否 且釋之曰："離別也。騷，愁也。經，徑也。言己放逐離別，中心愁思，猶依道徑以風諫君也。"觀逸之意，則似以《離騷經》三字之名，為屈原當時所自定矣。洪興祖曰："古人引《離騷》未有言經者，蓋後世之士，祖述其詞，尊之為經耳。非屈原意也。"漢時《楚詞》亦稱專門之學，如朱買臣、九江被公之屬，皆以此名家。文人多訓釋厥旨，而王逸之《章句》為備。後世作註者，無非本逸《章句》而小異耳。屈原先作《離騷》，詞筆藻麗，憂思甚深。後之文人，每師其文章儀範，而哀其志之所存。《九章》以下諸作，咸在《離騷》之後，故首列《離騷》原文，並刪存王逸之註於下，使覽者詳其辭義。後列諸家評論，兼附鄙意焉。

離騷經

帝高陽之苗裔兮，（高陽，顓頊有天下之號，《帝繫》曰："顓頊娶於滕隍氏女而生老僮，是楚先。其後熊繹事周成王，封為楚子。居於丹陽。其孫，武王求尊爵於周，周不與，遂僭號稱王，始都於郢。是時生子瑕，受屈為客卿）朕皇考曰伯庸。（朕，我也。皇，美也。伯庸，字也。屈原言我父伯庸，體有美德，以忠輔楚，世有令名，以及於己）

攝提貞于孟陬兮，（太歲在寅曰攝提。孟，始也。貞，正也。于，於也。正月為陬）惟庚寅吾以降。（寅為陽正。庚為陰。正言己以太歲在寅，正月始春庚寅之日，下母之體）

皇覽揆余于初度兮，（皇，皇考也。覽，睹也。揆，度也。觀我始生年時，度其日月，皆合天地正中，故父錫我以美善之名）肇錫余以嘉名。

名余曰正則兮，（正，平也。則，法也。）字余曰靈均。（靈，神也。均，調也。言平正可法則者，莫過於天。養物均調者，莫神於地。高平曰原，故伯庸名我為平以法天，字我曰原以法地）

紛吾既有此內美兮，（紛，盛貌。）又重之以脩能。（脩，遠也。言己之生內含天地之美氣，又重有絕遠之能，與眾異也）

扈江離與辟芷兮，（扈，披也。江離、芷皆香草也。辟為幽也。芷，幽而香）紉秋蘭以為佩。（紉，索也。蘭，香草也。）

汩余若將不及兮，（汩，去貌。疾若水流也）恐年歲之不吾與。

朝搴阰之木蘭兮，（搴，取也。阰，山名）夕攬洲之宿莽。（攬，采也。水中可居者曰洲。草冬生不死者，楚人名曰宿莽）

日月忽其不淹兮，（淹，久也。）春與秋其代序。（代，更也。序，次也。）

惟草木之零落兮，（零落皆墮也。草曰零，木曰落）恐美人之遲暮。（遲，晚也。美人謂懷王也。言天時運轉，春生秋殺，草木零落，歲復盡矣。而君不建立道德，舉賢用士，則年老暮晚而功不成）

不撫壯而棄穢兮，（壯，年德盛曰壯。棄，去也。穢，行之惡也，以喻讒佞。百草為稼穡之穢，讒佞亦為忠直之害也）何不改此度也。（改，更也。言願君務及年德盛壯之時改此惡誤之度，脩先王之法也）

乘騏驥以馳騁兮，（騏驥，駿馬也。以喻賢智）來吾導夫先路。（言己如得任用，將驅先行願來隨我，遂為君導入聖王之道）

昔三后之純粹兮，（昔，往也。后，君也。謂湯禹文王也。至美曰純。齊同曰粹）固眾芳之所在。（眾芳，喻羣賢也。而有聲明之稱者皆舉用。眾賢使在顯職，故道化興而萬國寧也）

雜申椒與菌桂兮，（申，重也。椒，香木，其芳小，重乃香。菌，薰也。葉曰蕙。根曰薰）豈維紉夫蕙茝。（紉，索也。蕙茝皆香草）

彼堯舜之耿介兮，（介，大也。蕙茝皆香草者，以脩用天地之道，舉賢任能使得萬事之正也）既導道而得路。（導，循也。路，正也。言堯舜所以能有光明大德之稱者）

何桀紂之昌披兮，（昌，披衣不帶貌）夫唯捷徑以窘步。（捷，疾也。徑，邪道也。窘，急也）

惟黨人之偷樂兮，（黨，朋也。言己念彼讒人相與朋黨，嫉妒忠直，苟且偷樂）路幽昧以險隘。（幽昧，不明也。險隘，諭傾危也。言己念彼讒人相與朋黨，嫉妒忠直，苟且偷樂，不知君道之不明，國將傾危）

豈余身之憚殃兮，（憚，難也。殃，咎也。）恐皇輿之敗績。（皇，君也。輿，君之所乘也。以諭國也）

忽奔走以先後兮，（績，功也）及前王之踵武。（踵，繼也。武，迹也）

荃不察余之忠情兮，（荃，香草也。以諭君也）反信讒而齊怒。（齊，疾也。言懷王不徐察我忠信之情，反信讒言而疾怒）

余固知謇謇之為患

分，塞塞，忠言貌也。忍而不能舍也。舍，止也。指九天以為正分。指，語也。九天謂中央八方也。正，平也 夫唯靈

脩之故也。靈，神也。脩，遠也。能神明遠見者君德，故以諭君 初既與余成言分，後悔遁而有他。余既

不難離別分，近曰離，遠曰別，傷靈脩之數化。化，變也。言我竭忠見過，非難與君離別也。傷念君信用讒言，志數變易，無常操也 余既

滋蘭之九畹分，滋，蒔也。十二畝為畹 又樹蕙之百畝。樹，種也。二百四十步為畝。言己雖見放流猶種蒔眾香，脩行仁義，勤勞自勉，

朝暮不倦畦留夷與揭車分，留夷，香草也。揭車亦香草，一名艺輿。五十畝為畦 雜杜衡與芳芷。杜衡、芳芷皆香草名。也言己積累眾善

以自絜飾，復植留夷、杜衡，雜以芳芷，芬香益暢，德行彌盛也 冀枝葉之峻茂分，冀，幸也。峻，長也 願竢時乎吾將刈。刈，穫也

雖萎絕其亦何傷分，萎，病也。絕，落也 哀眾芳之蕪穢。言己所種芳草當刈未刈，蚤有霜雪。枝葉雖萎病絕落，何能傷我乎？哀

惜眾芳摧折，枝葉蕪穢而不成也 眾皆競進以貪婪分，競，並也。愛財曰貪。愛食曰婪 憑不厭乎求索。憑，滿也。楚人名滿為憑

言在位之人無有清潔之志，皆並進取貪婪於財利，中心雖滿，猶復求索，不知厭飽 羌內恕己以量人分。羌，楚人語詞也。以心揆心為恕。量，度也 各興心

而嫉妒。害賢為嫉，害色為妒也 忽馳騖以追逐分，非余心之所急。言眾人所馳騖惶遽者，追逐權貴求財利也故非我心之所

急務 老冉冉其將至分，冉冉，行貌 恐脩名之不立。朝飲木蘭之墜露分，墜，也 夕

飧秋菊之落英。苟余情其信姱苦瓜以練要分，苟，誠也。練，簡也 長顑頷亦何呼感 長顑頷亦何

傷。顑頷，不飽貌也 擥木根以結茝分，擥，持也 貫薜荔之落蘂。貫，累也。薜荔，香草也。緣木而生。落，落也。蘂，實貌

矯菌桂以紉蕙分，矯，直也 索胡繩之纚纚。胡繩，香草也。纚纚，索好貌。言己行雖據根

好，以善自約束，終無懈已本，猶復矯直菌桂芬芳之性，紉之澤 謇吾法夫前脩分，非時俗之所服。言我忠信謇謇者，乃上法前代遠

周於今之人分，周，合也 願依彭咸之遺則。彭咸，殷賢大夫，諫其君不聽，自投水而死。遺，餘也。則，法也 賢，固非今時俗之人所可服行也 雖不 長太息以

掩涕分，哀人生之多艱。余雖好脩姱以鞿羈分，鞿羈，以馬自喻也。鞿在口曰鞿，革絡頭曰羈，言為人

所係蹇朝誶而夕替。誶，諫也。替，廢也。言己雖有絕遠之智，姱好之姿，然以為讒人所鞿羈而係累矣，故朝諫謇謇於君，夕暮而身廢棄也 既替余以蕙

纕分，纕，佩帶也 又申之以攬茝。亦余心之所善分，雖九死其猶未悔。怨

靈脩之浩蕩分，靈脩，謂懷王也。浩，猶浩浩。蕩，猶蕩蕩。無思慮貌也 終不察夫民心。眾女嫉余之蛾眉

分，眾女，謂眾婦也蛾眉，好貌 謠諑謂余以善淫。謠，謂毀也。諑，音啄，猶譖也。眾臣妒嫉中正，言己淫邪不可任也 固時俗之工巧

分，偭規矩而改錯。偭，背也。圓曰規，方曰矩。錯，置也。以言佞臣巧於背繩墨以追

曲分，追，隨也。繩墨，所以正曲者 競周容以為度。周，合也。度，法也言百工不隨繩墨之言語，背違先聖之法，以意妄造，必亂政化危君國也 背繩墨以追

直道，隨從曲木，屋必傾危而不可居也 忳鬱邑

余侘傺分，忳，徒昆切。憂貌也。侘傺，失志貌也。侘，丑加切 吾獨窮困乎此時

也。寧溘死以流亡分，溘，猶奄也 余不忍為此態也。言我寧奄然而死，形體流亡，不忍以忠正之性為邪淫之態也 鷙

鳥之不羣兮，[鷙，執也。謂能執服眾鳥鷹鸇之類也，以論忠正]自前代而固然。何方圓之能周兮，夫孰異道而相安。[言何所有圜鑿受方枘而能合者，誰為異道而相安？邪言忠佞不相為謀也]屈心而抑志兮，[抑，案也]忍尤而攘詬。[尤，過也。攘，除也。詬，恥也。言己所以能屈案心志，含忍罪過而不去者，欲以除去恥辱，誅讒佞之人]伏清白以死直兮，固前聖之所厚。悔相道之不察兮，[悔，恨也。相，視也。察，審也]延佇乎吾將反。[延，長也。佇立貌也。長立而望，將欲還終己之志也]迴朕車以復路兮，[迴，旋也]及行迷之未遠。[迷，誤也。言及旋我之車以反故道，反迷己誤欲去之路，尚未甚遠也。同姓無相去之義，故欲還也]步余馬於蘭皋兮，[步，徐行也。澤曲曰皋]馳椒丘且焉止息。[土高曰丘。四墮曰椒丘。言己欲還則徐徐行步我之馬，於芳澤之中以觀聽懷王，遂馳高丘而止息以須君命，重遇禍，將復去脩吾初始清潔之服]進不入以離尤兮，退將復脩吾初服。[退，去也。言己減欲遂進竭其忠誠，君不肯納，恐重遇禍]製芰荷以為衣兮，[芰，菱也。荷扶藁也]集芙蓉以為裳。[芙蓉，蓮華也。上曰衣，下曰裳。言己進不見納，猶復製裁芰荷，集合芙蓉以為衣裳被服，愈絜脩善益明]不吾知其亦已兮，苟余情其信芳。高余冠之岌岌兮，[岌岌，高貌]長余佩之陸離。[陸離，參差眾貌也]芳與澤其雜糅兮，[澤，質之潤也。而有澤。糅，雜也]唯昭質其猶未虧。[昭，明也。虧，歇也。言我外有芬芳之德，外有玉堅質之潤也。二美雜會，兼在於己而不得施用，故獨保明身無有虧失而已]忽反顧以遊目兮，[荒，遠也。言己欲進忠信而不見省，故忽然反顧而去，將遊目往觀四遠之外，以求賢君也]將往觀乎四荒。佩繽紛其繁飾兮，[繽紛，盛貌]芳菲菲其彌章。[菲菲，猶勃勃也。芳，香貌也。章，明也]人生各有所樂兮，余獨好脩以為常。[言凡人各有所樂，或樂諂佞，或樂貪，淫我獨好脩正直以為常行]雖體解吾猶未變兮，豈余心之可懲。[懲，艾也。言己好脩忠信以為常行，雖獲罪支解，志猶不艾也]女嬃之嬋媛兮，[女嬃，屈原姊也。嬋媛，猶牽引也]申申其詈予。[申，重也。言女嬃見己施行不與眾合以見放流，故來牽引，數怒重詈我也]曰鯀婞直以亡身兮，[曰女嬃，詞也]終然夭乎羽之野。汝何博謇而好脩兮，[女嬃數諫屈原，言汝何為獨博采往古，好脩謇謇婞婞之節，不與眾同而見憎惡於世]紛獨有此姱節。薋菉葹以盈室兮，[薋，蒺藜也。菉，王芻也。葹，枲耳也。三者皆惡草，以喻讒佞。盈，滿也]判獨離而不服。[判，別貌也。女嬃言眾人皆佩薋菉枲耳，為讒佞之行滿於朝廷而獲富貴，汝獨服蘭蕙守忠直，判然離別，不與眾同，故被斥棄也]眾不可戶說兮，孰云察余之中情。[屈原外困羣佞，內被姊詈，知時莫識。言己心志所執，不可戶說人告，誰當察我中情之善否]世並舉而好朋兮，夫何煢獨而不予聽。[煢，孤也。言己所言悉依前聖王之法節其中和]依前聖之節中兮，[節，度也]喟憑心而歷茲。[歷，數也。喟然舒憤懣之心，歷前代成敗之道而作此詞也]濟沅湘以南征兮，[沅湘，水名也]就重華而陳詞。[重華，舜名也。言己依聖王法而行不容於俗，故欲度沅湘之水，南行就舜，陳詞自說，稽疑聖帝，冀聞祕要，以自開悟]啟九辯與九歌兮，[啟，禹子也。九辯、九歌，禹樂也]夏康娛以自縱。[夏康，啟子，太康也。娛，樂也。縱，放也]不顧難以圖後兮，[圖，謀也。言太康不遵禹啟之樂，更作淫聲，放縱情欲，以自娛樂，不顧患難，不謀繼業，卒以失國]五子用失乎家巷。[第五人，家居閭巷，失尊位也]羿淫遊以佚田兮，[羿，諸侯也。田，獵也]又好射夫封狐。[封狐，大狐也]固亂流其鲜终兮，鲜，少也。淫又贪夫厥家。淫，寒淫，圉相也。厥，其也。妇谓之家。浇身被服强圉兮，浇，寒淫子。强圉，多力也。纵欲而不忍。纵，放也。言淫取羿妻而生浇，强梁多力，纵放其情，不忍其欲，以杀夏后相也。日康娱而自忘兮，康，安也。厥首用夫颠陨。自此以上羿、浇、寒淫事皆见于《左传》。夏桀之常违兮，乃遂焉而逢殃。殃，咎也。后辛之菹醢兮，辛，殷之亡王。纣，名也。藏菜曰菹，肉酱曰醢。殷宗用而不长。言纣为无道，杀比干，醢梅伯，武王把黄钺行天罚，殷宗遂绝，不得久长也。汤禹严而祗敬兮，严，畏也。祗，敬也。周论道而莫差。周，周家也。差，过也。举贤而授能兮，循绳墨而不颇。颇，倾也。皇天无私阿兮，窃爱为私，所祐为阿。览民德焉错辅。错，置也。辅，佐也。言皇天明神无所私阿，观万民之中有道德之者，因置以为君，使贤辅佐，成其志也。夫维圣哲以茂行兮，哲，智也。茂，盛也。苟得用此下土。下土谓天下也。瞻前而顾后兮，顾，视也。相观民之计极。相，视也。计，谋也。极，穷也。言前观禹汤之所以兴，顾视桀、纣之所以亡，足以观察万民忠佞之谋，穷其真伪。夫孰非义而可用兮，孰非善而可服。服，事也。阽余身而危死兮，阽，犹危也。览余初其犹未悔。不量凿而正枘兮，量，度也。正，方也。固前脩以菹醢。言工不度其凿而方正其枘，则物不固而木破矣。臣不量君贤愚，竭其忠信，则被罪过而身殆也。自前代标名之人，已获菹醢龙逢、梅伯是也。曾歔欷余郁邑兮，曾，累也。歔欷，惧貌也。哀朕时之不当。时，而值菹醢之日。揽茹蕙以掩涕兮，茹，柔也。奠也。沾余襟之浪浪。沾，濡也。衣皆谓之襟。浪浪，流貌也。跪敷衽以陈词兮，敷，布也。耿吾既得此中正。耿，明也。驷玉虬以乘鹥兮，有角曰龙，无角曰虬。鹥，凤皇别名也。《山海经》曰：鹥，身有五采。溘埃风余上征。溘，犹奄也。埃，尘也。言我设往上行游，将乘玉虬，驾凤车，淹尘埃而上征去，离时俗远幸小也。朝发轫于苍梧兮，轫，支輪木也。苍梧，舜所居。夕余至乎县圃。县圃，神山。欲少留此灵琐兮，灵，以喻君。琐，门镂也。文如连琐。楚王之省阁也。日忽忽其将暮。吾令羲和弭节兮，羲和，日御也。弭，按也。望崦嵫而勿迫。崦嵫，日所入之山也。迫，附也。言我恐日暮年老，道德不施，欲令日御按节徐行。望日所入之山，且勿附近，冀及盛时遇贤君也。路曼曼其脩远兮，脩，长也。吾将上下而求索。饮余马于咸池兮，咸池，日所浴也。总余辔乎扶桑。总，结也。扶桑，日所拂木也。折若木以拂日兮，若木，在昆仑西极，其华照下地。拂，击也。聊须臾以相羊。聊，且也。须臾、相羊皆游也。前望舒使先驱兮，望舒，月御也。月体光明以喻臣清白之前飞廉使奔属。飞廉，风伯也。风为号令，以谕君命。言己使清白之士如望舒先驱求贤，使风伯奉君命于后，以告百姓也。鸾皇为余先戒兮，鸾，俊鸟也。皇，雌凤，以喻明知之士。雷师告余以未具。雷师为诸侯，以兴君。言己使仁知之士如鸾皇先戒百官，将往适道而君急惰，告我严装未具。吾令凤皇飞腾兮，又继之以日夜。言我使凤皇明知之士飞行天下，以求同志，续以日夜，冀逢遇之。飘风屯其相离兮，回风曰飘。飘风，无常之风，以兴邪恶帅云霓而来御。云霓，恶气以喻佞人。纷总总其离合兮，帝谓天帝也。斑陆离其上下。总总，犹传也。傅，聚貌也。班，乱貌也。陆离，分散也。吾令帝阍开关兮，阍，主门者。倚阊阖闔而望余。閶闔，天門也。言己求賢不得，嫉惡讒佞，將上愬天帝，使閽人開關，又倚天門，望而距我，使我不得入也時曖曖其將罷兮，曖曖，昏貌。罷，極也結幽蘭而延佇。言時世昏昧無有明君，周行罷極不遇賢士，故結芳草而長立，有還意也世溷濁而不分兮，溷，亂也。濁，貪也好蔽美而嫉妒。言時世君亂臣貪，不別善惡，好蔽美德而嫉妒忠信朝吾將濟於白水兮，濟，度也。《淮南子》曰：白水出崑崙之源，飲之不死登閬風而緤馬。閬風，山名，在崑崙上。緤，繫也。言我見中國溷濁，則欲度白水登神山，屯車繫馬而留止。白水絜淨，閬風清明，言己脩絜白之行不懈怠也忽反顧以流涕兮，哀高丘之無女。楚有高丘之山女以喻臣，言己雖去，意不能已，猶復顧念楚國無有賢臣，而心為之悲溘吾遊此春宮兮，溘，奄也。春宮，東方青帝舍折瓊枝以繼佩。繼，續也。言我遊，奄然至于青帝宮。觀萬物發生皆出仁義，復折瓊枝以續佩，守行仁義，志彌固也及榮華之未落兮，榮華，喻顏色也。落，墮也相下女之可貽。相，視也。貽，遺也。言己既脩行仁義，思得同志與俱事君也吾令豐隆乘雲兮，豐隆，雲師求宓妃之所在。宓妃，神女也，以喻隱士解佩纕以結言兮，纕佩，帶也吾令蹇脩以為理。蹇脩，伏羲氏之臣也。理，分理述禮意也。言既見宓妃則解我佩帶之玉以結言語，使古賢蹇脩而為媒理也紛總總其離合兮，忽緯繣其難遷。緯繣，乖戾也，呼麥切。遷，徙也。言蹇脩既持其佩帶通言而讒人復相聚毀敗，令其意一合一離，遂以乖戾而見距絕夕歸次於窮石兮，次，舍也。再宿為信，過信為次朝濯髮乎洧盤。洧盤，水名也。《禹大傳》曰：洧盤之水，出崦嵫之山。言宓妃體好清潔，暮所歸，舍窮石之室，朝沐洧盤之水，遁世隱居而不肯仕保厥美以驕傲兮，倨簡曰驕，侮慢曰傲日康娛以淫遊。雖信美而無禮兮，來違棄而改求。違，去也。改，更也。言宓妃雖有美德，驕傲無禮，不可與共事君，來去相弃而更求賢也覽相觀於四極兮，周流乎天余乃下。望瑤臺之偃蹇兮，偃蹇，高意見有娀之佚女。有娀，國名也。佚，美也。謂帝嚳之妃契母簡狄也。簡狄配聖帝，生賢子，以喻貞賢也吾令鴆為媒兮，鴆，惡鳥，明有毒殺人以喻讒賊鴆告余以不好。言我使鴆鳥為媒，其性讒賊不可信用，遠詐告我言不好雄鳩之鳴逝兮，逝，往也余猶惡其佻巧。言又使雄鳩銜命而待，其性利多輕佻巧語而無要實，復不可信也心猶豫而狐疑兮，欲自適而不可。鳳皇既受詒兮，恐高辛之先我。《帝繫》曰：高辛氏為帝嚳次妃有娀氏女，生契。言己既得賢智之人，若鳳皇受禮遺，將恐帝嚳以先我得簡狄也欲遠集而無所止兮，聊浮遊以逍遙。言己既求簡狄，復後高辛，欲遠集他方又無所之故，且遊戲觀望以忘憂也及少康之未家兮，留有虞之二姚。少康，夏后相之子也。有虞，國名也，姓姚氏，舜後也。昔寒浞使澆殺夏后相，少康逃奔有虞，虞因妻以二女而邑於綸，有田一成，有眾一旅，能布其德，以收夏眾，遂誅滅澆，復禹舊績，屈原放至遠方之外，博求眾賢，索宓妃則不肯見，求簡狄又後高辛。少康留止有虞，而得二妃以成顯功也，是不欲遠去貌理弱而媒拙兮，恐導言之不固。言己欲效少康留而不去，又恐媒人弱鈍，達言於君，不能堅固，復使回移時溷濁而嫉賢兮，好蔽美而稱惡。閨中既邃遠兮，小門謂之閨。邃，深也哲王又不寤。哲，知也。寤，覺也。言君處宮殿之中，其閨邃遠，忠言難通，指語不達。自明智之王尚不覺善惡之情，高宗殺孝己是巳，何況不智之君而以闇蔽固其宜也懷朕情而不發兮，余焉能忍與此終古。言我懷忠信之情，不得發用，安能久與此闇亂之君終古居乎？意欲復去也索瓊茅以筳篿兮，索，取也。瓊茅，靈草也。筳，小破竹也。楚人名結草折竹卜曰筳筭。莛，音廷。筭，音專。

命靈氛為余占之　靈氛，古明占吉凶者也。

曰兩美其必合兮，孰信脩而慕之。　靈氛言以忠臣而就明君，兩美必合。楚國誰能信明善惡，脩行忠直，欲相慕及者己，宜以時去之也。

思九州之博大兮，豈唯是其有女。　言我思念天下博大，豈獨楚國有君臣可止乎?

曰勉遠逝而無疑兮，孰求美而釋女。何所獨無芳草兮，爾何懷乎故宇。　言何所獨無賢芳之君，何必思故居而不去也。此皆靈氛之詞。

時幽昧以眩曜兮，孰云察余之美惡。　屈原答靈氛曰:當時之君皆暗昧惡亂，不知善惡。誰當察我之善情而用己乎，是難去之意。眩曜，惑亂貌也。

民好惡其不同兮，惟此黨人其獨異。　人好惡，其性不同，此楚國尤獨異。黨，鄉黨謂楚國也。言天下萬人之所好惡。

戶服艾以盈要兮，謂幽蘭其不可佩。　艾，白蒿也。盈，滿也。言楚人戶服白蒿滿其要帶，以為芳芳，反謂幽蘭臭惡為不可佩也。

覽察草木其猶未得兮，豈珵美之能當。　察，視也眾。理，美玉也。言時人無能識臧否，觀視眾草尚不能別其香臭，當何知玉之美惡乎?

蘇糞壤以充幃兮，謂申椒其不芳。　蘇，取也。充，滿也。壤，土也。幃，謂之縢，香囊也。言取糞土以滿香囊佩而帶之，反謂申椒臭而不香。言近小人而遠君子也。

欲從靈氛之吉占兮，心猶豫而狐疑。　言己欲從靈氛勸去之占則心狐疑，念楚國也。

巫咸將夕降兮，懷椒糈而要之。　巫咸，古神巫也，當殷中宗之世。降，下也。椒，香物，所以降神。糈，精美，所以享神。

百神翳其備降兮，九疑繽其並迎。　翳，蔽也。繽，盛貌也。九疑，舜所葬也。言巫咸得己椒糈則將百神蔽日來下。舜又使九疑之神紛然近我，知己之意。

皇剡剡其揚靈兮，告余以吉故。　皇，皇天也。剡剡，光貌。言皇天揚其光靈，使百神告我，當去，尤吉善也。

曰勉升降以上下兮，求矩矱之所同。　勉，強也。上謂君，下謂臣也。矩，法也。矱，於縛切，度也。言當自勉，上求明君，下索賢臣，與己合法度者，因與同志，共為化也。

湯禹儼而求合兮，摯咎繇而能調。　儼，敬也。合，匹也。摯，伊尹名湯臣也。咎繇，禹臣也。調和，言湯禹至聖，猶敬承天道，求其匹合，得伊尹咎繇，力能調和陰陽而安天下。

苟中情其好脩兮，何必用夫行媒。　行媒，諭左右之臣也。言臣能中心常好善，則精感神明，賢君自舉用之，不必須左右薦達之。

說操築於傅巖兮，武丁用而不疑。　說，傅說也。傅巖，地名。

呂望之鼓刀兮，遭周文而得舉。　鼓，鳴也。

寧戚之謳歌兮，齊桓聞以該輔。　寧戚，衛人。該，備也。寧戚脩德，不用，飲牛，叩角而歌。桓公聞之，知其賢。舉用為卿，備輔佐也。

及年歲之未晏兮，時亦猶其未央。　晏，晚也。央，盡也。備輔佐也，常以春分鳴也。

恐鵜鴃之先鳴兮，使百草為之不芳。　鵜鴃，一名買鳩。言我恐鵜鴃以先春分鳴，使百草華英摧落，芬芳不成，以喻讒言先使忠直之士被罪過也。

何瓊佩之偃蹇兮，眾薆然而蔽之。　偃蹇，眾盛貌。言我佩瓊玉，懷美德偃蹇，而眾人薆然而蔽之。傷不得施用也。

惟此黨人之不亮兮，恐嫉妒而折之。　亮，信也。言楚國之人不尚忠信之行，恐妒我正直，欲必折挫而敗也。

以淹留。蘭芷變而不芳兮，荃蕙化為茅。　荃、蕙，皆香草也。言蘭芷之草變其體而不復香。荃、蕙化而為茅，失其本性也。

何昔日之芳草兮，今直為此蕭艾也。　以言往日明智之士今皆佯惡。

故兮，莫好脩之害也。　言士人所以變直為曲者，以上不好用忠正之人，害其善士之故也。

余以蘭為可恃兮，　蘭，懷王少弟司馬

25

子蘭也。

恃，怙也。羌無實而容長。內無誠信之實，但有長大之貌，浮華而已。委厥美以從俗兮，委，棄也。苟得引乎眾芳。苟欲引於眾賢之位，而無進賢之心也。椒專佞以慢慆兮，椒，楚大夫子椒也。慆，淫也。樧又欲充其佩幃。樧，茱萸也，似椒而非。以喻子椒似賢而非賢。既干進而務入兮，干，求也。又何芳之能祇。祗，敬也。言子蘭、子椒苟欲求進，自入於君身，得爵祿而已，復何能敬愛賢者而舉之乎？固時俗之從流兮，又孰能無變化。言時世俗人隨從上化，若水之流，二子言觀子椒、子蘭變節若此，宣況朝廷眾臣復以諂諛之行，眾人誰有不變節而從之者乎？疾之甚也。覽椒蘭其若茲兮，又況揭車與江蘺。歷，遍也。茲，此也。言己內行忠正，外佩眾芳，此誠可貴，茲不遇明君，棄其至美而遭此咎也。惟茲佩之可貴兮，委厥美而歷茲。芳菲菲而難虧兮，芬至今猶未沬。沬，已也。言我雖不見用，猶和調己之行度，執守忠貞以自娛樂，且徐浮游以求同志。和調度以自娛兮，聊浮游而求女。上謂君，下謂臣。靈氛既告余以吉占兮，歷吉日乎吾將行。善日，吾將去君而遠行。折瓊枝以為羞兮，羞也。精瓊靡以為粻。音張，精鑿也。靡，屑也。粻，糧也。言我將行，乃折瓊枝以為脯腊，精鑿玉屑以為儲糧。飲食香絜，冀以延年也。為余駕飛龍兮，雜瑤象以為車。象，象牙也。何離心之可同兮，吾將遠逝以自疏。言賢愚異心，何可合同。知君與己殊志，故將遠去，自疏而流遁也。邅吾道夫崑崙兮，邅，轉也，楚人名轉為邅。路脩遠以周流。揚，拔也。晻藹，蓊鬱陰貌。言己設去楚國遠行，乃轉至崑崙神明之山，其路長遠，周流天下以求同志。揚雲霓之晻藹兮，鳴玉鸞之啾啾。鸞，鸞鳥也。以玉作之，著於衡和著於軾。啾啾，鳴聲。朝發軔於天津兮，天津，東極箕、斗之間，漢津也。夕余至乎西極。言己朝發天之東津，萬物所生，夕至地之西極，萬物所成，動順陰陽之道，且亟疾也。鳳皇翼其承旂兮，翼，敬也。旂，旗也。高翱翔之翼翼。遵，循也。赤水，出崑崙。忽吾行此流沙兮，流沙，沙流如水也。遵赤水而容與。容與，遊戲貌也。言吾行忽然過此流沙，遂循赤水而遊戲，雖行遠方，動以清潔，自洒飾也。麾蛟龍使梁津兮，舉手曰麾。小曰蛟，大曰龍。詔西皇使涉予。詔，告也。西皇，帝少皞也。涉，渡也。言我乃麾蛟龍以橋於西海，使少皞渡我，動與神聖王相接。言能渡萬人之厄。路脩遠以多艱兮，艱，難也。言崑崙之路，險阻多難，非人所能由，故令眾車先使，從邪徑以相待也，以言己所行車，遠莫能及。騰眾車使徑待。騰，過也。路不周以左轉兮，不周，山名，在崑崙西北。轉，行也。言道不合於俗也。左轉者，言君行左乖不與己同志為車轄，並馳左右，從己者眾，皆有玉德，宜輔千乘之君。指西海以為期。指，語也。期，會也。言己使語眾車，我所行之道，當過不周山而左行，俱會西海之上也。過不周者，言道不合於俗也。屯余車其千乘兮，屯，陳也。齊玉軑而並馳。軑，音大。軑，轄也。言乃陳我車，前後千乘，齊以玉。駕八龍之婉婉兮，婉婉，龍貌。載雲旗之委移。言己駕八龍神智婉婉，又載雲旗，委移而長也。抑志而弭節兮，神高馳之邈邈。邈邈，遠貌也。言己乘雲龍，猶自抑案弭節，徐行高抗，志行邈邈而遠莫能逮也。奏九歌而舞韶兮，九歌，九德之歌，禹樂也。九韶，舜樂也。《尚書》曰"簫韶九成"是也。聊假日以媮樂。言己德高智明，宜輔舜禹以致太平，奏九德之歌九韶之舞而不遇其時，故假日游戲媮樂而已。陟升皇之赫戲兮，皇，皇天也。赫戲，光明之貌。戲，平聲。忽臨睨夫舊

26

鄉。睍，視也。舊鄉，楚國也。言己雖陟崑崙，過不周，度西海，舞僕夫悲余馬懷
兮，九韶，升天庭，據光曜，不足以解憂，猶復顧楚國，慈且思也　僕，御也。懷，思也蜷局顧而不行。蜷局，詰屈不行貌也。屈原設去時離俗，周天匝地，意不忘
舊鄉。望見楚國，僕御悲感，我馬思歸蜷，局詰屈而不肯行，此終志不失，以
辭自見，以義自明也亂曰：亂，理也。所以發理詞，指總撮行要也已矣哉。國無人莫我知兮，又何懷
乎故鄉。言眾人無有知己，已復何為思故鄉念楚國也既莫足與為美政兮，吾將從彭咸之所居。言時
世人
君無道，不足與共行美德善政，
我將自沈汨淵，從彭咸而居處也

王逸之註《離騷》，可謂得其大意矣。然猶軼軼牽於君臣之
義，未能深明屈原愛國之本志也。逸又綜論之曰："離騷之文，依詩
取興，引類譬諭，故善鳥香草，以配忠貞；惡禽臭物，以比讒
佞；靈脩美人，以媲於君；宓妃佚女，以譬賢臣；虯龍鸞鳳，以託
君子；飄風雲霓，以為小人。其詞溫而雅，其義皎而朗。凡百君
子，莫不慕其清高，嘉其文采，哀其不遇而愍其志焉。"今姑申鄙
意，總釋離騷之義。屈原首陳高陽之裔，爰及皇考。劉子玄《史
通》曰："作者自敍，其流出於中古。《離騷》首章，上陳氏族，下
列祖考；先述厥生，次顯名字；自敍發跡，實基於此。降及司馬相
如，始以自敍為傳，至馬遷、揚雄、班固，自敍之篇，實煩于
代。"子玄僅論文章之體，以《離騷》首章為自敍之原，然推其鋪揚
世德，祇述嘉名，固以己身含天地之美，承前修之重，將弘道濟
國，以無忝所生也。故曰："紛吾既有此內美兮，又重之以脩能。扈
江離與辟芷兮，紉秋蘭以為佩。汨余若將不及兮，恐年歲之不吾
與。"此見其用世之志，欲大有所為，以希踪聖哲。故曰："昔三后
之純粹兮，固眾芳之所在。雜申椒與菌桂兮，豈惟紉夫蕙茝。"椒桂
蕙茝，喻賢士美政。其汲汲求進，在行三后之道，以利國也。蓋當
時憂楚之將亡，故曰："豈余身之憚殃兮，恐皇輿之敗績。"皇輿靈
脩，並以喻國，故曰："指九天以為正兮，夫唯靈脩之故也。"又
曰："余既不難夫離別兮，傷靈脩之數化。"靈脩之故下曰"黃昏以為期"二句洪說
後人所增，下文別起。數化，讀如數

27

訛。言國政數訛
動將底於亡也此下蘭蕙芳芷之屬，即指憲令美政，以見屈原圖議國事，興立法度，垂成而罷廢，滋足惜也，故曰："余既滋蘭之九畹兮，又樹蕙之百畝。畦留夷與揭車兮，雜杜衡與芳芷。冀枝葉之峻茂兮，願竢時乎吾將刈。雖萎絕亦何傷兮，哀眾芳之蕪穢。"又曰："余雖好脩姱以鞿羈兮，鞿羈亦喻法度謇朝誶而夕替。既替余以蕙纕兮，又申之以攬茞。亦余心之所善兮，雖九死其猶未悔。"屈原既放，則所立法度皆替，而原秉志不回，終以己所建為善也。又曰："悔相道之不察兮，延佇乎吾將反。回朕車以復路兮，及行迷之未遠。"蓋原猶冀楚國將復用己。國政潰亂未久，尚可救正。行迷未遠，殆指此也。然原非徒務求知於人，故曰："不吾知其亦已兮，苟余情其信芳。"惟愛國之摯，成於天性，恆以及物為己任。以獨善為未安，耿耿懷抱，以至於死。雖未必契乎中庸之道，亦可為難能矣。故曰："民生各有所樂兮，余獨好脩以為常。雖體解吾猶未變兮，豈余心之可懲。"蓋眾人皆各樂其樂，而屈原獨以愛國為樂，雖取罪戾，志不少懲。下述女嬃以家人之義，教原全身同俗。原則自信己之所懷，質之前聖而勿疑，乃陳夏康、羿、浞縱欲之敗，禹、湯祗敬之福。惟有德者，始用此下土，自古已然，是以執義不回，蹈禍而不見所悔。且將馴虯乘鷖，御彼埃風，以求其所謂理想之國家者，而蘇楚國且夕垂盡之命，故曰："欲少留此靈瑣兮，靈瑣喻國日忽忽其將暮。吾令羲和弭節兮，望崦嵫而勿迫。"又曰："路曼曼其脩遠兮，吾將上下而求索。"求索此理想之國家也，於是飲馬咸池，總轡扶桑，周流乎天，冀獲所志。凡力之所能及者，固已無所不盡矣。卒之蹇脩難遷於宓妃，鴆鳥不好於有娀，理弱媒拙，所謂理想之國家者，終然不可實見，乃喟焉長歎曰："世溷濁而嫉賢兮，好蔽美而稱惡。閨中既以邃遠兮，哲王又不寤。懷朕情而不發兮，余焉能忍與此終古。”當時蓋有勸原適異國者，乃託於靈氛之吉占，以為九州博大，何之而不可，豈必故宇之懷乎？原自揆揳其才以游諸侯，亦必得其政。因深怪楚國之人，獨不知用原，真好惡與人殊也，故曰：“民好惡其不同兮，惟此黨人^{王逸以黨人指楚國}其獨異。戶服艾以盈要兮，謂幽蘭其不可佩。察草木其猶未得兮，豈珵美之能當。蘇糞壤以充幃兮，謂申椒其不芳。”又引巫咸百神來降，並勉之遠適，求其同志。巫咸百神，喻古聖哲。蓋去國以行道，亦猶古聖哲之所許也。既歷吉日而將行，指西海以為期，臨睨舊鄉，僕悲馬懷，竟不得去。其纏綿悱惻，惓惓於故國為何如耶。進已不得遂，義又不忍去，寧死無二。古今愛國詩人，未見斯比。故其卒章曰：“已矣哉。國無人莫我知兮，又何懷乎故都。既莫足與為美政兮，吾將從彭咸之所居。”嗟夫！積人而成國，屈原之所愛者國也，而國之人莫知其心，斯足悲矣，故曰國無人。國而有人，必有知屈原者。雖然，屈原愛國，非徒愛之爾，固有其愛之之道。愛之之道，即與為美政是也。國人不我知，庸何傷：國人不我知，而美政不行，是惡得無憾。美政不行，所愛之國，將淪胥以亡，不復得為我所愛，尤憾之憾也。人之所貴者志也，志之所貴者，以其能行也。志已成不可復奪。志不可奪，而斷然知其不得行，則猶之奪也，此屈原所以投淵也夫。自來言《離騷》者，草木鳥獸一名一物寄趣之異，既多所訓說，不可勝詳。惟王逸注較近古，故刪而存之，其餘則從略焉，而論屈原愛國之大義如此。

《離騷》之價值，經淮南、馬遷已定，此後復有論者，其是非頗有異同。要各有所見，雖未必深得屈原之志，然其最著者亦學者不可不知也。僅略錄數家之說於下，可以觀焉。

班固《離騷贊序》曰：“《離騷》者，屈原之所作也。屈原初事懷王，甚見信任。同列上官大夫妒，害其寵，讒之王。王怒而疎屈原。屈原以忠信見疑，憂愁幽思，而作《離騷》。離，猶遭也；騷，憂也。明己遭憂作辭也。是時周室已滅，七國竝爭。屈原痛君不明，信用羣小，國將危亡，忠誠之情懷，不能已，故作《離騷》。上陳堯、舜、禹、湯、文、武之法，下言羿、澆、桀、紂之失，以風懷王。終不覺寤，信反間之說，西朝於秦，秦人拘之，客死不還。至於襄王，復用讒言，逐屈原在野。又作《九章》賦以風諫，卒不見納，不忍濁世，自投汨羅。原死之後，秦果滅楚，其辭為眾賢所悼悲，故傳於後。”因又曰：“昔在孝武，博覽古文。淮南王安，序《離騷傳》。以為《國風》好色而不淫，《小雅》怨誹而不亂。若《離騷》者可謂兼之。蟬蛻濁穢之中，浮游塵埃之外。皭然泥而不滓，推此志雖與日月爭光可也。斯論似過其真。又說五子以失家巷，謂伍子胥也。及至羿、澆、少康、貳姚有娀佚女，皆各以所識，有所增損，然猶未得其正也，故博采經書傳記本文以為之解。^{固解今不傳}且君子固窮命矣，故潛龍不見是而無悶，《關雎》哀周道而不傷，蘧瑗持可懷之智，甯武保如愚之性，咸以全命避害，不受世患，故《大雅》曰：‘既明且哲，以保其身。’斯為貴矣。今若屈原露才揚己，競乎危國羣小之間，以離讒賊。然數責懷王，怨惡椒蘭，愁神苦思，強非其人，忿懟不容，沈江而死，亦貶絜狂狷景行之士，多稱崑崙冥婚宓妃虛無之語，皆非法度之政。經義所載，謂之兼詩風雅而與日月爭光過矣。然其文弘博麗雅，為辭賦宗，後世莫不斟酌其英華，則象其從容。自宋玉、唐勒、景差之徒，漢興枚乘、司馬相如、劉向、揚雄，騁極文辭，好而悲之，自謂不能及也。雖非明哲之器，可謂妙才者也。”

王逸敍曰：“昔者孔子叡聖明喆，天生不羣。定經術，刪詩書，正體樂，制作《春秋》。以為後王法。門人三千，罔不昭達。臨終之日，則大義乖而微言絕。其後周室弱微，戰國並爭，道德陵遲，謠詐萌生，於是楊、墨、鄒、孟、孫、韓之徒，各以所知，著造傳記。或以述古，或以明世，而屈原履忠被譖，憂悲愁思，獨依詩人之義而作《離騷》，上以諷諫，下以自慰，遭時闇亂，不見省納，不勝憤懣，遂復作《九歌》以下，凡二十五篇。楚人高其行義，瑋其文采，以相教傳。至於孝武帝，恢廓道訓，使淮南王安，作《離騷經章句》，則大義粲然。後世雄俊，莫不瞻慕，舒肆妙慮，纘述其詞。逮至劉向，典校經書，分為十六卷。孝章即位，深弘道藝，而班固、賈逵，復以所見，改易前疑，各作《離騷經章句》，其餘十五卷，闕而不說。又以"壯"為"狀"。義多乖異，事不要括。今臣復以所識所知，稽之舊章，雖未能究其微妙，然大指之趣，略可見矣。且人臣之義，以忠正為高，以伏節為賢。故有危言以存國，殺身以成仁，是以伍子胥不恨於浮江，比干不悔於剖心。然後忠立而行成，榮顯而名著。若夫懷道以迷國，詳愚而不言；顛則不能扶，危則不能安；婉娈以順上，逡巡以避患，雖保黃耇，終壽百年，蓋志士之所恥，愚夫之所賤也。今若屈原膺忠貞之質，體清潔之性，直若砥矢，言若丹青，進不隱其謀，退不顧其命，此誠絕世之行，俊彥之英也。而班固謂之'露才揚己'，'競於羣小之中，怨恨懷王，讒刺椒蘭，苟欲求進，強非其人，不見容納，忿恚自沈'，是虧其高明，而損其清潔者也。昔伯夷、叔齊，讓國守分，不食周粟，遂餓而死，豈可復謂有求於世而怨望哉。且詩人怨主刺上曰：'嗚呼小子，未知臧否。匪面命之，言提其耳！'風諫之語，於斯為切。然仲尼論之，以為大雅，引此比彼。屈原之詞，優游婉順，寧以其君不智之故，欲提攜其耳乎？而論者以為

'露才揚已''怨刺其上''強非其人',殆失厥中矣。夫《離騷》之文,依託五經以立義焉。'帝高陽之苗裔',則'厥初生民實惟姜嫄'也;'紉秋蘭以為佩',則'將翱將翔,佩玉瓊琚'也;'夕攬洲之宿莽',則《易》"潛龍勿用也";'駟玉虬而乘鷖',則'時乘六龍以御天'也;'就重華而陳詞',則《尚書》咎繇之謀謨也;'登崑崙而涉流沙',則《禹貢》之敷土也。故智彌盛者其言博,才益多者其識遠。屈原之詞,誠博遠矣。終沒以來,名儒博遠之士,著造詞賦,莫不擬則其儀表,祖式其模範,取其要妙,竊其華藻。所謂金相玉質,百世無匹,名垂罔極,永不刊滅者矣。"

　　劉勰《文心雕龍·辨騷》曰:"自風雅寢聲,莫或抽緒,奇文蔚起,其《離騷》哉!故以軒翥詩人之後,奮飛辭家之前。豈去聖之未遠,而楚人之多才乎!昔漢武愛騷,而淮南作傳,以為'國風好色而不淫,小雅怨誹而不亂,若《離騷》者,可謂兼之。蟬蛻穢濁之中,浮游塵埃之外,皭然涅而不緇,雖與日月爭光可也'。班固以為'露才揚已,忿懟沈江,羿澆二姚,與左氏不合;《離騷》用羿、澆等事正與左氏合。孟堅所云,謂劉安說耳崑崙懸圃,非經義所載。然而文辭麗雅,為詞賦之宗,雖非明哲,可謂妙才'。王逸以為'詩人之提耳,屈原婉順。《離騷》之文,依經立義。駟虬乘鷖,則時乘六龍;崑崙流沙,則《禹貢》敷土。名儒詞賦,莫不擬其儀表,所謂'金相玉振,百世無匹'者也'。及漢宣嗟歎,以為皆合經術。揚雄諷味,亦言體同詩雅。四家舉以方經,而孟堅謂不合傳。褒貶任聲,抑揚過實。可謂鑒而弗精,翫而未覈者也。將覈其論,必徵言焉。故其陳堯舜之耿介,稱湯武之祗敬,典誥之體也;譏桀紂之猖披,傷羿澆之顛隕,規諷之旨也;虬龍以喻君子,雲蜺以譬讒邪,比興之義也;每一顧而掩涕,歎君門之九重,忠怨之辭也。觀茲四事,同於風雅者也。至於託雲龍，說迂怪，豐隆求宓妃，鴆鳥媒娀女，詭異之詞也；康回傾地，夷羿斃日，木夫九首，土伯三目，譎怪之談也；依彭咸之遺則，從子胥以自適，狷狹之志也；士女雜坐，亂而不分，指以為樂，娛酒不廢，沈湎日夜，舉以為歡，荒淫之意也。按：此宋玉之詞，非屈原意。自漢以來，摩麗之賦，勸百而諷一，其流至於齊梁而極矣，皆自宋玉倡之摘此四事，異乎經典者也。故論其典誥則以彼，語其夸誕則如此。故知楚詞者體慢於三代，而風雅於戰國。乃雅頌之博徒，而詞賦之英傑也。此語但可施於宋玉之徒，若以加諸屈原，則過矣觀其骨鯁所樹，肌膚所附，雖取鎔經意，亦自鑄偉辭。故《騷經》《九章》，朗麗以哀志；《九歌》《九辯》，綺靡以傷情；《遠遊》《天問》，瓖詭而惠巧；《招魂》《大招》，耀豔而深華；《卜居》標放言之致，《漁父》寄獨任之才。故能氣往轢古，辭來切今。驚采絕豔，難與並能矣。自九懷以下，遽躡其跡，而屈宋逸步，莫之能追。故其敍情怨則鬱伊而易感，述離居則愴怏而難懷。論山水則循聲而得貌，言節候則披文而見時。是以枚賈追風以入麗，馬揚沿波而得奇。其衣被詞人，非一代也。故才高者菀其鴻才，中巧者獵其豔詞，吟諷者銜其山川，童蒙者拾其香草。若能憑軾以倚雅頌，懸轡以馭楚篇，酌奇而不失其真，翫華而不墜其實，則顧盼可以驅辭力，欬唾可以窮文致，亦不復乞靈於長卿，假寵於子淵矣。彥和此篇不專論《離騷》兼及楚詞以下諸作贊曰：不有屈原，豈見《離騷》。驚才風逸，壯志煙高。山川無極，情理實勞。金相玉式，豔溢錙毫。"

　　彥和以下，論《離騷》者多有，不可備錄。如顏之推云："自古文人，常陷輕薄。"屈原露才揚己，顯暴君過。然劉子玄則云："懷襄不道，其惡存於楚賦。"讀者不以為過，蓋不隱惡故也。宋子章云："《離騷》為詞賦之祖。"後人為之，如主方不能加矩，主圓不能過規矣。此則但以文詞言之。及晦庵朱子作《楚詞集註》，亦多所論定。其序曰：“蓋自屈原賦《離騷》，而南國宗之。名章繼作，通號‘楚詞’，大抵皆祖原意，而《離騷》深遠矣，竊嘗論之。原之為人，其志行雖或過於中庸，而不可以為法，然皆出於忠君愛國之誠心；原之為書，其辭旨雖或流於跌宕怪神，怨懟激發而不可以為訓，然皆生於繾綣惻怛不能自已之至意。雖其不知學於北方，以求周公、仲尼之道，而獨馳騁於變風變雅之末流，以故醇儒莊士，或羞稱之。然使世之放臣屏子，怨妻去婦，抆淚謳吟於下，而所天者幸而聽之，則於彼此之間，天性民彝之善，豈不足以交有所發，而增夫三綱五典之重？此予之所以每有味於其言，而不敢直以詞人之賦視之也。”晦庵又論後之言《離騷》者多失其旨，雖太史公亦未能免。蓋如劉安、班固、賈逵之書，既皆不傳。隋唐間為訓解者五六家。又有僧道騫能為楚聲之讀，今亦不存。惟王逸《章句》，舊與宋洪興祖《補注》並傳，晦庵復為《集註》，此後音義註釋，復有多家。或詳於訓詁名物，或以己意傅合，鮮有深明屈原愛國之大義者，今不復悉著焉。

第四章　《九章》之自述

　　王逸曰："《九章》者，屈原之所作也。屈原放於江南之壄，思君念國，憂心罔極，故復作《九章》。章者著也，明也。言已所陳忠信之道甚著明也。卒不見納，委命自沈。楚人惜而哀之，世論其辭以相傳焉。"按屈原作《離騷》最早，《九章》則其遷於江南以後所作。《史記》云："上官大夫，短屈原於頃襄王。王怒而遷之，乃作《懷沙》之賦。"故洪興祖以《九章》之作，在頃襄王時也。朱子《集註》，則謂《九章》非必出於一時之言。"屈原既放，思君念國，隨事感觸，輒形於聲。後人輯之，得其九章，合為一卷"。又以"其詞大氐多直致無潤色，而《惜往日》《悲回風》。又其臨絕之音，以故顛倒重複，倔強疎鹵，尤憤懣而極悲哀，讀之使人太息流涕而不能已"。竊嘗論之。《九章》蓋屈原被遷以後，自述之詞，作於《離騷》之後，不出於一時。其間刺君念國，追昔望治，感懷身世，頌橘以喻，至於臨絕之音，並載之矣。《史記》錄《懷沙》賦，於遇漁父之後，即接以投汨之事。然則屈原終身志事，由初放以逮絕筆，莫不述之於《九章》也。是以具錄而論之，且約舉舊註，使覽者詳焉。

九章

惜誦以致愍兮，[惜，貪也。誦，論也。]發憤以抒情。[憤，懑也。][抒，渫也。]所作忠而言之兮，[言己所陳忠信之道，先慮于心，合于仁義乃敢為君言之也]指蒼天以為正，[春曰：蒼天，正平也。設君謂己作言非邪。願上指蒼天，使正平之也]令五帝以桁中兮，[五帝，謂五方神也。][補曰：桁與析同]戒六神與嚮服。[六神，謂六宗之神也。《尚書》：禋于六宗，嚮對也。服事也]俾山川以備御兮，[俾，使也。][御，侍也。]命咎繇使聽直。[咎繇，聖人也。]竭忠誠以事君兮，反離羣而贅肬。[羣，眾也。][贅肬，過也]忘儇媚以背眾兮，[儇，佞也。][媚，愛也。][背，違也]待明君其知之。[須賢明之君，則知己之忠也]言與行其可迹兮，[出口為言，所履為迹]情與貌其不變。[志願為情，顏色為貌。][變，易也]故相臣莫若君兮，所以證之不遠。[證，驗也]吾誼先君而後身兮，羌眾人之所仇。[羌，然辭也。][怨耦曰仇]專惟君而無他兮，又眾兆之所讎。[兆，眾也。][百萬為兆]壹心而不豫兮，[豫，猶豫也]羌不可保也。[保，知也。]疾親君而無他兮，有招禍之道也。思君其莫我忠兮，忽忘身之賤貧。事君而不貳兮，迷不知寵之門。[迷，惑也]忠何罪以遇罰兮，亦非余心之所志。行不羣以巔越兮，[巔，殞。][越，墜]又眾兆之所咍。[咍，笑也。][楚人謂相調笑曰咍]紛逢尤以離謗兮，[紛，亂貌也。][尤，過也。][補曰：紛，眾貌，言尤謗之多也。][離，遭也]謇不可釋。[謇，辭也。][釋，解也]情沈抑而不達兮，[沈，沒也。][抑，按也]又蔽而莫之白。心鬱邑余侘傺兮，[鬱邑，愁貌也。][侘，猶堂堂立貌也。][傺，住也。][楚人謂失志悵然住立為侘傺也]又莫察余之中情。固煩言不可結詒兮，[詒，遺也]願陳志而無路。[路，道也]退靜默而莫余知兮，進號呼又莫吾聞。申侘傺之煩惑兮，[申，重也]中悶瞀之忳忳。[悶，煩也。][瞀，亂也。][忳忳，憂貌也]昔余夢登天兮，魂中道而無杭。[杭，度也]吾使屬神占之兮，[屬神，蓋殤鬼也]曰有志極而無旁。[旁，輔也]終危獨以離異兮，曰君可思而不可恃。[恃，怙也]故眾口其鑠金兮，[鑠，銷也]初若是而逢殆。[殆，危也]懲於羹者而吹虀兮，何不變此志也。欲釋階而登天兮，[釋，置也。][登，上也]猶有曩之態也。[曩，曏也]眾駭遽以離心兮，又何以為此伴也。[伴，侶也]同極而異路兮，又何以為此援也。[路，道也]晉申生之孝子兮，父信讒而不好。（好，愛也）行婞直而不豫兮，（婞，很也。豫，厭也）鯀功用而不就。（鯀，兔臣也）吾聞作忠以造怨兮，忽謂之過言。九折臂而成醫兮，吾至今而知其信然。矰弋機而在上兮，（矰，繳射矢也，弋亦射也）罻羅張而在下。（罻羅，捕鳥網也。補曰：罻，音尉。下，音戶）設張辟以娛君兮，（辟，法也。娛，樂也）願側身而無所欲。僬個以干傺兮，（僬個，猶低佪也。干，求也。傺，住也）恐重患而離尤。欲高飛而遠集兮，君罔謂汝何之。（罔，無也）欲橫奔而失路兮，堅志而不忍背。膺胖以交痛兮，（膺，胸也。胖，分也。胖，音判。《字林》云："胖，半也。"）心鬱結而紆軫。（紆，曲也。軫，隱也）橋木蘭以矯蕙兮，（矯，猶糅也。橋一作捼。補曰橋音撟，斷木也。撟，舉手也）（橋一作擣。糅一作楺）糵申椒以為糧。（糵，音作）播江離與滋菊兮，（播，種也）願春日以為糗芳。（糗，糒也）恐情質之不信兮，（信，志也。質，性也）故重著以自明。矯茲媚以私處兮，（矯，舉也）願曾思而遠身。（曾，重也）

上《惜誦》，此章言己以忠信事君，可質於明神，而為讒邪所蔽，進退不可，惟博采眾善以自處而已。

余好幼此奇服兮[❶]，（奇，異也）年既老而不衰。（衰，懈也）帶長鋏之陸離兮，（長鋏，劍名也。其所握長劍，楚人名曰長鋏。五臣云：陸離，劍低昂貌）冠切雲之崔嵬。（崔嵬，高貌也。切雲，冠名）被明月兮珮寶璐，（在背曰被。寶璐，美玉也。明月，珠名）世溷濁而莫余知兮，（溷，亂也。濁，貪也）吾方高馳而不顧。駕青虬兮驂白螭，（虬螭，神獸，宜于駕乘）吾與重華遊兮瑤之圃。（重華，舜名也。瑤，玉也。圃，園也）登崑崙兮食玉英。與天地兮同壽，與日月兮同光。哀南夷之莫吾知兮，旦余濟乎江湘。（旦，明也。濟，渡也）乘鄂渚而反顧兮，（乘，登也。鄂渚，地名。補曰：楚子熊渠封中子紅于鄂）款秋冬之緒風。（款，欵也。緒，餘也）步余馬兮山皋，邸余車兮方林。（邸，舍也。方林，地名）乘舲船余上沅兮，（舲船，船有窗牖者）齊吳榜以擊汰。（吳榜，船櫂。汰，水波也）船容與而不進兮，淹回水而疑滯。（疑，惑也。滯，留也）朝發枉陼兮，夕宿辰陽。苟余心其端直兮，（苟，誠也）雖僻遠之何傷。（僻，左也）入溆浦余僬個兮，（溆浦，水名。個，一作遭迴）迷不知吾所如。（迷，惑也。如，之也）深林杳以冥冥兮，猨狖之所居。山峻高以蔽日兮，下幽晦以多雨。霰雪

---

❶ 此句通行本為"吾幼好此奇服兮"。——編者註

紛其無垠兮，（霰，霙也。）雪霏霏而承宇。（室屋沈沒，與天連也。）哀吾生之無樂兮，幽獨處乎山中。吾不能變心而從俗兮，固將愁苦而終窮。接輿髡首兮，桑扈臝行。（接輿，楚狂接輿也。髡，剔也。首，頭也。自刑身體避世不仕也。桑扈，隱士也。去衣裸裎，效夷狄也。）忠不必用兮，賢不必以。（以，亦用也。）伍子逢殃兮，比干菹醢。與前世而皆然兮，吾又何怨乎今之人。余將董道而不豫兮，（董，正也。豫，猶豫也。）固將重昏而終身。（昏，亂也。）亂曰：鸞鳥鳳凰，日以遠兮。（鸞鳳，俊鳥也。燕雀烏鵲，巢堂壇兮。露申辛夷，死林薄兮。（露，暴也。申，重也。叢木曰林。草木交錯曰薄。言重積辛夷，露而暴之，使死于林薄之中。）腥臊並御，芳不得薄兮。（腥臊，臭惡也。御，用也。薄，附也。）陰陽易位，時不當兮。（陰，臣也。陽，君也。）懷信侘傺，忽乎吾將行兮。

上《涉江》，此章言己佩服殊異，抗志高遠，國無人知之者，徘徊江之上，歎小人在位，而君子遇害也。

皇天之不純命兮，何百姓之震愆。（震，動也。愆，過也。）民離散而相失兮，方仲春而東遷。去故鄉而就遠兮，遵江夏以流亡。（遵，循也。江夏，水名也。言已東行循江夏之水而遂流亡，無還鄉之期也。）出國門以軫懷兮，（軫，痛也。懷，思也。）甲之鼂吾以行。（甲，日也。鼂，旦也。鼂，一作朝。補曰：鼂、朝並讀為朝暮之朝。）發郢都而去閭兮，荒忽其焉極。（言已始發郢，去我閭里，愁思荒忽，安有窮極之時。）楫齊揚以容與兮，（楫，船櫂也。齊，同也。揚，舉也。）哀見君而不再得。望長楸而太息兮，（長楸，大梓。）涕淫淫其若霰。（淫淫，流貌也。）過夏首而西浮兮，（夏首，夏水口也。）顧龍門而不見。（龍門，楚東門也。）心嬋媛而傷懷兮，（嬋媛，猶牽引也。）眇不知其所蹠。（眇猶遠也。蹠，踐也。）順風波以從流兮，焉洋洋而為客。（洋洋，無所歸貌也。焉，讀如「且焉止息」之焉。）淩陽侯之氾濫兮，（淩，乘也。陽侯，大波之神。）忽翱翔之焉薄。（薄，止也。）心絓結而不解兮，（絓，懸也。）思蹇產而不釋。（蹇產，詰屈也。）將運舟而下浮兮，（運，回也。）上洞庭而下江。去終古之所居兮，今逍遙而來東。羌靈魂之欲歸兮，（羌，發聲也。）何須臾而忘反。背夏浦而西思兮，哀故都之日遠。登大墳以遠望兮，（水中高者為墳。）聊以舒吾憂心。哀州土之平樂兮，（閔惜鄉邑之饒富也。）悲江介之遺風。（介，界也。）當陵陽之焉至兮，淼南渡之焉如。（淼，沇，彌望無際極也。）曾不知夏之為丘兮，（夏，大殿也。丘，丘墟也。）孰兩東門之可蕪。（孰，誰也。蕪，遂也。郢城兩東門，非先王所作邪，何可使遂廢而無路。）心不怡之長久兮，憂與愁其相接。（接，續也。）惟郢路之遼遠兮，江與夏之不可涉。忽若不信兮，至今九年而不復。_{放且九歲，君不覺也。}慘鬱鬱而不通兮，蹇侘傺而含慼。外承歡之汋約兮，_{汋約，好貌。}諶荏弱而難持。_{諶，誠也。}忠湛湛而願進兮，_{湛湛，重厚貌。}妬被離而鄣之。_{被，讀曰披。}堯舜之抗行兮，瞭杳杳而薄天。眾讒人之嫉妬兮，被以不慈之偽名。憎慍愉之脩美兮，_{慍，紆紛切，心所慍積也。愉，力允切，思求曉知謂之愉。}好夫人之忼慨。眾踥蹀而日進兮，_{踥，思葉切。蹀，音牒。踥蹀，行貌。}美超遠而逾邁。亂曰：曼余目以流觀兮，_{曼，猶曼，遠貌。}冀壹反之何時。鳥飛反故鄉兮，狐死必首丘。信非吾罪而棄逐兮，何日夜而忘之？

上《哀郢》，此章言己雖被放，心在楚國，徘徊而不忍去。蔽於讒諂，思見君而不得，故太史公讀哀郢而悲其志也。

心鬱鬱之憂思兮，獨永歎乎增傷。思蹇產之不釋兮，曼遭夜之方長。悲秋風之動容兮，_{風為政令，動，搖也。}何回極之浮浮？_{回，邪也。極，中也。浮浮，行貌。懷王為回邪之政，不合道中，則其化流行，舉下皆效也。}數惟蓀之多怒兮，_{數，紀也。蓀，香草也，以喻君。蓀，一作荃。}傷余心之慢慢。_{慢，痛貌也。}願搖起而橫奔兮，覽民尤以自鎮。_{尤，過也。鎮，止也。}結微情以陳詞兮，_{結續妙思，作辭賦也。}矯以遺夫美人。_{舉與懷王，使覽照也。}昔君與我誠言兮，曰黃昏以為期。_{且待日沒閒靜時也。}羌中道而回畔兮，反既有此他志。_{謂己不忠，遂外疏也。}憍吾以其美好兮，_{憍，矜也。}覽余以其脩姱。_{陳列好色，以示我也。}與余言而不信兮，蓋為余而造怒。_{責其非職，語橫暴也。}願承閒而自察兮，心震悼而不敢。悲夷猶而冀進兮，心怛傷之憺憺。_{肝膽刳破，血凝滯也。憺，談敢切，安靜也。}茲歷情以陳辭兮，蓀詳聾而不聞。固切人之不媚兮，眾果以我為患。初吾所陳之耿著兮，豈至今其庸亡。何毒藥之謇謇兮，願蓀美之可完。望三五以為像兮，指彭咸以為儀。夫何極而不至兮，故遠聞而難虧。善不由外來兮，名不可以虛作。孰無施而有報兮，孰不實而有穫。少歌曰：_{小吟謳謳，以樂志也。少，一作小。注云：此下一章即其反辭，總論前意，反覆說之也。此章有少歌，有倡，有亂。少歌之不足，則又發其意而為倡，獨倡而無與和也，則總理一賦之終，以為亂辭云倡}與美人抽怨兮，并日夜而無正。_{君性不端，晝夜謬也。}憍吾以共美好兮，敎朕而不聽。倡曰：有鳥自南兮，_{屈原自喻生楚國也。}來集漢北。好娇佳麗兮，_{容貌說美，有俊德也。}胖獨處此異域。_{背離鄉黨，居他邑也。胖，一作叛。}既惸獨而不羣兮，又無良媒在其側。道卓遠而日忌兮，願自申而不得。望北山而流涕兮，臨流水而太息。望孟夏之短夜兮，何晦明之若歲。惟郢路之遼遠兮，魂一夕而九逝。曾不知路之曲直兮，南指月與列星。願徑逝而未得兮，魂識路之營營。何靈魂之信直兮，人之心不與吾心同。理弱而媒不通兮，尚不知余之從容。亂曰：長瀬湍流泝江潭兮。狂顧南行聊以娛心兮。（軫，方也。故曰：軫之方也以象地。歲蒐，崔嵬，高貌也。言雖放棄，執履忠信，志如方石終不可轉，行度益高，我常願之也）軫石崴嵬塞吾願兮。超回志度行隱進兮。（超，越也。《說文》：隱，安也）低佪夷猶宿北姑兮。（北姑，地名）煩冤瞀容，實沛徂兮。（瞀，亂也。實，是也。徂，且也。瞀，音茂。）愁歎苦神靈遙思兮。路遠處幽又無行媒兮。道思作頌，聊以自救兮。憂心不遂，斯言誰告兮。

上《抽思》，此章言己所以多憂者，以君信諛而自聖，眩於名實，昧於施報。己雖忠直，無所赴愬，故反復其詞，以洩憂思也。

滔滔孟夏兮，（滔滔，盛陽貌也。《史記》作陶陶）草木莽莽。（言孟夏四月，純陽用事，煦成萬物。草木之類，莫不莽莽盛茂）傷懷永哀兮，（懷，思也。永，長也）汩徂南土。（汩，行貌。徂，往也）眴兮杳杳，（眴，視貌也。杳，深冥貌也）孔靜幽默。（孔，甚也。詩曰：亦孔之將。默默無聲也）鬱結紆軫兮，（紆，屈也。軫，痛也）離慜而長鞠。（慜，痛也。鞠，窮也）撫情効志兮，（撫，循也。効猶戴也）寃屈而自抑。（抑，按也）刓方以為圜兮，（刓，削也。補曰：刓，吾官切。圜，削也）常度未替。（度，法也。替，廢也）易和本迪兮，君子所鄙。（圖，法也。改，易也）前圖未改。內厚質正兮，大人所盛。（言人質性敦厚，心志正直，行無過失，則大人君子所盛美也）巧倕不斲兮，（倕，兗巧工也。斲，斫也）孰察其撥正。（撥，治也。察，知也）玄文處幽兮，（玄，墨也。幽，冥也）矇瞍謂之不章。（矇瞍，古明目者也。孟子曰：離婁之明，睖之也）變白以為黑兮，倒上以為下。鳳皇在笯兮，（笯，籠落也。徐廣曰：笯，一作弩。補曰：笯，音笯。《釋文》曰：奴，又女家切。《說文》曰：籠也。南楚謂之笯）雞鶩翔舞。同糅玉石兮，（糅，雜也。女救切）一概而相量。夫惟黨人鄙固兮，羌不知余之所藏。任重載盛兮，陷滯而不濟。（陷，沒也。濟，成也）懷瑾握瑜兮，窮不知所示。（示，語也）邑犬之羣吠兮，吠所怪也。非俊疑傑兮，（千人才為俊，一國高為傑）固庸態也。（庸，廝賤之人也）文質疏內兮，（內，舊音訥。疏，疏通也）

訥，木訥也。眾不知余之異采。采，文采也。材朴委積兮，條直為材，壯大為朴 莫知余之所有。重仁襲義兮，重，累也。襲，及也。謹厚以為豐。謹，善也。豐，大也。重華不可遌兮，遌，逢，一作逜，《史記》作悟 孰知余之從容。從容，舉動也。古固有不竝兮，豈知其何故。湯禹久遠兮，邈而不可慕。慕，思也。懲連改忿兮，懲，止也。忿，恨也。抑心而自強，抑，按也。離愍而不遷兮，愍，病也。遷，徙也。願志之有像。像，法也。進路北次兮，路，道也。次，舍也。日昧昧其將暮。昧，冥也。舒憂娛哀兮，限之以大故。限，度也。大故，死亡也。亂曰：浩浩沅湘分流汩兮，浩浩，廣大貌。汩，流也。脩路幽蔽，道遠忽兮。脩，長也。懷質抱情，獨無匹兮。匹，雙也。伯樂既沒，驥焉程兮。程，量也。萬民之生，各有所錯兮。錯，安也。定心廣志，余何畏懼兮。曾傷爰哀，永歎喟兮。爰，於也。喟，息也。世溷濁莫吾知，人心不可謂兮。知死不可讓，願勿愛兮。讓，辭也。言人知命將終可以建忠，伏節死義，願勿讓而自愛惜之也 明告君子，吾將以為類兮。告，語也。類，法也

上《懷沙》，此章言已雖放逐，不以窮困易其行。小人蔽賢，羣起而攻之。舉世之人，無知我者。思古人而不得見，伏節死義而已。太史公曰：乃作懷沙之賦，遂自投汨羅以死。原所以死，見於此賦，故太史公獨載之。

思美人兮，言己憂思，念懷王也。擥涕而竚眙。竚，立悲哀涕交橫也。補曰：擥猶拔也。竚，直呂切，久立也。眙，直視也，北吏切 媒絕路阻兮，言不可結而詒。秘密之語，難傳誦也 蹇蹇之煩冤兮，陷滯而不發。申旦以舒中憤兮，誠欲日日陳己心也 志沈菀而莫達。菀，音鬱，積也 願寄言於浮雲兮，遇豐隆而不將。因歸鳥而致辭兮，羌宿高而難當。當，值也 高辛之靈盛兮，遭玄鳥而致詒。譽妃吞燕卵以生契也。言殷契合神靈之祥，知而生於是，性有賢仁，為堯三公。屈原亦得天地正義而生，自傷不遭聖主而遇世亂也 欲變節以從俗兮，媿易初而屈志。獨歷年而離愍兮，羌馮心猶未化。寧隱閔而壽考兮，何變易之可為。心不改更，死忠正也 知前轍之不遂兮，未改此度。車既覆而馬顛兮，蹇獨懷此異路。勒騏驥而更駕兮，造父為我操之。御民以道 遷逡次而勿驅兮，使臣以禮得中和也。補曰：遷逡，猶逡巡，行不進貌。再宿為信，過信為次。《說文》曰：次，不前也。逡，七旬切 聊假日以須旹。當嶓，在梁州。指嶓冢之西隈兮，西隈，言日薄於西山也 與纁黃以為期。纁黃，蓋黃昏時也 開春

發歲兮，白日出之悠悠。吾將蕩志而愉兮，遵江夏以娛憂。擥大薄之芳茝兮，搴長洲之宿莽。惜吾不及古人兮，吾誰與玩此芳草？解萹薄與雜菜兮，〔萹，萹蓄也。雜菜，雜香之菜。補曰：萹音匾。《爾雅》曰：竹，萹蓄。注云：似小莉，赤莖節，好生道旁。《本草》云：亦呼為萹竹。萹薄，謂萹蓄之惑叢者。按萹蓄、雜菜皆非芳草。此言解去萹菜而備芳茝、宿莽以為交佩也〕備以為交佩。佩繽紛以繚轉兮，遂萎絕而離異。吾且僵佪以娛憂兮，觀南人之變態。〔觀察楚俗化改易也〕竊快在中心兮，〔私懷倪佯〕而欣喜也揚厥憑而不竢。〔思舒憤懣無所待也〕芳與澤其雜糅兮，羌芳華自中出。紛郁郁其遠承兮，滿內而外揚。情與質信可保兮，羌居蔽而聞章。令薜荔以為理兮，憚舉趾而緣木。因芙蓉而為媒兮，憚褰裳而濡足。登高吾不說兮，入下吾不能。固朕形之不服兮，然容與而狐疑。廣遂前畫兮，未改此度也。命則處幽，吾將罷兮。願及白日之未暮。獨煢煢南行兮，思彭咸之故也。

上《思美人》，此章言已思念其君，不能自達。然反觀初志，不可變易，益自脩飭，死而後已也。

惜往日之曾信兮，〔先時見任，身親近也〕受命詔以昭詩〔君告屈原明典文也。詩，一作時〕奉先功以照下兮，明法度之嫌疑。〔草創憲度，定眾難也〕國富強而法立兮，屬貞臣而日娭。〔委政忠良而遊息也。補曰：屬，音燭，付也。娭，音嬉，戲也〕祕密事之載心兮，雖過失猶弗治。心純厖而不泄兮，〔素性敦厚，慎語言也〕遭讒言而嫉之。君含怒而待臣兮，不清澈其然否。蔽晦君之聰明兮，虛惑誤又以欺。弗參驗以考實兮，遠遷臣而弗思。信讒諛之溷濁兮，盛氣志而過之。何貞臣之無辠兮，被離謗而見尤。慙光景之誠信兮，〔《說文》云：景，光也。此言已誠信之著，小人所慙也〕身幽隱而備之。臨沅湘之玄淵兮，遂自忍而沈流。卒沒身而絕名兮，〔姓字斷絕，形體沒也〕惜壅君之不昭。君無度而弗察兮，使芳草為藪幽。〔賢人放竄，棄草野也。補曰：《說文》藪，大澤也〕焉舒情而抽信兮，恬死亡而不聊。〔忍不貪生而顧老也。補曰：恬，安也。可安於死亡，不苟生也〕獨鄣壅而蔽隱兮，使貞臣為無由。聞百里為虜兮。伊尹烹於庖廚。呂望屠於朝歌兮，寧戚歌而飯牛。不逢湯武與桓繆兮，世孰云而知之。吳信讒而弗昧

兮，宰嚭阿諛，甘如蜜也。弗，一作不。補曰：淮南云，古人味而不貪，今人貪而不味。此言貪嗜讒言，不知忠直之味也子胥死而後憂。介子忠而立枯兮，文君寤而追求。封大山而為之禁兮，報大德之優游。思久故之親身兮，因縞素而哭之。或忠信而死節兮，或訑謾而不疑。_{訑、謾皆欺也。上音移。下謨官切}弗省察而按實兮，聽讒人之虛辭。芳與澤其雜糅兮，孰申旦而別之。何芳草之早殀兮，微霜降而下戒。諒聰不明而蔽壅兮，使讒諛而日得。自前世之嫉賢兮，謂蕙若其不可佩。妒佳冶之芬芳兮，嫫母姣而自好。雖有西施之美容兮，讒妒入以自代。願陳情以白行兮，得罪過之不意。情冤見之日明兮，如列宿之錯置。乘騏驥而馳騁兮，無轡銜而自載。乘氾沭以下流兮，_{乘舟氾船而涉渡也。編竹木}曰汨。楚人曰沭，秦人曰撅也。乘，一作桀。沭，一作柑。補曰：氾，音泛。沭，音數。《說文》云：編木以度，柑，與沭同無舟楫以自備。背法度而心治兮，辟與此其無異。寧溘死而流亡兮，恐禍殃之有再。不畢辭而赴淵兮，惜壅君之不識。

上《惜往日》，此章言己初見信任，楚國幾於治矣。而懷王不知君子、小人之情狀，以忠為邪，以僭為信。卒見放逐，無以自明也。

后皇嘉樹，橘徠服兮。_{后，后土也。皇，皇天也。服，習也。言皇天后土，生美橘樹，異於眾木，來服習南土，便其風氣。屈原自喻才德如橘樹，亦}異於眾也受命不遷，生南國兮。深固難徙，更壹志兮。綠素榮紛，其可喜兮。_{剟，利也。棘，橘枝刺，若棘也。摶，團也。楚人名團為摶。言橘枝重累，又有利棘，以象武也。其實圓摶，又象文也，以喻己}有文武能方圓也曾枝剟棘，圓果摶兮。青黃雜糅，文章爛兮。_{精，明也。類猶貌也。言橘實青黃，其色精明，內}精色內白，類可任兮。_{懷潔白，以言賢者亦然}紛縕宜脩，姱而不醜兮。_{紛縕，盛貌。醜，惡也。言橘類紛縕，而盛如人，宜脩飾形容，盡好無有醜惡也。補曰：紛，音汾。縕，音氳。《集韻》蘊，}《集韻》蘊，積也。姱，好也嗟爾幼志，有以異兮。_{爾，汝也。幼，小也。言嗟乎眾臣，女少小之人，其志徒有異於橘也}獨立不遷，豈不可喜兮。深固難徙，廓其無求兮。蘇世獨立，橫而不流兮。_{蘇，寤也。言屈原自知為讒佞所害，心中覺寤。然不可變節，猶行忠直，橫立自持，不隨俗人也}閉心自慎，不終失過兮。秉德無私，參天地兮。_{謝，去也。言己願與橘同心並志，歲月雖去，年且衰老，長為朋友，不相遠離也}願歲並謝，與長友兮。_{淑，善也。梗，強也。言己雖設與橘離別，猶善持己行，梗然堅強，終不淫惑而失義也}離不淫，梗其有理兮。年歲雖少，可師長兮。行比伯夷，置以為像兮。(像，法也。)

上《橘頌》，美橘之有是德，故曰頌。《管子》篇名有《國頌》，說者曰：頌，容也，陳為國之形容。朱子曰：舊說屈原自比志節如橘，不可移徙。篇內意皆放此。

悲回風之搖蕙兮，(回風為飄。飄風回邪，以興讒人)心冤結而內傷。物有微而隕性兮，聲有隱而先倡。(倡，始也)夫何彭咸之造思兮，暨志介而不忘。(暨，與也。《尚書》曰：讓於稷契暨皋陶。介，節也。言己見讒，人倡君為惡，則思念古世彭咸，欲與齊志節而不能忘也)萬變其情，豈可蓋兮。(蓋，覆也)孰虛偽之可長。鳥獸鳴以號羣兮，草苴比而不芳。(生曰草，枯曰苴，比合也)魚葺鱗以自別兮，蛟龍隱其文章。故荼薺不同畝兮，(二百四十步為畝。言枯草荼薺不同畝而俱生，以言忠佞亦不同朝而俱用也)蘭茝幽而獨芳。惟佳人之永都兮，(佳人，謂懷襄王也。邑有先君之廟曰都)更統世而自貺。(更，代也。貺，與也。言己念懷王居鄢都，世統其位，父子相舉，今不任賢亦將危殆也)眇遠志之所及兮，憐浮雲之相羊。(相羊，無所據依之貌也)介眇志之所惑兮，(介，節也。言己能守耿介之節，眇以自惑，誤不用於世也)竊賦詩之所明。(賦，鋪也。詩，志也。言己守高眇之節，不用於世，則鋪陳其志以自證明也)惟佳人之獨懷兮，折若椒以自處。(處，居也。言己獨念懷王，雖見放逐，猶折香草以自修行善，終不息也)曾歔欷之嗟嗟兮，獨隱伏而思慮。涕泣交而淒淒兮，思不眠以至曙。終長夜之曼曼兮，掩此哀而不去。寤從容以周流兮，(覺立徙倚而行步也)聊逍遙以自恃。傷太息之愍憐兮，(憂悴重歎，心辛苦也)氣於邑而不可止。(氣逆憤懣，結不下也)糺思心以為纕兮，(糺，戾也。纕，帶也，一作纕。補曰：糺繩三合也)編愁苦以為膺。(編，結也。膺，胸也。結胸者言動以憂愁自係結也)折若木以蔽光兮，隨飄風之所仍。(仍，因也。言己願折若木以蔽日，使之稽留，因隨飄風小而遊戲也)存髣髴而不見兮，(髣髴，謂形貌也)心踊躍其若湯。撫珮衽以案志兮，(整飭衣裳自寬慰也。補曰：衽，衣襟也，音稔。案，抑也)超惘惘而遂行。歲曶曶其若頹兮，(曶，音忽。頹，徒回切，下墜也)時亦冉冉而將至。蘋蘅槁而節離兮，芳以歇而不比。(志意已盡，知慮闋也。比，合也，音鼻)憐思心之不可懲兮，證此言之不可聊。寧逝死而流亡兮，不忍為此之常愁。孤子唫而抆淚兮，放子出而不還。孰能思而不隱兮，照彭咸之所聞。登石巒以遠望兮，路眇眇之默默。(耶道邈遠，居僻陋也。補曰：眇，遠也。默默，寂無人聲也)入景響之無應兮，(景，於境切，物之陰影也。萬洪始作影，響或作嚮，古字借用)聞省想而不可得。(省，息井切，察也，審也)愁鬱鬱之無快兮，居戚戚

而不可解。心鞿羈而不形兮，〔肝膽係結，難解釋也。形，一作開〕氣繚轉而自縋。〔思念緊卷而成結也。緊卷，一作

縷縷。補曰：遼，音了，纏也。縋，丈尒切，又音啼，結不解也〕穆眇眇之無垠兮，莽芒芒之無儀。〔儀，匹也。見《爾雅》〕聲有

隱而相感兮，物有純而不可為。〔松柏冬生，稟氣純也〕藐蔓蔓之不可量兮，〔藐，音邈，遠也〕

縹綿綿之不可紆。〔細微之思，難斷絕也。補日：縹，匹妙切。紆，音迂，縈也〕愁悄悄之常悲兮，翩冥冥之不

可娛。淩大波而流風兮，託彭咸之所居。上高巖之峭岸兮，處雌蜺

之標顛。〔託乘風氣遊天際也。補曰：標，杪也，其字從木。顛，頂也〕據青冥而攄虹兮，〔攄，舒也〕遂儵忽而捫

天。〔補曰：儵，音叔。捫，音門，撫也〕吸湛露之浮源兮，漱凝霜之雰雰。〔雰雰，霜貌也。言己雖昇

青冥猶能食霜露之精，以自潔也〕依風穴以自息兮，〔風穴，注云：風穴，北方寒風從地出也。宋玉賦云：空穴來風〕忽傾寤以嬋媛。馮崑崙以

瞰霧兮，隱岐山以清江。〔隱，伏也。岐山，江所出也〕憚涌湍之磕磕兮，〔憚，難也。涌湍，危阻也，以興讒賊危害賢人

也。磕，一作礚。補曰：磕，苦葢切，石聲〕聽波聲之洶洶。紛容容之無經兮，〔容容，動之貌〕罔芒芒之無

紀。軋洋洋之無從兮，馳委移之焉止。〔雖欲長驅，無所及也。一作馳逶蛇之焉至〕漂翻翻其上下

兮，〔登山入水周六合也。漂，一作飄。翻，一作幡，一潘。補曰：漂，浮也，音飄〕翼遙遙其左右。〔雖遠念君在旁側也。補曰：翼，疾趨也〕氾潏潏

其前後兮，〔補曰：氾濫也，音泛。潏，涌出也，音決〕伴張弛之信期。〔伴，俱也。弛，毀也。言己思君念國而眾人俱共毀己。言內無誠信不可與期也。

伴，讀若背畔之畔。己嘗以弛張之道周於君而君背之也〕觀炎氣之相仍兮，窺煙液之所積。〔炎氣，南方火也。火氣煙上天為雲，雲出湊液

而為雨也。相仍者，相從也。煙液所積者，所聚也〕悲霜雪之俱下兮，聽潮水之相擊。借光景以往來

兮，施黃棘之枉策。〔黃棘，棘刺也枉，曲也。言己願借神光電景飛注往來，施黃棘之刺以為馬策。言其利用急疾也〕求介子之所存

兮，見伯夷之放迹。心調度而弗去兮，刻著志之無適。〔無適，言己思慕子推伯夷清白之行，愜心

遵樂，志無所復適也〕曰吾怨往昔之所冀兮，〔冀，幸也。言己怨往古以邪事君，而幸蒙富貴也〕悼來者之悐悐。〔悐悐，欲利貌也。

悐，一作逖。補曰：悐，它的切，勞也〕浮江淮而入海兮，從子胥而自適。望大河之

洲渚兮，悲申徒之抗迹。〔申徒，狄也。遇闇君遭世離俗，自擁石赴河，故言抗迹也〕驟諫君而不聽兮，重任

石之何益。心絓結而不解兮，思蹇產而不釋。〔蹇產，猶詰屈也。言己乘水蹈波，乃愁而恐懼，則心懸結，詰屈而不

可解〕

上《悲回風》，此章言小人之盛，君子所憂。故記游天地之
間，以泄憤懣，終沈汨羅，從子胥、申徒以畢其志也。

舊說《九章》之義，具如上所述矣。竊嘗綜而諭之曰：“九章

者，屈原自述之詞也。在昭示其志於後之人。其文直露，不似他篇僵緩，傅以藻色，蓋達意而已。然屈原愛國之志，存於《九章》者尤詳。太史公既錄《懷沙》於列傳中，又曰讀《哀郢》悲其志，並有取於《九章》也。夫古之為國者，其時之相承，勢之相繼，自然一國之命，咸託於君。大人君子，欲用其國，制其法度，以臻於至治者，必其君聰明信己，不牽於成事，不惑於讒慝，而後其志可得而行，效可得而覩。雖愛國之士，非常之才，以公亮廣博之心，挾撥亂濟變之具。舍得君以外，則末由自盡焉。何則？形勢不便也。儒者之義，知治亂不可力致，遇合惟其所遭。故曰用之則行，舍之則藏。道之將行也與命也，道之將廢也與命也。雖然，趣強立而避微弱者，國之本也。喜治安而惡危敗者，民之情也。國之所以廢興存亡，誠莫不有數，亦必人事有以召之。古為人君者，既負一國之重，而所為不與治同歸，而適與亂同道，是惡得不任其責。故《惜誦》之篇，以刺君也。後人次為《九章》之首，所以明治亂之原也。古之人君，權大威盛，進退一士，抑何足道。然以進退一士之故，馴致政亂而國亡，則罪莫大焉。一士之淪廢，一身之詘辱，又何足道。然以一身淪廢詘辱之故，使斯民不被其澤，宗社夷為丘墟，斯亦不得不怨也。《離騷》訴桀紂之披昌，明三后之純粹。班固以為露才揚己，顯暴君過。嗚呼！是真不知詩人之義歟？夫詩人之所以貴者，在舉世貪污而標其貞廉，舉世混濁而見其清潔。淮南馬遷，並謂屈原濯淖汙泥之中，蟬蛻於濁穢，以浮游塵埃之外，不獲世之滋垢，皭然泥而不滓，故莫不惡也，而詩人獨昭其善；莫不穢也，而詩人獨全其美；莫不偽也，而詩人獨著其誠。若屈原詭詞曲志，逢君之惡，此與靳尚之徒何異？夫何日月爭光之與有？豈謂崇竦稱莽之功，亦將列於風雅者哉。然屈原之所以忠於

君、忠於國者，非當時所知也。時人以隨順君之嗜欲，便辟側佞為
忠。屈原以明法度，行美政，強宗國為忠。此真愛國之至，而忠之
大者也。顧時君不察，眾人不好。故曰："竭忠誠以事君兮，反離羣
而贅肬。忘儇媚以背眾兮，待明君其知之。"又曰："吾誼先君而後
身兮，羌眾人之所仇。專惟君而無他兮，又眾兆之所讎。"屈原抱其
愛國之志，涼涼獨往。雖君棄之，眾兆仇之，猶曰吾將待明君云
爾。以視當時縱橫之士，駕長短之說，日日自號有益人國，以買名
聲而徼富貴。去就一國如傅舍，變易謀畫如置碁。苟以便身行
術，譁眾取寵。直當屈原所深惡痛絕者矣。屈原之愛國，但油然發
於良心之所不能惄，而確然見為正理之所不可易。所以為忠，則純
忠也。所以為愛，則純愛也。不汲汲求諒於當時之人，惟以盡吾心
之誠而已。故曰："惜誦以致愍兮，發憤以抒情。所作忠而言之
兮，指蒼天以為正。令五帝以枅中兮，戒六神與嚮服。俾山川以備
御兮，命咎繇使聽直。"以為吾之忠於國，將示諸蒼天，折諸五
帝，質於六神。聽諸皋陶。非天神聖人，莫能啟吾之良心耳，是
《惜誦》之意也。然而屈原所以怨其君者，終不若怨其國人之深。蓋
積眾人而成國。君者，眾人之所戴也。眾人戴君，將以成國之治
化。今徒奉一君之私，而忘一國之計。但為君之僕役，而不計政之
美惡，本末倒置，孰甚於此？是以屈原既不見知於君，猶不能不求
知於國之人。至國之人莫之知，而屈原真窮矣。屈原要非貶節徇俗
之人也，乃於《涉江》發其意曰："世溷濁而莫余知兮，吾方高馳而
不顧。"又以其事自古已然。曰："忠不必用兮，賢不必以。伍子逢
殃兮，比干菹醢。與前世而皆然兮，吾又何怨乎今之人。"此所以深
致怨於其國人，兼露大去其國之意。曰："哀南夷之莫吾知兮，且余
濟乎江湘。"又曰："懷信侘傺，吾將行兮。"皆《涉江》之詞也。及

內顧其心，父母之邦，終不可去。《哀郢》以下，敍其拳拳不忍之情，纏綿悱惻，使讀者不覺而興愛國之心。至於《懷沙》，則決必死之志矣。其思念故國之辭曰："羌靈魂之欲歸兮，何須臾而忘反。背夏浦而西思兮，哀故都之日遠。"又曰："心不怡之長久兮，憂與愁其相接。惟郢路之遼遠兮，江與夏之不可涉。"又曰："曼余目以流觀兮，冀壹反之何時。鳥飛必故鄉兮，狐死必首丘。"_{並《哀郢》}又曰："道卓絕而日忘兮，願自申而不得。望北山而流涕兮，臨流水而太息。望孟夏之短夜兮，何晦明之若歲。惟郢路之遼遠兮，魂一夕而九逝。曾不知路之曲直兮，南指月與列星。願徑逝而未得兮，魂識路之營營。"_{《抽思》}《抽思》深刺其君，《懷沙》尤怨國人。其怨國人之辭曰："何靈魂之信直兮，人之心不與吾心同。理弱而媒不通兮，尚不知余之從容。"_{《抽思》}又曰："夫惟黨人鄙固兮，羌不知余之所臧。_{黨人，指楚人}任重載盛兮，陷滯而不濟。懷瑾握瑜兮，窮不知所示。邑犬之羣吠兮，吠所怪也。非俊疑傑兮，固庸態也。文質疏內兮，眾不知余之異采。材朴委積兮，莫知余之所有。"又曰："曾傷爰哀，永嘆謂兮。世溷濁莫吾知。人心不可謂兮。"_{並《懷沙》}其刺君之辭曰："昔君與我誠言兮，曰黃昏以為期。羌中道而回畔兮，反既有此他志。憍吾以其美好兮，覽余以其脩姱。與余言而不信兮，蓋為余而造怒。願承間而自察兮，心震悼而不敢。悲夷猶而冀進兮，心怛傷之憺憺。茲歷情以陳辭兮，蓀詳聾而不聞。固切人之不媚兮，眾果以我為患。初吾所陳之耿著兮，豈至今其庸亡。何毒藥之謇謇兮，願蓀美之可完。"_{《抽思》}屈原既屢刺其君，又推本君之所以多不賢者，以用世及之法也。於是追美堯舜之傳賢，而歎後世之莫之行。故曰："堯舜之抗行兮，瞭杳杳而薄天。眾讒人之嫉妒兮，被以不慈之偽名。"_{《哀郢》}夏商以來，無不用世及之禮，無有非之者。屈原獨頌堯舜之傳賢，亦可謂豪傑之士矣。至是屈原以為道雖不行，而志不可奪，之死矢靡他。乃曰：「刓方以為圜兮，常度未替。易初本迪兮，君子所鄙。」又曰：「知死不可讓，願無愛兮。明告君子，吾將以為類兮。」^{並《懷沙》}然於未死之前，又庶幾君之悔悟，復俾以政。則邦國之禍，猶或弭焉。於《思美人》《惜往日》二篇。反覆以致其思。顧一則終之以彭咸，一則申之以赴淵。良亦知其孤懷之不可冀也，乃作《橘頌》，用以自贊。稱受命不遷，行像伯夷。秉德無私，參配天地。卓哉若人，不已賢乎。若夫《悲回風》之作，惻惻臨絕之音，尤君子所為流涕而不忍卒讀者也。故欲詳屈原之志行，於《九章》盡之矣。

第五章　屈原之狂及其天才

　　《離騷》之辭緩，《九章》之辭切。蓋《離騷》將以諷諫寤俗，雖憂思甚深，義託風雅。《九章》則反復自述其志，愛國感事。口無擇言，故多徑露之詞。至於終無所發憤，而後激而自沈，斯亦可哀矣。始見世之不可以與語，則呼鬼神而告之，此《九歌》所為作也。將棄人間之溷濁，翔寥廓以自適。後世本之，以為游仙之意，此《遠游》所為作也。卒以天地鬼神，皆不足昭己之冤結，視天之夢夢，抑塞而誰訴。思乎古之人，以問天之不公，此《天問》所為作也。嗚呼！《九歌》《遠遊》《天問》諸篇。其諸可以見屈原之狂及其天才者與。今夫匹夫匹婦之為諒，自經於溝瀆而莫之知者眾矣。以一朝之忿、一身所遇之微，忽然忘其身，此豈足數哉。屈原懷治世之術，值可為之機，橫被讒愿，熟視宗國之將亡，而時人不覺。無所藉以盡其力，纏綿愛慕，忍而不能舍。其言彌長，其音彌苦。以宗國眾人之任為己之任。見宗國眾人之不自救，而懟己之不能救之。雖怨天尤人，至於斯極。其心皆發於公義，雖異乎儒者之從容中道。然視婾阿而苟合，混混而同流以媮其生者，固又未可以彼而議此也。淮南、馬遷，並以為其志潔、其行芳。非夫愛國之至而能若是乎？故曰屈原者，古今愛國詩人之宗也。讀《九歌》《遠遊》《天問》，尤足見其天才與狂氣之坌溢。茲分別述之。

（甲）九歌

詩人多近於狂。狂者之辭，若可解若不可解，《九歌》是也。然其愛國之志，與自任之意，懷冤鬱結而求訴之心，固往往見焉。王逸曰：《九歌》者，屈原之所作也。昔楚國南郢之邑、沅湘之間，其俗信鬼而好祠。其祠必作歌樂鼓舞，以樂諸神。屈原放逐竄伏其域，懷憂苦毒，愁思沸鬱。出見俗人祭禮之禮、歌舞之樂，其詞鄙陋，因為作《九歌》之曲，上陳事神之敬，下見己之冤結，託之以風諫。故其文意不同，章句錯雜，而廣異義焉。《九歌》共十一章，其第十《國殤》第一章，已見前。第二章。故今錄其餘十章。

吉日兮辰良，（日，謂甲乙。辰，謂寅卯。）穆將愉兮上皇。（穆，敬也。愉，樂也。）撫長劍兮玉珥。（玉珥，劍鐔也。）璆鏘鳴兮琳琅。（璆、琳、琅皆美玉名。）瑤席兮玉瑱，（瑱，一作鎮，壓也。）盍將把兮瓊芳。（瓊芳，玉枝，把，擎也。靈巫所把，取美潔也。）蕙肴蒸兮蘭藉，（以蕙草蒸肉，以蘭為藉。）奠桂酒兮椒漿。揚枹兮拊鼓，（枹，擊鼓槌也。）疏緩節兮安歌，陳竽瑟兮浩倡。（浩，大也。大倡作樂。）靈偃蹇兮姣服，（靈謂巫也。偃蹇，舞貌，姣好也。）芳菲菲兮滿堂。五音紛兮繁會，君欣欣兮樂康。

上《**東皇太一**》（《漢書·郊祀志》曰：天神貴者太一，太一佐曰五帝。《天文大象賦》注以太一主知風、雨、水、旱、兵、革、飢、饉、疾、疫）

浴蘭湯兮沐芳，華采衣兮若英。（若，杜若也。五采華衣，飾以杜若之英）靈連蜷兮既留，（靈，巫也。連蜷，巫迎神，導引貌也。）爛昭昭兮未央。寒將憺兮壽宮，（憺，詞也。憺，安也。壽宮，供神之處也）與日月兮齊光。龍駕兮帝服，（龍駕，言雲神駕龍。乘龍，兼衣青黃五采之色，與五帝同服也。帝謂五方之帝。言雲神）聊翱游兮周章。（周章，猶周流也）靈皇皇兮既降，（靈，謂雲神）猋遠舉兮雲中。（猋，去疾貌也。中，雲神所居）覽冀州兮有餘，橫四海兮焉窮。思夫君兮太息，（謂雲神）極勞心兮忡忡。（忡忡，憂心貌。屈原見雲一動千）里，周徧四海，想得隨從觀望四方，以忘己憂，思而念之終不可得，故太息而歎，中心煩勞而忡忡也。或曰君謂懷王

上《雲中君》 《漢書·郊祀志》有雲中君

君不行兮夷猶，〔君謂湘君。夷猶，猶豫也。〕蹇誰留兮中洲？〔蹇，詞也。中洲，洲中也。〕美要眇兮宜修，〔要眇，好貌。修飾也。〕沛吾乘兮桂舟。〔沛，行貌。〕令沅湘兮無波，使江水兮安流。〔願湘君使沅湘無波，使水安流。〕望夫君兮未來，吹參差兮誰思？〔參差，洞簫也。夫君謂湘君。〕駕飛龍兮北征，〔屈原思神略畢，意念楚國，顧願飛龍北行，還歸故居。〕邅吾道兮洞庭。〔邅，轉也。〕薜荔柏兮蕙綢，〔薜荔，香草。柏，搏壁也。綢，縛束也。〕蓀橈兮蘭旌，〔柏，一作拍。屈原言己居家則以薜荔搏飾四壁，蕙草縛屋，乘船則以蓀為橈櫂，蘭為旌旗，動以香潔，自修飾也。〕望涔陽兮極浦，〔涔陽江碕，名近附郢。〕橫大江兮揚靈。〔靈，精誠也。橫渡大江揚己精誠，冀能感悟懷王〕揚靈兮未極，女嬋媛兮為余太息。〔女謂女嬃〕橫流涕兮潺湲，〔屈原感女嬃之言，外欲變節而意不能改，悲傷涕泣〕隱思君兮陫側。〔陫，陋也。君謂懷王〕桂櫂兮蘭枻，〔櫂，楫也。枻，船旁板也。〕斲冰兮積雪。采薜荔兮水中，〔薜荔之草，緣木而生〕搴芙蓉兮木末。〔芙蓉，荷華也。生水中。喻志不合猶涉水求薜荔，緣木采芙蓉〕心不同兮媒勞，恩不甚兮輕絕。石瀨兮淺淺，〔瀨，湍也。淺，流疾貌〕飛龍兮翩翩。交不忠兮怨長，期不信兮告余以不閒。〔期不信，謂君之不信〕鼌騁騖兮江皋，〔鼌，早也。〕夕弭節兮北渚。〔弭，安也〕鳥次兮屋上，水周兮堂下。捐余玦兮江中，〔玦，玉佩也。〕遺余佩兮醴浦。采芳洲兮杜若，將以遺兮下女。〔女，陰也，以喻臣。謂己之儔匹貞正之人〕時不可兮再得，聊逍遙兮容與。

上《湘君》 湘水神

帝子降兮北渚，〔帝子謂堯女也。堯二女娥皇、女英，隨舜不反，沒於湘水之渚，因為湘夫人〕目眇眇兮愁予。〔予屈原自謂〕嫋嫋兮秋風，洞庭波兮木葉下。白蘋兮聘望，〔蘋草秋生。一作蘋〕與佳期兮夕張。〔佳謂湘夫人，不敢指斥尊者，故言佳也。張，施也，謂施帷帳，設祭具，期夫歆饗之〕鳥萃兮蘋中，〔鳥當集木，罾當在水，喻失其所〕罾何為兮木上？沅有茝兮澧有蘭，思公子兮未敢言。〔公子謂湘夫人〕荒忽兮遠望，觀流水兮潺湲。麋何食兮庭中？蛟何為兮水裔？〔麋當在山林，蛟當在深淵，亦喻不當其位〕朝馳余馬兮江皋，夕濟兮西澨。〔澨，水涯也〕聞佳人兮召予，〔予，屈原自謂〕將騰駕兮偕逝。築室兮水中，葺之兮荷蓋。蓀壁兮紫壇，播芳椒兮成堂。〔播，古播字〕桂櫳兮蘭橑，〔撩，橑也〕辛夷楣兮藥房。〔藥，白芷也〕罔薜荔兮為帷，〔罔，結也〕擗蕙櫋兮既張。〔擗，枍也，以枍蕙覆櫋屋〕白玉兮為鎮，〔以白玉鎮坐席〕疏石蘭兮為芳。〔疏，布陳也〕芷葺兮荷屋，繚之兮杜衡。^{綠，縛束也}合百草兮實庭，建芳馨兮廡門。^{廡門，屋也}九嶷繽兮並迎，靈之來兮如雲。捐余袂兮江中，遺余褋兮澧浦。^{褋，禪襦也}搴汀洲兮杜若，將以遺兮遠者。時不可兮驟得，聊逍遙兮容與。

上《湘夫人》^{舜二妃}

廣開兮天門，紛吾乘兮玄雲。令飄風兮先驅，^{迴風為飄}使凍雨兮灑塵。^{暴雨為凍雨}君迴翔兮以下，^{君指司命}踰空桑兮從女。^{屈原將陳己之寃結，欲踰空桑之山而要司命}紛總總兮九州，何壽夭兮在予。^{予謂司命}高飛兮安翔，乘清氣兮御陰陽。吾與君兮齋速，^{齋戒}導帝之兮九坑。^{坑，山脊。九坑謂九州之山}靈衣兮被被，^{長貌}玉佩兮陸離。壹陰兮壹陽，眾莫知兮予所為。^{屈原言己得配神俱行，出陰入陽，一晦一明，眾人無緣知我所作為也}折疏麻兮瑤華，^{疏麻，神麻}將以遺兮離居。老冉冉兮既極，不寖近兮愈疏。乘龍兮轔轔，^{車聲}高駝兮沖天。^{駝一作馳}結桂枝兮延佇，^{延長也。佇，立也}羌愈思兮愁人。愁人兮奈何？願若今兮無虧。^{願身行善常，若於今無有歇也}固人命兮有當，孰離合兮可為。

上《大司命》^{《漢書·郊祀志》曰：荊巫有司命。說者曰：文昌第四星也}

秋蘭兮麋蕪，羅生兮堂下。綠葉兮素華，芳菲菲兮襲予。^{襲，及也}夫人兮自有美子，^{夫人謂萬民也}蓀何以兮愁苦。^{蓀謂司命}秋蘭兮青青，綠葉兮紫莖。滿堂兮美人，忽獨與余兮目成。^{言萬民眾多，美人並會，盈滿於堂，而司命獨與我睆而相視，成為親親也}入不言兮出不辭，乘回風兮載雲旗。^{指神}悲莫悲兮生別離，樂莫樂兮新相知。^{屈原自悲與妻子別離}荷衣兮蕙帶，儵而來兮忽而逝。^{指神}夕宿兮帝郊，君誰須兮雲之際？^{幸其有意願己}與女游兮九河，衝風至兮水揚波。與女沐兮咸池，晞女髮兮陽之阿。^{晞，乾也。阿曲隅，日所行也}望美人兮未來，臨風怳兮浩歌。^{怳，失意貌}孔蓋兮翠旍，登九天兮撫彗星。^{彗星喻邪惡。竦，執也。幼，少也。艾，長也。言司命執持長劍}竦長劍兮擁幼艾，^{以誅絕凶惡，擁護萬民，少長使各得其命也}蓀獨宜兮為民正。^{蓀謂司命}

上《少司命》

暾將出兮東方，(日始出，其容暾暾而盛大也)照檻兮扶桑。(吾謂日)撫余馬兮安驅，(余謂夜)皎皎兮既明。駕龍輈兮乘雷，(輈，車轅)載雲旗兮委蛇。長太息兮將上，心低徊兮顧懷。(言日將去扶桑，而上升天，徘徊太息，顧念其居)羌聲色兮娛人，觀者憺兮忘歸。(憺，安也。日月光明，觀者娛樂忘歸)緪瑟兮交鼓，(緪，急張絃也，古登切。交鼓，對擊鼓也)簫鐘兮瑤簴。(簴，懸鐘磬之木)鳴篪兮吹竽，思靈保兮賢姱，(靈，巫也，一曰靈保，神巫。姱，好貌)翾飛兮翠曾，(曾，舉也。言巫舞工巧，身體翩然若飛，似翠鳥之舉也)展詩兮會舞。(展舒也)應律兮合節，靈之來兮蔽日。(靈，日神)青雲衣兮白霓裳，舉長矢兮射天狼。(天狼，星名，以喻貪殘)操余弧兮反淪降，(言日誅惡以後，復循道退入太陰之中，不伐其功)援北兮斗酌桂漿。(斗謂玉爵)撰余轡兮高駝翔，(駝，一作馳，一無此字)杳冥冥兮以東行。

上《東君》(《博雅》曰：朱明耀靈。東君，日也)

與女游兮九河，(女指河伯)衝風起兮橫波。(衝，隧也)乘水車兮荷蓋，駕兩龍兮驂螭。登崑崙兮四望，心飛揚兮浩蕩。日將暮兮悵忘歸，惟極浦兮寤懷。魚鱗屋兮龍堂，紫貝闕兮朱宮。(河伯所居)靈何為兮水中，(靈，河伯乘白黿)令逐文魚。與女游兮河之渚，流澌紛兮將來下。(流澌，解冰也)子交手兮東行，送美人兮南浦。(美人，屈原自謂)波滔滔兮來迎，魚鱗鱗兮媵予。

上《河伯》(河伯，河神，名馮夷)

若有人兮山之阿，被薜荔兮帶女蘿。既含睇兮又宜笑，子慕予兮善窈窕。(子謂山鬼)乘赤豹兮從文狸，辛夷車兮結桂旗。被石蘭兮帶杜衡，折芳馨兮遺所思。(所思謂清潔之士若屈原者也)余處幽篁兮終不見天，(余，山鬼自謂)路險難兮獨後來。表獨立兮山之上，雲容容兮而在下。杳冥冥兮羌晝晦，東風飄兮神靈雨。留靈脩兮憺忘歸，(靈脩謂懷王)歲既晏兮孰華予。(屈原冀懷王還己。言年歲晚暮，將欲罷老，誰復令我榮華也)采三秀兮於山間，(三秀，芝草)石磊磊兮葛蔓蔓。怨公子兮悵忘歸，(公子謂椒)君思我兮不得閒。(言懷王時思念我，顧不肯以閒暇之日，召己謀議也)山中人兮芳杜若，(山中人，屈原自謂)飲石泉兮蔭松柏。君思我兮然疑作。(君謂懷王)雷填填兮雨冥

冥，猨啾啾兮狖夜鳴。風颯颯兮木蕭蕭，思公子兮徒離憂。^{恐子椒不見
達，故遂去}
^{而憂}
^{愁也}
上《山鬼》　^{《莊子》曰：山有虁。《淮南》曰：
山出嘂陽。楚人所祠豈此類乎？}

　　成禮兮會鼓，傳芭兮代舞。^{芭，巫所
持香草名}姱女倡兮容與。^{姱，好貌，謂使童
稚好女先倡而舞}春
蘭兮秋菊，長無絕兮終古。
上《禮魂》　^{禮，一作祀，或曰禮
魂，謂以禮善終者}

　　《九歌》凡十有一章，《國殤》一章已見前，故不復著。《九
歌》詞意錯離，若不盡可明。王逸之註，後人多以為未當。然從而
為之辭者，亦未必是也。故仍刪存逸註，為其近古，餘不悉取
焉。逸之註太繁者，輒頗刊削，厥義自具，竊嘗論之。屈原既不得
志於世之人，無所控訴，憂愁煩亂。以為己之愛國之誠意，可以質
之鬼神。故因祀神之詞，而明己之與神合德。篇中所稱余或吾
者，固多以自喻。友靈物而乘陰陽，折芳馨而慕遠者，其開物成
務，把捉天地之意，蓋往往見焉。謂今之人雖不吾知，明神必不我
棄，故曰：“滿堂兮美人，忽獨與余兮目成。”又曰：“既含睇兮又宜
笑，子慕予兮善窈窕。”至於《國殤》一篇，尤多振厲之詞，將激國
人之勇武，光大楚國之民性，使為剛強而不可淩。且言為國死
者，為神靈，為鬼雄，於是終之以《禮魂》。《禮魂》者，祀魂
也，祀國魂也。曰：“春蘭兮秋菊，長無絕兮終古。”庶幾國魂之終
古無亡乎？其愛國之思深矣。《九歌》之詞，誠有不可強解者。故今
特揭大意於此，至於詳說，則俟諸異日焉。

（乙）遠游

屈原既憤濁世之不可居，因有羽化登仙之志。故《遠游》者，游仙詩之祖也。王逸曰：「《遠游》者，屈原之所作也。屈原履方直之行，不容於世。上為讒佞所讒毀，下為俗人所困極。章皇山澤，無所告訴。乃深惟元一，修執恬漠，思欲濟世。則意中憤然，文采鋪發。遂敍妙思，託配仙人，與俱游戲，周歷天地，無所不到。然猶懷念楚國，思慕舊故。忠信之篤，仁義之厚也，是以君子重其志而瑋其辭焉。朱子曰：屈原既放，悲歎之餘，眇觀宇宙。陋世俗之卑狹，悼年壽之不長，於是作為此篇。思欲制鍊形魄，排空御氣。浮游八極，後天而終，以盡反復無窮之世變。雖曰寓言，然其所設王子之詞，苟能充之，實長生久視之要訣也。

悲時俗之迫阨兮，願輕舉而遠遊。質菲薄而無因兮，焉託乘而上浮。遭沈濁而汙穢兮，獨鬱結其誰語。夜耿耿而不寐兮，魂煢煢而至曙。惟天地之無窮兮，哀人生之長勤。往者余弗及兮，來者吾不聞。步徙倚而遙思兮，怊惝怳而乖懷。_{惆悵失望，志乖錯也。怊，音超，悵恨意}意荒忽而流蕩兮，心愁悽而增悲。_{以上因時俗迫阨，人生勤勞，思出世而遠游捐棄我情，應專一也}神儵忽而不反兮，形枯槁而獨留。內惟省以端操兮，求正氣之所由。_{棲神藏情，治心術也}漠虛靜以恬愉兮，_{恬然自守，內樂侊也}澹無為而自得。_{滌除嗜欲，獲道實也}聞赤松之清塵兮，願承風乎遺則。貴真人之休德兮，美往世之登仙。與化去而不見兮，名聲著而日延。奇傅說之託辰星兮，美韓眾之得一。_{韓眾，古仙人。眾，一作終}形穆穆以浸遠兮，離人羣而遁逸。因氣變而遂曾舉兮，_{乘風蹈霧，升皇庭也曾，音增，高舉也}忽神奔而鬼怪。_{往來奄忽出奇冥也}時髣髴以遙見兮，精皎皎以往來。絕氛埃而淑尤兮，_{超越垢穢，過}

先祖也。淑，善也。尤，過也。言行修善，所以過先祖也終不反其故都。免眾患而不懼兮，世莫知其所如。以上思鍊氣以登仙恐天時之代序兮，耀靈曄而西征。靈曄，電貌。補曰：耀靈，日也。張平子曰：耀靈忽其西匿。潘安仁云：曜靈曄而遄邁，皆用此語。曄，音饁，光也微霜降而下淪兮，悼芳草之先零。聊仿佯而逍遙兮，永歷年而無成。誰可與玩斯遺芳兮，晨向風而舒情。身已過老，功名不成，世莫足與議忠貞，想承君命竭誠信也高陽邈以遠兮，余將焉所程？重曰：春秋忽其不淹兮，奚久留此故居？軒轅不可攀援兮，吾將從王喬而娛戲。以上惡人生勤勞，思出世而娛戲餐六氣而飲沆瀣兮，漱正陽而含朝霞。餐吞日精食元符也。《陵陽子明經》言：春食朝霞。朝霞者，日始欲出，赤黃氣也。秋食淪陰，淪陰者，日沒以後赤黃氣也。冬飲沆瀣。沆瀣者，北方夜半氣也。夏食正陽。正陽者，南方日中氣也。并天地玄黃之氣，是為六氣也保神明之清澄兮，精氣入而麤穢除。納新吐故，垢濁清也順凱風以從游兮，南風曰凱至南巢而壹息。觀視朱雀之所居也見王子而宿之兮，過子喬也審壹氣之和德。曰道可受兮不可傳。其小無內兮，其大無垠。無滑而魂兮，亂爾精也彼將自然。壹氣孔神兮，於中夜存。恆在身也。案：謂存夜氣也虛以待之兮，執清靜也無為之先。閑情欲也庶類以成兮，此德之門。以上思鍊氣而上升聞至貴而遂徂兮，忽乎吾將行。仍羽人於丹丘兮，補曰：《山海經》言，有羽人之國，不死之民留不死之舊鄉。朝濯髮於湯谷兮，湯谷，在東方少陽之位。補曰：湯，音陽夕晞余身於九陽。九陽謂天地之涯吸飛泉之微液兮，懷琬琰之華英。咀嚼玉英以養神也玉色頩以脕顏兮，補曰：頩，美也。一曰斂容。普茗、普經二切。脕，澤也，音萬，豔美色也精醇粹而始壯。質銷鑠以汋約兮，補曰：汋，音綽。汋約，柔弱貌神要眇以淫放。嘉南州之炎德兮，麗桂樹之冬榮。山蕭條而無獸兮，野寂漠其無人。載營魄而登霞兮，抱我靈魂而上升也掩浮雲而上征。以上渾寫遠游命天閽其開關兮，排閶闔而望予。立排天門而須我也。補曰：排，推也　召豐隆使先導兮，呼語雲師，使清路也問大微之所居。博訪天庭在何處也。大，一作太集重陽入帝宮兮，補曰：天有九重，故曰重陽造旬始而觀清都。遂至皇天之所居也。旬始，皇天名也。一曰旬始星名。《春秋考異郵》曰：太白名旬始朝發軔于太儀兮，太儀，天帝之庭　夕始臨乎於微閭。暮至東方之王山也。《爾雅》曰：東方之美者有醫無閭之珣玗琪焉屯余車之萬乘兮，百神侍從，無不有也　紛溶與而並馳。車騎籠茸而競驅也駕八龍之婉婉兮，載雲旗之逶蛇。建雄虹之采旄兮。係綴螮蝀又紛錯也五色雜而炫燿。服偃蹇以低昂兮，駟馬駊騀而鳴驤也驂連蜷以驕驁。驂騑驕驁，怒顛狂也，以上升天騎膠葛以雜亂兮，斑漫衍而方行。繽紛容裔，以並升也　撰余轡而正策兮，吾將過乎勾芒。（就少陽神于東方也）歷太皞以右轉兮，（東方，其帝太皞，其神勾芒）前飛廉以啟路。陽杲杲其未光兮，凌天地以徑度。（以上東游）風伯為余先驅兮，氛埃辟而清涼。鳳皇翼其承旂兮，遇蓐收乎西皇。（西方，其帝少皞，其神蓐收）擥彗星以為旍兮，（擥，一作攬。補曰：旍，即旌字）舉斗柄以為麾。（補曰：麾，旗屬）叛陸離其上下兮，游驚霧之流波。旹曖曃其曭莽兮，（日月晻曃而無光也）召玄武而奔屬。（呼太陰神使承衛也）後文昌使掌行兮，選署眾神以並轂。（召使衛靈皆侍從也）路曼曼其修遠兮，徐弭節而高厲。（補曰：厲，渡也）左雨師使徑待兮，右雷公以為衛。欲度世以忘歸兮，意恣睢以担撟。（撟，一作蟜。担，《釋文》云：音丘列切。朱子曰：担撟，軒舉也）內欣欣以自美兮，聊媮娛以自樂。（以上西游）涉青雲以汎濫兮，忽臨睨乎舊鄉。（補曰：邊，旁也）僕夫懷余心悲兮，邊馬顧而不行。思舊故以想像兮，長太息而掩涕。汜容與而遐舉兮，聊抑志而自弭。指炎神而直馳兮，（南方，其帝炎帝，其神祝融）吾將往乎南疑。（過衡山而觀九疑也）覽方外之荒忽兮，沛罔象而自浮。（罔象，《釋文》作潒。朱子曰：水盛貌）祝融戒而還衡兮，騰告鸞鳥迎宓妃。張《咸池》奏《承雲》兮，（《咸池》，堯樂。《承雲》即《雲門》，黃帝樂）二女御九韶歌。（黃帝樂）使湘靈鼓瑟兮，（百川之神，皆謠歌也）令海若舞馮夷。（河海之神咸相和也。海若，海神名。馮夷，水仙人）玄螭蟲象並出進兮，（螭，龍類。象，罔象，皆水中神物也。補曰：便娟，輕麗貌）形蟉虯而逶蛇。（補曰：蟉虯，盤曲貌）雌蜺便娟以增撓兮，（補曰：撓，纏也）鸞鳥軒翥而翔飛。（神女周旋侍左右也）音樂博衍而無終極兮，（補曰：衍，廣也）焉乃逝以徘徊。（補曰：蕃，舉也）舒并節以馳騖兮，（以上南游）逴絕垠乎寒門。（縱舍轡銜而長驅也。經過后土出北區也。寒門，北極之門。補曰：逴，遠也）軼迅風於清源兮，（過觀黑帝之邑宇也。補曰：北方，其帝顓頊）從顓頊乎增冰。歷玄冥以邪徑兮，（道絕幽都，路窮塞也。補曰：北方，其神玄冥）乘間維以反顧。（攀持天紘以休息也）召黔嬴而見之兮，（補曰：黔嬴，天上造化神名，或曰水神）為余先乎平路。（以上北游）經營四方兮，周流六漠。（補曰：六漠，六合）上至列缺兮，（窺天間隙。補引《大人賦》注列缺，天閃也）降望大壑。下崢嶸而無地兮，上寥廓而無天。視儵忽而無見兮，（目瞑眩也）聽惝怳而無聞。超無為以至清兮，與太初而為鄰。（補曰：《列子》曰：太初者，氣之始也。《莊子》曰：太初有無，無有無名）

洪興祖曰：騷經、《九章》，皆託游天地之間，以泄憤懣。卒從彭咸之所居，以畢其志。至此章獨不然。初曰"長太息而掩涕"，思故國也。終日"與太初而為鄰"，則世莫知其所如矣。朱子曰：司馬相如作《大人賦》，多襲其語。然屈子所到，非相如所能窺其萬一也。

（丙）天問

王逸曰：《天問》者，屈原之所作也。何不言問天？天尊不可問，故曰《天問》也。屈原放逐，憂心愁悴，彷徨山澤。經歷陵陸，嗟號昊旻，仰天歎息。見楚有先王之廟，及公卿祠堂，圖畫天地、山川、神靈，琦瑋僪佹，及古聖賢怪物行事。周流罷倦，休息其下，仰見圖畫，因書其壁，呵而問之，以渫憤懣，舒瀉愁思。楚人哀惜屈原，因共論述。故其文義不次序云爾。洪興祖曰：《天問》之作，其旨遠矣。蓋曰遂古以來，天地事物之變，不可勝窮，欲付之無言乎。而耳目所接，有感于吾心者，不可以不發也，欲具道其所以然乎。而天地變化，豈思慮智識之所能容哉？天固不可問，聊以寄吾之意耳。楚之興衰，天耶人耶？吾之用舍，天耶人耶？國無人莫我知也，知我者其天乎？此《天問》所為作也。太史公讀《天問》悲其志者以此。柳宗元作《天對》，失其旨矣。王逸以為文義不次序，夫天地之間，千變萬化，豈可以次序陳哉？案《天問》之篇，屈原誠有所激而作。所問雖時涉怪妄，而理之可推，事之可鑒者，尚多有之。要出于發憤之意，固不必執其跡以求之也。唐柳宗元始質其義理，為之條對，斯殆不免于鑿，而未達屈原之旨。洪氏非之，是矣。今不取之。

日遂古之初，^{遂，往也}誰傳道之？上下未形，何由考之？^{言天地未分以前} 冥昭瞢

59

閣，誰能極之？〔有日月畫夜以後〕馮翼惟像，何以識之？〔言天地既分，陰陽運轉，馮馮翼翼〕明明闇闇，惟時何為？陰陽三合，何本何化？〔謂天地人三合成德〕圜則九重，孰營度之？〔言天圜而九重，孰營度而知之乎〕惟茲何功，孰初作之？斡維焉繫？天極焉加？〔斡，轉也。維，綱也〕八柱何當？東南何虧？〔言天有八山為柱，皆何當值。東南不足，誰虧缺之也〕九天之際，安放安屬？隅隈多有，誰知其數？〔補曰：隅，角也。《爾雅》崖內為隩，外為隈〕天何所沓？〔沓，合也〕十二焉分？〔十二辰〕日月安屬？列星安陳？出自湯谷？次于蒙汜。〔補曰：《爾雅》云，西至日所入為太蒙，即蒙汜也〕自明及晦，所行幾里？夜光何德？死則又育？〔夜光，月也〕厥利維何，而顧菟在腹？女岐無合，夫焉取九子？〔女岐，神女，無夫而生九子也〕伯強何處？〔伯強，大厲疫鬼〕惠氣安在？〔惠氣，和氣〕何闔而晦？何開而明？角宿未旦，曜靈安藏？〔角宿，東方星。曜靈，日也〕不任汨鴻，師何以尚之？〔汨，治也。鴻，大水也。師，眾也。尚，舉也。言鯀才不任治鴻水，眾人何以舉之乎〕僉曰何憂，何不課而行之？〔課，試也〕鴟龜曳銜，鯀何聽焉？〔言鯀治水績用不成，堯乃放殺之羽山，飛鳥水蟲曳而食之，鯀何能復不聽乎〕順欲成功，帝何刑焉？〔順眾人之欲而成其功〕永遏在羽山，夫何三年不施？〔三年不舍其罪〕伯禹愎鯀，夫何以變化？〔變化有聖德〕纂就前緒，遂成考功。何續初繼業，而厥謀不同？洪泉極深，何以窴之？〔窴，塞。補曰：與填同〕地方九則，何以墳之？〔墳，分也〕河海應龍，何盡何歷？〔有鱗曰蛟龍，有翼曰應龍〕鮌何所營？禹何所成？康回馮怒，墜何故以東南傾？〔康回，共工名〕九州安錯？川谷何洿？〔洿，深也〕東流不溢，孰知其故？東南西北，其修孰多？〔修，長也〕南北順橢。其衍幾何？〔衍，廣大也。言南北橢長，其廣差幾何〕崑崙縣圃，其尻安在？〔崑崙，在西北，元氣所出。其巔曰縣圃。尻，一作居〕增城九重，其高幾里？〔補曰：淮南云，崑崙虛中有增城九重，其高萬一千里百一十四步三尺六寸。注云：增，重也，有五城十二樓〕四方之門，其誰從焉？〔言天四方各有一門，其誰從之上下〕西北辟啟，何氣通焉？〔西北門每常開啟〕日安不到？燭龍何照？〔言天之西北有幽冥無日之國，百龍銜燭而照之也〕羲和之未揚，若華何光？〔若木之華〕何所冬暖？何所夏寒？焉有石林？〔石木之林何〕獸能言？焉有虯龍？負熊以游？〔有角曰龍，無角曰虯〕雄虺九首，儵忽焉在？〔虺，蛇，別名儵忽，電光也。言有雄虺一身九頭，速及電光，皆何所在乎〕何所不死？長人何守？〔《括地象》曰：有不死之國。長人，長狄，防風氏〕靡萍九衢，枲華安居？〔《九歎》曰：衢寧有萍草，生于水上，無根旦蔓衍于九交之道。又有枲麻，垂草榮華。何所有此物乎？柳子厚《天對》以為，衢，歧也。九衢即九歧。《魏都賦》：尋靡萍于中逵。李善云：靡，蔓也。《山海經》：浮山有草焉，其葉如麻，赤華，即枲華也〕一蛇吞象，厥大何如？〔《山海經》：南方有靈蛇，吞象三年，然〕

黑水玄趾，三危安在？〔玄趾三危皆山名〕延年不死，壽何所止？鲮魚何所？鬿堆焉處？〔鲮魚，鯉也，一云鲮，鯉也，有四足，出南方。鬿堆，奇獸也。堆，一作雀，一作鵽。補曰：《說文》云，鵽，射也，音畢〕羿焉彈日？烏焉解羽？〔羿射九日，日中九烏皆死，墮其羽翼。彈，一作彈〕

禹之力獻功，降省下土四方。焉得彼塗山女而通之于台桑？〔言禹治水道，娶塗山氏之女而通夫婦之道，于台桑之地焉〕閔妃匹合，厥身是繼。〔閔，憂也。言禹所以憂無妃匹者，欲為身立繼嗣〕

胡維嗜不同味，而快鼌朝飽？啟代益作后，卒然離蠥。〔離，遭也。蠥，憂也〕何啟惟憂，而能拘是達？〔天下所以去益就啟，以其能憂思道德而通其拘隔。拘隔謂有扈叛啟，伐之〕皆歸躬籥，而無害厥躬。〔躬，行也。籥，窮也。言有扈所行皆歸于窮惡，故啟誅之無害于身〕何后益作革，而禹播降？〔后，君也。革，更也。播，種也。降，下也。言啟所以代益為君，以禹平治水土，百姓得下種百穀〕

啟棘賓商，九辯九歌。〔棘，陳也。賓，列也。九辯九歌，啟所作樂。言啟能修明禹業，陳列宮商之音〕何勤子屠母，而死分竟地？〔勤，勞也。屠，裂剝也。母之身分散竟地。何以能有聖德，憂勞天下乎〕帝降夷羿，革孽夏民。〔帝，天帝也。夷羿，諸侯。弒夏后相者也。革，更也。孽，憂也。羿荒淫為萬民憂患〕胡躬夫河伯，而妻彼雒嬪？〔胡，何也。雒嬪，水神，謂宓妃也。傳曰：河伯化為白龍，游于水旁，羿見射之，眇其左目，羿又夢與雒水神宓妃交接也。補曰：乃堯時羿〕馮珧利決，封狶是躬。〔馮，挾也。珧，弓名。決，射韝也。封狶，神獸也〕何獻蒸肉之膏，而后帝不若？〔若，順也。羿射封狶以其肉膏祭天。天帝猶不順羿之所為〕

浞娶純狐，眩妻爰謀。〔浞，羿相也。爰，於也。眩，惑也。言浞娶純狐氏女，眩惑愛之，遂與浞謀殺羿〕何羿之射革，而交吞揆之？〔吞，滅也。揆，度也。言羿好射獵，不恤政事法度。浞交接國中，布恩施德而吞滅之也。一無革字〕阻窮西征，巖何越焉？〔阻，險也。窮，窘也。言堯放鯀羽山，西行度越巖險，因墮死也〕化為黃熊，巫何活焉？〔言鯀死後化為黃熊，入于羽淵，豈巫醫所能復生活也〕咸播秬黍，莆藋是營。〔秬黍，黑黍也。藋，草名也。營，耕也〕何由并投，而鯀疾脩盈？〔言堯不惡鯀而戮殺之，則禹不得嗣興〕

白蜺嬰茀，胡為此堂？〔蜺，雲之有色似龍者也。茀，白雲透迤若蛇者也。言此蜺茀氣，透迤相嬰，何為此堂乎？蓋屈原所見祠堂之畫〕得夫良藥，不能固臧？〔臧，善也。言崔文子學仙于王子僑，子僑化為白蜺，而嬰茀持藥與崔文子。崔文子驚怪，引戈擊蜺，中之，因墮其藥。俯而視之，王子僑之尸也。故言得藥不善也〕天式從橫，陽離爰死？〔式，法也。天法有善，陰陽從橫之道，人失陽氣則死也〕大鳥何鳴？夫焉喪厥體？〔言崔文子取王子僑之尸，置之室中，覆之以弊筐，須臾則化為大鳥而鳴，翻飛而去。文子焉能亡子僑之身乎？言仙人不可殺也〕蒴號起雨，何以興之？〔蒴，蒴靃，雨師名也〕撰體協脅，鹿何膺之？〔膺，受也。言天撰十二神鹿，一身，八足，兩頭。獨何膺受此形體乎？補曰：撰，具也。協，合也〕鼇戴山抃，何以安之？〔鼇，大龜也。擊手曰抃。《列仙傳》有巨靈之鼇，背負蓬萊之山而抃〕釋舟陵行，何以遷之？〔舟釋水而陵行，則何能遷徙？言鼇所以能負山若舟船者，以其在水中也。使鼇釋水而陵行，則何以能遷徙山乎〕惟澆在戶，何求于嫂？〔澆，古多力者也。言澆無義，淫佚其嫂，往至其戶伴有所求，因與行淫亂〕何少康逐犬，而顛隕厥首？〔言夏少康因田獵，放犬逐獸，遂襲殺澆，斷其頭也〕女歧縫裳，而館同爰止。〔女歧，澆嫂，與澆淫佚，為之縫裳〕何顛易厥首，而親以逢殆？〔言少康夜襲，得女歧頭，以為澆因斷之，故言易〕

湯謀易旅，何以厚之？
首遇危殆

旅，眾也。言湯欲變易夏眾，使從己，獨何以厚待之乎

覆舟斟尋，何道取之？
言少康滅斟尋氏，奄若覆舟其情意

桀伐蒙山，何所得焉？
言夏桀伐蒙山之國而得妹嬉

妹嬉何肆，湯何殛焉？
桀得妹嬉，肆

舜閔在家，父何以鰥？
無妻曰鰥。舜為布衣，憂閔其家，其父頑母嚚不為娶婦，乃至於鰥也

堯不姚告，二女何親？
姚，舜姓也。言堯不告舜父母而妻之

厥謀在初，何所億焉？
補曰：億度也

璜臺十成，誰所極焉？
璜：石次玉者也。紂作玉臺十重

登立為帝，孰道尚之？
言伏羲始畫八卦，修行道德，萬民登以為帝，誰開導而尊尚之也

女媧有體，孰制匠之？
傳言：女媧，人頭蛇身，一日七十化。其體如此，誰所制匠而圖之乎

舜服厥弟，終然為害。
服，事也。舜服事弟象，象終欲害舜

何肆犬體，而厥身不危敗？
言象肆其犬豕之心，欲以殺舜，然終不能危敗舜身也

吳獲迄古，南嶽是止。
古，謂古公亶父。言吳國得賢君，至古公亶父之時而過太伯，陰讓避，王季辭之，南嶽之下采藥，於是遂止而不還也

孰期去斯，得兩男子？
期，會也。昔古公少子王季生聖子文王，及弟仲雍去之吳，吳立為君。誰與期會而得太伯仲雍兩男子乎

緣鵠飾玉，后帝是饗。
后帝，謂殷湯。言伊尹始仕，因緣烹鵠鳥之羹，修玉鼎以事于湯，湯賢之，遂以為相也

何承謀夏桀，終以滅喪？
言湯用伊尹之謀滅夏桀

帝乃降觀，下逢伊摯。
帝謂湯摯，伊尹名也

何條放致罰，而黎服大說？
條，鳴條。黎，眾也

簡狄在臺嚳何宜？玄鳥致貽女何喜？
簡狄。帝嚳妃。玄鳥，燕也。飛燕墮卵，簡狄吞之因生契也

該秉季德，厥父是臧。
該，苟也。秉，持也。父謂契也。季，末也。臧，善也。言湯能包持先人之末德，修其祖之善業，故天祐之以為民主也

胡終弊于有扈，牧夫牛羊？
有扈，澆國名。澆滅夏后相，相之遺腹子曰少康，後為有仍牧正，典主牛羊，遂攻殺澆，復禹舊跡

干協時舞，何以懷之？
干，求也。舞，務也。協，和也。懷，來也。言少康幼小，復能求得時務，調和百姓，使之鰥己以懷來

平脅曼膚，何以肥之？
言紂形體曼澤，平脅肥盛

有扈牧豎，云何而逢？
言有扈氏本牧豎之人，因何得為諸侯

擊牀先出，其命何從？
言啟攻有扈之時，親於其牀上擊而殺之，其先人失國之原，何所從出乎

恆秉季德，焉得夫朴牛？
恆，常也。季，末也。朴，大也。言湯常能秉持契之末德，修而弘之，天嘉其志，出田獵得大牛之瑞也

何往營班祿，不但還來？
營，得也。班，徧也。言湯往田獵，不但馳驅往來，也還輒以所獲得禽獸徧施祿惠于百姓也

昏微遵跡，有狄不寧。
昏，闇也。遵，循也。跡，道也。言人有循闇微之道，為婬佚夷羊之行者，不可以安其身也。謂晉大夫解居父也

何繁鳥萃棘，負子肆情？
言解居父聘吳，過陳之墓門。見婦人負其子，欲與之婬佚，肆其情欲，婦人則引詩刺之曰：墓門有棘，有鴞萃止。故曰繁鳥萃棘也

眩弟並淫危害厥兄。
言象為舜弟，眩惑其父母並為婬佚之惡，欲共危害舜也

何變化以作詐，後嗣而逢長？
言象欲殺舜，變化其態，內作姦詐，終不能害，舜為天子，封象有庳，子孫長為諸侯也

成湯東巡，有莘爰極。
言湯東巡至有莘國，以為婚姻也

何乞彼小臣，而吉妃是得？
湯東巡狩，從有莘氏乞匈伊尹，因得吉善之妃，以為內輔也

水濱之木，得彼小子。
小子謂伊尹也

夫何惡之，媵有莘之婦？
媵，送也。言伊尹母姙身，夢神女告之曰：臼竈生蛙，亟去勿顧。居無幾何，臼竈中生蛙，母去東走，顧視其邑，盡為大水，母因溺死，化為空桑之木，水乾之後，有小兒啼，水涯人收養之。既長，有殊才，有莘惡伊尹從木中出，因以送女

湯出重泉，夫何辠尤？
重泉，地名。言桀拘湯重泉而復出之

不勝心伐

帝，夫誰使挑之？[帝謂桀言湯不勝眾人之心，而以伐桀誰使桀先挑之也] 會鼂爭盟，何踐吾期？[武王伐紂，告勝禹以甲子日]

至殷，果以甲子日朝誅紂，不失期也。按鼂，即朝夕之朝 蒼鳥羣飛，孰使萃之？[蒼鳥，鷹也。武王伐紂，將帥勇猛如鷹鳥羣飛] 到擊紂

躬，叔旦不嘉。[武王至孟津，白魚入王舟。羣臣咸曰：休哉！周公曰：雖休勿休。故曰不嘉也] 何親揆發足，周之命以咨

嗟？[揆，度也。言周公于孟津揆度天命，發足還師，當此之時，周之命令已行于天下，百姓咨嗟，嘆美之也] 授殷天下，其位安施？反成乃

亡，其罪伊何？爭遣伐器，何以行之？[伐器，攻伐之器也] 並驅擊翼，何以將之？

[言武王三軍樂戰，赴敵爭先] 昭后成游，南土爰底。[底，至也。言昭王出游，南至楚不還] 厥利惟何，逢彼白雉？

[言昭王南游，何以利于楚乎。以為越裳氏獻白雉，昭王德不能致，欲親往逢迎之] 穆王巧梅，夫何為周流？[梅，貪也] 環理天下，夫

何索求？妖夫曳衒，何號于市？[昔周幽王前，世有童謠，曰：檿弧箕服，實亡周國。後有夫婦賣是器，以為妖怪，執而曳戮之于市也] 周

幽誰誅，焉得夫褒姒？天命反側，何罰何佑？齊桓九會，卒然身

殺？彼王紂之躬，孰使亂惑？何惡輔弼，讒諂是服？比干何逆，而

抑沈之？[補曰：抑沈，猶《九章》情抑沈而不達也] 雷開阿順，而賜封之？[雷開，佞人，阿順于紂，乃賜之金玉而封之也] 何聖人

之一德，卒其異方？[聖人謂文王也。卒，終也。言文王仁聖，能純一其德，則天下異方，終皆歸之也] 梅伯受醢，箕子詳

狂。[梅伯，紂諸侯。詳，一作佯] 稷惟元子，帝何竺之？[竺，厚也。投之於冰上，鳥何燠之？何] 何

馮弓挾矢，殊能將之？[馮，大也。挾，持也。言后稷長大，持大強弓，挾箭矢，桀然有殊異將相之才] 既驚帝切激，何逢長

之？[帝謂紂也。言武王能奉承后稷之業，致天罰加誅于紂，切激而數其過，何逢後世繼嗣之長也] 伯昌號衰秉鞭作牧。[伯昌謂文王。鞭，以喻政] 何令

徹彼岐社，命有殷國？[徹，壞也。社，土地之主也] 遷藏就岐何能依？[言太王始與百姓徙，其實藏，來就岐下] 殷有

惑婦何所譏？[惑婦謂妲己] 受賜茲醢，西伯上告。[言紂醢梅伯，以賜諸侯，文王受之，以祭告于上天] 何親就上

帝罰，殷之命以不救？師望在肆昌何識？[師望，太公也] 鼓刀揚聲后何喜？武

發殺殷何所悒？載尸集戰何所急？[尸，主也。集，會也。言武王伐紂，載文王木主] 伯林雉經，維其

何故？[伯，長也。林，君也。謂太子申生為後母驪姬所譖，遂雉經而殺] 何感天抑墜，夫誰畏懼？[申生冤，感天] 皇天集

命，惟何戒之？[言皇天集祿命而與王者，何不常易慎而戒懼也] 受禮天下，又使至代之。[言王者既已修行禮義，受天命而

有天下矣，又何為至使異姓代之乎] 初湯臣摯，後茲承輔。[言湯初舉伊尹，以為凡臣耳，後知其賢乃，以備輔翼] 何卒官湯，尊食

宗緒？[言伊尹佐湯。終為天子，尊其先祖緒業，流于子孫] 勳闔夢生，少離散亡。[勳，功也。闔，吳王闔廬也。夢，闔廬祖父壽夢。壽夢卒，太子諸樊立，諸樊卒，傳弟餘祭，餘祭卒，傳弟夷末，夷末卒，太子王僚立，闔廬諸樊長子次不得為王，少散離，亡放在外，乃使專諸刺王僚，代為吳王] 何壯武厲，能流厥

嚴？[言闔廬少小散亡，何能壯大，屬其勇武，流其威嚴也] 彭鏗斟雉帝何饗？[彭鏗，彭祖也。好和滋味，善斟雉羹，能事帝堯，堯美而饗食之] 受壽永

多，夫何久長？〔言彭祖進雉羹於堯，免饗食之以壽，考彭祖至八百歲，猶自悔不壽，恨枕高而睡遠也〕中央共牧后何怒？〔牧，草名也，有實。后，君也。言中央之州有歧首之蛇，爭共食牧草之〕蠭蛾微命力何固？〔言蠭蛾有蠚毒之蟲，受天命，負力堅固。屈原〕實，自相啄齧，以喻夷狄相愆爭，君上何故當怒之乎〕以喻蠻夷自相毒蠚，固其常也，獨當憂秦吳耳〕驚女采薇鹿何祐？〔言昔者有女子采薇菜，有所驚而走，因獲得鹿，其家遂昌熾〕北至回水萃何喜？〔女子驚走，至回水之上，止而得鹿〕喜？犬，鍼以百兩金易之，又不聽，因逐鍼而奪其爵祿也〕薄暮雷電歸何憂？〔屈原書壁詑，日暮欲去，天大雨雷電〕厥嚴不奉帝何求？〔言秦伯不肯與弟鍼〕兄有噬犬弟何欲？〔秦伯有噬犬，弟鍼欲請之〕易之百兩卒無祿？〔言秦伯不肯與弟鍼聽〕言將退於江濱，伏匿穴處〕伏匿穴處爰何云？〔荊，楚也。師，眾也。勳，功也。初〕荊勳作師夫何長？楚邊邑之女，與吳邊邑女爭采桑於境上，相傷，二家怒相攻，於是楚為此興師攻滅吳之邊邑。屈原又諫言：我先為不直，恐不可久長也。補曰：此楚平王時事，屈原微往事以諷耳〕悟過改更，我又何言？吳光爭國，久余是勝。〔光，闔廬名〕何環穿自閭社丘陵，爰出子文？〔子文，楚令尹也。子文之母，鄖公之女，旋穿閭社，通於丘陵，以淫而生子文〕吾告堵敖以不長。〔堵敖，楚賢人。屈原放時語堵敖曰：楚國將衰，不復能久長也〕何試上自予，忠名彌彰？〔屈原言我何敢嘗試君上，自干忠直之名，以顯彰後世乎。誠以同姓之故，中心懸惻，義不能已也〕

王逸曰：屈原所作，凡二十五篇。世相教傳，而莫能說《天問》，以其文義不次，又多奇怪之事。自太史公口論道之，多所不逮。至于劉向、揚雄，援引傳記，以解說之，亦不能詳悉，所闕者眾，日無聞焉。既有解詞，乃復多連蹇其文，濛澒其說，故厥義不昭，微指不晳。自遊覽者，靡不苦之而不能照也。今則稽之舊章，合之經傳，以相發明，為之符驗。章決句斷，事事可曉，俾後學者，永無疑焉。

屈原以愛國之誠心，弘濟之大志，迫於時勢，竟不得試，深憂仿偟，以至於狂。始則欲去濁世而與神明游，於《九歌》《遠游》之篇，頗露其意焉。既見濁世終不可去，形容憔悴，放於山澤，愁思鬱歎，莫能自宣。覩天地萬物，皆生疑怪。世間萬事，咸若不可解，於是呼天而問之。其問詞歷落，文意錯亂，多不易明。自來儒者以天地為生之本，詩人有所諷勸，莫不稱天以告誠。壹若天為聰明正直之主，而人道所賴以立者也。屈原至是乃獨有疑於天地生成之本，以至事物變化之蹟，吉凶禍福善惡盛衰之應，悉以為芒芴無

據，不可以理知。遂列古今行事，四方異聞，呵問於穹昊，以致其
寃思。是真可見其狂者之意矣。自司馬遷以來，並好其辭，劉向、
揚雄，為之訓釋，有所未具。王逸承而發之，雖其間或不能無所傅
會，然解《天問》者，至王逸而詳。故刪存其義，略取洪興祖《補
註》及朱子《集註》以益之焉。

第六章　屈原之後學

　　自屈原作《離騷》等篇，後人集為《楚詞》，為騷賦之宗。當時聞其風而興起者，則有宋玉、唐勒、景差。《史記》曰："屈原既死之後，楚有宋玉、唐勒、景差之徒者，皆好辭而以賦見稱。然皆祖屈原之從容辭令，終莫敢直諫。"《漢志》不別立《楚詞》之名，凡屈原所作，皆謂之賦，明賦起於屈原。繼屈原作賦者為宋玉，而荀卿亦有賦篇。荀卿之賦，其體雖不同屈原，然荀卿居楚久，且義主諷諫。朱子《楚詞後語》，錄荀卿之《成相雜辭》、《佹詩》，要亦原出屈原者也。故嘗以屈原之後，宋玉之徒得其辭，荀卿得其義。太史公獨以賈誼與屈原同傳者，賈誼明於政事，遭讒不用，與屈原同。太史公悲其志事文采相類，則比而敍之。今觀賈誼書，及其諸賦，洵為兼得屈原之辭與義者矣。後人敍《楚詞》乃有多篇，殆非其倫也。輒述宋玉、景差、荀卿、賈誼於此，可以考焉。

　　宋玉者，屈原弟子也。《漢志》有宋玉賦十六篇，唐勒賦四篇。今所傳宋玉賦，有《高唐》、《神女》、《好色》、《風》、《釣》、《大言》、《小言》之屬。《大言》《小言》，與景差、唐勒同作。《楚詞》有宋玉《九辯》、《招魂》，景差有《大招》。_{《大招》或以為屈原作。王逸時已不能明，朱子定以為差作}《招魂》《大招》，皆於屈原未死之時而作，為招其魂魄之語，期以寤楚王也。舊說《招魂》如此。《大招》之意，亦宜與《招魂》同。然即謂作於屈原既死之後，以致其思慕，且感楚人使勿忘屈原之忠者，殆亦無不可。蓋屈原愛國之誠，固楚人之所當永懷不已，以冀其魂魄之來歸耳。《大招》極稱楚政之美，豈將啟其主使鑒於賢士自沈，而務修德納善以強其國歟？茲著《招魂》《大招》二篇於後。

招魂

宋玉

朕幼清以廉絜兮，（朕，我也。不求曰清，不受曰廉，不汙曰絜。）身服義而未沬。（沬，已也。音昧。）主此盛德兮，牽於俗而蕪穢。上無所考此盛德兮，（考，校也。）長離殃而愁苦。（言己履行忠信而遇闇主，上則無所考校己盛德，長遭殃禍，愁苦而已）帝告巫陽。（帝謂天也。女曰巫。陽，其名也。）曰："有人在下，我欲輔之。（人謂賢人也。招屈原也。宋玉上設天意祐助貞良，故曰：帝告巫陽，有賢人屈原在於下方，我欲輔成其志以屬黎民也）魂魄離散，汝筮予之。"（言天帝哀閔屈原魂魄離散，身將顛沛使巫筮問求索，得而與之，使反其身）巫陽對曰："掌夢！（巫陽對天帝。言招魂者本掌夢之官所主職也）上帝其命難從。（言天帝難從掌夢之官，欲使巫陽招之也）若必筮予之，恐後謝之不能復用巫陽焉。"（謝，去也。巫陽言如必欲先筮問求魂魄所在，然後與之，恐後世怠懈，必去卜筮之法，不能復脩用，但招之可也）乃下招曰：（巫陽受天帝之命，因下招屈原之魂也）魂兮來歸！（還歸屈原之身）去君之恆幹，（恆，常也。幹，體也。）何為兮四方些？（言魂靈當扶人養命，何為去君之常體而遠之四方乎，或曰：去君之恆閒里也。楚人名里曰閒也）舍君之樂處，而離彼不祥些。（言何為舍君楚國饒樂之處，陸離走不善之鄉以觸眾恐也）魂兮歸來，東方不可以託些。（言東方有長人國，其高千仞，主求人魂而食之也）長人千仞，唯魂是索些。十日代出，（代，更也。）流金鑠石些。（言東方有扶桑之木，十日並在其上，以次更行，其勢酷烈，金石堅剛皆為銷釋）（釋，解也。言彼十日之處，自習其熱，魂行到身，必解爛也）彼皆習之，魂往必釋些。歸來歸來！不可以託些。魂兮歸來！南方不可以止些。（言南方之俗，其人無信，不可久留也）雕題黑齒，（雕，畫也。題，額也。）得人肉而祀，以其骨為醢些。（醢，醬也。言南極之人，雕畫其額，齒牙盡黑，常食蠃蚌，得人之肉，用祭先祖，復以其骨為醢醬也）蝮蛇蓁蓁，（蝮，大蛇。蓁，積聚之貌）封狐千里些。（封狐，大狐也。言炎土之氣多蝮虺，積聚蓁蓁，爭欲齧人，又有大狐健走，千里求食，不可逢過也）雄虺九首，往來倏忽，吞人以益其心些。（倏忽，疾急貌也。言復有雄虺，一身九頭，往來奄忽，常喜吞人魂魄，以益其賊害之心也）歸來歸來！不可久淫些。（淫，遊也）魂兮歸來！西方之害，流沙千里些。（流沙，沙流而行也）旋入雷淵（旋，轉也。淵，室也）麋散而不可止些。（麋，碎也。言欲涉流沙則回入雷公之室，運轉而行，身雖麋碎尚不可得休止也）幸而得脫，其外曠宇些。（曠，大也。宇，野也。言從雷淵雖得免脫，其外復有曠遠之野，無人之土也）赤蟻若象，（蟻，蚍蜉也）玄蠭若壺些。（壺，乾瓠也）五穀不生，叢菅是食些。（柴棘為叢。菅，茅也。言西極之地，不生五穀，其人但食柴草若羣牛也）其土爛人，求水無所得些。（言西方之土，溫暑而熱，燋爛人身肉，渴欲求水，無有源泉，不可得也）彷徉無所倚，廣大無所極些。歸來歸來，恐自遺賊些。（賊，害也。魂魄欲往者，自予賊害）魂兮歸來！北方不可以止些。增冰峨峨，飛雪千里些。歸來歸來！不可以久些，魂兮歸來！君無上天些。（天不可得上也）虎豹九關，啄害下人些。（啄，齧也。天門九重，使神虎豹執其開閉。言啄天下欲上之人而殺之）一夫九首，拔木九千些。（言有丈夫一身九頭，強梁多力，從朝至暮拔大木九千枚也）豺狼從目，往來侁侁些。（侁侁，行聲也。豺狼之獸，其目皆從，奔走往來，其聲侁侁，爭欲啗人）懸人以嬉，投之深淵些。（投，擿也。言豺狼得人，不即啗食，先懸其頭，用之嬉戲，疲倦已後，乃擿於深淵之底而棄之）致命於帝，然後得瞑些。（瞑，臥也。言投人已訖，上致命於天帝，然後乃得瞑臥也）歸來歸來！往恐危身些。魂兮歸來！君無下此幽都些。（幽都，地下后土所治也。地下幽冥故曰幽都）土伯九約，其角觺觺些。（土伯，后土之侯伯也。約，屈也。觺觺，角利貌。言地有土伯，執衛門戶，其身九屈，有角觺觺，觸害人也）敦脄血拇，（敦，厚也。脄，背也。拇，手拇指也。言土伯之頭，其貌如虎而有）逐人駓駓些。（駓駓，走貌也）參目虎首，其身若牛些。（三目，身又肥大狀如牛矣）此皆甘人。歸來歸來！恐自遺災些。魂兮歸來！入脩門些。（脩門，郢城門也）工祝招君，背行先些。（工，巧也。男巫曰祝。背，倍也。言選擇工巧辯之巫，使招呼君，倍道先行，在前宣導也）秦篝齊縷，鄭綿絡些。（篝，落也。縷，線也。綿，纏也。絡，縛也。言為君魂作衣，乃使秦人織其篝落，齊人作綵縷，鄭國之工纏而縛也）招具該備，永嘯呼些。（該亦備也。言撰設甘美招魂之具，靡不畢備，故長嘯大呼以招君也）魂兮歸來，反故居些。天地四方，多賊姦些。像設君室，（像，法也）靜間安些。高堂邃宇，（邃，深也。宇，屋也）檻層軒些。（檻，楯也。從曰檻，橫曰楯。軒，樓板也）層臺累榭，（層，累皆重也。有木謂之臺，無木謂之榭）臨高山些。網戶朱綴，（網戶，綺文鏤也。朱，丹也。綴，緣也）刻方連些。（刻，鏤也。橫木關柱為連。言門戶之楣，皆刻鏤綺文，朱丹其榱，雕鏤綺木，使方好也）冬有突夏，（突，複室也。夏，大屋也）夏室寒些。川谷徑復，（流源為川。注谿為谷。徑，過也。復，反也）流潺湲些。光風轉蕙，（光風謂雨已日出而風，草木有光色。轉，搖也）氾崇蘭些。（氾猶氾，氾搖動貌也。崇，充也。言天霽日明，微風奮發動搖草木，皆令有光，充實蘭蕙，使之芬芳而益暢）經堂入奧，（西南隅謂之奧）朱塵筵些。（朱，丹也。塵，承塵也。筵，席也）砥室翠翹，（砥，石也。翠，鳥名也。翹，羽也）絓曲瓊些。（絓，懸也。曲瓊，玉鉤也。言內臥之室，以砥石為壁，）

平而滑澤，〔以翠鳥之羽雕飾玉鉤，以懸衣物也〕翡翠珠被，〔雄曰翡，雌曰翠。被，衾也〕爛齊光些。〔齊同也〕蒻阿拂壁，〔蒻，蒻席也。阿，曲隅也／拂，薄也〕羅幬張些。〔羅，綺屬也／張，施也〕纂組綺縞〔纂組，綬類也〕結琦璜些。〔璜，玉名也。言幃帳之細，皆用綺縞。又以纂組結束，玉璜為幃帳之飾〕室中之觀，多珍怪些。蘭膏明燭，〔以蘭香練膏也〕華容備些。二八侍宿，〔二八，二列也。言大夫有二列之樂〕射遞代些。〔射，厭也。遞，更也。言使好女十六侍君宴寢，意有厭倦，則使更相代也〕九侯淑女，〔淑，善也〕多迅眾些。〔迅，疾也。言復有九國諸侯好善之女，多才長意，用心齊疾，勝於眾人也〕盛鬋不同制，〔鬋，鬢也／制，法也〕實滿宮些。〔宮猶室也〕容態好比，〔態，姿也／比，親也〕順彌代些。〔彌，久也。言美女眾多，其貌齊同，姿態好美，自相親比，承順上意，久則相代也〕弱顏固植，〔固堅植，志也〕謇其有意些。〔謇，正言貌也。言美女內多廉恥，弱顏易愧，心志堅固不可侵犯，則謇然發言中禮意者也〕姱容脩態，〔姱，好貌也／脩，長也〕絙洞房些。〔絙，竟也／房，室也〕蛾眉曼睩，〔曼，澤也／睩，視貌也〕目騰光些。〔騰，馳也〕靡顏膩理，〔靡，緻也／膩，滑也〕遺視矊些。〔遺視，竊視。矊脈，美女顏容脂緻，身體夷滑，中心聯脈，時竊視安詳，諭志不可動也〕離榭脩幕，〔離，別也／脩，長也／幕，大帳也〕侍君之閒些。〔閒，靜也〕翡帷翠帳，飾高堂些。紅壁沙版，〔紅，赤貌也／沙，丹沙也〕玄玉之梁些。〔玄，黑也。言堂上四壁皆堊色，今之紅白，又以丹沙盡飾軒檻，承以黑玉之梁五采分別也〕仰觀刻桷，〔言仰視屋之樓椽，皆刻畫龍蛇而有文章也〕畫龍蛇些。坐堂伏檻，〔檻，楯也〕臨曲池些。芙蓉始發，〔芙蓉，蓮華也〕雜芰荷些。〔芰，菱華也〕紫莖屏風，〔屏風，水葵也〕文緣波些。〔言復有水葵生於池中，其莖紫色風起水動，波緣其葉而生文也〕文異豹飾，〔豹猶虎，豹也〕侍陂陀些。〔陂陀，長陸也。言侍從之人，皆衣虎豹之文，異采之飾，侍君堂隅，衛階陛也〕軒輬既低，〔軒、輬，皆輕車名也。低，屯也〕步騎羅些。〔徒行為步，乘馬為騎。羅，列也〕蘭薄戶樹，〔薄，附也／樹，種也〕瓊木籬些。〔柴落為籬。言所造舍，種樹蘭蕙附於門戶，外以玉木為其籬落〕魂兮歸來，何遠為些。〔遠為四方而不歸也〕室家遂宗，〔宗，眾也。言君九族室家以眾盛，人人晚味，故飲食之和多方道也〕食多方些。稻粢穱麥，〔稻稌也。粢，稷也。穱，擇也。擇多中先熟者。粢，子夷切。穱，側角切〕挐黃粱些。〔挐，糅也。言飯則以稻粱穱擇新麥，糅以黃粱，和而柔，濡且香滑〕大苦醎酸，〔大苦，豉也／辛謂椒薑也〕辛甘行些。肥牛之腱，〔腱，筋頭也〕臑若芳些。〔臑，熟爛也〕和酸若苦，〔甘謂飴蜜也〕陳吳羹些。〔言吳人工作羹，和調甘酸，其味若苦，而後甘者也〕胹鼈炮羔，〔羔，羊子也〕有柘漿些。〔柘，藷蔗也。言復以飴蜜胹鼈炮羔，令之爛熱，取藷蔗之汁，以為漿飲也〕鵠酸臇鳧，〔臇，小臛也〕煎鴻鶬些。〔鴻鴻鴈也／鶬，鶬鶬也〕露雞臛蠵，〔露雞，露栖雞也。有菜曰羹，無菜曰臛，蠵，大龜也蠵，以規切屬〕厲而不爽些。〔屬，烈也／爽，敗也。楚人名羹敗曰爽〕粔籹蜜餌，有餦餭些。〔粔籹，搗黍作餌，又有美餳，眾味甘具也／餦，滿也。羽，翠羽也。觴，觚也。言食已復有玉漿，以蜜沾之滿羽觴以漱口〕瑤漿蜜勺，〔瑤，玉也／勺，沾也〕實羽觴些。挫糟凍飲，〔挫，捉也／凍，冰也〕酎清涼些。〔酎，醇酒也。言盛夏則為覆蹙乾釀，去其糟，但取清醇，居之冰上，然後飲之，酒寒清涼，又長味好飲華酌既〕華酌既陳，〔酌，酒升也〕有瓊漿些。〔言酒尊在前，華酌陳列，復有玉漿恣意所用者也〕歸來歸來，反故室敬而無妨

69

些。肴羞未通，[羞，進也。] [魚、肉為肴。] 女樂羅些。陳鐘按鼓，[按，徐也。] 造新歌些。涉江采菱，發揚荷些。[楚人歌曲也。言已涉彼大江，南入湖池，采取菱荇，發揚荷葉。喻屈原背去朝堂，隱伏草澤，失其所也。] 美人既醉，朱顏酡些。[朱，赤也。酡，著也。言美女飲酣酡酡，則面著赤色而鮮好也。] 娭光眇視，[娭，戲也。] [眇，眺也。] 目曾波些。[波，華也。言美人醉樂，顧望娭戲，身有光文，眺視曲眄，目采眇然，白黑分明，精若水波而重華也。] 被文服纖，[文謂綺繡也。] [纖謂羅縠也。] 麗而不奇些。[麗，美貌也。] [不奇，奇也。] 長髮曼鬋，[曼，澤也。] 豔陸離些。二八齊容，[齊，起鄭舞些。] [鄭舞，鄭國舞也。] 袵若交竿，撫案下些。[撫，抵也。] [拘，狀如交竹，竿以抵案而徐徐行者也。] [言舞者便旋衣衽，掉搖回轉相] 竽瑟狂會，[狂猶亂也。] 搷鳴鼓些。[搷，擊也。言眾樂並會，吹竽彈瑟，又搷擊鼓，以進八音，為之節也。] 宮庭震驚發激楚些。[激，清聲也。言眾樂並會，宮庭之內莫不震動驚駭，復作激楚之聲，以發其音也。] 吳歈蔡謳，[吳、蔡國名也。] [歈、謳皆歌也。] 奏大呂些。[大呂，律名也。] 士女雜坐，亂而不分些。[紛亂也。言男女共坐，除其威嚴，放其冠] 放陳組纓，[組，綬也。] 班其相紛些。[綏，舒陳印綬，班然相亂，不可整理也。] 鄭衛妖玩，[鄭、衛國名也。] [玩，好女。] [陳，列也。] 來雜陳些。[雜，厠也。] 激楚之結。[激，感也。] [結，頭髻也。] 獨秀先些。[秀，異也。言鄭衛妖女，工於服飾，其結殊形，能感楚人，故秀異獨前而先進也。] 菎蔽象棊，[菎玉蔽簿茱，以玉飾之也。] [或言菎，蕗，今之箭囊也。] 有六簿些。[投六箸，行六棊，故為六簿也。] 分曹並進，[曹，偶也。] 道相迫些。[道，亦迫也。迫，也。] 成梟而牟，[倍勝為牟。] 呼五白些。[五白，簿齒也。言已棊已梟，當成牟勝，射張食茱，下逃於窟，故呼五白以助投者也。] 晉制犀比，[晉，國名也。] [制，作也。比，集也。] 費白日些。[費，光貌也。言晉國工作簿箸，比集犀角，以為雕飾，投之鏑然如日光費] 鏗鐘搖簴，[鏗，撞也。] [簴，懸鐘] 揳梓瑟些。[揳，鼓也。言眾賓既集，簿以相娛，堂下復鳴大鐘，左右歌吟，鼓琴瑟。揳，古八切] 娛酒不廢，[娛，樂也。] 沈日夜些。[事，晝夜沈酒，以忘憂也。] 蘭膏明燭，華鐙錯些。[賦，誦也。言眾座之人，各欲盡情，與己同心者，獨誦忠與道德] [鐙錠盡雕琢錯鏤] 結撰至思，[撰猶博也。] 蘭芳假些。[假，至也。] 人有所極，同心賦些。[故，舊也。言飲酒作] 酎飲既盡，歡樂先故些。[樂，盡已歡欣者，誠欲樂我先祖及與故舊人] 魂兮歸來！反故居些。亂曰：獻歲發春兮，[獻，進也。] 汩吾南征些。萹蘋齊葉兮，[萹，生蒻也。] [《爾雅》曰] 白芷生些。[言屈原放時，萹蘋之草，其葉遍齊，白芷萌牙，方始欲生，懷所見自傷哀也。] 路貫廬江兮左長薄。[貫，出也。] [廬江、長薄地名也。言屈原行，先出廬江，過歷長薄，在江北，時東行，故言左者也。] 倚沼畦瀛兮，[沼，池也。] [畦猶區也。] [瀛，池中也。楚人名澤中曰瀛。] 遙望博。[遙，遠也。博，平也。言循江而行，遂入池澤，其中區瀛，遠望平博無人也。] 青驪結駟兮，[純黑為驪。結，連也。四馬為駟也。] 齊千乘，[齊，同也。言屈原嘗與君俱獵於此，官屬駕駟馬，或青或黑，連車千乘皆同服也。] 懸火延起兮玄顏蒸。[懸火，懸鐙也。玄，天也。言己時從君夜獵，懸燈林木之中，其火延起，燒於野澤，煙埃蒸天，使黑色也。] 步及驟處兮，[驟，走也。] 誘騁先。[誘，導也。騁，馳也。言獵時有步行者，有乘馬走驟者，有逐止者分以圍獸，己獨馳騁為君先導也。] 抑騖若通兮，[抑，止也。騖，馳也。若，順也。] 引車右還。[引車右轉，以遮獸也。] 與王趨夢兮課後先。[夢，澤中也。言己與懷俱獵，趨於夢澤之中，課第羣臣，先至後至也。] 君王親發兮，[發，射也。] 憚青兕。[憚，驚也。朱]

明承夜兮，_{朱明謂日也。承，續也} 時不見淹。_{淹，淹久也。言歲月逝往，晝夜相續。}年命將老，不可久處，當急來歸也。皋蘭被徑兮，_{皋，澤也。被，覆也。徑，路也} 斯路漸。_{漸，沒也。言澤中香草茂盛，覆被徑路，人無采取者，水卒增溢，漸沒其道，將棄捐也，以言賢人久處山野，君不事用，亦將隕顛也} 湛湛江水兮，_{湛湛，水貌} 上有楓。_{楓，木名也。言湛湛江水，浸潤楓木，使之茂盛，傷己不蒙君惠，而身放棄，曾不如樹木得其所也} 目極千里兮傷春心。_{言湖澤博平，春時草短，望見千里，令人愁思而傷心也} 魂兮歸來哀江南。_{言魂魄當來以歸，江南土地僻遠，山林嶮岨，誠可哀傷，不足處也}

王逸曰：“《招魂者》，宋玉之所作也。招者召也，以手曰招，以言曰召。魂者身之精也。宋玉憐哀屈原，忠而斥棄。愁懣山澤，魂魄放佚，厥命將落，故作《招魂》，欲以復其精神，延其年壽，外陳四方之惡，內崇楚國之美，以諷諫懷王，冀其覺悟而還之也。”朱子曰：“古者人死，則使人以其上服升屋履危，北面而號曰：‘皋某復’，遂以其衣三招之，乃下以覆尸，此禮所謂復，而說者以為招魂復魂。又以為盡愛之道，而有禱祠之心者，蓋猶冀其復生也。如是而不生，則不生矣，於是乃行死事，此制禮者之意也。而荊楚之俗，乃或以是施之生人。故宋玉哀閔屈原無罪放逐，其恐魂魄離散而不復還，遂因國俗，託帝命，假巫語以招之。以禮言之，固為鄙野，然其盡愛以致其禱，則猶古人之遺意也，是以太史公讀之而哀其志焉。若其譎怪之談，荒淫之志，則昔人蓋已誤其譏於屈原，今皆不復論也。”

大招

景差

青春受謝，_{謝，去也}白日昭只。春氣奮發，萬物遽只。_{遽猶競也}冥凌浹行，_{冥，玄冥。凌猶馳也。浹，徧也}魂無逃只。魂魄歸徠，無遠遙只。魂乎歸徠，無東無西，無南無北只。東有大海，弱水淶淶只。淶淶，流貌。補曰：淶，音悠 螭龍竝流，上下悠悠只。悠悠，螭龍行貌。 霧雨淫淫，白皓膠只。皓膠，水凍貌。 魂乎無東，湯谷寂寥只。湯谷，日所出之地，其地無人，寂然無所見聞 魂乎無南，南有炎火千里，蝮蛇蜒只。蜒，長貌。山林險隘，虎豹蜿只。蜿，虎行貌。 鰅鱅短狐，鰅鱅，短狐類也。 王虺騫只。王虺，大蛇也。騫，舉頭貌 魂乎無南，蜮傷躬只。魂乎無西，西方流沙，漭洋洋只。豕首縱目，被髮鬤只。鬤，亂貌 長爪踞牙，誒笑狂只。誒，強也。西方有神，其狀豬頭縱目，被髮鬤鬤手足長爪，出齒踞牙，得人強笑，惠而狂猶也 魂乎無西，多害傷只。言西方金行，其神歍剛強，皆傷害人也 魂乎無北，北有寒山，逴龍赬只。逴龍，山名。赬，赤色，無草木貌也。補曰：赬，許力切 代水不可涉，深不可測只。言復有代水，其深無底。代，一作伐 天白顥顥，寒凝凝只。顥顥，光貌。凝凝，水凍貌 魂乎無往，盈北極只。魂乎歸來，閒以靜只。自恣荊楚，安以定只。逞志究欲，心意安只。窮身永樂，年壽延只。魂乎歸徠，樂不可言只。五穀六仞，設菰粱只。設施菰粱蔣實，謂雕胡也 鼎臑盈望，和致芳只。臑，熟也。致致鹹酸也 內鶬鴿鵠，內，一作肭。曰：肭，肥也 味豺羹只。魂乎歸徠，恣所嘗只。鮮蠵甘雞。端大龜 和楚酪只。酪，乳漿也。 醢豚苦狗，苦，以膽和醬 膽苴蓴只。苴蓴，蘘荷也 吳酸蒿蔞，蔞，香草 不沾薄只。沾，多汁也。薄，無味也。吳人工調鹹酸，其味不濃不薄 魂乎歸徠，恣所擇只。炙鴰烝鳧，鴰，一作鶬。補曰：鴰，糜鴰也 煔鶉敶只。煔，音潛，沈肉于湯也。 煎鰿膗雀，鰿，鮒鰿，一作膗。補曰：鰿，舊音積。《集韻》：頗責二音，小魚也 遽爽存只。遽，趣也。爽，差也。存，前 魂乎歸徠，麗以先只。麗次眾味，持之而前也 四酎竝孰，醇酒為酎 不歰嗌只。嗌，誷也。乃釀醇酒，曰器俱熱，其味甘美，入口消釋，不苦澀。補曰：誷，一作鐘 清馨凍飲，凍，猶寒也。飲，一作飲 不歠役只。歠，飲也。役，賤也。言不以飲役賤之人 吳醴白糵，再宿為醴。糵，米麴也 和楚瀝只。瀝，清酒也 魂乎歸徠，不遽惕只。代秦鄭衛，鳴竽張只。伏戲駕辯，楚勞商只。伏戲氏作瑟，造駕辯之曲，楚人因之，作勞商之歌 謳和揚阿，徒歌曰謳。揚，舉也。阿，曲也。補曰：即陽阿見《招魂》 趙簫倡只。魂乎歸徠，定空桑只。空，桑瑟名。或曰楚地名 二八接武，投詩賦只。投，合也。詩賦，雅樂 叩鐘調磬，娛人亂只。亂，理也。諸樂各有條理 四上競氣，四上謂上四國：代、秦、鄭、衛 極聲變只。魂乎歸徠，聽歌譔只。譔，具也。朱唇皓齒，嫭以姱只。嫭、姱，好貌也 比德安閒，習以都只。言選擇美人，比其才德、容貌、都閒，習於禮節，乃敢進也 豐肉微骨，調以娛只。魂乎歸徠，安以舒只。嫮目宜笑，^{娉，昡}^{瞻貌}娥眉曼只。^{曼，澤也}容則秀雅，^{則，法也}稺朱顏只。魂乎歸徠，靜以安只。姱脩滂浩，麗以佳只。^{滂浩，廣大也。言美女身體脩長，用意廣大}曾頰倚耳，^{曾，重也。倚，辟也}曲眉規只。^{規，圜也}滂心綽態，^{綽，猶多也}姣麗施只。小腰秀頸，若鮮卑只。^{鮮卑，衮帶頭也。言好女之狀，腰支細少，頸銳秀長，靖然特異，若以鮮卑之帶約而束之}魂乎歸來，思怨移只。^{美女可以忘憂，去怨思也}易中利心，以動作只。^{言復有美女用志滑易。心意和利，動作合禮}紛白黛黑，施芳澤只。長袖拂面，善留客只。魂乎歸來，以娛昔只。^{昔，夜也}青色直眉，美目媔只。^{媔，黷也}靨輔奇牙，宜笑嗎只。^{嗎，笑貌。言美女頰有靨輔，口有奇牙，笑尤媚好也。補曰：輔，頰車也}豐肉微骨，體便娟只。魂乎歸來，恣所便只。^{便，猶安也}夏屋廣大，沙堂秀只。^{沙，丹沙。言朱畫其堂}南房小壇，觀絕霤只。^{觀，猶樓也。霤，屋宇也}曲屋步壛，^{曲屋，周閣也。步壛，長砌也}宜擾畜只。^{擾，謹也。言南堂之外，步曲閣長砌，其路險狹，宜乘謹擾之馬，周旋游觀}騰駕步游，獵春囿只。瓊轂錯衡，^{金銀為錯}英華假只。^{假，大也}茝蘭桂樹，鬱彌路只。魂乎歸徠，恣志慮只。孔雀盈園，畜鸞皇只。鵾鴻羣晨，雜鶩鷫只。鴻鵠代游，曼鷫鷞只。^{曼，曼衍也}魂乎歸徠，鳳皇翔只。^{言所居園圃，皆多俊大之鳥，咸有智謀。魂宜來歸，若鳳皇之翔，歸有德就同志也}曼澤怡面，血氣盛只。永宜厥身，保壽命只。室家盈庭，爵祿盛只。魂乎歸徠，居室定只。接徑千里，出若雲只。三圭重侯，^{三圭，謂公侯伯}聽類神只。^{言其聽賢愚之類別，顧其善惡，昭然若神}察篤夭隱，^{篤，病也。早死為夭。隱，匿也}孤寡存只。^{存視孤寡}魂乎歸徠，正始昆只。^{昆，後也。言楚國公侯昭明，魂宜來歸，遂忠信之志，正終始之行，必顧用也}田邑千畛，^{畛，田上道}人阜昌只。美冒眾流，^{冒，覆}德澤章只。先威後文，善美明只。魂乎歸徠，賞罰當只。名聲若日，照四海只。德譽配夫，萬民理只。北至幽陵，南交阯只。西薄羊腸，東窮海只。魂乎歸來，尚賢士只。^{案《田邑千畛》以下並言楚國土地之廣，楚王功德之盛，且能進用賢士}發政獻行，禁苛暴只。舉傑壓陛，^{壓，抑也。陛，階次}誅讒罷只。^{罷，駑也。言楚國選舉，必先升用傑俊之士，壓抑無德不由階次之人。非惡罷駑，誅而去之也}直贏在位，^{贏，餘}近禹麾只。^{麾，舉手也。言忠直之人皆在顯位，復有贏餘賢俊以為儲副，誠近夏禹，指麾賢士，一國之人悉進之也}豪傑執政，流澤施只。魂乎徠歸，國家為只。雄雄赫赫，天德明只。^{言楚王有威，赫赫之勇，體性高明，宜為盡飾}^{雄雄之}三公穆穆，登降堂只。諸侯畢極，立九卿只。昭質既設，^{昭質，明旦也}大侯張只。^{侯，謂所射布也}執弓挾矢，揖辭讓只。魂乎來歸，尚三王

只。言魂急徠歸，楚國舉士，上法
殷周，眾賢並進，無有遺失也

　　王逸曰：“《大招》者，屈原之所作也。或曰景差，疑不能明
也。屈原放流九年，憂思煩亂，精神越散，與形離別。恐命將
終，所行不遂，故憤然大招其魂，盛稱楚國之樂，崇懷、襄之
德，以比三王，能任用賢，公卿明察；能薦舉人，宜輔佐之，以興
至治，因以諷諫，達己之志也。”朱子曰：“《大招》不知何人所
作，或曰屈原，或曰景差，自王逸時已不能明矣。其謂原作者，則
曰詞義高古，非原莫及。其不謂然者，則曰《漢志》定著原賦二十
五篇，今自《離騷》以至《漁父》，已充其目矣。其謂景差，則絕無
左驗，是以讀書者往往疑之。然今以宋玉大小言賦考之，則凡差語
皆平淡醇古。意亦深靖閒退。不為詞人墨客浮夸豔逸之態。然後乃
知此篇決為差作無疑也。雖其所言有未免於神怪之惑，逸欲之娛
者，然視《小招》則已遠矣。^{李善以《招魂》為《小招》}其於天道之詘伸動靜，蓋若
粗識其端倪；於國體時政，又頗知其所先後，要為近於儒者窮理經世
之學。予於是竊有感焉，因表而出之，以俟後之君子云。”然則朱子
既定《大招》為景差作，又以《大招》之辭義，勝於《招魂》也。

　　戰國時百家爭鳴，其言儒術者，惟孟子、荀卿而已。孟子不傳
詞賦，而荀卿獨有《賦篇》及《成相雜辭》等。蓋荀卿本趙人，游
學於齊，三為稷下祭酒，後以避讒適楚，春申君以為蘭陵令。春申
君死，荀聊亦廢，遂家蘭陵而終焉。蓋其居楚日久，見楚之俗好為
詞賦，亦從而效之。凡言治風時之意，大抵近於屈原，而詞益純
粹，不徒務藻麗。劉向、王逸。以卿非屈原之徒，於《楚詞》中不
錄其篇，然其詞實在楚而作，疑亦化於楚風，故以屈原之後，惟宋
玉、景差得其詞，惟荀卿得其義也。朱子《楚詞後語》，取《成相雜
辭》及《佹詩》，今獨著《佹詩》於下。

佹詩

荀卿

天下不治，請陳佹詩。<small>佹詩，佹異激切之詩也</small>天地易位，四時易鄉。列星隕墜，旦暮晦盲。幽闇登昭，日月下藏。公正無私，反見縱橫。志愛公利，重樓疏堂。無私罪人，憼革二兵。<small>反見縱橫者，反見謂為縱橫反覆之人。愛猶貪也，竊取公家之利以為己有，而反得華屋以居也。憼，戒也。革，甲也。二，副也。言無私心而治有罪之人，乃反恐為所仇害，而常為兵革以備之也</small>道德純備，讒口將將。<small>將將，聲也</small>仁人絀約，敖暴擅強。天下幽險，恐失世英。螭龍為蝘蜓，鴟鴞為鳳皇。比干見刳，孔子拘匡。昭昭乎其知之明也，郁郁乎其遇時之不祥也。拂乎其欲禮義之大行也。闇乎天下之晦盲也。皓天不復，<small>皓，同昊</small>憂無疆也。千秋必反，古之常也。弟子勉學，天不忘也。聖人共手。<small>拱</small>時幾將矣<small>言弟子亦勉力于學，以俟時耳。天道神明，豈終忘此世者哉。況今衰亂已極，雖有聖人，亦拱手而不能，有為蓋物極必反，時運之開，亦將不久矣</small>與愚以疑。願聞反辭。<small>此為弟子承勉學之訓而請問之詞。愚為其自稱也</small>其小歌曰。<small>《九章》亦有《少歌》，此即反辭也</small>念彼遠方。何其塞矣<small>朱子曰：塞字義未詳，恐是蹇字</small>仁人絀約，暴人衍矣。忠臣危殆，讒人般矣。<small>般，樂也</small>琁玉瑤珠，不知佩也。雜布與錦，不知異也。閭娵子奢，莫之媒也。嫫母刀父，是之喜也。<small>閭娵、子奢，古之美女。或曰奢當作都，是男子也。刀父，未詳</small>以盲為明，以聾為聰，以危為安，以吉為凶。嗚呼上天，曷維其同。<small>以人懷私意乖異至此，因呼上天，欲使之同也</small>

或曰荀聊既為蘭陵令，客有說春申君者曰：“湯以亳，武王以鎬，皆有天下。今荀子賢，而君借以百里之勢，臣為君危之。”春申君乃謝荀子。荀子去之趙，人又說春申君曰：“昔伊尹去夏入殷，殷王而夏亡；管仲去魯入齊，魯弱而齊強。賢者所在，其君未嘗不尊榮也。今荀子天下賢士，君何為謝之？”春申君又使人請荀子，荀子不還而遺之賦，蓋即《俇詩》也。此說未知然否。史記曰："自屈原沈汨羅後，百餘年。漢有賈生，為長沙王太傅。過湘水，投書以弔屈原。"蓋賈生名誼，雒陽人，年二十餘，為漢文章博士，議改制，興體樂。文帝甚器之，將以任公卿之位。為絳灌之屬所譖，後遂疏之。乃以為長沙王太傅，其為賦以弔屈蓋在此時也。其詞曰：

共恭承嘉惠兮，俟罪長沙。側聞屈原兮，自沈汨羅。造託湘流兮，敬弔先生。遭世罔極兮，迺殞厥身。嗚呼哀哉兮，逢時不祥！鸞鳳伏竄兮，鴟梟翱翔。闒茸尊顯兮，讒諛得志。賢聖逆曳兮，方正倒植。世謂伯夷貪兮，謂盜跖廉。莫邪為鈍兮，鉛刀為銛。鉛，錫也。銛，利也。于嗟嘿嘿兮，生之無故。斡棄周鼎兮，而寶康瓠。大瓢也。騰駕罷牛兮驂蹇驢。驥垂兩耳兮服鹽車。章甫薦屨兮，漸不可久。嗟苦先生兮，獨離此咎！訊曰：訊，告也。已矣國其莫我知，獨埋鬱兮埋，一作壹其誰語？鳳縹縹其高遰兮，遰，音逝夫固自引而遠去。襲九淵之神龍兮，襲，猶言察也汨深潛以自珍。汨潛，藏也。彌融爚以隱處兮，顧野王云：彌，遠也。融，明也。爚，光也。沒深藏以自珍，遠明光以隱處也夫豈從螘與蛭蟥！《漢書》螘作蝦所貴聖人之神德兮，遠濁世而自藏。使騏驥可得係羈兮，豈云異夫犬羊！般紛紛其離此尤兮，亦夫子之辜也！瞝九州而相君兮，瞝，謂歷觀也何必懷此都也？鳳皇翔於千仞之上兮，覽德輝而下之；見細德之險微兮，遙增擊而去之。彼尋常之汙瀆兮，豈能容吞舟之魚！橫江湖之鱣鯨兮，固將制於螻蟻。

屈原與賈誼同有政事之才，同以不得自試，抑鬱而死。其志之所存，與文采所發，蓋相近矣。太史公次屈賈之傳為一編，載賈誼《弔屈賦》及《服鳥賦》，殆以為繼《離騷》而作。《楚詞》亦錄誼《惜誓》。故自屈原以後，惟誼實兼得原之詞與義焉。《楚詞》於《惜誓》後，又列《小山》《招隱士》，東方朔《七諫》，嚴忌《哀時命》，王褒《九懷》，劉向《九歎》，王逸《九思》，此則僅效屈原文章，猶有所不逮。況其志事，又不相及乎？晁補之以《九思》一篇。不類前人諸作，改入《續楚詞》。朱子《後語》，則謂《七諫》、《九歎》、《九懷》、《九思》，平緩而不深切，盡刪去之，增入賈誼《弔屈賦》及《服鳥賦》[1]。然因晁氏，仍廣采漢至唐宋詩賦之有似於《騷》者，其所取已博矣。今論屈原之後學，則自賈誼以後，不續述焉。

中國六大文豪卷一[2]終

---

[1]　《服鳥賦》據李善注《文選》，作《鵩鳥賦》。——編者註

[2]　此處應是第一編，但作者以"卷一"表示，後文每編末均是如此。——編者註

第二編　司馬相如

第一章　司馬相如傳略

　　古之文章，莫大於六藝。然六藝之教，掌於官，習於士，皆以達事效德，化俗致用，非徒文焉而已也。至於官失教散，然後別有文章之科，其源多出於詩教，固亦辯言傳業者之所不能廢。及其弊也，則有亂名匿宋之患。戰國之際，蓋不勝其紛紛矣。屈原興於楚國，始本憂患之正。為諷諫之詞，繼乎詩教，而班於《風》《雅》，誠六藝之變，而文章之宗也。顧屈原所長，在於政事。其志將以強國經世，既不得用，退而發憤有作，惟賈誼庶幾近之，屈賈以後，《離騷》之志微矣。夫自書契之起，至於六藝既成，而文章一變。由六藝至於《離騷》，而文章一變。由《離騷》至於司馬相如，而文章又一變。何以言之？倉頡以逮史籀，文字之體斯備，然未有紀也。孔子修定六藝，則學有所統，道有所歸，是一變也。六藝分散，世競尚詐諼而務辨說，有能以比興之旨，發纏綿悱惻之詞，所憂甚大，而所志甚正。雖若偏重文辭，實亦麗而有則，則《離騷》有焉。揆其體制，為後世美文之祖，是又一變也。屈原雖盛文辭，然志之所存，實在宗國民物，不徒以連結篇章為主。至於專以連結篇章，號為文人，而他不必可稱者，當自司馬相如始。但汲汲以藻繢求勝非文章之本矣，是又一變也。故至相如，始可純然謂之文人，其原仍出於詩教。太史公曰："《春秋》推見至隱，《易》本隱以之顯，《大雅》言王公大人而德逮黎庶，《小雅》譏小己之得失，其流及上。所以言雖外殊，其合德一也。相如雖多虛辭濫說，然其要歸引之節儉，此與詩之諷諫何以異。"然班固則引揚雄之言："以為靡麗之賦，勸百風一，猶馳騁鄭、衛之聲，曲終而奏雅，不已虧乎。"^{揚雄語並見《史記》《漢書·相如傳》後，疑班固因太史公之詞而增入，揚雄數語，後人不察，又據以補《史記》也}蓋揚雄始效相如之賦，惟恐不似，既而乃曰："壯夫不為也。"漢時風氣，本重詞賦文人。王充《論衡》曰："能說一經者為儒生；博覽古今者為通人；采掇傳書，以上書奏記者為文人；能精思著文，連結篇章者為鴻儒。故儒生勝俗人，通人勝儒生，文人踰通人，鴻儒超文人。故夫鴻儒所謂超而又超者也。以超之奇，退與儒生相料，文軒之比於敝車，錦繡之方於縕袍也，其相過遠矣。"夫儒生傳六藝者也，而比於鴻儒，其相去如此之遠。至仲任所謂鴻儒者，又不過能精思著文，連結篇章而已，是亦文人也。仲任之意，雖不必主詞賦，然漢時以連結篇章之鴻儒為可貴，固可於此見之矣。司馬相如至京師，蜀文章冠於天下。觀其所為，雖緣飾經術道德之意者不多，若其侈麗閎衍，屈原以來，蓋莫之或先也。以純然文人，而獨為世所重，當自相如始，故今述於屈原之次云。

《漢書·地理志》曰："景、武間，文翁為蜀守，教民讀書法令，未能篤信道德，反以好文刺譏貴，慕權勢。及司馬相如游宦京師諸侯，以文辭顯於世，鄉黨慕循其跡，後有王褒、嚴遵、揚雄之徒，文章冠天下，繇文翁倡其教，相如為之師。"《史記·司馬相如傳》，劉子玄以為史遷是據相如自序，當必有所考。^{《史通》云："相如傳具在相如集中，子長因錄斯篇，即為列傳。"又曰："司馬相如始以自敘為傳，然其所敘，乃記自少及長，立身行事而已。"又云："相如自敘，記其客游臨邛，以春秋所譏特為美談。"}傳曰："司馬相如者，蜀郡成都人也，字長卿。少時好讀書，學擊劍。故其親名之曰犬子。相如既學，慕藺相如之為人，更名相如。以貲為郎，事孝景帝為武騎常侍，非其好也。會景帝不好辭賦，是時梁孝王來朝，從游說之士，齊人鄒陽、淮陰枚乘、吳莊忌夫子之徒，相如見而說之，因病免，客游梁。梁孝王令與諸生同舍，相如得與諸生游士居數歲，乃著《子虛》之賦。"史載相如游梁事止此。然《藝文類聚》等書，有相如《美人賦》，亦游梁時作。或曰後人依託，或曰相如早年詞賦效宋玉之流。其體，所謂鄒陽譖於梁王，殆因以起興，不必實有其事也。今姑著之，其詞曰：

司馬相如，美麗閑都，游於梁王，梁王說之。鄒陽潛之於王曰："相如美則美矣，然服色容冶，妖麗不忠，將欲媚辭取說，游王後宮，王不察之乎？"王問相如曰："子好色乎？"相如曰："臣不好色也。"王曰："子不好色，何若孔墨乎？"相如曰："古之避色，孔墨之徒，聞齊饋女而遐逝，望朝歌而回車。譬猶防火水中，避溺山隅，此乃未見其可欲。何以明不好色乎？若臣者少長西土，鰥處獨居。室宇遼廓，莫與為娛。臣之東鄰，有一女子。雲髮豐艷，蛾眉皓齒。顏盛色茂，景曜光起。恆翹翹而西顧，欲留臣而共止。登垣而望臣，三年於茲矣。臣棄而不許。竊慕大王之高義，命駕東來。途出鄭、衛，道由桑中。朝發溱、洧，莫宿上宮。上宮閒館，寂寥雲虛。門閣晝掩，曖若神居。臣排其戶而造其堂，芳香芬裂，黼帳高張。有女獨處，婉然在牀，奇葩逸麗，淑質艷光。覦臣遷延，微笑而言曰：'上客何國之公子，所從來無乃遠乎？'遂設旨酒，進鳴琴。臣遂撫絃為《幽蘭》《白雪》之曲。女乃歌曰：'獨處室兮廓無依，思佳人兮情傷悲。有美人兮來何遲，日既暮兮華色衰。敢託身兮長自私。'玉釵挂臣冠，羅袖拂臣衣。時日西夕，玄陰晦冥。流風慘列，素雪飄零。閑房寂謐，不聞人聲。於是寢具既設，服玩珍奇；金錥薰香，_{金錥，金爐也。《文選·別賦》注正引作"金爐香薰"}黼帳低垂；袗褥重陳，角枕橫施。女乃弛其上服，表其褻衣。皓體呈露，弱骨豐肌。時來親臣，柔滑如脂。臣乃脈定於內，心正於懷。信誓旦旦，秉志不回。翻然高舉，與彼長辭。”

《史記》又曰：“會梁孝王卒，相如歸而家貧，無以自業。素與臨邛令王吉相善，於是相如往，舍都亭。臨邛令繆為恭敬，日往朝相如。相如初尚見之，後稱病，使從者謝吉，吉愈益謹肅。臨邛中多富人，而卓王孫家僮八百人，程鄭亦數百人，二人乃相謂曰：‘令有貴客，為具召之。’並召令。令既至，卓氏客以百數。至日中，謁司馬長卿，長卿謝病不能往，臨邛令不敢嘗食，自往迎相如。相如不得已，彊往，一坐盡傾。酒酣，臨邛令前奏琴曰：‘竊聞長卿好之，願以自娛。’相如辭謝，為鼓一再行。是時卓王孫有女文君新寡，好音，故相如繆與令相重，而以琴心挑之。”《索隱》載其詩曰：

鳳兮鳳兮歸故鄉，游遨四海求其皇，有一艷女在此堂，室邇人遐毒我腸，何由交接為駕鴦。

鳳兮鳳兮從皇栖，得託子尾永為妃。交情通體必和諧，中夜相從別有誰。

“相如之臨邛，從車騎雍容，閒雅甚都。及飲卓氏弄琴，文君竊從戶窺之，心悅而好之，恐不得當也。既罷，相如乃使人重賜文君侍者通殷勤。文君夜亡奔相如，相如乃與馳歸。家居徒四壁立。卓王孫大怒曰：‘女至不材，我不忍殺，不分一錢也。’人或謂王孫，王孫終不聽。文君久之不樂曰：‘長卿第俱如臨邛，從昆弟假貸，猶足為生。何至自苦如此？’相如與俱之臨邛，盡賣其車騎，買一酒舍酤酒，而令文君當鑪。相如身自著犢鼻褌，與保庸雜作，滌器於市中。卓王孫聞而恥之，為杜門不出。昆弟諸公更謂王孫曰：'有一男兩女，所不足者非財也。今文君已失身於司馬長卿，長卿故倦游，雖貧，其人材足依也，且又令客，獨奈何相辱如此。'卓王孫不得已，分予文君僮百人，錢百萬。及其嫁時衣被財物。文君乃與相如歸成都，買田宅，為富人。居久之，蜀人楊得意為狗監侍上。_{郭璞曰：狗監主獵犬也}上讀《子虛賦》而善之，曰：'朕獨不得與此人同時哉。'得意曰：'臣邑人司馬相如，自言為此賦。'上驚，乃召問相如。相如曰：'有是。然此乃諸侯之事，未足觀也。請為天子游獵賦。'賦成奏之。上許令尚書給筆札。相如以'子虛'，虛言也，為楚稱；'烏有先生'者，烏有此事也，為齊難；'無是公'者，無是人也，明天子之義，故空藉此三人為辭，以推天子諸侯之苑囿。其卒章歸之於節儉，因以風諫。奏之天子，天子大悅。賦奏，天子以為郎。"《史記》又曰："相如為郎數歲，會唐蒙使畧通夜郎西僰中，發巴蜀吏卒千人，郡又多為發轉漕萬餘人，用興法誅其渠帥，巴蜀民大驚恐。上聞之，乃使相如責唐蒙，因喻告巴蜀民，以非上意。相如還報。唐蒙以略通夜郎，因通西南夷道，發巴、蜀、廣、漢卒。作者數萬人。治道二歲，道不成，士卒多物故，費以巨萬計。蜀民及漢用事者多言其不便。是時邛筰之君長，聞南夷與漢通，得賞賜多，多欲願為內臣妾，請吏比南夷。天子問相如，相如曰：'邛筰、冉駹者，近蜀，道亦易通，秦時嘗通為郡縣，至漢興而罷。今誠復通，為置郡縣，愈於南夷。'天子以為然。乃拜相如為中郎將，建節往使。副使王然于、壺充國、呂越人，馳四乘之傳，因巴蜀吏幣物以賂西夷。至蜀，蜀太守以下郊迎，縣令負弩矢先驅，蜀人以為寵。於是卓王孫、臨邛諸公，皆因門下，獻牛酒以交驩。卓王孫喟然而嘆，自以得使女尚司馬長卿晚，而厚分與其女財，與男等同。司馬長卿便略定四夷，邛筰、冉駹、斯榆之君，皆請為內臣。除邊關，關益斥，西至沫、若水。南至牂柯❶為徼，通零關道，橋孫水以通邛都。還報天子，天子大說。相如使時，蜀長老多言通西南夷不為用，唯大臣亦以為然。相如欲諫，業已建之，不敢，乃著書籍以蜀父老為辭，而己詰難之，以風天子，且因宣其使指，令百姓知天子之意。其後人有上書，言相如使時受金，失官。居歲餘，復召為郎。相如口吃，而善著書。常有消渴疾。與卓氏婚，饒於財。其進仕宦，未嘗肯與公卿國家之事，稱病間居，不慕官爵。常從上至長楊獵，是時天子方好自擊熊豕，馳逐野獸。相如上疏以諫，上善之。還過宜春宮，相如奏賦，以哀二世行失也。拜為孝文園令。天子既美子虛之事，相如見上好仙道，因曰：'上林之事，未足美也，尚有靡者。臣嘗為《大人賦》未就，請具而奏之。'相如以為列仙之傳，居山澤間，形容甚臞，此非帝王之僊意也，乃遂就《大人賦》，天子大說，飄飄有凌雲之氣，似游天地之間意。相如既病免，家居茂陵。天子曰：'司馬相如病甚，可往從悉取其書。若不然，後失之矣。'使所忠往，而相如已死，家無書，問其妻，對曰：'長卿固未嘗有書也。時時著書，人又取去，即空居。長卿未死時，為一卷書，曰："有使者來求書，奏之。"無他書。'其遺札書，言封禪事，奏所忠。忠奏其書，天子異之。司馬相如既卒，五歲，天子始祭后土。八年而遂先禮中嶽，封於太山，至梁父禪肅然。"《漢志》有司馬相如賦二十九篇，《凡將》一篇，_{班 固曰：武帝時，司馬相如作《凡將》，篇無復字。復，重也}雜家有《荊軻論》五卷，注謂軻為燕刺秦王不成而死，司馬相如等論之。任昉《文章緣起》，獨稱司馬相如作荊軻讚，為讚之始。豈相如造論，又附以讚歟？太史公又云，相如他所著未采者，有《遺平陵侯書》、_{徐廣曰：蘇建也}《與五公子相難》、《草木

---

❶ "牂柯"，亦寫做"牂牁"，指貴州大部及廣西、雲南部分地區。——編者註

書》。《漢書·禮樂志》言武帝立樂府，集司馬相如等造《郊祀歌》十九章，則《郊祀歌》中亦當有相如之詞。相如著述，大畧具此矣。

綜而論之，相如雖最以詞賦著名，他不必可稱。然早年實從胡安受五經，見於傳記。以夙好文詞，故尤邃小學。《倉頡》《爰歷》以後，漢興未有以小學著書者，相如始為《凡將篇》。《地理志》言文翁倡教，相如為師，然則相如當時固宜嘗以經術教學者矣。武帝時有犍為文學《爾雅注》至今傳之，為《爾雅注》之最早者，豈相如研精小學之化耶？秦以來諸儒，不能議封禪之禮，相如獨言封禪，是相如自詞賦外，於諸學術，亦至閎通。既為論讚之家，又創樂府之體，真文章之豪也。

第二章　賦體之大成

　　賦者古詩之流，蓋詩有六義，其二曰賦。劉向曰："不歌而誦謂之賦。"不歌而誦，即賦之所以別於詩者也。《國語》載召公之言，以為公卿獻詩，師箴瞍❶賦。《傳》云："登高作賦，可為大夫。"則賦之所從來遠矣。《文心雕龍》論賦體之所由昉曰："鄭莊之賦大隧，士蔿之賦狐裘。結言扟韻，詞自己作。雖合賦體，明而未融。及靈均唱騷，始廣聲貌。然賦也者，受命於詩人，拓宇於《楚辭》也。於是荀況《禮》《智》，宋玉《風》《釣》，爰錫名號，與詩畫境，六義附庸，蔚成大國。遂客主以首引，極聲貌以窮文。斯蓋別詩之原始，命賦之厥初也。"據《雕龍》所稱，賦之為體，其可見者，惟《左傳》所載鄭莊、士蔿之賦最早。至於屈、宋，而賦之體格名號始立。此賦之原，不可不知也。蓋鄭莊公感穎考叔之言，與武姜隧而相見。公入而賦，姜出而賦，皆是不歌而誦者也。其詞曰：

大隧之中，其樂也融融。<small>公入而賦</small>
大隧之外，其樂也洩洩。<small>姜出而賦</small>
晉獻公使士蔿為夷吾城，屈不慎置薪焉，讓之，退而賦曰。
狐裘尨茸，一國三公，吾誰適從？

---

❶　"腹"據《國語》原文當爲"瞍"。——編者註

上詞雖至短，體與賦合，故《雕龍》稱之。屈原作《離騷》以下二十五篇，雖當時不立賦名，實亦賦體。史公乃以《懷沙》為賦，《漢志》則悉列之賦中，要至宋玉、荀卿，其名始定。宋玉為屈原弟子，雖未逮於原，而遠勝唐景，蘭陵質過於文，罕為後人所慕，故宋玉實賦體之宗。長卿賦亦有效宋玉者。宋玉諸賦，《高唐》、《神女》、《風》、《釣》之屬最顯。其《神女賦》曰：

楚襄王與宋玉遊於雲夢之浦，使玉賦高唐之事。其夜王寢果夢與神女遇，其狀甚麗，王異之。明日以白玉。玉曰：“其夢若何？”王曰：“晡夕之後，精神怳忽，若有所喜，紛紛擾擾，未知何意，目色髣髴，乍若有記：見一婦人，狀甚奇異。寐而夢之，寤不自識；罔兮不樂，悵然失志。於是撫心定氣，復見所夢。”王曰：“狀何如也？”玉曰：“茂矣美矣，諸好備矣。盛矣麗矣，難測究矣。上古既無，世所未見，瓌姿瑋態，不可勝贊。<small>勝，盡也。贊，明也。</small>其始來也，耀乎若白日初出照屋梁；其少進也，皎若明月舒其光。須臾之間，美貌橫生：曄兮如華，溫乎如瑩。<small>瑩，玉色也。曄，盛貌。</small>五色並馳，不可殫形。詳而視之，奪人目精。其盛飾也，則羅紈綺繢盛文章，極服妙采照萬方。振繡衣，被袿裳。<small>劉熙《釋名》曰：婦人上服謂之袿</small>襛不短，纖不長，<small>《說文》曰：襛，衣厚貌，</small><small>如恭切</small>步裔裔兮曜殿堂。忽兮改容，婉若遊龍，乘雲翔。嫷被服，倄薄裝，<small>裔裔，行貌。《方言》曰：嫷，美也，他臥切。倄，好也，與悅同，他外切。又倄，可也。言薄裝正相揜可</small>沐蘭澤，含若芳。性和適，宜侍旁，順序卑，調心腸。<small>沐，洗也。以蘭漫油澤，以塗頭旁，宜侍王旁。卑，柔弱也</small>”王曰：“若此盛矣，試為寡人賦之。”玉曰：“唯唯。”

夫何神女之姣麗兮，含陰陽之渥飾。<small>言神女得陰陽厚美之飾</small>被華藻之可好兮，若翡翠之奮翼。其象無雙，其美無極；毛嬙鄣袂，不足程式；西施掩面，比之無色。近之既妖，遠之有望，骨法多奇，應君之相，視之盈目，孰者克尚。私心獨悅，樂之無量；交希恩疎，不可盡暢。他人莫覩，王覽其狀。其狀巍巍，何可極言。貌豐盈以莊姝兮，苞溫潤之玉顏。眸子炯其精朗兮，瞭多美而可觀。眉聯娟以蛾揚兮，朱脣的其若丹。_{聯娟，微曲貌}素質幹之醲實兮，志解泰而體閑。既媱嬽於幽靜兮，又婆娑乎人間。_{言志操解散，奢泰多閑，不急躁也。婆娑，猶盤姍也。《說文》曰：媱，請好貌，五累切。廣雅羊爐好也，音畫}宜高殿以廣意兮，翼放縱而綽寬。動霧縠以徐步兮，拂墀聲之珊珊。望余帷而延視兮，若流波之將瀾。奮長袖以正衽兮，立踟蹰而不安。_{《說文》曰：衽，衣衿也，自矜嚴也}澹清靜其愔嬺兮，性沈詳而不煩。_{愔，和也，嬺，淑善也，《韓詩》曰：嬺，悅也，《說文》曰：嬺，靜也，《蒼頡篇》曰：嬺，密也}時容與以微動兮，志未可乎得原。意似近而既遠兮，若將來而復旋。襃余幬而請御兮，願盡心之惓惓。_{《鄭女》毛詩箋曰：幬，牀帳也}懷貞亮之絜清兮，卒與我兮相難。陳嘉辭而云對兮，吐芬芳其若蘭。精交接以來往兮，心凱康以樂歡。神獨亨而未結兮，魂煢煢以無端。含然諾其不分兮，喟揚音而哀歎。頹薄怒以自持兮，曾不可乎犯干。_{言神女之意，雖含諾，猶不當其心。《廣雅》曰：頹，色也，匹零切。《方言》曰：頹，怒色}於是搖珮飾，鳴玉鸞；整衣服，斂容顏，顧女師，命太傅。歡情未接，將辭而去；遷延引身，不可親附。似逝未行，中若相首；_{遷延，卻行去也。《廣雅》曰：首，向也，舒救切}目畧微盼，精彩相授。志態橫出，不可勝記。意離未絕，神心怖覆；禮不遑訖，辭不及究；願假須臾，神女稱遽。徊腸傷氣，顛倒失據，闇然而暝，忽不知處。情獨私懷，誰者可語？惆悵垂涕，求之至曙。

漢初為賦者有陸賈，_{《漢志》陸賈賦三篇}其辭不傳。次則有賈誼，然未若相如之閎麗也。揚子雲曰："使孔門用賦也，則賈誼升堂，相如入室矣。"是亦以相如優於賈誼也。同時枚乘、莊忌、孔臧之徒，《漢志》並錄其賦，然乘以《七發》最著，忌以《楚詞》見稱。乘所為賦，即遠遜相如，孔臧以下，抑尤不逮，故相如實集賦體之大成。揚子雲又曰："長卿賦不似從人間來，其神化所至耶。"蓋推之至此，相如在梁時所作，有《子虛賦》,《美人賦》，而《子虛賦》尤顯名，武帝讀之而恨不得與同時者也。然今《文選》載《子虛賦》，是割《史記》中所錄《上林賦》之前半為之。豈長卿當日作《上林賦》，其前半全用《子虛賦》耶？意其中不無改定。惟《長門賦》之作，在游梁以後，居蜀之日，其時未至京師也。故今先錄《長門賦》，而《上林》次之。《上林》仍依《文選》篇第，析為二篇。

長門賦并序

孝武皇帝陳皇后時頗得幸，頗妒。別在長門宮，愁悶悲思。聞蜀郡成都司馬相如，天下工為文，奉黃金百斤，為相如、文君取酒，因於^於_{為也}解悲愁之詞。而相如為文以悟主上，陳皇后復得親幸。_{按、此序}_{後人所加}其辭曰。

夫何一佳人兮，步逍遙以自虞。_{《爾雅》曰：虞，度也。郭璞曰：謂}_{測度也。言忖所為被退在長門宮之事}魂踰佚而不反兮，形枯槁而獨居。言我朝往而暮來兮，飲食樂而忘人。_{我，武帝也。言帝昔許朝往暮來，幸臨於己。}_{今以飲食恣，樂而忘於為人。人，后自謂也}心慊移而不省故兮，交得意而相親。_{鄭玄《周禮》注曰：慊，絕也。言帝}_{心絕移不省，故舊交在得意相親而已}伊予志之慢愚兮，懷貞愨之懽心。願賜問而自進兮，得尚君之玉音。奉虛言而望誠兮，期城南之離宮。_{言奉}_{君虛}_{言而望為誠實。離宮}_{即長門宮也，在城南}脩薄具而自設兮，君曾不肯乎幸臨。_{薄具，}_{肴饌也}廓獨潛而專精兮，天漂漂而疾風。登蘭臺而遙望兮，神怳怳而外淫。_{王逸《楚辭》注曰：}_{怳，失意也。《廣}_{雅》曰：淫，游}_{也。蘭臺，臺名}浮雲鬱而四塞兮，天窈窈而晝陰。雷殷殷而響起兮，聲象君之車音。_{言似君之}_{車音也}飄風迴而起閨兮，舉帷幄之襜襜。_{襜襜，}_{搖貌}桂樹交而相紛兮，芳酷烈之誾誾。_{酷烈，誾誾，香氣}_{盛也。誾，魚斤切}孔雀集而相存兮，玄猨嘯而長吟。_{《說文》曰：}_{存，恤問也}翡翠脅翼而來萃兮，鸞鳳翔而北南。_{脅，歛也。}_{萃，集也}心憑噫而不舒兮，邪氣壯而攻中。_{憑噫，氣滿貌。}_{攻中言攻其中心}下蘭臺而周覽兮，步從容於深宮。正殿塊以造天兮，鬱並起而穹崇。（穹崇，高貌）間徙倚於東廂兮，觀夫靡靡而無窮。擠玉戶以撼金鋪兮，聲噌吰而似鍾音。（《字林》曰：擠，排也。金鋪，以金為鋪首也。噌吰，聲也。噌，音曾。吰，音宏）刻木蘭以為榱兮，飾文杏以為梁。（木蘭，似桂木。文杏，亦木名）羅丰茸之遊樹兮，離樓梧而相撐。（丰茸，眾飾貌。遊樹，浮柱也。離樓，攢聚眾木貌）施瑰木之欂櫨兮，委參差以榱梁。（《方言》曰：櫨，栱也。言以瑰奇之木以為欂櫨，委積參差以承盧梁。《說文》曰：欂櫨，柱上枅也。《方言》曰"康，盧也。康與欀同，音康"）時仿佛以物類兮，象積石之將將。五色炫以相曜兮，爛耀耀而成光。緻錯石之瓴甓兮，象瑇瑁之文章。（鄭玄《禮記》注曰：緻，密也。錯緻雜眾石也。言累眾石令之密，石以為瓴甓，采色閒雜，象瑇瑁之文章也。《爾雅》曰：瓴甋謂之甓。郭璞注曰：今江東呼甓為瓴甋）張羅綺之幔帷兮，垂楚組之連綱。（《尚書》曰：荊州厥篚，玄纁織組。孔安國曰：組，綬類也。《周禮》曰：幕人，掌帷綬之事。鄭司農注曰：組綬，所以繫帷也）撫柱楣以從容兮，覽曲臺之央央。（《爾雅》曰：楣謂之梁。《三輔黃圖》曰：未央，東有曲臺殿。央央，廣貌）白鶴噭以哀號兮，孤雌跱於枯楊。（《廣雅》曰：噭，鳴也）日黃昏而望絕兮，悵獨託於空堂。懸明月以自照兮，徂清夜於洞房。援雅琴以變調兮，奏愁思之不可長。案流徵以却轉兮，聲幼妙而復揚。（幼，音要）貫歷覽其中操兮，意慷慨而自卬。（言依曲次第，貫穿而歷覽之，志其中操也。中操，操之中也）左右悲而垂淚兮，涕流離而從橫。（自眼出曰涕。流離，涕垂貌）舒息悒而增欷兮，蹝履起而彷徨。（息，歎息也。悒，於悒也。蹝，《說文》曰：蹝，履也。《蒼頡篇》曰：蹝，徐行貌。蹝與躧音義同）揄長袂以自翳兮，數昔日之諐殃。（《說文》曰：揄，引也。《爾雅》曰：諐，過也。殃，咎也）無面目之可顯兮，遂頹思而就牀。搏芬若以為枕兮，席荃蘭而茝香。（芬若、荃蘭皆香草也。言以為枕席，冀君來而幸臨也。《廣雅》曰：搏，著也。段九切）忽寢寐而夢想兮，魄若君之在旁。惕寤覺而無見兮，魂迋迋若有亡。（迋迋，恐懼之貌，狂往切）眾雞鳴而愁予兮，起視月之精光。觀眾星之行列兮，畢昴出於東方。（言將曉也。《淮南子》曰：西方，其星昴畢，今出東方，謂五月六月也）望中庭之藹藹兮，若季秋之降霜。夜曼曼其若歲兮，懷鬱鬱其不可再更。（更，歷也）澹偃蹇而待曙兮，荒亭亭而復明。（《說文》曰：澹，搖也。偃蹇，佇立貌也。荒，欲明貌。亭亭，遠貌）妾人竊自悲兮，究年歲而不敢忘。（不敢忘君也）

　　王楙《野客叢書》曰："作文受謝，非起于晉、宋，觀陳皇后失寵于漢武帝，別在長門宮，聞司馬相如天下工為文，奉黃金百斤為相如取酒。相如因為文以悟主上，皇后復得幸。此風西漢已然矣。"

子虛賦

楚使子虛使於齊，王悉發車騎與使者出畋。畋罷，子虛過妊烏有先生（張揖曰：妊，誇也，丑亞切，字當作詫），亡是公存焉。坐定，烏有先生問曰："今日畋樂乎？"子虛曰："樂。""獲多乎？"曰："少。""然則何樂？"對曰："僕樂齊王之欲夸僕以車騎之眾，而僕對以雲夢之事也。"（張揖曰：楚藪也，在南郡華容縣）曰："可得聞乎？"子虛曰："可。王車駕千乘，選徒萬騎，畋於海濱。列卒滿澤，罘綱彌山（彌，覆也），掩兔轔鹿，射麋腳麟（司馬彪曰：轔，轢也，音吝。章昭曰：腳，謂持其腳也），騖於鹽浦，割鮮染輪（張揖曰：海水之厓，多出鹽也）。射中獲多，矜而自功。顧謂僕曰：'楚亦有平原廣澤游獵之地，饒樂若此者乎？楚王之獵，孰與寡人乎？'（與，猶如也）僕下車對曰（郭璞曰：下車，謙也）：臣楚國之鄙人也。幸得宿衛，十有餘年，時從出游。游於後園，覽於有無，然猶未能徧觀也（善曰：覽於有無，謂或有所見或復無也）。又焉足以言其外澤乎？'齊王曰：'雖然，略以子之所聞見而言之。'僕對曰：'唯唯。臣聞楚有七澤，嘗見其一，未觀其餘也。臣之所見，蓋特其小小者耳，名曰雲夢者。雲夢，方九百里，其中有山焉。其山則盤紆岪鬱，隆崇嵂崒（郭璞曰：隆崇，珠起也）。岑崟參差，日月蔽虧（張揖曰：高山擁蔽日月，虧，缺半見也。善曰：崟，音吟）。交錯糾紛，上干青雲（郭璞曰：言相摎結而峻絕也）。罷池陂陀，下屬江河（郭璞曰：言旁頹也。屬，連也。罷，音疲）。其土則丹青赭堊，雌黃白坿，錫碧金銀（張揖曰：丹，丹沙也。青，青雘也。赭，赤土也。堊，白土也。蘇林曰：白坿，白石英也，坿音附。善曰：高誘《淮南子》注曰：碧，青石也）。眾色炫耀，照爛龍鱗（郭璞曰：如龍之鱗彩也）。其石則赤玉玫瑰，琳瑉昆吾（張揖曰：琳，珠也。瑉者，石之次玉者。昆吾，山名也，出美金。晉灼曰：玫瑰，火齊珠也。郭璞曰：琳，玉名）。瑊玏玄厲（張揖曰：瑊玏，石之次玉者。玄厲，黑石，可用磨也。如淳曰：瑊，音緘。玏，音勒），硬石碔砆（張揖曰：硬石、碔砆皆石之次玉者。硬石，白者如冰，半有赤色。碔砆，赤地白采葱蘢，白黑不分。郭璞曰：硬，而兗切。善曰：《管子》曰：陰山硬珉。《戰國策》曰：白骨疑象碔砆類玉）。其東則有蕙圃衡蘭，芷若莘薚菖蒲（張揖曰：蕙圃，蕙草之圃也。衡，杜衡也。其狀若葵，其臭如蘪蕪。芷，白芷也。若，杜若也。司馬彪曰：莺蒻，似薰本　**汪蘺蘪蕪諸柘巴苴。**張揖曰：江蘺，香草也。蘪蕪，薪芷也，似蛇床而香。諸柘，甘柘也。郭璞曰：江蘺，似水薺。文穎曰：巴苴，草名，一名巴苴，子余切　巴蕉。善曰：

其南則有平原廣澤，登降陁靡，案衍壇曼，司馬彪曰：陁靡，邪靡也。案衍，窊下也。曼，平博也。善曰：陁，弋爾切。衍　壇　弋戰切。壇，徒旦切。曼，莫幹切。

緣以大江，限以巫山。其高燥則生葴菥苞荔，張揖曰：葴，馬藍也。菥，似燕麥也。苞，麃也。荔，馬荔也。蘇林曰：菥，期歷切。善曰：葴，之林切。苞音包。荔音隸。麃，皮表切　**薛莎青薠，**張揖曰：薛，賴蒿也。莎，鎬侯也。青薠，似莎而大，生江湖，鴈所食。善曰：薠音煩　**其埤濕則生葳菼蒹葭，**郭璞曰：葳菼，草名，中牛馬鬐。張揖曰：蒹薕。葭，蘆也。善曰：埤音婢。葭音郎　**東薔彫胡，**張揖曰：東薔，實可食。彫胡，菰米也。　**蓮藕觚盧，**張揖曰：蓮，荷之實也。其根藕。張晏曰：觚盧，扈魯也　**菴閭軒于。**張揖曰：菴閭，蒿也，子可醫疾。軒于，猶草也，生水中，揚州有之。善曰：菴音淹。猶音庮　**眾物居之，不可勝圖。**圖，畫也其

西則有湧泉清池，激水推移，郭璞曰：波抑揚之　**外發芙蓉菱華，內隱鉅石白沙。**應劭曰：芙蓉，蓮花也　**其中則有神龜蛟鼉，瑇瑁鼈黿。**張揖曰：蛟狀，魚身而蛇尾，皮有珠也。　**其北則有陰林，其樹楩柟豫章，桂椒木蘭，檗離朱楊。**郭璞曰：木蘭，皮辛可食。張曰：檗，皮可染者。離，山梨也。

郭璞曰：朱楊，赤莖柳也　**樝棃梬栗，橘柚芬芳。**張揖曰：樝，似梨而甘也。梬，梬棗也。善曰：《說文》曰：梬棗，似柿而小，名曰梬，而兖切。蘇林曰：樝，音鄯都之鄯。然諸說雖殊而木一也。今依蘇音　**其上則有鹓鶵孔鸞，騰遠射干。**張揖曰：孔，孔雀也。鸞，鸞鳥也。射干，似狐，能緣木。服虔曰：騰遠，獸名也。　**其下則有白虎玄豹，蟃蜒貙犴。**郭璞曰：蟃蜒，大獸，似貍，長百尋。貙，似貍而大。犴，胡地野犬善曰：射，弋舍切　也，似狐而小。蟃音萬　**於是乎使剸諸之倫，手格此獸。楚王乃駕馴駁之駟，**馴，擾也。駁，如馬，白身黑尾，一角鋸牙，食虎豹，擾而乘之，以當馴馬也。橃，麏也。善曰：橃，女教切　**乘彫玉之輿，**郭璞曰：刻玉以飾車也　**靡魚須之橈旃，**張揖曰：以魚須為游　**曳明月之珠旗，**月珠綴飾旗也　張揖曰：以明　**建干將之雄戟，**張揖曰：干將，韓王劍師也。雄戟，胡中有鮔者，干將所造也　**左烏號之雕弓，**張揖曰：黃帝乘龍上天，小臣不得上，挽持龍髯，髯拔，墮黃帝弓。臣下抱弓而號名烏號也　**右夏服之勁箭。**服虔曰：服，盛箭器也。夏后氏之良弓名繁弱，其矢亦良，即繁弱箭服。故曰夏服也　**陽子驂乘，孅阿為御，**張揖曰：陽子，伯樂字也。郭璞曰：孅阿，古之善御者　**案節未舒，即陵狡獸。**司馬彪曰：案節，行得節。未舒，馬足未舒也　**蹴蛩蛩，轔距虛，**張揖曰：蛩蛩，青獸，狀如馬。距虛，似驘而小。　**軼野馬，轊陶駼，**張揖曰：軼，過也。野馬，似馬而小，《海外經》曰：北海內有獸，狀如馬，名陶駼。郭璞曰：轊，車軸頭也。善曰：軼轊，言車之疾，能踰野馬及陶駼也。軼不言車，轊不言過，互文也。轊，音衛。陶音逃。駼音塗　**乘遺風，射游騏。**張揖曰：遺風，千里馬也。《呂氏春秋》曰：遺風之乘。《爾雅》曰：騏，如馬一角，不角者，騏。騏音攡　**倏眒倩浰，**張揖曰：皆疾貌。善曰：倏，式六切。眒，式刃切。倩，千見切。浰音練　**雷動猋至，星流霆擊，弓不虛發，中必決眥，**《說文》曰：眥目匡也。眥眥俱同　**洞胸達掖，絕乎心繫。**張揖曰：自左射之，貫胷通右，胸中絕系也　**獲若雨獸，揜草蔽地。**善曰：言所在眾多，若天之雨獸　**於是楚王乃弭節徘徊，翱翔容與，**郭璞曰：弭，猶低也。節，所仗信節也。翱翔、容與言自得也　**覽乎陰林，觀壯士之暴怒，與**

猛獸之恐懼。徽紁受詘，郭璞曰：紁，疲極也，紁音劇。司馬彪曰：徽紁，遮其倦者。善曰：受屈，取其力屈也。詘與屈同，丘勿切 殫覩眾物之變態。於是鄭女曼姬，如淳曰：鄭女，夏姬也。曼姬，楚武王夫人鄧曼也 被阿緆，揄紵縞，張揖曰：阿，細繒也。緆，細布也。揄，曳 司馬彪曰：縞，細繒 雜纖羅垂霧縠，司馬彪曰：纖，細也。張揖曰：縠，細如霧，垂以為紫也 襞積褰縐，紆徐委曲，鬱橈谿谷，張揖曰：襞積，簡齰也。褰，縮也。縐，裁也。其綃中，文理鬱鬱，有似於谿谷之間也 紛紛裶裶，揚袘戍削，郭璞曰：紛紛、裶裶皆衣長貌也。張揖曰：揚，舉也。袘，衣袖也。戍削，裁制貌也。善曰：裶音非。袘，弋爾切。戍音卹 蜚襳垂髾，司馬彪曰：襳，袿飾也。髾，燕尾也。善曰：襳與燕尾皆婦人袿衣之飾也。蜚古飛字也。襳織也。髾，所交切 扶輿猗靡，張揖曰：扶持楚王車輿相隨也。善曰：猗，於綺切 翕呷萃蔡；張揖曰：翕呷，衣起張也。萃蔡，衣聲也。善曰：呷，火甲切。萃音碎 下靡蘭蕙，上拂羽蓋；下，故或摩蘭蕙，或拂羽蓋 錯翡翠之威蕤，張揖曰：錯其羽毛以為首飾也 繆繞玉綏，張揖曰：楚王車之綏，以玉飾之也。郭璞曰：綏，登車所執。言手繆綏之 眇眇忽忽若神仙之髣髴。郭璞曰：言其容飾奇豔，非世所見 於是乃相與獠於蕙圃，郭璞曰：《說文》曰，獠，獵也，力笑切 嬼姍勃窣，上乎金隄。韋昭曰：嬼姍、勃窣匍匐上也。司馬彪曰：金隄，隄名也。善曰：嬼音盤。姍，先安切。窣，先忽切 拂翡翠，射鵕鸃，善曰：《方言》，拂，取也 微矰出，纖繳施。矰繳 弋白鵠，連駕鵝，言既弋白鵠，而因連駕鵝也 雙鶬下，玄鶴加。怠而後發，游於清池。浮文鷁，張揖曰：鷁，水鳥也，畫其象於船首也 揚旌枻，張揖曰：揚，舉也。析羽為旌建於船上也。郭璞曰：枻，船舷，樹旌於上也。善曰：枻，依郭說。枻音曳 張翠帷，建羽蓋。罔瑇瑁，鉤紫貝，郭璞曰：紫貝，紫質黑文也 摐金鼓，韋昭曰：摐，擊也，音窗。郭璞曰：金鼓鉦也 吹鳴籟，張揖曰：籟，簫也 榜人歌，張揖曰：榜，船也 聲流喝。郭璞曰：言悲嘶也。善曰：喝，一介切 水蟲駭，波鴻沸，郭璞曰：魚鱉 躍，薄浪作 涌泉起，奔揚會。郭璞曰：暴溢激，相鼓薄也。善曰：溢，普頓切 礐石相擊，硠硠礚礚，善曰：礚，力對切 若雷霆之聲，聞乎數百里之外。將息獠者，擊靈鼓，起烽燧，文穎曰：靈鼓，六面鼓 車按行，騎就隊，纚乎淫淫，般乎裔裔。司馬彪曰：皆行貌也。善曰：纚音屣。般音盤 於是楚王乃登雲陽之臺，孟康曰：雲夢中高唐之臺，宋玉所賦者。言其高出雲之陽 怕乎無為，憺乎自持，郭璞曰：養神氣也。《說文》曰：怕，無為也。《廣雅》曰：憺，怕靜也 勺藥之和具而後御之。服虔曰：具，美也，或以芍藥調食也。文穎曰：五味之和也 不若大王終日馳騁，曾不下輿，脟割輪焠。自以為娛。韋昭曰：焠，謂割鮮焠輪也。郭璞曰：焠，染也。善曰：脟音臠。焠，七內切 臣竊觀之，齊殆不如。於是齊王無以應僕也。"烏有先生曰："是何言之過也！足下不遠千里，來貺齊國。王悉發境內之士，備車騎之眾，與使者出畋，乃欲戮力致獲，以娛左右，何名為夸哉？問楚地之有無者，願聞大國之風烈，先生之餘論也。今足下不稱楚王之德厚，而盛推雲夢以為高，奢言淫樂而顯侈靡，竊為足下不取也。必若所言，固非楚國之美也；無而言之，是害足下之信也。彰君惡，傷私義，二者無一可，而先生行之，必且輕於齊而累於楚矣！且齊東陼鉅海，南有琅邪，^{蘇林曰：小洲曰陼}觀乎成山，^{張揖曰：觀，闕也}射乎之罘，浮渤澥，游孟諸。^{宋之大澤也。故屬齊}邪與肅慎為隣，^{郭璞曰：肅慎，國名，在海外，北接之}右以湯谷為界。^{司馬彪曰：湯谷，日所出也，以為東界也}秋田乎青丘，^{服虔曰：青丘國在海東三百里}彷徨乎海外，吞若雲夢者八九，於其胸中，曾不蔕芥。若乃儵儻瑰瑋，異方殊類，珍怪鳥獸，萬端鱗崒，充牣其中，不可勝記，禹不能名，卨不能計。^{張揖曰：禹為堯司空，辨九州名山，別草木。高為堯司徒，敷五教，率萬事。應劭曰：卨，善計也。善曰：《廣雅》曰，充牣，滿也}然在諸侯之位，不敢言游戲之樂，苑囿之大；先生又見客，是以王辭不復，何為無以應哉？"

上林賦

亡是公听然而笑^{善曰：《說文》曰听，笑貌也，牛隱切}曰："楚則失矣，而齊亦未為得也。夫使諸侯納貢者，非為財幣，所以述職也；^{《尚書大傳》曰：古者諸侯之於天子，五年一朝見，述其職。述職者，述其所職也}封疆畫界者，非為守禦，所以禁淫也。今齊列為東藩，而外私肅慎，^{郭璞曰：私與通也}捐國踰限，越海而田，其於義固未可也。且二君之論，不務明君臣之義，正諸侯之禮，徒事爭於游戲之樂，苑囿之大，欲以奢侈相勝，荒淫相越，此不可以揚名發譽，而適足以卑君自損也。^{晉灼曰：卑古賤字也}且夫齊楚之事，又烏足道乎？君未覩夫巨麗也，獨不聞天子之上林乎？左蒼梧，右西極。丹水更其南，^{應劭曰：丹水，出上洛冢領山，東南至沂縣，入沟水。更，公衡切}紫淵徑其北，^{文穎曰：河南穀羅縣有紫澤，在縣北，於長安為在北也}終始灞滻，出入涇渭；^{張揖曰：灞滻二水，終始盡於苑中，不復出也。涇渭二水，從苑外來又出苑去也}酆鎬潦潏，紆餘委蛇，經營乎其內，^{張揖曰：酆水出酆縣南山鄠谷，北入渭鎬，在昆明池北。善曰：潦，即潦水也。《說文》曰：潦水出鄠縣，北入渭。潏水，出杜陵，今名沈水。自南山黃子陂，西北流經至昆明池入渭。郭璞曰：經營其內，周旋苑中也}蕩蕩乎八川分流，相背而異態。[郭璞曰：變態，不同也。善曰：潘岳《關中記》曰：涇、渭、灞、滻、酆、鄗、潦、潏凡八川]東西南北，馳騖往來，出乎椒丘之闕，[服虔曰：丘，名也。兩山俱起，象雙闕者也]行乎洲淤之浦。

[張揖曰：淤，漫也。浦，水崖也。善曰：《方言》曰，水中可居者曰洲，三輔謂之淤]經乎桂林之中，[張揖曰：桂林，林名也。《南海經》曰：桂林八樹，在番禺東也]過乎泱漭之壄。[大貌。泱，烏朗切]汨乎混流，順阿而下，[汨，遄疾也。阿，大陵也]赴隘陜之口。

[郭璞曰：夾岸閒為隘。隘，於懈切。陜音狹]觸穹石，激堆埼，[張揖曰：穹石，大石也。埼，曲岸頭也。郭璞曰：堆，沙堆也，丁回切。埼，巨依切]沸乎暴怒，[郭璞曰：沸，水聲也，音拂]洶涌彭湃。[司馬彪曰：洶涌，跳起也。彭湃，波相戾也]渾弗宓汩，[蘇林曰：渾音輝。宓音密。司馬彪曰：渾弗，盛貌也。宓汩，去疾也]

偪側泌瀄[郭璞曰：泌瀄音筆櫛。司馬彪曰：偪側，相迫也。泌瀄，相楔也。偪字與逼同。楔，先結切]橫流逆折，轉騰潎洌，[司馬彪曰：逆逝，旋回也。孟康曰：轉騰，相過也。潎洌，相擘也。潎，匹列切。洌音列。潎，亨切。潎，匹祕切]滂濞沆溉；[司馬彪曰：滂濞，水聲也。沆，徐流也。郭璞曰：滂，音四]

穹隆雲橈，[郭璞曰：譹起回窳也。善曰：雲橈，如雲屈橈也。橈，女教切]宛潭膠盭；[司馬彪曰：宛潭，展轉也。膠盭，邪屈也。宛音婉。潭音善。盭古戾字]踰波趨浥，涖涖下瀨；[郭璞曰：踰波，後波凌前波也。趨浥，輸於淵也。涖涖，水聲也。浥，於浹切。瀨音利]

批巖衝擁，奔揚滯沛；[司馬彪曰：擁，曲限也。滯沛，奔揚之貌也。沛，直制切。善曰：《說文》曰，批，擘也]臨坻注壑，[善曰：《字林》曰，坻，水中山也。坻音遲]瀺灂霣墜；[郭展曰：瀺灂，小水聲也。霣即隕字也。墜，直類切]沈沈隱隱，砰磅訇礚。[善曰：沈沈，深貌也。隱隱，盛貌也。司馬彪曰：砰磅、訇礚皆水聲也。砰，普冰切。磅，普萌切]

滈滈濆濆，[善曰：《說文》曰，滈，水湀出也。濆，水出貌]滀漯鼎沸；[周成《雜字》曰：滀漯，水沸貌也。濆音骨。滀，勑立切。漯，子入切]馳波跳沫，汩濦漂疾。[司馬彪曰：汩濦，水聲也。章昭曰：濦，許及切。善曰：汩，于筆切。漂，匹姚切]悠遠長懷，寂漻無聲，肆乎永歸。[善曰：《說文》曰，漻，清深也。漻音聊]然後灝溔潢漾，[郭璞曰：皆水无涯際貌也。灝音皓]

安翔徐回；[郭璞曰：言運轉也]蜀乎滈滈，[郭璞曰：水白光貌也。蜀，胡角切。滈音鎬]東注太湖，[郭璞曰：太湖在吳縣。《尚書》所謂震澤也]衍溢陂池。[郭璞曰：其形狀而出也。陂池，江旁小水也]

於是乎蛟龍赤螭，[文穎曰：龍子為螭。張揖曰：赤螭，雌龍也]鮰鰽漸離，[李奇曰：周洛曰鮪，蜀曰鮰，鮰出鞏山穴中。司馬彪曰：漸離，魚名也。張揖曰：其形狀未聞。鮰音豆]鰅鰫鰬魠，[郭璞曰：鰅，魚有文彩。鰫，似鰱而黑。鰬似鯉。魠，鱯也，一名曰黃頰。鰅音顒。鰫，嘗容切。鰬音乾。魠音託。]

禺禺鱋鰨，[郭璞曰：禺禺，魚皮有毛，黃地黑文。鱋，比目魚，狀似牛脾，細鱗，紫色，兩相合得乃行。鰨，鮷魚也，似鮎有四足，聲如嬰兒。禺禺顒，鱋音槽。鰨，奴榻切]捷鰭掉尾，振鱗奮翼，[郭璞曰：捷，舉也。鰭，背上鬣也]潛處乎深巖。[郭璞曰：隱岸坻也]

魚鼈讙聲，萬物眾夥，[善曰：《小雅》曰，夥，多也]明月珠子，的皪江靡。[應劭曰：靡，邊也。明月珠子，生於江中，其光耀，乃照於江邊也]蜀石黃碝，水玉磊砢，[郭璞曰：碝，碝石，黃色。水玉，水精也。磊砢，魁壘貌也。碝音耎。砢音可。]

磷磷爛爛，采色澔汗，[郭璞曰：皆玉石符采映耀也。磷音鏻。澔音皓]叢積乎其中。鴻鵠鷫鴇，駕鵝屬玉，[張揖曰：鴻，大鴈也。郭璞曰：鷫鴇，鴇也。屬玉，似鴨而大，長頸赤目，紫紺色者]交精旋目，[郭璞曰：交精，似鳧而腳高，有毛冠，辟火災。司馬彪曰：旋目，鳥名也]煩鶩庸渠，[璞曰：煩鶩，鴨屬也。庸渠，似鳧灰色而雞腳，一名]

驚音木 箴疵鵁盧，張揖曰：箴疵，似魚虎而倉黑色。鵁，鵁鶄鳥。郭璞曰：盧，鸕鷀也。箴音鍼。疵音貲。鵁，音怓也。羣浮乎其上；汎淫泛濫，隨風澹淡，郭璞曰：皆鳥任風波自縱漂貌也。汎音馮。泛，敷劍切。與波搖蕩，奄薄水渚，張揖曰：奄，覆也。郭璞曰：薄猶集也。喋唼菁藻，咀嚼菱藕。郭璞曰：菁，水草也。善曰：《通俗文》曰，水鳥食，謂之喋。喋，與唼同，所甲切。唼，丈甲切。咀，才汝切。嚼，才削切。

於是乎崇山矗矗，龍嵸崔巍；郭璞曰：皆高峻貌也。嵸，力孔切。嵸音摁。深林巨木嶄巖參嵯。郭璞曰：皆峯嶺之貌也。嶄，仕銜切。嵯，楚林切。嵯，楚宜切。九嵏巀嶭，南山峩峩，善曰：九嵏、南山已見《西都賦》。巀音截。巖陁甀錡，摧崣崛崎，司馬彪曰：陁，靡也。甀，欹甀，缺也。上大下小斛音斝。錡音掎。張揖曰：振，拔也。水注川曰谿，注谿曰瀆。摧，作罪切。崣，卒部切。郭璞曰：崛音掘。崎音錡。振溪通谷，寒産溝瀆，谷，寒産，詰曲也。郭璞曰：自溪及瀆，皆水相通注也。善曰：言山石收斂，溪水而不分泄谽呀豁閜，阜陵別隝，司馬彪曰：谽呀，大貌。豁閜，空虛也。郭璞曰：隝，水中山也。谽，呼含切。呀，呼加切。閜，呵下切。隝音擣。崴魂崛庉，丘虛堀礨，郭璞曰：皆其形勢也。崴，於鬼切。魂，魚鬼切。庉，胡罪切。盧音社。堀音窟。礨音磊。隱轔鬱壘，登降施靡。郭璞曰：隱轔鬱壘，堆壟不平貌。轔，洛盡切。壘音壘。施，式氏切。陂池貏豸，郭璞曰：陂，池旁頹貌也。陂音皮。貏音被。豸，直爾切。善曰：貏豸，漸平貌沈溶淫鬻；張揖曰：水流谿谷之間也。沈，以永切。溶，容容。淫，以舟切。鬻音育散渙夷陸，司馬彪曰：布平地也亭皋千里，靡不被築。一亭。郭璞曰：皆築地令平也。服虔曰：皐，澤也。隄上十里揜以綠蕙，被以江蘺；張揖曰：揜，覆也。綠，王芻也。郭璞曰：結縷，蔓生，如縷相結攢戾莎；糅以蘪蕪，雜以留夷。夷，新夷也。莎，莎名也。司馬彪曰：戾布結縷，蔓生，如縷相結攢戾莎；揭車衡蘭，應劭曰：揭車，一名芎藭，香草也。稾本射干，一稾本射干，郭璞曰：稾本，稾茇也。方末切。司馬彪曰：射干，香草也。茈薑蘘荷，張揖曰：茈薑，子薑也。茈音紫。蘘，人羊切。葴持若蓀，如淳曰：葴音鍼。昭曰：持音慸。張揖曰：葴持，闔。若，杜若。郭璞曰：蓀，香草也鮮支黃礫，司馬彪曰：鮮支，支子也。張揖曰：皆香草也蔣芧青薠，張揖曰：蔣，蓀也。芧，三稜也。郭璞曰：芧音杼。布濩閎澤，延曼太原。郭璞曰：布濩猶布露也。閎，大也。濩音護。延，弋戰切離靡廣衍，善曰：離靡，離而邪靡，不絕之貌也。孟康《甘泉賦注》曰：衍，無厓岸也。離，力爾切應風披靡，吐芳揚烈，善曰：烈，酷烈，香氣也。披，丕蟻切郁郁菲菲，眾香發越，郭璞曰：香氣射散也。菲音妃肸蠁布寫，晻薆咇苾。司馬彪曰：肸，過也。芬芳之過若蠁之布寫也。郭璞曰：香氣盛貌。肸，布也。秘辭也。善曰：《說文》曰，肸蠁，布也。秘辭、咇苾音義同。《說文》曰，艴鶴，香氣奄藹也。艴與晻，鶴與薆，音義同。晻音奄。咇，步必切。苾音勃於是乎周覽泛觀，縝紛軋芴，孟康曰：縝紛，眾盛也。軋芴，緻密也。縝，丑人切。芴音勿芒芒恍忽，郭璞曰：言眼亂也。芒，莫朗切視之無端，察之無涯。日出東沼，入乎西陂。其南則隆冬生長，涌水躍波。躍波言不凍也其獸則㺎旄獏犛，沈牛塵麋，郭璞曰：㺎，似牛領有肉堆也，音容。張揖曰：旄，旄牛也，其狀如牛而四節生毛，獏，白豹。犛，牛黑色。出西南徼外。沈牛，水牛也，能沈沒水中。塵，似鹿而大赤首圜題，窮奇象犀。張揖曰：題，額也。窮奇，狀如牛而蝟毛，其音如嗥狗，食人者也其北則盛夏含凍裂地，涉冰揭河。司馬彪曰：揭，攓衣也其獸則麒麟角端，騊駼橐駝，郭璞曰：麟，似麟而無角。角端，似貊，角在鼻上中作弓。章昭曰：背上有肉似橐，故曰橐駝也。**蛩蛩驒騱，駃騠驢驘。**郭璞曰：驒騱，駏驉類也。駃騠，生三日而超其母。驒音顛。騱音奚。駃音玦。騠音提。驘同**於是乎離宮別館，彌山跨谷；高廊四注，重坐曲閣；**司馬彪曰：廊，廡，上級下級皆可坐，故曰重坐。曲閣，閣道委曲也。**華榱璧璫，輦道纚屬；**章昭曰：裁金為璧，以當榱頭也。司馬彪曰：纚，連屬也。張揖曰：纚，力爾切。屬，之欲切**步**善曰：步櫚，步廊也。司**櫚周流長途中宿。**馬彪曰：中宿乃至其上**夷嵕築堂，累臺增成，**如淳曰：嵕，山此山以作堂者也。重累而成也。張揖曰：平之，故曰增成。嵕，子公切**嚴嵏洞房。**言於嚴嵏底為室，潛通臺上也。**頫杳眇而無見，仰**善曰：《聲類》曰，頫古文俛字。《說文》曰，頫，低頭**攀橑而捫天。**也。晉灼曰：攀古攀字也。捫，撫也。捫音門**奔星更於閨闥，宛**善曰：奔，流星也。行疾，故曰奔。如淳曰：宛虹，屈曲之虹也。更，工衡切**虹拖於楯軒。**應劭曰：楯，欄檻也。司馬彪曰：軒，楯下版也。**青龍蚴蟉於**郭璞曰：蚴蟉，龍行貌也。善曰：孫炎《爾雅注》**東箱。**日：箱，夾室，前堂也。蚴，一糾切。蟉，力糾切。**象輿婉僤於西清，**張揖曰：山出象輿，瑞應車也。西清者，箱中清淨處也。善曰：婉僤，動貌也。僤音善**靈圄燕於閒館，**張揖曰：靈圄，眾仙之號也。**偓佺之倫，暴於南榮。**郭璞曰：偓佺，仙人也。暴謂偓臥日中也。榮，屋南檐也。**醴泉涌於清室，通川過於中庭。**郭璞曰：醴泉，瑞水也。言醴泉於室中涌出，而通流為川，而過中庭**盤石振崖，**李奇曰：振，整也。以石整頓池水之涯也。振，之刃切**嶔巖倚傾，**郭璞曰：嶔巖，敧貌也。嶔，口嚴切。倚，於綺切**嵯峨嶵嵬，刻削崢嶸。**郭璞曰：言自然若彫刻也。司馬彪：崢嶸，深貌也。善曰：嶵音捷。嵬音業**玫瑰碧琳，珊瑚叢生。瑉玉旁唐，玢豳文鱗。**郭璞曰：旁唐，言磐礴也。玢豳，文理貌也，音紛彬**赤瑕駁犖，雜臿其間；**張揖曰：赤瑕，赤玉也。**晁采琬琰，和氏出焉。**司馬彪曰：晁采，玉名也**於是乎盧橘夏熟，**應劭曰：《伊尹書》曰，箕山之東青鳥之所，有盧橘夏熟。晉灼曰：盧，黑也**黃甘橙楱，**郭璞曰：黃甘，橘屬而味精。楱，亦橘之類也，音湊。張揖曰：楱，小橘也，出武陵**枇杷橪**柿，亭柰厚朴，**張揖曰：枇杷，似斛樹長葉，子如杏。亭，山梨也。厚朴，藥名也。郭璞曰：橪，橪支木也。橪音煙。朴，步角切**樗棗楊梅，**張揖曰：楊梅，其實似穀，子而有核，其味酸，出江南也**櫻桃蒲陶，隱夫薁棣，**張揖曰：隱夫，未詳。薁，山李也。郭璞曰：棣，實似櫻桃也。棣，於六切。**荅遝離支，**張揖曰：荅遝，似李，出蜀。晉灼曰：離支，大如雞子，皮麤，棣，徒計切**剝去皮，肌如雞子，中黃，味甘多酢少，遝，音沓。離，力智切**羅乎後宮，列乎北園。貤丘阮，下平原，**司馬彪曰貤，延也，羊氏切**揚翠葉，扤紫莖，**張揖曰：扤，搖也，音兀**發紅華，垂朱榮；煌煌扈扈，照曜鉅野。**郭璞曰：言其光采之盛也。煌音皇**沙棠櫟**儲**張揖曰：沙棠，狀如棠，黃華赤實，其味如李，無核。《呂氏春秋》曰：果之美者，沙棠之實。櫧，似梧，葉冬不落。應劭曰：櫟，採木也。櫧音諸。柃音零。採音采**華楓枰櫨，**張揖曰：華，皮可以為索。楓，欇也。脂可以為香。郭璞曰：枰，平仲木也**留落胥邪，仁頻并閭，**郭璞曰：留，未詳。落，欇，中作器。胥邪，似并閭，皮可作索。孟康曰：仁頻，檳也。善曰：《仙藥錄》曰：檳榔，一名椶，然仁頻即檳榔也**欃檀木蘭，**孟康曰：欃檀，檀別名也。欃音讒**豫章女貞，**張揖曰：女貞，木，葉冬不落**長千仞，大連抱。夸條直暢，實葉葰楙。**郭璞曰：夸，張布也。司馬彪曰：葰楙，支葉累也。倚，於綺切。卷，巨專切。葰音峻**攢立叢倚，連卷欐佹；**欐，力爾切。佹音詭。善曰：《蒼頡篇》曰，攢，聚也**崔錯**

登降；郭璞曰：崔錯，交雜。登降，蟺庱也。崔，千賄切。登，步葛切。坑衡閜砢。郭璞曰：坑衡，徑直貌。閜砢，相扶持也。坑，口庚切。閜，烏可切。砢，來可切。

垂條扶疏，落英幡纚；善曰：《說文》曰，扶疏，四布也。張揖曰：幡纚，飛揚貌也。纚，山爾切。紛溶箾蔘，猗狔從風。司馬彪曰：眾聲貌也。郭璞曰：紛溶箾蔘，支疎擢也。張揖曰：猗狔猶阿那也。溶音容。箾音蕭。蔘音森。猗，憶綺切。狔，女爾切。

蓋象金石之聲，管籥之音。劖音劉。莅音利。虖古歈字。歈音翕。儵池莅虖，旋還乎後宮，張揖曰：儵池，參差也。莅虖：相重被也。如淳曰：莅虖此。虖音疗。郭璞曰：還，繞也。儵音差。雜襲絫輯，郭璞曰：言絫古累字。輯與集同。被山緣谷，循阪下隰，視之無端，究之無窮。於是乎玄猨素雌，蜼玃飛蠝，張揖曰：蜼，似母猴，卬鼻而長尾。玃，似獼猴而大。飛蠝，鼠也，其狀如兔而鼠首，以其髯飛。郭璞曰：蠝，鼯鼠也，毛紫赤色，飛且生，一名飛生。蜼音遺。蠝音誄。善曰：玄猨言猨之雄者，玄色也。素雌，猨之雌者，素色也。玃音矍。

蛭蜩蠼猱，司馬彪曰：《山海經》曰，不咸之山飛蛭四翼。蜩，蟬也。蠼猱，獼猴也。郭璞曰：蛭蜩，未聞。如淳曰：蛭音質。猱，奴刀切。獑胡豰蛫，張揖曰：獑胡，似獼猴，頭上有髦，腰以後黑。郭璞曰：豰似鼬而大，腰以後黃，一名黃腰，食獼猴。蛫，未聞也。獑音讒。豰，呼谷切。蛫音詭。棲息乎其間，長嘯哀鳴，翩幡互經，郭璞曰：皆獼猴在樹暴戲姿態也。互相經過也。善曰：《埤蒼》曰，格，木長貌也。《說文》曰，杪，末也。《廣雅》曰，顛，末也。蟜字與踰同。天蟜枝格，偃蹇杪顛，郭璞曰：天蟜，頻申也。張揖曰：殊榛，異栐也。善曰：隃隃絕梁，騰殊榛，捷持垂之條，掉往著稀疏無支之間也。郭璞曰：掉，懸擿也。託釣切。捷垂條，掉希間。牢落陸離，郭璞曰：羣奔走也。爛漫遠遷。郭璞曰：崩騰羣走貌也。

若此者數百千處，娛遊往來，宮宿館舍，郭璞曰：皆離宮別館，出入所在有也。庖廚不徙，後宮不移，百官備具。郭璞曰：言所在有也。於是乎背秋涉冬，天子校獵。李奇曰：以五校兵出獵也。乘鏤象，六玉虯，張揖曰：鏤象，象路也。以象牙癅鏤其車輅。六玉虯，謂駕六馬，以玉飾其鑣勒，有似虯龍也。無角曰虯也。拖蜺旌，靡雲旗；張揖曰：析羽毛染以五采，綴以續為旌，有似虹蜺之氣也。畫熊虎於旒為旗，似雲氣也。前皮軒，後道游；文穎曰：皮軒，以虎皮飾車。天子出，道車五乘，游車九乘，在乘輿車前，賦頌為偶辭耳。孫叔奉轡，衛公參乘；李善曰：孫叔者，太僕公孫賀也，字子叔。衛公者，大將軍衛青也。大駕太僕御，大將軍參乘。扈從橫行，出乎四校之中。晉灼曰：扈，大也。張揖曰：跋扈縱橫，不案鹵簿也。文穎曰：凡五校，今言四者中一校隨從天子乘輿也。鼓嚴簿，縱獵者，張揖曰：鼓，嚴鼓也。簿，鹵簿也。善曰：言擊嚴鼓簿閘之中也。河江為阹，泰山為櫓。郭璞曰：因山谷遮禽獸為阹。櫓，望樓也。車騎靁起，殷天動地。郭璞曰：殷，震動也。善曰：靁古雷字。殷音隱。先後陸離，離散別追。郭璞曰：各有所逐也。善曰：《廣雅》曰，陸離，參差。淫淫裔裔，緣陵流澤，雲布雨施，郭璞曰：偏山野也。生貔豹，搏豺狼，韋昭曰：生謂生取之也。郭璞曰：貔，執夷，虎屬。音毗。手熊羆，足壄羊，張揖曰：熊，犬身人足，黑色。羆，如熊，黃白色。壄羊，麢羊也，似羊而青。郭璞曰：足謂踏也。蒙鶡蘇，孟康曰：鶡，鶡尾也。蘇，析羽也。張揖曰：鶡，似雉，鬬死不卻。善曰：蒙謂蒙覆而取之也。絝白虎，郭璞曰：絝謂絆絡之也。善曰：絝謂袴。被班文，善曰：班文，虎豹之皮也。司馬彪曰：《漢書》曰：虎賁騎皆虎文單衣。跨壄馬。善曰：跨謂騎之也。凌三嵕之危，善曰：《漢書音義》曰，陵，上也。郭璞《三倉注》曰：三嵕山，在閿喜。下碪歷之坻；張揖曰：碪歷，不平也。坻，下阪道也。

100

也。坻音遍　徑峻赴險，越壑屬水。　郭璞曰：屬，以衣渡水　椎蜚廉，弄獬豸，　郭璞曰：飛廉，龍雀也，鳥身鹿頭。張揖曰：獬豸，似鹿而一角　格蝦蛤，鋌猛氏，　孟康曰：蝦蛤、猛氏皆獸名。善曰：《說文》曰，鋌，小矛也，市延切　羂騕褭，射封豕。　張揖曰：騕褭，馬，金喙赤色，一日行萬里者。郭璞曰：封豕，大豬也。善曰：《聲類》曰，羂，係取也，工犬切　箭不苟害，解脰陷腦；弓不虛發，應聲而倒。　張揖曰：脰，項也　於是乘輿弭節徘徊，翱翔往來，睨部曲之進退，覽將帥之變態。然後侵淫促節，　郭璞曰：言疾驅也。善曰：侵淫，漸進之貌　儵夐遠去，　儵忽，也。夐，長遠也　流離輕禽，蹴履狡獸，　張揖曰：流離，放散也。蹴，輕鳥也　轥白鹿，捷狡兔　郭璞曰：狡兔健跳，故曰捷耳。捷音接　軼赤電，遺光耀，　張揖曰：軼，過也。皆妖氣，為變怪游光之屬也　追怪物，出宇宙，　張揖曰：怪物，奇禽也　彎蕃弱，滿白羽，　文穎曰：蕃弱，夏后氏良弓之名。引弓盡箭鏑為滿。以白羽為箭，故言白羽也　射游梟，櫟蜚遽，　張揖曰：梟，惡鳥也，故射之。櫟，捎也。飛遽，天上神獸也，鹿頭而龍身。郭璞曰：梟，工聊切。遽音鉅　擇肉而后發，先中而命處，　善曰：高誘《淮南子注》梟羊，山精也，似遽類。高說是也。梟，工聊切　文穎曰：所射準的為藝。彀　弦矢分，藝殪仆。　郭璞曰：言必如所志也。善曰：《廣雅》曰，命，名也　發死為殪。善曰：《說文》曰，仆，頓也。殪音瞖。仆音赴　然后揚節而上浮，　郭璞曰：言騰游也　凌驚風，歷駭猋，乘虛無，與神俱，躪玄鶴，亂昆雞。　張揖曰：昆雞，似鶴，黃白色。郭璞曰：躪，踐也。亂者，言亂其行伍也　道孔鸞，促鵔鸃，　郭璞曰：道，促皆迫捕貌　拂鷖鳥，　張揖曰：《山海經》曰，九疑之山，有五采之鳥，名曰鷖鳥　捎鳳凰，捷鵷鶵，揜焦明。　張揖曰：焦明，似鳳，西方之鳥也。宋衷曰：水鳥也　道盡途殫，迴車而還。消搖乎襄羊，降集乎北紘，　張揖曰：《淮南子》云，八澤之外，乃有八紘。郭璞曰：襄羊猶彷徉也　率乎直指，　郭璞曰：率，徑馳去也　晻乎反鄉。　郭璞曰：忽然疾歸貌　歷石闕，歷封巒，過鳷鵲，望露寒，　郭璞曰：歷，蹋也，音厥。張揖曰：此四觀，武帝建元中作，在雲陽甘泉宮外。鳷音支　下棠　犁，息宜春，　張揖曰：棠犁，宮名，在雲陽東南三十里。郭璞曰：宜春，宮名，在渭南杜縣東　西馳宣曲，　張揖曰：宣曲，宮名，也在昆明池西　濯鷁牛首，　張揖曰：牛首，池名，在上林苑西頭　登龍臺，　張揖曰：觀名，也在豐水西北，近渭也　掩細柳，　郭璞曰：觀名，也在昆明池南。善曰：《方言》曰，掩　觀士大夫之勤略，　司馬彪曰：略，巡行也　均獵者之所得獲。　郭璞曰：平其多少也　徒車之所轔轢，　郭璞曰：徒步也。轢，轢也　步騎之所蹂若，人臣之所蹈籍，　善曰：《廣倉》曰，若，蹂足貌　與其窮極倦劮，驚憚讋伏，　郭璞曰：窮極倦劮，疲憊者也。驚憚讋伏，怖不動貌也。歀音劇。憚，丁旦切。讋，之涉切　不被創刃而死者，他他籍籍，　郭璞曰：言交橫也。他，徒河切　填阬滿谷，掩平彌澤，　善曰：《廣雅》曰，大野曰平　於是乎遊戲懈怠，置酒乎顥天之臺，　張揖曰：臺高，上干顥天也　張樂乎膠葛之㝢；　郭璞曰：言曠遠深貌也　撞千石之鐘，立萬石之虡；建翠華之旗，樹靈鼉之鼓。　張揖曰：以翠羽為葆也。以鼉皮為鼓也　奏陶唐氏之舞，聽葛天氏之歌，千人唱，萬人和，山陵為之震動，川谷為之蕩波。巴、渝、宋、蔡，淮南干遮，干遮，曲名 文成顚歌，文穎曰：文成，遼西縣名也，其縣人善歌。顚，益州顚縣，其人能作西南夷歌也。顚與滇同也 族居遞奏，金鼓迭起，張揖曰：族，聚也 鏗鏘闛鞈，洞心駭耳。善曰：鏗鏘，鍾聲也。闛鞈，鼓音也。闛，託郎切。鞈音楊 荊、吳、鄭、衛之聲，韶、濩、武、象之樂，陰淫案衍之音，郭璞曰：流沔曲也 鄢郢繽紛，激楚結風，結風，亦急風也。楚地風氣既自漂疾，歌樂者依之為節也 俳優侏儒狄鞮之倡，郭璞曰：狄鞮，西戎樂名也。鞮，丁奚切 所以娛耳目樂心意者，麗靡爛漫於前，郭璞曰：言恣所觀也 靡曼美色。張揖曰：靡，細也。曼，澤也 若夫青琴宓妃之徒，伏儼曰：青琴，古神女也。如淳曰：宓妃，伏羲氏女，溺死洛，遂為洛水之神 絕殊離俗，妖冶嫻都。善曰：《字書》曰，妖，巧也。《說文》曰，嫻，雅也，或作閑。《小雅》曰，都，盛也 靚粧刻飾，便嬛綽約，郭璞曰：靚粧，粉白黛黑也。刻，刻畫鬢鬒也。便嬛，輕利也。綽約，婉約也。嬛音翾。靚音淨 柔橈嫚嫚，嫵媚孅弱，郭璞曰：柔橈、嫚嫚皆骨體柔，弱長豔貌也。孅弱，弱顏也 曳獨繭之褕紾，眇閻易以卹削，張揖曰：褕，襜褕也。紾，袖也。郭璞曰：獨繭，一繭之絲也。閻易，衣長大貌也。卹削，言如刻畫作之也 便姍嫳屑，與俗殊服；郭璞曰：衣服婆娑貌 芬芳漚鬱，酷烈淑郁；皓齒粲爛，宜笑的皪；郭璞曰：香氣盛也。漚，一候切，又曰鮮明貌也。善曰：《楚辭》曰，美人皓齒嫭以姱。又曰：嫭目宜笑蛾眉曼 長眉連娟，微睇綿藐；郭璞曰：連娟，言曲細也。綿藐，遠視貌 色授魂與，心愉於側。張揖曰：彼色來授我，魂往與接也 於是酒中樂酣，郭璞曰：中，半也，中仲切 天子芒然而思，似若有亡。曰：'嗟乎，此大奢侈！朕以覽聽餘閒，善曰：言聽政既有餘暇，無事而虛棄時日也。閒音閑 無事棄日，順天道以殺伐，郭璞曰：因秋氣也 時休息於此，恐後葉靡麗，遂往而不返，非所以為繼嗣創業垂統也。'郭璞曰：言不可以示將來也 於是乎乃解酒罷獵，而命有司曰：'地可墾闢，悉為農郊，以贍萌隸；韋昭曰：萌，民也 隤牆填塹，使山澤之人得至焉。實陂池而勿禁，虛宮館而勿仞。仞，滿 發倉廩以救貧窮，補不足，興發補不足。趙岐曰：興惠政，發倉廩，以振貧而補不足也 恤鰥寡，存孤獨。出德號，省刑罰，改制度，易服色，革正朔，與天下為更始。'於是歷吉日以齋戒，襲朝服，乘法駕，建華旗，鳴玉鸞，游于六藝之囿，馳騖乎仁義之塗，覽觀春秋之林，如淳曰：春秋，義理繁茂，故比之於林藪也 射貍首，兼騶虞，郭璞曰：貍首，逸詩篇名，諸侯以為《射節》、《騶虞》、《召南》之卒章，天子以為射節也 弋玄鶴，舞干戚，載雲罕，揜羣雅，張揖曰：罕，畢也。前有九流雲畢之車。揜，捕也。《詩小雅》之材七十四人，《大雅》之材三十一人，故曰羣雅之詁。言王者樂得材智之人，使在位，故天與之福祿也 悲伐檀，張揖曰：其詩，刺賢者不遇明王也 樂樂胥，善曰：《毛詩》曰，君子樂胥，受天之祜 脩容乎禮園，翱翔乎書圃，郭璞曰：《尚書》所以疏通知遠者，故遊涉之 述易道，放怪獸，登明堂，坐清廟，次羣臣，奏得失，四海之內，靡不受獲。[善曰：得恩德也]於斯之時，天下大說，鄉風而聽，隨流而化，怵然興道而遷義，[郭璞曰：怵猶勃也，許貴切]刑錯而不用，德隆於三王，而功美於五帝。[司馬彪曰：美，溢也]若此故獵乃可喜也。若夫終日馳騁，勞神苦形，罷車馬之用，抏士卒之精，[郭璞曰：精，銳也。抏，損也，音翫]費府庫之財，而無德厚之恩，務在獨樂，不顧眾庶，忘國家之政，貪雉兔之獲，則仁者不繇也。從此觀之，齊楚之事，豈不哀哉！地方不過千里，而囿居九百，是草木不得墾辟，而人無所食也。夫以諸侯之細，而樂萬乘之侈，僕恐百姓被其尤也。"於是二子愀然改容，超然若失，逡巡避席。[逡巡，却退也。《孝經》曰：曾子避席。廗與席古字通]曰："鄙人固陋，不知忌諱，乃今日見教，謹受命矣。"

司馬遷以相如雖多虛辭濫說，然要其歸引之節儉，此亦詩之諷諫何異。揚雄亦謂其曲終奏雅。《西京雜記》："司馬相如為《上林》、《子虛賦》。意思蕭散，不復與外事相關，控引天地，錯綜古今；忽然如睡，煥然而興，幾百日而後成。其友人盛覽，字長通，牂柯名士，嘗問以作賦。相如曰：'合纂組以成文列錦繡而為質。一經一緯，一宮一商，此賦之跡也。苞括宇宙，總覽人物，斯乃得之於內，不可得而傳。'覽乃作《合組歌》、《列錦賦》而退，終身不敢復言作賦之心矣。"又曰："相如將獻賦，未知所為，夢一黃衣翁謂之曰：'可為《大人賦》。'遂作《大人賦》言神仙之事以獻之，賜錦百匹。"然相如未作《大人賦》之前，先有《哀二世賦》。朱子亦錄之於《楚辭後語》中者也。

哀二世賦

登陂陁之長阪兮，坌入曾宮之嵯峨。蘇林曰：坌，音馬，坌吒之坌。張揖曰：坌，並也。師古曰：曾，重也臨曲江之隑州兮，望南山之參差。張揖曰：隑，長也。師古曰：曲岸頭曰隑，即碕字巖巖深山之谾谾兮，通谷嚳乎谽谺。晉灼曰：谾音籠，古礲字。師古曰：谾谾，深通貌。谺，大開貌汩减靫以永逝兮，注平皋之廣衍。師古曰：汩减，疾貌也。靫然，輕舉意也。皋，水邊地也。汩音於筆反。减音域。靫音先合反觀眾樹之蓊薆兮，覽竹林之榛榛。師古曰：蓊薆，蔭蔽貌。榛榛，盛貌。蓊音烏孔反東馳土山兮，北揭石瀨。師古曰：揭，褰衣而渡水。石面淺水曰瀨也弭節客與兮，歷弔二世。持身不謹兮，亡國失勢。信讒不寤兮，宗廟滅絕。嗚呼操行之不得。墓蕪穢而不脩兮，魂亡歸而不食。《史記》此下尚有四句曰：夐邈絕而不齊兮，彌久遠而愈休。精罔閬而飛揚兮，拾九天而永逝，嗚呼哀哉。今從《漢書》，朱子《楚詞後語》亦從《漢書》，少數語

大人賦

世有大人兮，在乎中州。師古曰：大人以諭天子。中州，中國也宅彌萬里兮，曾不足以少留。悲世俗之迫隘兮，揭輕舉而遠游。師古曰：揭，去意也乘絳幡之素蜺兮，載雲氣而上浮。建格澤之脩竿兮，張揖曰：格澤之氣，如炎火狀，黃白色，起地上至天，下大上銳。脩，長也。建此氣為長竿也總光燿之采旄。張揖曰：旄，葆也。總，係也。係光耀之氣於長竿以為葆也。師古曰：葆，即今所謂纛頭也垂旬始以為幓兮，李奇曰：旬，始，氣如雄難，見北斗旁。張揖曰：幓，旒也。懸旬始於葆下，以為十二旒也曳彗星而為髾。張揖曰：髾，燕尾也。柵彗星綴著旒，以為燕尾也掉指橋以偃蹇兮，張揖曰：指橋，隨風指麾也。偃蹇，委曲貌又猗抳以招搖。張揖曰：猗抳，下垂貌。招搖，跳踊貌攬攙搶以為旌兮，靡屈虹而為綢。張揖曰：彗星為攙搶。靡，順也。綢，韜也。以斷虹為旌杠之韜也。師古曰：韜謂裏冒，旌旗之竿也紅杳眇以玄湣兮，猋風涌而雲浮。晉灼曰：紅，赤色。杳眇，深遠也。玄湣，混合也駕應龍象輿之蠖略委麗兮，驂赤螭青蛇之蚴蟉宛蜒。師古曰：蠖略、委麗、蚴蟉、宛蜒皆其行步進止之貌低卬夭蟜裾以驕驁兮，詘折

隆窮躍以連卷。張揖曰：裾，直項也。騎驁，縱恣也。詘折，曲委也。隆窮，舉臀也。躍，跳也。連卷，句踹也。沛艾赳螑仡以佁儗兮，張揖曰：沛艾，駊騀也。赳螑，申頸低印也。仡，舉頭也。佁儗，不前也。師古曰：螑，火幼反。仡，魚乞反。佁，丑吏反。儗，魚吏反。佁儗又音態礙。放散畔岸驤以屏顏。師古曰：畔岸，自縱之貌也。驤，舉也。屏顏，不齊也。跮踱輵螛，容以骫麗兮，張揖曰：跮踱，互前卻容，龍體貌也。骫麗，左右相隨也。輵螛，搖目吐舌也。師古曰：跮，丑日反。踱，丑格反。輵音遏。螛音曷。骫古委字也。蜩蟉偃寋怤奰以梁倚。張揖曰：蜩蟉，掉頭也。怤奰，奔走也。梁倚，相著也。師古曰：蜩，徒釣反。蟉，盧鈎反。奰，丑若反。糾蓼叫奡踏以艐路兮，張揖曰：糾蓼，相引也。叫奡，相呼也。踏，下也。艐，著也。皆下著道也。師古曰：叫奡，高舉貌。艐音屆蔑蒙踊躍，騰而狂趡。張揖曰：蔑蒙，飛揚也。踊躍，跳也。趡，奔走也。師古曰：趡音醊荏颯卹歙，焱至電過兮，煥然霧除，霍然雲消。張揖曰：荏颯，飛相及也。卹歙，走相追也。師古曰：荏，音利。颯，音立。卹，音譎邪絕少陽而登太陰兮，與真人乎相求。互折窈窕以右轉兮，橫屬飛泉以正東。張揖曰：飛泉，飛谷也，在崑崙山西南。師古曰：屬，渡也。悉徵靈圉而選之兮，部署眾神於搖光。張揖曰：搖光，北斗柄頭第一星。使五帝先導兮。反太壹而從陵陽。張揖曰：陵陽，仙人陵陽子明也。師古曰：令太一反其所居，而使陵陽侍從於己左玄冥而右黔雷兮，張揖曰：黔雷，黔嬴也，天上造化神名也。前長離而後矞皇，服虔曰：皆神名也。師古曰：長離，靈鳥也。廝征伯僑而役羨門兮，詔岐伯使尚方。張揖曰：伯僑，仙人王子喬也。羨門，碣石山上仙人羨門高也。尚，主也。師古曰：征伯僑者，仙人，姓名曰伯僑，非王子喬祝融警而蹕御兮，清氣氛而后行。師古曰：氛，惡氣也。屯余車而萬乘兮，綷雲蓋而樹華旗。師古曰：綷，合也。使句芒其將行兮，吾欲往乎南娭。師古曰：將行，將領從行也。歷唐堯於崇山兮，過虞舜於九疑。張揖曰：崇山，狄山也。《海外經》曰狄山，帝堯葬於其陽。九疑山，舜所葬紛湛湛其差錯兮，雜遝膠輵以方馳。師古曰：湛湛，積厚之貌。膠輵，猶交加也。騷擾衝蓯其紛挐兮，滂濞泱軋麗以林離。張揖曰：衝蓯，相入貌。滂濞，眾盛貌。泱軋，不前也。麗，靡也。林離，掺攦也。師古曰：掺，音所林反。攦，音所宜反。攢羅列聚叢以籠茸兮，衍曼流爛疼以陸離。張揖曰：疼，眾貌。師古曰：籠茸，聚貌。流爛，布散也。疼，自放縱也，音式廉反徑入雷室之砰磷鬱律兮，洞出鬼谷之堀礨崴魁。張揖曰：雷室，雷淵也。洞，通也。鬼谷，在崑崙北直北辰下，眾鬼之所聚也。堀礨崴魁，不平也。師古曰：砰磷鬱律，深峻貌徧覽八紘而觀四海兮，揭度九江越五河。經營炎火而浮弱水兮，杭絕浮渚涉流沙。張揖曰：杭，船也。浮渚，流沙中渚也。奄息葱極氾濫水娭兮，使靈媧鼓琴而舞馮夷。服虔曰：靈媧，女媧也時若曖曖將混濁兮，召屏翳，誅風伯，刑雨師。應劭曰：屏翳，天神使西望崑崙之軋沕荒忽兮，張揖曰：軋沕荒忽，不分明之貌直徑馳乎三危。排閶闔而入帝宮兮，載玉女而與之歸。登閬風而遙集兮，亢烏騰而壹止。應劭曰：亢然高飛，如鳥之騰也低徊陰山翔以紆曲兮，吾乃今日觀西王母。暠然白首戴勝而穴處兮，亦幸有三足鳥為之使。^{如淳曰：《山海經》曰：西王母}梯几而戴勝。師古曰：勝，婦人首飾也。暠，音工老反，或作皓，音皓必長生若此而不死兮，雖濟萬世不足以喜。回車朅來兮，絕道不周，會食幽都。呼吸沆瀣兮餐朝霞，咀噍芝英兮嘰瓊華。^{嘰，食也。張揖曰：傑，印也}傑侵尋而高縱兮，紛鴻溶而上屬。^{張揖曰：鴻溶，竦踊也。}貫列缺之倒景兮，^{服虔曰：列缺，天閃也。人在天上下向視日月，故景倒在下也。張揖曰：貫，穿也。《陵陽子明經》曰：列缺，氣去地二千四百里。倒景，氣去地}涉豐隆之滂濞。^{四千里，其景皆倒在下也}^{滂濞，雨水多也}騁遊道而脩降兮，騖遺霧而遠逝。^{張揖曰：馳疾而遺霧在後也。師古曰：游，游車也。道，道車也。脩，長也。降，下也。言周覽天上，然後騁車也。循長路而下馳，棄遺霧而遠逝也}迫區中之隘陝兮，舒節出乎北垠。^{師古曰：舒，緩也}遺屯騎於玄闕兮，^{張揖曰：玄闕，北極之山也}軼先驅於寒門。^{應劭曰：寒門，北極之門也}下崢嶸而無地兮，上嵺廓而無天。^{師古曰：嵺廓，廣遠也。嵺音遼}視眩泯而亡見兮，聽敞怳而亡聞。^{師古曰：眩泯，目不安也。敞怳，耳不諦也}乘虛亡而上遐兮，超無友而獨存。^{已上註訓畧據《漢書》}

相如賦之傳於今者止此。《哀二世賦》，是從武帝至長楊獵還過宜春宮，感而有作。宜春宮者，本秦離宮，閻樂殺胡亥之地也。朱晦庵惟以《長門賦》及此篇為有諷諫之意，故錄二篇於《楚詞後語》。至於《上林》、《子虛》、《大人》之作，則以為誇麗泰甚，終歸於諫者也。先是武帝既美子虛之事，相如見上好僊，因曰："上林之事，未足美也，尚有靡者。臣嘗為大人賦未就，請具而奏之。相如以為列僊之儒，居山澤間。形容甚臞，此非帝王之僊意也。乃遂奏《大人賦》。武帝讀之大說，飄飄有淩雲氣游天地之間意。"黃震以武帝好僊，而相如進賦，近於逢君之惡，然亦游仙之作之閎麗者。康對山曰："古人作文，皆有依倣。司馬長卿《大人賦》，全用屈平《遠游》中語。相如此賦，固有所本也。蓋屈宋實詞賦之宗，其豔說華藻，出於縱橫之詭俗。"^{《文心雕龍》}相如蚤接鄒枚，頗好縱橫之習，曄煒奇意，遂以度越前代，雖不免於靡，然其閎麗辯博，有詞賦以來，一人而已。

第三章　司馬相如之事功及其文章

前已論長卿為純然文人矣。本傳稱相如"口吃而善著書。常有消渴疾。與卓氏婚，饒於財。其進仕宦，未嘗肯與公卿國家之事。稱病閒居，不慕官爵。"《漢書嚴助傳》亦謂相如嘗稱疾避事，則相如固澹於功名者，然武帝夙鷙遠略，其通西南夷，相如實與有力焉。《史記》次相如傳於《西南夷傳》後，或亦微意所寄也，要之此不過文人希世用事之常，非必其有開物成務之壯志矣。相如本傳曰："相如為郎數歲，會唐蒙使略通夜郎西僰中，發巴蜀吏卒千人，郡又多為發轉漕萬餘人，用軍興法誅其渠帥，巴蜀民大驚恐。上聞之，使相如責唐蒙，因喻告巴蜀民以非上意。相如還報，唐蒙已略通夜郎，因通西南夷道，發巴、蜀、廣、漢卒，作者數萬人。治道二歲，道不成，士卒多物故，費以巨萬計。蜀民及漢用事者，多言其不便。是時卭筰之君長，聞南夷與漢通，得賞賜多，多欲願為內臣妾，請吏比南夷。天子問相如，相如曰：'卭筰冉駹者近蜀，道亦易通，秦時嘗通為郡縣，至漢興而罷。今誠復通，為置郡縣，愈於南夷。'天子以為然，乃拜相如為中郎將，建節往使。副使王然于、壺充國、呂越人，馳四乘之傳，因巴蜀吏幣物以賂西夷。於是相如便略定西夷。邛筰、冉駹、斯榆之君，皆請為內臣。除邊關，關益斥，西至沫、若水，南至牂柯為徼，通靈山道，橋孫水，以通邛筰。還報天子，天子大說。"《西南夷傳》曰："蜀人司馬相如亦言西夷邛、筰可置郡。使相如以郎中將往喻，皆如南夷，為置一都尉，十餘縣屬蜀。"此後西南夷數反覆，至元封初始定，實自相如啟之也。方相如奉使責唐蒙時，為檄諭巴蜀民，以蒙發卒任法非上意。及有事西夷，蜀長老多言通西南夷不為用，唯大臣亦以為然。相如欲諫，業已建之，不敢，乃著書籍以蜀父老為辭，而己詰難之以風天子，且因宣其指，使令百姓知天子之意。此二篇皆相如關於事功之文也，錄之如下。

喻巴蜀檄

告巴蜀太守：蠻夷自擅，不討之日久矣，時侵犯邊境，勞士大夫。陛下即位，存撫天下，安集中國，然後興師出兵，北征匈奴，單于怖駭，交臂受事，屈膝請和。康居西域，重譯納貢，稽顙來享。《漢書西域傳》曰：康居國，去長安萬二千三百里 移師東指，閩越相誅；右弔番禺，太子入朝。文穎曰：弔，至也。番禺，南海郡縣治也。東伐越，後至番禺，故言右 南夷之君，西僰之長，僰，蒲北切。文穎曰：犍為縣 常效貢職，不敢怠忘，延頸舉踵，喁喁然 《論語素王受命讖》曰：莫不喁喁，延頸歸德 皆鄉風慕義，欲為臣妾，道里遼遠，山川阻深，不能自致。鄭玄《禮記注》曰：致，之言至也 夫不順者已誅，而為善者未賞，故遣中郎將往賓之，中郎將，即唐蒙也 發巴、蜀之士各五百人，以奉幣帛，衛使者不然，張揖曰：不然之變也 靡有兵革之事，戰鬥之患。今聞其乃發軍興制，張揖曰：發三軍之眾也。興制，謂起軍法，制追將帥也 驚懼子弟，憂患長老，郡又擅為轉粟運輸，皆非陛下之意也。當行者或亡逃自賊殺，亦非人臣之節也。夫邊郡之士，聞烽舉燧燔，張揖曰：晝舉烽，夜燔燧 皆攝弓而馳，荷兵而走，攝謂張弓注矢而持之 流汗相屬，唯恐居後，觸白刃，冒流矢，議不反顧，計不旋踵，人懷怒心，如報私讎。彼豈樂死惡生，非編列之民，而與巴蜀異主哉？（編列，謂編戶也）計深慮遠，急國家之難，而樂盡人臣之道也。故有剖符之封，析珪而爵，（如淳曰：析，中分也）位為通侯，處列東第。（東第，甲宅也。居帝城之東，故曰東第。張揖曰：列東第，在天子下方）終則遺顯號於後世，傳土地於子孫，行事甚忠敬，居位甚安逸，名聲施於無窮，功烈著而不滅。是以賢人君子，肝腦塗中原，膏液潤野草而不辭也。今奉幣役至南夷，即自賊殺，或亡逃抵誅，（抵，至也。亡逃而至於誅也。一曰逃亡被誅，而抵拒於誅也。如淳曰：抵其罪而誅殺之也。一曰誅者，亡不肯受誅也）身死無名，謚為至愚，（無名，言無善名也。謚猶號也）恥及父母，為天下笑。人之度量相越，豈不遠哉！然此非獨行者之罪也，父兄之教不先，子弟之率不謹，寡廉鮮恥而俗不長厚也。其被刑戮，不亦宜乎！陛下患使者有司之若彼，悼不肖愚民之如此，故遣信使，（誠信之使也）曉諭百姓以發卒之事，因數之以不忠死亡之罪，讓三老孝悌以不教誨之過。（《漢書》景帝詔曰：置三老孝悌，以道民焉）方今田時，重煩百姓，（重，難也，不欲召聚之）已親見近縣，（張揖曰：檄以示巴蜀城旁近縣）恐遠所谿谷山澤之民不徧聞，檄到亟下縣道，（亟，急也。《漢書》曰：縣有蠻夷曰道）使咸喻陛下之意無忽。

難蜀父老

漢興七十有八載，德茂存乎六世。（六世謂自高祖至武帝）威武紛紜，湛恩汪濊，（韋昭曰：湛音沈。張揖曰：汪濊，深貌也）羣生霑濡，洋溢乎方外。於是乃命使西征，隨流而攘，風之所被，罔不披靡，因朝冉從駹，定筰存邛，（服虔曰：冉、駹、筰、邛皆蜀郡西部也。應劭曰：蜀郡岷江，本冉駹也。文穎曰：邛，今為邛郡縣。筰今為定筰縣，皆屬越巂。善曰：駹，蒙江切。筰音鑿。鄭玄曰：斯音曳。張揖曰：斯俞，本俞國名也）略斯榆，舉苞蒲，（服虔曰：苞蒲，夷種也）結軌還轅，東鄉將報，（結，旋也）至於蜀都。耆老大夫，搢紳先生之徒，二十有七人，儼然造焉。辭畢進曰：“蓋聞天子之牧夷狄也，其義羈縻勿絕而已。（應劭《漢官儀》曰：馬曰羈，牛曰縻。言四夷如牛馬之受羈縻也）今罷三郡之士，通夜郎之塗，三年於茲而功不竟，士卒勞倦，萬民不贍，今又接之以西夷，百姓力屈，恐不能卒業，此亦使者之累也。竊為左右患之。且夫卬笮西夷之與中國並也，歷年茲多，不可記已。仁者不以德來，強者不以力并，意者其殆不可乎！今割齊民以附夷狄，^{附，謂令之親附也}敝所恃以事無用，鄙人固陋，不識所謂。使者曰："烏謂此乎？必若所云，則是蜀不變服，而巴不化俗也，僕常惡聞若說。然斯事體大，固非觀者之所覯也。余之行急，其詳不可得聞已。請為大夫粗陳其略：蓋世必有非常之人，然後有非常之事；有非常之事，然後有非常之功。夫非常者，固常人之所異也。故曰非常之原，黎民懼焉，及臻厥成，天下晏如也。昔者洪水沸出，氾濫衍溢，民人升降移徙，崎嶇而不安。夏后氏戚之，乃堙洪塞源，決江疏河，^{張揖曰：疏，通也}灑沈澹災，^{張揖曰：灑，分也。韋昭曰：灑，史紙切。蘇林曰：澹，音淡。言分其沈溺搖動之災也。灑，或作漸。《字書》曰：漸，水索也，賜移切。《說文》曰：澹，水搖也，徒濫切。顏師古曰：沈，深也。澹，安也。言分散其深水，以安定其災也。漸，所宜切}東歸之於海，而天下永寧。當斯之勤，豈惟民哉？心煩於慮，而身親其勞，躬腠胝無胈，膚不生毛，^{張晏曰：躬，體也。孟康曰：腠，腠理也。韋昭曰：胈，其中小毛也，蒲葛切。郭璞《三蒼解詁》曰：胝，躏也，竹施切}故休烈顯乎無窮，聲稱浹乎於茲。且夫賢君之踐位也，豈特委瑣喔蹉，拘文牽俗，^{應劭曰：喔蹉，急促之貌也。善曰：喔音握}脩誦習傳，當世取說云爾哉！必將崇論吰議，^{吰，今宏字}創業垂統，為萬世規。故馳騖乎兼容并包，而勤思乎參天貳地。^{己比德於地是貳地也。地與己并天是三也}且《詩》不云乎：'普天之下，莫非王土；率土之濱，莫非王臣。'是以六合之內，八方之外，浸淫衍溢，懷生之物，有不浸潤於澤者，賢君恥之。今封疆之內，冠帶之倫，咸獲嘉祉，靡有闕遺矣。而夷狄殊俗之國，遼絕異黨之域，舟車不通，人跡罕至，政教未加，流風猶微，內之則時犯義侵禮於邊境，外之則邪行橫作，放殺其上，君臣易位，尊卑失序，父老不辜，幼孤為奴虜，係縲號泣。內嚮而怨曰：'蓋聞中國有至仁焉，德洋恩普，物靡不得其所，今獨曷為遺已？'舉踵思慕，若枯旱之望雨，戾夫為之垂涕，況乎上聖，又焉能已？故北出師以討強胡，南馳使以誚勁越。四面風德，二方之君，鱗集仰流，（鱗集，相次也）願得受號者，以億計。故乃關沫若，（《漢書音義》曰：以沫若水為關也）徼牂柯，（張揖曰：徼，塞也。以木柵水為夷狄之界）鏤靈山，梁孫原，（張揖曰：鑿通山道，置靈道縣。李奇曰：於孫水之本作獨梁）創道德之塗，垂仁義之統，將博恩廣施，遠撫長駕，使疏逖不閉，智爽闇昧，得耀乎光明，（郭璞《三蒼解詁》曰：智，旦明也。《字林》音勿。《尚書》曰：甲子昧爽。孔安國曰：昧，早旦也。爽，明也）以偃甲兵於此，而息討伐於彼。遐邇一體，中外禔福，不亦康乎？（《說文》曰禔，安也，音支）夫拯民於沈溺，奉至尊之休德，反衰世之陵夷，（凌夷，即凌遲也）繼周氏之絕業，天子之亟務也。百姓雖勞，又惡可以已乎哉？且夫王者固未有不始於憂勤，而終於逸樂者也。然則受命之符，合在於此。方將增太山之封，加梁父之事，鳴和鸞，揚樂頌，上減五，下登三。（李奇曰：五帝之德，比漢為減。三王之德，漢出其上）觀者未覩旨，聽者未聞音，猶鷦鵬已翔乎寥廓之宇，而羅者猶視乎藪澤，悲夫！（樂緯曰：鷦鵬，狀如鳳皇）於是諸大夫茫然喪其所懷來，失厥所以進，喟然並稱曰："允哉漢德，此鄙人之所願聞也。百姓雖勞，請以身先之。"敞罔靡徙，遷延而辭避。

　　衰周之季，道術既裂，士惟務游談以取富貴，雖以利人及物為名，而實以位尊金多為志。後之文人，其弊亦率坐此。《華陽國志》曰："蜀郡城北十里有昇仙橋，有送客觀，司馬相如初入長安，題市門曰：'不乘赤車駟馬，不過汝下也。'"《史記》敍相如奉使至蜀，"蜀太守以下郊迎，縣令負弩矢先驅，蜀人以為寵。於是卓王孫臨邛諸公，皆因門下獻牛酒以交驩，卓王孫自以得使女尚司馬長卿晚。"然則長卿惟在得富貴以夸耀鄉曲耳，非必有志於事功也。故初建通邛筰之畫，聞父老言，而又悔之，又不能諫。蘇軾嘗論之曰："相如始以污行不齒於蜀人，既而以賦得幸天子，未能有所建明，立絲毫之善以自贖。而創開西南夷，逢君之惡，以患苦其父母之邦，乃復矜其車服節旄之美，使邦君負弩先驅，豈詩人致恭桑梓、萬石君下里門之義乎？"雖然，相如之以使節自耀，誠不免文人矜伐之習，然其奉使指顧，遂定西夷，較之徒為空言而無實用者，又有間矣。其以武帝事西南夷，比於禹之治水，亦不似章句小生，泥古守舊，局於咫寸之見，則所存猶不少恢廓之概，況文章尤俊偉閎麗如此者哉。

相如既奉使，其後有上書言相如使時受金失官。居歲餘，復召為郎。當時待詔多文學之士，或議論政事，或詼諧取容，亦有直諫者，而相如獨避事，罕事跡可紀。惟武帝好自擊熊彘，馳逐野獸，相如嘗上疏諫之，不言狩獵為荒逸之行，非治國之務，而但稱獸或有絕羣之力，不可不戒，亦"主文譎諫"之類也。

諫獵書

臣聞物有同類而殊能者，故力稱烏獲，捷言慶忌，勇期賁、育。臣之愚暗，竊以為人誠有之，獸亦宜然。今陛下好陵岨險，射猛獸，卒然遇軼才之獸，駭不存之地，犯屬車之清塵，《漢書音義》曰：大駕屬車八十一乘。善曰：車塵，言清導之意也。輿不及還，轅人不暇施功。雖有烏獲、逢蒙之伎，力不得用，枯木朽株，盡為難矣。是胡、越起於轂下，而羌、夷接軫也，豈不殆哉？雖萬全無患，然本非天子所宜近也。且夫清道而後行，中路而馳，猶時有銜橛之變。張揖曰：銜，馬勒也。橛，騑馬口長銜也。而況乎涉豐草，騁丘墟，前有利獸之樂，而內無存變之意，其為害也，不亦難矣。夫輕萬乘之重不以為安，而樂出萬有一危之塗以為娛，臣竊為陛下不取也。蓋聞明者遠見於未萌，而智者避危於無形。禍固多藏於隱

微，而發於人所忽者也。故鄙諺曰："家累千金，坐不垂堂。"^{張揖曰：}畏欄瓦墮
中人
也　此言雖小，可以喻大，臣願陛下留意幸察。

第四章　封禪文

　　後世文人，喜稱說符命，徵天指瑞，頌美時主。相如《封禪文》，實開其先。古稱封禪之事，多不可考，然大抵王者受命，有其德而後行之。太史公作《封禪書》，屢譏後之為封禪者，無其德而用其事。齊桓公問封禪，管仲稱古封禪者七十二家，而舉伏羲至周成王皆得封禪為對，及桓公自謂德齊三代，欲行封禪，管仲乃設為事以窮之。蓋封禪之不可苟也如是。封禪之為禮，經不著其說。太史公曰：“孔子述六藝傳，略言易姓而王。封泰山禪乎梁父者，七十餘王矣，其俎豆之禮不章，蓋難言之。或問禘之說，孔子曰：‘不知。知禘之說，其於天下也視其掌。’”是孔子亦嘗略言封禪，惟其禮之詳，則難知耳。秦始皇欲封禪，特徵齊魯儒生博士七十人議之。封禪殆古之遺禮，而儒者亦嘗述焉，故始皇與儒者議之也。或謂漢初學者，莫能言封禪。相如明經術，乃傳封禪之文，武帝嘉焉，遂行其事。然即以古之道揆之，亦何以免於“無其德而用其事”之譏也。惟當時絕重封禪，故太史談以不得從封禪為憾。相如文章，宏潤典重，協乎頌體，故特著焉。

封禪文

伊上古之初肇，自昊穹兮生民。[張揖曰：昊穹，春夏天名]歷選列辟，以迄於秦。[文穎曰：選，數也。辟，君也]率邇者踵武，逖聽者風聲。[《漢書音義》曰：率，循也。邇，近也。踵，蹋也。武，迹也。逖，遠也]紛綸威蕤湮滅而不稱者。不可勝數。[張揖曰：紛綸，亂貌]繼《韶》、《夏》，崇號諡，略可道者，七十有二君。[文穎曰：韶，明也。夏，大也。德明大，相繼封禪於泰山者，七十有二人也]罔若淑而不昌，疇逆失而能存？[應劭曰：罔，無也。若，順也。淑，善也。疇，誰也]軒轅之前，遐哉邈乎，其詳不可得聞已。五三六經載籍之傳，維風可觀也。[《漢書音義》曰：五，五帝也。三，三王也。經籍所載，善惡可知也]《書》曰："元首明哉！股肱良哉！"因斯以談，君莫盛於唐堯，臣莫賢於后稷。后稷創業於唐堯，公劉發迹於西戎，文王改制，爰周郅隆，大行越成，[文穎曰：郅，至也。行，道也]而後陵遲衰微，千載亡聲，[鄭氏曰：無聲，無有惡聲也]豈不善始善終哉！然無異端，慎所由於前，謹遺教於後耳。故軌迹夷易，易遵也；[夷易皆平也]湛恩厖鴻，易豐也；[湛，深也。厖鴻皆大也]憲度著明，易則也；垂統理順，易繼也。是以業隆於緫緕，而崇冠於二后，[孟康曰：緫緕謂成王也。二后謂文武也]揆厥所元，終都攸卒。[張揖曰：都，於也。卒，終也。《爾雅》曰：元，始也]未有殊尤絕迹，可考於今者也。然猶躡梁父，登泰山，建顯號，施尊名。[顯號尊名謂封禪也]大漢之德，逢涌原泉，沕潏曼羡，[張揖曰：逢，遇也。喻其德盛若遇原泉之涌出也。服虔曰：潏，泉貌。徐廣曰：沕，沒也，亡必切。《音義》或曰：曼羡，廣散也]旁魄四塞，雲布霧散，[張揖曰：旁魄，布衍也。魄音薄]上暢九垓，下泝八埏。[孟康曰：暢，達也。垓，重也。泝，流也。埏，若甆埏地之八際也。言其德上達於九重之天，流於地之八際]懷生之類，沾濡浸潤，[之類皆被恩澤]協氣橫流，武節猋逝，[協氣，和氣也。橫流，多也。猋逝，遠也]邇陜遊原，遐闊泳沫，[孟康曰：邇，近也。原，本也。遐，遠也。闊，廣也]首惡鬱沒，闇昧昭晰，[孟康曰：始為惡者，皆湮滅闇昧。喻夷狄皆化之也]昆蟲闓澤，迴首面內。[文穎曰：闓澤皆樂也。韋昭曰：面，向也。闓音愷。澤音驛]然後囿騶虞之珍群，徼麋鹿之怪獸，[《漢書音義》曰：徼，遮也]導一莖六穗於庖。[鄭玄曰：導，擇也。一莖六穗謂嘉禾之米，於庖廚]

115

以供祭祀 犧雙觡共柢之獸，[服虔曰：犧，牲也。觡，角也。柢，本也。] 武帝獲白麟，角共一本，用以為牲 獲周餘珍，放龜於

岐。[文穎曰：周放畜餘龜於沼池之中，至漢得之於岐山之旁，龜能吐故納新，千歲不死] 招翠黃乘龍於沼。[《漢書音義》曰：翠黃，乘黃也，龍翼馬身。黃帝乘之而仙]

鬼神接靈圉，賓於閒館。奇物譎詭。俶儻窮變。[《漢書音義》或曰：俶儻，卓異也] 欽哉符

瑞臻茲，猶以為德薄，不敢道封禪。蓋周躍魚隕杭，休之以燎。

[應劭曰：杭，舟也。休，美也] 微夫此之為符也，以登介丘，不亦恧乎！[服虔曰：介，大丘也。言周以白魚為瑞，登泰山封禪，不以恧乎]

進讓之道，何其爽歟！[張揖曰：進，周也。讓，漢也。爽，差也。言周未可封禪為進，漢可封禪而不為為讓] 於是大司馬

進曰："陛下仁育羣生，義征不譓 [音惠。文穎曰：大司馬上公也，故先進議譓順也] 諸夏樂貢，百蠻

執贄，德侔往初，功無與二，休烈浹洽，符瑞眾變，期應紹至，不

特創見。[文穎曰：不獨一物造見也] 意泰山梁甫設壇場望幸，蓋號以況榮，[《漢書音義》曰：意者言太山梁甫設壇場，望帝封禪紀號，以表榮名也]

望幸，望帝之臨幸也。蓋者，發語之辭也 陛下謙讓而弗發。挈三神之歡，缺王道

之儀，[應劭曰：挈，絕也。李奇曰：缺，闕也][韋昭曰：三神，上帝、太山、梁父也] 羣臣恧焉。或曰，且天為質，闇示

珍符，固不可辭；[孟康曰：天道質昧以符瑞見，意不可辭讓] 若然辭之，是泰山靡記，而梁甫罔幾

也。亦各並時而榮，咸濟厥世而屈，說者尚何稱於後，而云七十二

君哉？[應劭曰：屈，絕也。言古帝王若但作一時之榮舉世而絕者，則說無從顯稱於後世也] 夫修德以錫符，奉命以行事，不為

進越也。[文穎曰：越，踰也。不為苟進而踰禮也] 故聖王不替而修禮地祇，謁款天神，[《漢書音義》曰：謁，告也。款，誠也。言不廢修禮地祇、告誠天神之義也] 勒功中嶽，以章至尊，[張揖曰：蓋先禮中嶽而幸泰山] 舒盛德，發號

榮，受厚福，以浸黎元。皇皇哉此天下之壯觀，王者之卒業，不可

貶也。[皇皇，美也。卒，終也。貶，損也。卒或為本] 願陛下全之。[張揖曰：願以封禪全其終] 而後因雜搢紳先生之略

術，使獲燿日月之末光，絕炎以展寀錯事。[《漢書音義》曰：寀，官也。使諸儒記功著業，得覩日月末光，殊絕之明，以展其官職設錯事業也。諸儒既得展事業，因兼正天時別人事，敘述大義，為一經也] 猶兼正列其義，被飾成文，作《春秋》一藝 [孟康曰：猶，因也。春秋者，正天時，別人]

將襲舊六為七，攄之亡窮。[服虔曰：舊為六經，漢欲七經] 俾萬世得

激清流，揚微波，蜚英聲，騰茂實，[蜚古飛字也] 前聖所以永保鴻名而常為

稱首者用此。宜命掌故，悉奏其儀而覽焉。"[《漢書音義》曰：掌故，太史官屬，主故事也] 於是

天子僭然改容曰："俞乎。朕其試哉。"[張揖曰：僭，感動之意也，許皆切。僭或為沛] 乃遷思迴

慮，總公卿之議，詢封禪之事。詩大澤之博，廣符瑞之富。遂作

頌曰：

　　自我天覆，雲之油油，《漢書音義》曰：油油，雲行貌。甘露時雨，厥壤可遊。滋液滲灑，何生不育！《說文》曰：灑，水下貌也。又曰：灑，疏禁切。嘉穀六穗，我穡曷蓄！李奇曰：我之稼穡，何等不蓄積。非惟雨之，又潤澤之；非惟徧之，我氾布護之；萬物熙熙，懷而慕思。名山顯位，望君之來。韋昭曰：名山，泰山也。顯位，封禪之事也。君乎君乎，侯不邁哉。李奇曰：侯，何也。言君何不行封禪。般般之獸，樂我君圃；謂騶虞也。白質黑章，其儀可嘉。毛萇《詩傳》曰：騶虞，白虎黑文。旼旼穆穆，君子之態。《漢書音義》曰：旼旼，和也。穆穆，敬也。張揖曰：旼音旻。態，他代切。蓋聞其聲，今親其來。親見其來。厥塗靡從，天瑞之徵。茲亦於舜，虞氏以興。文穎曰：百獸率舞，則騶虞在其中。濯濯之麟，遊彼靈畤。孟冬十月，君徂郊祀。馳我君輿，帝用享祉。三代之前，蓋未嘗有。宛宛黃龍，興德而升；采色炫燿，煥炳輝煌。正陽顯見，覺悟黎蒸。於傳載之，云受命所乘。如淳曰：書傳揆其比類，或以漢土德，則宜有黃龍之應於成紀是也，故言受命者所乘。厥之有章，不必諄諄。依類託寓，喻以封巒。《漢書音義》曰：寓，寄也。巒，山也。言依事類託，寄以喻封禪。披藝觀之，天人之際已交，上下相發，允答聖王之德，兢兢翼翼。故曰於興必慮衰，安必思危。是以湯武至尊嚴不失肅祇，舜在假典，顧省闕遺，此之謂也。徐廣曰：假，大也。湯武雖居至尊嚴之位，而猶不失肅祇之道。舜所以在於大典，謂能顧省其遺失。言漢亦當不失恭敬而自省也。

　　蓋相如既病免家居茂陵，武帝曰：「相如病甚，可往從悉取其書。」使所忠往，而相如已死。其妻曰：「長卿未死時為書一卷，曰有使來求書奏之。」其書言封禪事。天子異之。相如既卒五歲，武帝始祭后土。八年而遂禮中岳，封於泰山，禪梁父云。《封禪文》初言自古以來，封禪者七十二君。又言軒轅之前，邈遠不可詳聞，載籍之傳可觀者，則自唐堯而下，惟周為盛，而近於漢。故止以周之封禪者比儗言之，先言周無殊尤絕迹，而猶封禪，以發漢之功德殊異，而符瑞豐著，乃不敢封禪，故曰進讓之道，何其爽歟。進謂周也，讓謂漢也。其後乃設為大司馬進言及天子俞可之辭，而終之以頌焉。劉辰翁曰："頌當分六章。首章言甘露時雨嘉穀之瑞。二章言德澤流而物懷思，以興太山之望幸。三章、四章、五章，言騶虞麟龍之瑞臻，所以覺悟於人，以著受命之符。六章謂以上符瑞，皆上帝依類託寓而諭天子使封禪也。末數語所以言天符不可違，而王道不可缺也。"董份曰："《封禪書》末數言亦風諫。"以相如之靡如此，知古人不徒作也。

第五章　司馬相如與樂府

《漢書·禮樂志》曰："武帝定郊祀之禮，祠太一於甘泉，祭后土於汾陰，乃立樂府。采詩夜誦，有趙、代、秦、楚之謳，以李延年為協律都尉，多舉司馬相如等數十人，造為詩賦。略論律呂，以合八音之調，作《十九章》之歌。案武帝始立樂府，為後世樂府所昉。王世貞謂漢《郊祀歌》十九章，煅意刻酷，煉字神奇。《漢書》雖稱相如等數十人所造，然相如卒於元狩五年。《十九章》中，不乏元狩以後之作，或經後人更定，其署名者惟《鄒子樂》四章，餘並不著撰人。大抵當相如時所作者，即不盡出於相如，亦必經相如審正其辭，且至鴻麗瑰瑋，與相如詞賦體勢相類。武帝好新聲，故相如創為此體，李延年之屬，不過協其聲音而已，雖非雅樂，亦猶風騷之變格乎。疑相如當時頗造數首，武帝善之。樂府既建，於是《十九章》並用相如體為之，故藻采如一焉。今既不可辨其孰為相如作，迺據《漢書》悉列《十九章》，兼綴其訓義，蓋其詞多不易曉也。

郊祀歌十九章

練時日一

練時日，侯有望，【師古曰：練，選也】炳膋蕭，延四方。【李奇曰：膋，腸閒脂也。蕭，香也。萬也。師古曰：以蕭炳脂合馨香也。四方，四方之神也。膋，音來彫反。炳音人說反。】九重開，靈之斿。【師古曰：天有九重。言皆開門而來降厥福】垂惠恩，鴻祐休，【師古曰：鴻，大也。祐，福也。休，美也。】靈之車，結玄雲，駕飛龍，羽旄紛。【師古曰：紛，言其多】靈之下，若風馬，【師古曰：言速疾也】左倉龍，右白虎，【師古曰：以為衛】靈之來，神哉沛，【師古曰：沛，疾貌，音補蓋反。】先以雨，般裔裔，【師古曰：先以雨，言神欲行令雨先驅也。般讀與班同。班，布也。裔裔，飛流之貌】靈之至，慶陰陰，【師古曰：言垂陰，陰覆偏於下也。】相放怫，震澹心。【師古曰：放怫，猶彷彿也。澹，動也。】靈已坐，五音飭，虞至旦，承靈億。【師古曰：虞，樂也。億，安也。】牲繭栗，粢盛香，尊桂酒，賓八鄉。【應劭曰：桂酒，切桂置酒中也。師古曰：繭栗，言角之小如繭及栗之形也。八鄉，八方之神】靈安留，吟青黃，【服虔曰：吟音含。師古曰：服說非也。吟謂歌誦也。青黃謂四時之樂也】徧觀此，眺瑤堂。眾嫭並，綽奇麗，【孟康曰：嫭音互。嫭，好也。師古曰：謂供神女樂並好麗也】顏如荼，兆逐靡。【應劭曰：荼，野菅白華也。言此奇麗白如荼。孟康曰：兆逐靡者，兆民逐觀而綺靡也】被華文，厠霧縠，曳阿錫，佩珠玉。【如淳曰：阿，細繪。錫，細布也。師古曰：厠，雜也。霧縠，言其輕細若雲霧也】俠嘉夜，茝蘭芳，【如淳曰：嘉俠皆美人之稱也。嘉夜，芳草也。師古曰：俠與挾同，言懷挾芳草也】澹容與，獻嘉觴。【師古曰：澹，安也。容與，言閑舒也】

帝臨二

帝臨中壇，四方承宇，【師古曰：言天神尊者來降中壇；四方之神，各承四宇也】繩繩意變，備得其所。【應劭曰：繩繩，謹敬更正意也】清和六合，制數以五。【張晏曰：此后土之歌也，土數五】海內安寧，與文匽武，【師古曰：匽古偃字】后土富媼，昭明三光。【張晏曰：媼，老母稱也。坤為母，故稱媼。海內安定，富媼之功耳】穆穆優游，嘉服上黃。【孟康曰：土色上黃也】

青陽三

鄒子樂

青陽開動，根荄以遂。臣瓚曰：春為青陽。師古曰：草根曰荄。遂者言皆生出也膏潤并愛，跂行畢遂。師古曰：并，兼也。遂，及也。凡有足而行者，稱跂行也霆聲發榮，壧處頃聽。晉灼曰：壧，穴也。謂蟄蟲驚聽也。頃讀曰傾枯槁復產，迺成厥命。師古曰：枯槁謂草木經冬零落者也眾庶熙熙，施及夭胎。羣生啿啿，惟春之祺。師古曰：啿啿，豐厚之貌也，音徒感反

朱明四

鄒子樂

朱明盛長，旉與萬物。臣瓚曰：夏為朱明。師古曰：旉古敷字。敷與，言開舒也桐生茂豫，靡有所詘。師古曰：桐，讀為通。茂豫，美盛而光悅也。言草木皆通達而生，美悅光澤，各無所詘皆申遂也敷華就實，既阜既昌。師古曰：敷，布也。就，成也登成甫田，百鬼迪嘗。師古曰：甫田，大田也。百鬼，百神也。迪，進也。嘗謂歆饗之也廣大建祀，肅雍不忘。神若宥之，傳世無疆。

西顥五

鄒子樂

西顥沆碭，秋氣肅殺。韋昭曰：西方少昊也。師古曰：沆，音胡浪反。碭音蕩。沆碭，白氣之貌也含秀垂穎，續舊不廢。姦偽不萌，祅孽伏息。隅辟越遠，四貉咸服。師古曰：四貉，猶言四夷既畏茲威，惟慕純德。附而不驕，正心翊翊。

玄冥六

鄒子樂

玄冥陵陰，蟄蟲蓋臧。師古曰：玄冥，北方之神也 中木零落，抵冬降霜。孟康曰：抵，至也 易亂除邪，革正異俗。兆民反本，抱素懷樸。條理信義，望禮五嶽。籍斂之時，掩收嘉穀。師古曰：籍斂，謂收籍田也

惟泰元七

惟泰元尊，媼神蕃釐。李奇曰：元尊，天也。媼神，地也。師古曰：泰元，天也。蕃，多也。釐，福也。言天神至尊，而地神多福也 經緯天地，作成四時。精建日月，星辰度理。陰陽五行，周而復始。雲風靁電，降甘露雨。百性蕃滋，咸循厥緒。繼統共勤，順皇之德。師古曰：皇，皇天也。此言天子繼承祖統，恭勤為心而順天也 鸞路龍鱗，罔不肸飾。蘇林曰：肸音墍塗之墍。墍，飾也。師古曰：肸，振也。謂皆振整而飾之也 嘉籩列陳，庶幾宴享。滅除凶災，烈騰八荒。鐘鼓竽笙，雲舞翔翔。招搖靈旗，九夷賓將。師古曰：畫招搖於旗以征伐，故稱靈旗。將猶從也

天地八

建始元年，丞相匡衡，奏罷《鸞路》，《龍鱗》更定，詩曰：
涓選休成，臣瓚曰：涓，除也。除惡選取美成者也 天地並況，惟予有慕。師古曰：況，賜也 爰熙紫壇，思求厥路。師古曰：熙，興也。紫壇紫色也。思求降神之路也 恭承禮祀，縕豫為紛。孟康曰：積聚修飾為此紛華也 黼繡周張，承神至尊。師古曰：白與黑畫為斧形，謂之黼 千童羅舞成八溢，師古曰：溢與佾同。佾，列也 合好劾歡虞泰一。師古曰：虞與娛同 九歌畢奏斐然殊，鳴琴竽瑟會軒朱。師古曰：軒朱，即朱軒也 璆磬金鼓，靈其有喜。師古曰：璆，美玉名，以為磬也 百官濟濟，各敬厥事。盛牲實俎進

122

聞膏，<small>師古曰：言以牲實俎，以蕭焫脂，則其</small>神奄留，臨須搖。<small>晉灼曰：須搖，須臾也。</small>長
<small>芬馨達於神所，故曰盛牲實俎進聞膏</small><small>師古曰：奄讀曰淹。</small>
麗前掞光耀明。<small>晉灼曰：掞，即光炎字也。臣瓚</small>寒暑不忒況皇章。<small>晉灼曰：況，賜也。</small>長
<small>也。臣瓚曰：忒，差也。寒暑不差，</small>　　　　　　　　<small>皇，君也。章，明</small>
<small>言陰陽和也，以此賜君，章賢德也。</small>展詩應律鍧玉鳴，<small>晉灼曰：鍧，</small>函宮吐角激徵
清。發梁揚羽申以商，<small>師古曰：自函宮吐角以下，總言五聲之備耳。</small>造茲新音永久
<small>申，重也。發梁，歌聲繞梁也。函與含同</small>
長。聲氣遠條鳳鳥翔，<small>師古曰：條，達</small>神夕奄虞蓋孔享。<small>師古曰：</small>
<small>也。翔古翔字</small>　　　　　　　　　　　　　　　　　　　<small>虞，樂也</small>

日出入九

丞相匡衡，奏罷《鸓繡》《周張》更定。詩曰：

肅若舊典。日出入安窮？時世不與人同。<small>晉灼曰：日月無窮而人</small>故春非
<small>命有終，世長而壽短</small>
我春，夏非我夏，秋非我秋，冬非我冬。泊如四海之池徧觀，是邪
謂何？<small>晉灼曰：言人壽不能安固，如四海徧</small>吾知所樂，獨樂六龍，六龍之調，使
<small>觀，是乃知命甚促。謂何，當如之何也</small>
我心若。訾黃其何不徠下！<small>應劭曰：訾黃一名乘黃，龍翼而馬身，黃帝乘之而仙。師古</small>
<small>曰：訾，嗟歎之辭也。黃，乘黃也。歎乘黃不來下也。訾音咨</small>

天馬十

太一況，天馬下，<small>師古曰：言此天馬乃</small>霑赤汗，沫流赭。<small>應劭曰：大宛馬汗血</small>
<small>太一所賜，故來下也</small>　　　　　　　　　　　　　　　　　<small>霑濡也，流沫如赭</small>
<small>也。李奇曰：沫，音靧面</small>志俶儻，精權奇，籋浮雲，晻上馳。<small>蘇林曰：籋音躡。言天</small>
<small>之靧。晉灼曰：沫古靧字</small>　　　　　　　　　　　　　　　　　<small>馬上躡浮雲也。師古</small>
<small>曰：晻，音烏感</small>
<small>反。言晻然而上馳</small>體容與，迣萬里，<small>師古曰：迣讀與厲同，言能厲渡萬里也</small>今安匹，龍
<small>孟康曰：迣音逝。如淳曰：迣，超踰也。</small>
為友。

元狩三年，馬生渥洼水中作。

天馬徠，從西極，涉流沙，九夷服。<small>師古曰：言九夷皆</small>天馬徠，出泉
<small>服，故此馬遠來也</small>
水，虎脊兩，化若鬼。<small>應劭曰：馬毛色如虎脊者，有兩</small>天馬徠，歷無草，徑千
<small>也。師古曰：言其變化若鬼神也</small>
里，循東道。<small>師古曰：言馬從西來，經行磧鹵</small>天馬徠，執徐時，<small>應劭曰：太歲在辰曰</small>
<small>之地無草者，凡千里而至東道</small>　　　　　　　　　　　　　<small>執徐。言得天馬時，</small>
<small>歲在</small>將搖舉，誰與期？<small>師古曰：言當奮搖</small>天馬徠，開遠門，竦予身，逝昆
<small>辰也</small>　　　　　　　　　　　　　<small>高舉，不可與期也</small>

俞。 文穎曰：言武帝好仙，常庶幾天馬來，當乘之往登崑崙也。師古曰：文說是也 **天馬徠，龍之媒，** 應劭曰：言天馬者，乃神龍之類，今天馬已來，此龍必至之效也 **游閶闔，觀玉臺。** 應劭曰：閶闔，天門。 玉臺，上帝之所居

天門十一

太初四年，誅宛王，獲宛馬作。

天門開，誅蕩蕩。 如淳曰：誅讀如述。誅蕩蕩，天體堅清之狀也 **穆並聘，以臨饗。** 師古曰：言眾神穆然，方駕馳騁而臨祠祭 **光夜燭，德信著。** 師古曰：神光夜照，應誠而來，是德信著明 **靈浸平而，鴻長生豫。** 師古曰：神靈德澤所浸，溥博無私，其福甚大，故我得長生之道而安豫也 **大朱涂廣，夷石為堂。** 師古曰：涂，道路也。夷，平也。言通神之路，飾以朱丹，又甚廣大平夷，密石累以為堂 **飾玉梢，以舞歌，體招搖，若永望。** 師古曰：梢，竿也。舞者所持玉梢，以玉飾之也。招搖，申動之貌。永，長也。招音韶 **星留俞，塞隕光。** 師古曰：俞，答也。言眾星留神，答我饗薦，降其光耀 **照紫幄，珠熉黃。** 如淳曰：熉音殞，黃貌也 **幡比翄回集，貳雙飛常羊。** 文穎曰：舞者骨騰肉飛，如鳥之回翅而雙集也。師古曰：常羊，猶逍遙也 **月穆穆以金波，日華耀以宣明。** 師古曰：言月光穆穆若金之波流也。宣，徧也 **假清風軋忽，激長至重觴。** 師古曰：軋忽，長遠貌也。重觴謂累獻也 **神裴回，若留放。殣冀親，以肆章。** 孟康曰：殣音觀。師古曰：言神靈裴回留而不去，故我得親見，冀以親附而陳誠意，遂章明之 **蒙祉福常若期，寂漻上天知厥時。** 應劭曰：言天雖寂漻高遠，而知我饗薦之時 **泛泛滇滇從高斿，** 應劭曰：泛泛，上浮之意也。滇滇，盛貌也 **殷勤此路臚所求。** 應劭曰：臚，陳也 **佻正嘉吉弘以昌，** 如淳曰：佻讀曰肇，始也 **休嘉砰隱溢四方。** 砰隱，盛意 **專精屬意逝九閡，** 如淳曰：閡亦陔也。陔，重也。謂九天之上也 **紛云六幕浮大海。** 師古曰：紛云，興作之貌。六幕，猶言六合也

景星十二

景星顯見，信星彪列， 如淳曰：景星者，德星也。見無常，常出有道之國。鎮星為信星，居國益地 **象載昭庭，日親以察。** 師古曰：象謂縣象也。載，事也。縣象秘事，昭顯於庭，日來親近，甚明察也 **參侔開闔，爰推本紀，** 晉灼曰：侔，等也。開闔，猶開闢也。言今之鼎瑞參等於上世 **汾脽出鼎，皇祐元始。** 師古曰：皇，大也。脽音誰 **五音六律，依章饗昭，** 師古曰：依章，諧和不相乖離也。饗讀曰響。昭，明也。言聲響之明也 **雜變並會，雅聲遠姚。** 師古曰：姚，儵姚，言飛揚也 **空桑琴瑟結信**

124

成，[師古曰：空桑，地名也，出善木可為琴瑟也] 四興遞代八風生。[臣瓚曰：舞者四縣代奏也。《左氏傳》曰：夫舞者所以節八音而行八風也] 殷殷鐘石羽籥鳴。[師古曰：殷殷，聲盛也。石謂磬也。羽籥，韶舞所持者也。殷音隱] 河龍供鯉醇犧牲。[晉灼曰：河龍，夏之所賜也。供鯉，給廚祭也。師古曰：醇謂色不雜也] 百末旨酒布蘭生。[師古曰：百末，百草華之末也。旨，美也。以百草華雜酒，故香且美也。事見《春秋繁露》] 泰尊柘漿析朝酲。[應劭曰：柘漿，取甘柘汁以為飲也。酲，病酒也。析，解也。言柘漿可以解朝酲也] 微感心攸通修名，[師古曰：言精微所應，其心攸遠，故得通達，成長久之名] 周流常羊思所并。[師古曰：周流，猶周行也。思所并，思與神道合也] 穰穰復正直往寧，[師古曰：穰穰，多也。復猶歸也。直，當也。寧，願也。言獲福既多，歸於正道，克當往日所願也] 馮蠵切和疏寫平。[晉灼曰：馮，馮夷，河伯也。蠵，觜蠵，龜屬也。師古曰：言馮夷命靈蠵使切屬諧和，水神令之疏導川潦，寫散平均無災害也] 上天布施后土成，穰穰豐年四時榮。

齊房十三

元鼎五年得鼎汾陰作。

齊房產草，九莖連葉，宮童効異，披圖案諜。[臣瓚曰：宮之童豎致此異瑞也。蘇林曰：諜，譜第之也] 玄氣之精，回復此都，[師古曰：玄，天也。言天氣之精，回旋反復於此雲陽之都，謂甘泉也] 蔓蔓日茂，芝成靈華。

后皇十四

元封二年芝生甘泉齊房作。

后皇嘉壇，立玄黃服，[師古曰：壇，祭壇也。服，祭服也] 物發冀州，兆蒙祉福。[晉灼曰：得寶鼎於汾陰也] 沈沈四塞，假狄合處，[孟康曰：沈音克。師古曰：沈沈，流行之貌也。假狄，遠夷也。合處，內附也。假即遐字耳] 經營萬億，咸遂厥宇。[師古曰：宇，居也。言我經營萬方億兆，故得咸遂其居]

華爗爗十五

華爗爗，固靈根。神之斿，過天門。車千乘，敦昆侖。[師古曰：敦讀曰屯聚也] 神之出，排玉房。周流雜，拔蘭堂。[師古曰：拔，舍止也，音步曷反] 神之行，旌容容，騎沓沓，般傞傞。師古曰：容容，飛揚之貌也。沓沓，疾行也。般，相連也。傞傞，眾也。神之徠，泛翊翊。甘露降，慶雲集。神之揄，臨壇宇，師古曰：揄，引也。壇宇，謂祭祠壇場及宮室。言神引來降臨之也九疑賓，夔龍舞。如淳曰：九疑，舜所葬。言以舜為賓客也。夔，典樂龍管納。言皆隨舜而來舞以樂神神安坐，羿吉時，師古曰：羿古翔字。言神安坐回翔，皆趣吉時也。共翊翊，合所思。師古曰：翊翊，敬也。神嘉虞，申貳觴，師古曰：貳觴，猶重觴也。福滂洋，邁延長。師古曰：滂洋，饒廣也。沛施祐，汾之阿，師古曰：沛然，泛貌也。阿，水之曲隔揚金光，橫泰河，師古曰：橫，充滿也。泰河，大河也。莽若雲，增陽波。師古曰：莽，雲貌。言光明之盛，莽莽然如雲也徧臚驩騰天歌。師古曰：臚，陳也。騰，升也。言陳其歡慶，令歌上升於天

五神十六

五神相，包四鄰，如淳曰：五帝為太一相也。師古曰：四鄰，四方也土地廣，揚浮雲。扢嘉壇，椒蘭芳，孟康曰：扢，摩也。師古曰：謂摩拭其壇，加以椒蘭之芳璧玉精，垂華光。師古曰：言禮神之璧，乃玉之精英，故有光華也益億年，美始興，師古曰：言福慶方興起也交於神，若有承。師古曰：言神來臨，故盡其肅恭廣宣延，咸畢觴，師古曰：言徧延諸神，咸歆祭祀，畢盡觴爵也靈輿位，偃蹇驤。師古曰：神既畢饗，則嚴駕靈輿，引其侍從之位，偃蹇高驤也卉汩臚，析奚遺？師古曰：卉汩，疾意也。臚，陳也。析，分也。奚，何也。言遽自陳列分散，而歸無所留也淫涼澤，泄然師古曰：淫，久也。涼澤，澤名。言我饗神歸。之後久在涼澤，乃泄然而歸也。泄音烏黃反

朝隴首十七

朝隴首，覽西垠，靁電燊，獲白麟。臣瓚曰：燎祭五時，皆有報應，聲若靁，光若電也爰五止，顯黃德，師古曰：爰，發語辭。止，足也。時白麟足有五蹏閼匈虐，薰鬻殛，師古曰：殛，窮也。一日殛，誅也闢流離，抑不詳，師古曰：流離不得其所者，為闢道路使之安集，違道不詳，善者則抑黜之，以申懲勸也賓百僚，山河饗。師古曰：百僚，百神之官也掩回轅，鬗長馳，如淳曰：鬗音構。鬗，長貌也騰雨師，洒路陂。流星隕，感惟風，籋歸雲，撫懷心。師古曰：懷心，懷柔之心也

126

象載瑜十八

元狩元年行幸雍獲白麟作。

象載瑜，白集西，〔師古曰：象載，象輿也。山出象輿，瑞應車也。瑜，美貌也〕食甘露，飲榮泉。〔師古曰：駕輿者之所飲食也。榮泉，言有光華〕赤鴈集，六紛員，〔師古曰：言六者，所獲赤鴈之數也。紛員，多貌也。言西獲象輿，東獲赤鴈，祥瑞多也。員音云〕殊翁雜，五采文。〔孟康曰：翁，鴈頸也。言其文采殊異也〕神所見，施祉福，登蓬萊，結無極。〔師古曰：見，顯示也。蓬萊，神山也，在海中結成也〕

赤蚊十九＊

太始三年行幸東海獲赤鴈作。

赤蛟綏，黃華蓋。〔師古曰：綏綏，赤蛟貌。黃華蓋，言其上有黃氣狀若蓋也〕露夜零，晝晻澱。〔師古曰：澱音露。晻澱，靈氣之貌〕百君禮，六龍位。〔師古曰：百君，亦謂百神也〕勺椒漿，靈已醉。〔師古曰：勺讀曰酌〕靈既享，錫吉祥。芒芒極，降嘉觴。〔師古曰：芒芒，廣大貌〕靈殷殷，爛揚光。〔師古曰：殷殷，盛也。爛，光貌〕延壽命，永未央。杳冥冥，塞六合。澤汪濊，輯萬國。靈禔禔，象輿轙。〔孟康曰：禔音近泉，不安欲去也。如淳曰：轙音儀。師古曰：轙，僕人嚴駕待發之意也。師古曰：轙〕票然逝，旗透蛇。〔師古曰：票然，輕舉意也。逶蛇，旗貌也〕禮樂成，靈將歸。託玄德，長無衰。〔師古曰：言託恃天德，冀獲長生無衰竭也〕

＊ "赤蚊十九"當爲"赤蛟十九"。——編者註

第六章　司馬相如與並世文人

　　西漢文章最盛，而武帝時為尤。相如先事景帝，嗣游梁，後乃事武帝。游梁時則悅齊鄒陽、淮陰枚乘、吳嚴忌之徒，及武帝時則與公孫弘、兒寬、董仲舒、司馬遷、東方朔、嚴助、朱買臣、主父偃、徐樂、嚴安、枚皋、吾丘壽王、膠倉、終軍、嚴葱奇等同朝，皆辯知閎達，溢於文辭者也。

　　相如之游梁也，既與鄒、枚諸人同列，鄒陽文章，有縱橫之風，而不嫻於賦。《美人賦》謂陽嘗譖相如。枚乘《兔園賦》、《忘憂館柳賦》之屬，亦不逮相如遠甚。嚴忌《哀時命》，^{嚴忌本
姓莊}則擷楚《騷》之餘采，未足以為絕倫也。然梁客自相如外，要以枚乘才為最高，實始作五言詩，又創《七發》，別為文章一體，其間對凡七，故謂之七。此後傅毅《七激》，張衡《七辯》，崔駰《七依》，馬融《七廣》，曹植《七啟》，王粲《七釋》，張協《七命》之類，皆繼乘而作，故《七發》尤為文士所重，茲特著之，約取《文選》訓釋焉。

七發

枚乘

楚太子有疾，而吳客往問之曰："伏聞太子玉體不安，亦少間乎？"太子曰："憊！敬謝客。"客因稱曰："今時天下安寧，四宇和平，太子方富於年。意者久耽安樂，日夜無極，邪氣襲逆，中若結轖。《說文》曰：轖，車籍交革也，音色紛屯澹淡，噓唏煩酲。紛屯、澹淡，憤懣煩悶之貌。《方言》曰：哀而不泣曰唏噓。毛萇《詩傳》曰：病酒曰酲惕惕怵怵，臥不得暝。虛中重聽，惡聞人聲。精神越渫，百病咸生。越，散也。渫，發也聰明眩曜，悅怒不平。眩曜，惑亂貌久執不廢，大命乃傾。太子豈有是乎？"太子曰："謹謝客。賴君之力，時時有之，然未至於是也。"言賴君之力天下太平，故久耽安樂，時有此疾也客曰："今夫貴人之子，必宮居而閨處，內有保母，外有傅父，欲交無所。飲食則溫淳甘脆，腥醲肥厚；溫淳，謂凡味之厚也。脆，脆易破也。腥，肉也。醲，厚酒也衣裳則雜遝曼煖，燂爍熱暑。曼，輕細也。燂，火熱也。爍亦熱也雖有金石之堅，猶將銷鑠而挺解也，挺猶動也況其在筋骨之間乎哉？故曰縱耳目之欲，恣支體之安者，傷血脈之和。且夫出輿入輦，命曰蹷痿之機；《呂氏春秋》曰：出則以車，入則以輦，務以自佚，命曰伯蹷之機。高誘曰：伯，至也。蹷機，門內之位也。乘輦于宮中游翔至於蹷機，故曰務以佚也。枚乘引伯蹷而為蹷痿，未詳。乘之謬，為好奇而改之洞房清宮，命曰寒熱之媒；皓齒娥眉，命曰伐性之斧；甘脆肥膿，命曰腐腸之藥；今太子膚色靡曼，四支委隨，筋骨挺解，靡，細也。曼，澤也。隨不能屈伸也血脈淫濯，手足墮窳；淫濯，謂過度而且大也。墮，懈墮也。窳，弱也越女侍前，齊姬奉後；往來游醼縱恣，于曲房隱間之中。此甘餐毒藥，戲猛獸之爪牙也。所從來者至深遠淹滯，永久而不廢，雖今扁鵲治內，巫咸治外，尚何及哉！今如太子之病者，獨宜世之君子，博見強識，承間語事，變度易意，常無離側，以為羽翼。淹沈之樂，浩唐之心，遁佚之志，其奚由至哉！^{唐，猶}^{蕩也}太子曰："諾。病已請事此言。"

客曰："今太子之病，可無藥石針刺灸療而已，可以要言妙道說而去也，不欲聞之乎？"太子曰："僕願聞之。"客曰："龍門之桐，高百尺而無枝。中鬱結之輪菌，根扶疏以分離。^{鬱結，隆高之貌也。扶疏，}^{四布也。輪菌，委曲也}上有千仞之峯，下臨百丈之谿。湍流遡波，又澹淡之。^{遡波，逆流之波也。}^{澹淡，搖蕩之貌也}其根半死半生。冬則烈風漂霰，飛雪之所激也，夏則雷霆霹靂之所感也。朝則鸝黃鳱鴠鳴焉。^{《爾雅》曰：鶬鶊，黎黃。《禮記》曰：仲冬鳱旦不鳴。}^{鄭玄曰：鳱旦，求旦鳥也。鳱與鳱並音渴。鳴音旦也}暮則羈雌迷鳥宿焉。獨鵠晨號乎其上，鶤鷄哀鳴翔乎其下。於是背秋涉冬，使琴摯斫斬以為琴，野繭之絲以為弦，^{師摯，魯太師也，}^{以其工琴謂之琴摯}孤子之鈎以為隱，九寡之珥以為約。^{鈎，帶鈎也。桓子《新論》曰：琴隱，長四十五分，隱以前長八分。}^{《列女傳》曰：魯之母師，九子之寡母也。不幸早失夫，獨與九子居。《蒼頡》篇曰：珥，珠在耳也。《字}^{書》曰：約亦的字也。的，琴徽也}使師堂操暢，伯子牙為之歌。^{師堂，樂師也。《韓詩}^{外傳》曰：孔子學鼓琴於師堂。子京《琴道》曰：免暢達則兼善，天下無不通暢，故謂之暢。《列子》曰：伯牙，善鼓琴也}歌曰：'麥秀薪兮雉朝飛，^{薪，麥芒也。}^{慈斂切}向虛壑兮背槁槐，依絕區兮臨迴溪。'飛鳥聞之，翕翼而不能去；野獸聞之，垂耳而不能行；蚑蟜螻蟻聞之，挂喙而不能前。^{蚑，行也。凡生}^{類之行皆謂之}^{蚑。蟜}^{蟲也}此亦天下之至悲也，太子能強起聽之乎？太子曰："僕病未能也。"

客曰："犓牛之腴，菜以筍蒲。^{《說文》曰：犓，以芻莝}^{養國牛也。腴，腹下肥者}肥狗之和，冒以山膚。楚苗之食，安胡之飯，^{芼菜也，謂以菜調和之也。冒與芼古字通。山膚，未詳。楚}^{苗，山出禾，可以為食。安胡，未詳，一曰安胡，彫胡也}搏之不解，一啜而散。^{啜，}^{嘗也}於是使伊尹煎熬，易牙調和。熊蹯之臑，勺藥之醬。^{臑，熟也。}^{音而}薄者之炙，鮮鯉之鱠。^{薄者，未詳，一曰薄切戳者之肉}^{而以為炙也。者，今人謂之者頭}秋黃之蘇，白露之茹。^{茹，菜之}^{總名也}蘭英之酒，酌以滌口。山梁之餐，豢豹之胎。小飯大歠，如湯沃雪。^{沃雪，}^{言易也}此亦天下之至美也，太子能彊起嘗之乎？"太子曰："僕病未能也。"

客曰："鍾岱之牡，齒至之車；^{趙地鍾岱宜馬。齒至之車，未詳，或說曰《公羊}^{傳》曰：先軫謂晉侯曰：君馬齒至也。言以齒至}^{馬駕}^{車也}前似飛鳥，後類距虛，^{駿馬有晨鳧、黃鶴，皆駿鳥名焉，言走}^{疾若飛也。范子曰：千里馬必有距虛}稢麥服處，躁中煩外。_{以稱參分剌而食馬，馬肥，故中躁而外煩也。}羈堅轡，附易路。_{易，平易也。}於是伯樂相其前後，王良、造父為之御，秦缺、樓季為之右<sub>秦缺，未詳。許慎《淮南子注》曰：樓季，魏文侯之弟也。此兩人者，馬佚能止之，車覆能起之。_{兩人，秦缺、樓季也。}於是使射千鎰之重，爭千里之逐。_{《史記》曰：田忌數與齊公子馳逐重射。孫子謂田忌曰：君弟重射，臣能令君勝，忌然之，與射千金，既馳三輩而忌一不勝，而再勝，卒得千金}此亦天下之至駿也，太子能彊起乘之乎？"太子曰："僕病未能也。"

客曰："既登景夷之臺，南望荊山，北望汝海，左江右湖，其樂無有。_{景夷，臺名也。}於是使博辯之士，原本山川，極命草木，_{命，名也。}比物屬事，離辭連類。浮游覽觀，乃下置酒於虞懷之宮。_{虞懷，宮名也}連廊四注，臺城層構，紛紜玄綠。輦道邪交，黃池紆曲。_{黃當為潢，潢，城池也}洑章、白鷺，孔鳥、鵷鴋，_{洑章，鳥名，未詳}鵔鸃、鵕鸃。翠鬛、紫纓，_{鬛，首毛也。纓，頸毛也}螭龍德牧。邕邕羣鳴。_{螭龍、德牧並鳥，形未詳}陽魚騰躍，奮翼振鱗。_{曾子曰：鳥魚皆生於陰，而屬於陽}潎淼蕩蓼，蔓草芳苓。_{蓼，藜草也。蔓，水草也。苓古蓮字也}女桑河柳，素葉紫莖。苗松、豫章，條上造天。_{苗松，未詳，一曰苗山之松。豫章，木名也}梧桐、并閭，極望成林。_{并閭，棕櫚也}眾芳芬鬱，亂於五風。從容猗靡，消息陽陰。_{消，滅也。息，生也。林木茂盛隨風披靡，故或陽或陰也}列坐縱酒，蕩樂娛心。景春佐酒，杜連理音。_{景春，孟子時人，為縱橫之術者。杜連，未詳}滋味雜陳，肴糅錯該。練色娛目，流聲悅耳。_{練，擇也。流，擇也}於是乃發激楚之結風，揚鄭、衛之皓樂。_{激，急風也。結風，回風，亦急風也。皓樂，善倡也}使先施、徵舒，陽文、段干，吳娃、閭娵、傅予之徒，_{皆美女也。先施即西施也。徵舒、段干、傅予皆未詳。《淮南子》曰：不待脂粉。許慎曰：陽文，楚之好人也。孫卿子曰：閭娵、子奢莫之媒。章昭《漢書注》曰：閭娵，梁王魏嬰之美人}雜裾垂髾，目窕心與；_{髾，燕尾也。窕，當為挑}揄流波，雜杜若，_{揄，引也也}蒙清塵，被蘭澤，嬿服而御。_{釋嬿服，襄嬿服}此亦天下之靡麗皓侈廣博之樂也，太子能彊起游乎？"太子曰："僕病未能也。"

客曰："將為太子馴騏驥之馬，駕飛軨之輿，乘牡駿之乘。右夏服之勁箭，左烏號之彫弓。游涉乎雲林，周馳乎蘭澤，弭節乎江潯。_{潯，水涯也}掩青蘋，游清風。陶陽氣，蕩春心。逐狡獸，集輕禽。_{言射而矢集於輕禽也}於是極犬馬之才，困野獸之足，窮相御之智巧，恐虎豹，慴鷙鳥。（惕，恐也。）逐馬鳴鑣，魚跨麋角。（逐馬，馳逐之馬。鳴鑣，鑾鳴於鑣也。魚跨，跨度魚也。麋角，執麋之角也。）履游麕兔，蹈踐麖鹿，汗流沫墜宛伏陵窘。（陵，猶促也。）無創而死者，固足充後乘矣。此校獵之至壯也，太子能彊起游乎？”太子曰：“僕病未能也。”然陽氣見於眉宇之間，侵淫而上，幾滿大宅。（《周書》曰：民有五氣，喜氣內蓄，雖欲隱之，陽喜必見。大宅，未詳）

客見太子有悅色，遂推而進之曰：“冥火薄天，兵車雷運，（冥，夜也。薄，至也。運，轉也，音旋）旍旗偃蹇，羽毛肅紛。馳騁角逐，慕味爭先。徼墨廣博，觀望之有圻。（墨，燒田也。言逐獸於燒田廣博之所而觀望之有圻，圻也。墨或為廛也。《說文》曰：圻，地圻墀也，魚斤切）純粹全犧，獻之公門。”太子曰：“善！願復聞之。”

客曰：“未既。（既，盡也。）於是榛林深澤，煙雲闇莫，兕虎並作。（莫，闇貌也。）毅武孔猛，袒裼身薄，（袒裼，肉袒也。薄，迫也）白刃磑磑，矛戟交錯。收獲掌功，賞賜金帛。掩蘋肆若，為牧人席。（掩，覆也。肆，陳也）旨酒嘉肴，羞炰膾炙，以御賓客。涌觸並起，動心驚耳。誠必不悔，決絕以諾；貞信之色，形于金石。高歌陳唱，萬歲無斁。（斁，厭也）此真太子之所喜也，能強起而游乎？”太子曰：“僕甚願從，真恐為諸大夫累耳。”然而有起色矣。

客曰：“將以八月之望，與諸侯遠方交游兄弟，並往觀濤乎廣陵之曲江。至則未見濤之形也，徒觀水力之所到，則卹然足以駭矣（卹然，驚恐貌）觀其所駕軼者，所擢拔者，所揚汩者，所溫汾者，所滌汔者，（駕，陵也。軼，突也。擢，抽也。汩，亂也，古沒切。溫汾，轉之貌也。《爾雅》曰：鐵，汔也。郭璞曰：謂摩近）雖有心略辭給，固未能縷形其所由然也。（略，智也。縷，辭縷也）怳兮忽兮，聊兮慄兮，混汩汩兮，（聊慄，恐懼之貌）忽兮慌兮，俶兮儻兮，（俶儻，卓異也）浩瀇瀁兮，慌曠曠兮。秉意乎南山，通望乎東海。虹洞兮蒼天，極慮乎崖涘。（虹洞，相連貌也）流攬無窮，歸神日母。（言周流觀覽而窮，然後歸神，至日所出也）汩乘流而下降兮，或不知其所止。（汩，疾貌，為畢切）或紛紜其流折兮，忽繆往而不來。（言眾浪紛紜，其流曲折，或錯繆俱往而不迴流）臨朱汜而遠逝兮，中虛煩而益怠。（朱汜，蓋地名，未詳）莫離散而發曙兮，內存心而自持。（莫離散，謂精神不離散也。發曙，發夕至曙也）於是澡槃胃中，灑練五藏，毛萇《詩傳》曰：溉，滌也。槃與溉同。練，猶汰也。澹澉手足，頮濯髮齒。澉，猶洗也。滌也。頮，洗面也。揄棄恬怠，輸寫泱濁，泱，垢濁也。分決狐疑，發皇耳目。當是之時，雖有淹病滯疾，猶將伸傴起躄。傴，曲也。發瞽披聾而觀望之也，況直眇小煩憋酲醲病酒之徒哉！故曰發蒙解惑，不足以言也。"太子曰："善，然則濤何氣哉？"

客曰："不記也，然聞於師曰，似神而非者三：疾雷聞百里；言聲似疾雷而聞百里，一也。江水逆流，海水上潮；言能令二水逆流上潮，二也。山出內雲，日夜不止。山內雲而日夜不止，三也。衍溢漂疾，波涌而濤起。衍，散也。其始起也，洪淋淋焉若白鷺之下翔。其少進也，浩浩湲湲，如素車白馬帷蓋之張。浩浩，深廣之貌也。湲湲，高白之貌也。其波涌而雲亂，擾擾焉如三軍之騰裝。其旁作而奔起也，飄飄焉如輕車之勒兵。六駕蛟龍，附從太白，太白，河伯也。純馳浩蜺，前後駱驛。浩蜺，即素蜺也。波濤之勢若素蜺而馳，言其長也。顒顒卬卬，椐椐彊彊，莘莘將將，顒顒卬卬，波高貌也。椐椐彊彊，相隨之貌。莘莘，多貌也。將將，高貌也。壁壘重堅，沓雜似軍行。訇隱匈礚，軋盤涌裔，原不可當。軋硃，無垠貌也。盤，謂盤礴廣大貌。涌裔，行貌也。觀其兩傍，則滂渤怫鬱，闇漠感突，上擊下律，有似勇壯之卒，律，當為硃，硃，膚骨切。突怒而無畏，蹈壁衝津，窮曲隨隈，踰岸出追，追亦堆字。遇者死，當者壞。初發乎或圍之津，涯䒺轑谷分。或圍，蓋地名也。言涯如轉而谷似裂也。一曰涯如草轉也。《方言》曰：䒺，根也。謂草之限也。一本無䒺字。轑，轉也。迴翔青篾，銜枚檀桓。青篾、檀桓蓋並地名也。迴翔，水復流也。銜枚，水無聲也。弭節伍子之山，通屬骨母之場，《越絕書》曰：闔閭旦食鮑山，晝游於胥母。疑骨母，字之誤也。凌赤岸，篲扶桑，橫奔似雷行。赤岸，蓋地名也。誠奮厥武，如振如怒。沌沌渾渾，狀如奔馬。沌沌渾渾，波相隨之貌也。混混庉庉，聲如雷鼓。混混沌沌，波浪之聲也。發怒庢沓，清升踰跆，言初發怒，碫止而涌沸，少選之頃，清者上升，遞相踰跆也。《說文》曰：庢，碫止也。庢，竹畟切。庢或為庝古字也。沓，釜沸出也。跆，超踰也。侯波奮振，合戰於藉藉之口。陽侯，大波也。藉藉，蓋地名也。鳥不及飛，魚不及迴，獸不及走。紛紛翼翼，波涌雲亂，蕩取南山，背擊北岸，覆虧丘陵，平夷西畔，言水之勢既蕩取南山又擊北岸，丘陵為之顛覆，然後平夷西畔險險戲戲，崩壞陂池，決勝乃罷。合戰決勝而後乃罷。瀄汨潺湲，披揚流灑。瀄，沕瀄，波相掜也。汨，蜜，汨，水流疾也。橫暴之極，魚鱉失勢，顛倒偃側，沈沈湲湲，蒲伏連延。^{沈沈漫漫，魚鱉顛倒之貌也}神物怪疑，不可勝言，直使人踣焉，泂闇悽愴焉。^{郭璞《爾雅》曰：踣，覆也，薄北切。泂與回同也}此天下怪異詭觀也，太子能強起觀之乎？”太子曰：“僕病未能也。”

客曰：“將為太子奏方術之士，有資略者，若莊周、魏牟。楊朱、墨翟、便娟、詹何之倫，使之論天下之釋微，理萬物之是非；孔老覽觀，孟子持籌而算之，萬不失一，此亦天下要言妙道也，太子豈欲聞之乎？”於是太子據几而起曰：“渙乎若一，聽聖人辯士之言。”涊然汗出，霍然病已。^{涊，汗貌也，乃顯切。霍，疾貌也}

相如之在漢廷，同時文學之臣，嚴助則嚴忌之子，枚皋則枚乘之子，皆相如之後進。至吾丘壽王、朱買臣之文辭，主父偃、徐樂、嚴安之縱橫，其書流傳甚寡，抑非其倫矣。惟董仲舒《春秋》，對策之詞，及《繁露》之作，純然儒者之言。司馬遷《史記》，整齊舊事，議辨奇恣，為後世史家之宗。雖體製各有不同，庶幾差肩於相如乎。次則東方朔滑稽之雄，其文亦自成一體。今錄方朔《答客難》一首，仲舒、馬遷，具有成書，不復著焉。

答客難

東方朔

客難東方朔曰：“蘇秦張儀，壹當萬乘之主，而身都卿相之位，^{如淳曰：都謂居也}澤及後世。今子大夫脩先王之術，慕聖人之義，諷誦《詩》、《書》百家之言，不可勝記。著於竹帛，脣腐齒落，服膺而不可釋。好學樂道之効，明白甚矣。自以為智能海內無變，則可謂博聞辯智矣。然悉力盡忠，以事聖帝，曠日持久，積數十年，官不過侍郎，位不過執戟。意者尚有遺行邪？同胞之徒，無所容居，其故何也？”東方先生，喟然長息，仰而應之曰：“是故非子之所能備。彼一時也，此一時也，豈可同哉？夫蘇秦、張儀之時，周室大壞，諸侯不朝，力政爭權，相擒以兵，并為十二國，未有雌雄。得士者強，失士者亡，故說得行焉。身處尊位，珍寶充內，外有倉廩，澤及後世，子孫長享。今則不然，聖帝德流，天下震慴，諸侯賓服。連四海之外以為帶，安於覆盂。天下平均，合為一家。動發舉事，猶運之掌。賢與不肖，何以異哉？遵天之道，順地之理，物無不得其所。故綏之則安，動之則苦；尊之則為將，卑之則為虜；抗之則在青雲之上，抑之則在深淵之下；用之則為虎，不用則為鼠。雖欲盡節効情，安知前後？夫天地之大，士民之眾，竭精馳說，並進輻湊者，不可勝數。悉力慕之，困於衣食，或失門户。使蘇秦、張儀，與僕並生於今之世，曾不得掌故，安敢望侍郎乎？應劭《漢書注》曰：掌故，百石吏，主故事者傳曰：‘天下無害，雖有聖人，無所施才；上下和同，雖有賢者，無所立功。’故曰時異事異。雖然，安可以不務脩身乎哉！詩曰：‘鼓鐘于宮，聲聞于外。’‘鶴鳴九皋，聲聞于天。’苟能脩身，何患不榮？太公體行仁義，七十有二，乃設用於文、武，得信厥說，封於齊七百歲而不絕。此士所以日夜孳孳，脩學敏行而不敢怠也。譬若鵷鴒，飛且鳴矣。傳曰：‘天不為人之惡寒而輟其冬，地不為人之惡險而輟其廣，君子不為小人之匈匈而易其行。天有常度，地有常形，君子有常行。君子道其常，小人計其功。’詩云：‘禮義之不愆，何恤人之言。’‘水至清則無魚，人至察則無徒。冕而前旒，所以蔽明；黈纊充耳，所以塞聰。’明有所不見，聰有所不聞。舉大德，赦小過，無求備於一人之義也。‘枉而直之，使自得之；優而柔之，使自求之；揆而度之，使自索之。’蓋聖人之教化如此，欲其自得之。自得之則敏且廣矣。今世之處士，時雖不用，塊然無徒，廓然獨居，上觀許由，下察接輿，計同范蠡，忠合子胥。天下和平，與義相扶，寡偶少徒，固其宜也。子何疑於予哉？若夫燕之用樂毅，秦之任李斯，酈食其之下齊，說行如流，曲從如環。所欲必得，功若丘山，海內定，國家安，是遇其時者也。子又何怪之邪？語曰：'以筦窺天，以蠡測海，以莛撞鐘，'豈能通其條貫，考其文理，發其音聲哉？猶是觀之，譬由鼱鼩之襲狗，孤豚之咋虎，至則靡耳，何功之有？如淳曰：鼱音精。服虔曰：鼩音劬。李巡《爾雅注》曰鼱鼩，一名奚鼠。《說文》曰：靡，爛也，亡皮切。靡與麋古字通也今以下愚而非處士，雖欲勿困，固不得已。此適足以明其不知權變，而終惑於大道也。"

《漢書》稱朔上書陳農戰彊國之計，欲求試用，其言專商鞅、韓非之語也，指意放蕩，頗復詼諧，辭數萬言，終不見用，因著《客難》之篇，喻其位卑不遇之意。武帝時文學最盛，自上述諸子外，如蘇、李之五言，虞初之小說，皆與相如並世者矣。

中國六大文豪卷二終

第三編　揚雄

第一章　揚雄傳略

　　《漢書》揚雄本傳，是據雄自序。今兼考他書集而述之。雄自序曰：揚雄字子雲，蜀郡成都人也。其先出自有周伯僑者，以支庶初食采于晉之揚，因氏焉。不知伯僑周何別也。揚在河、汾之間，周衰而揚氏或稱侯，號曰揚侯。會晉六卿爭權，韓、魏、趙興而范、中行、知伯弊。當是時，偪揚侯。揚侯逃于楚巫山，因家焉。楚漢之興也，揚氏遡江上處巴江州，而揚季官至廬江太守。漢元鼎間避仇，復遡江上，處岷山之陽曰郫，有田一廛，有宅一區，世世以農桑為業。自季至雄，五世而傳一子，故雄亡他揚于蜀。雄少而好學，不為章句，訓詁通而已，博覽無所不見，為人簡易佚蕩，口吃不能劇談，默而好深湛之思，清靜亡為，少耆欲，不汲汲于富貴，不戚戚于貧賤，不修廉隅，以徼名當世。家產不過十金，乏無儋石之儲，晏如也。自有大度，非聖哲之書不好也，非其意雖富貴不事也，顧嘗好辭賦。先是時，蜀有司馬相如作賦，甚弘麗溫雅，雄心壯之，每作賦嘗擬之以為式。又怪屈原文過相如，至不容，作《離騷》，自投江而死，悲其文，讀之未嘗不流涕也。以為君子得時則大行，不得時則龍蛇，遇不遇，命也，何必湛身哉！迺作書，往往摭《離騷》文而反之，自岷山投諸江流，以弔屈原，名曰《反離騷》，又旁《離騷》作重一篇，名曰《廣騷》，又旁《惜誦》以下至《懷沙》一卷，名曰《畔牢愁》。孝成帝時，客有薦雄文似相如者，上方郊祠甘泉泰畤、汾陰后土，又求繼嗣，召雄待詔承明之庭。正月，從上甘泉還，奏《甘泉賦》以風，賦成奏之，天子異焉。其三月，將祭后土，上迺帥羣臣橫大河，湊汾陰。既祭，行游介山，回安邑，顧龍門，覽鹽池，登歷觀，陟西岳，以望八荒，跡殷周之虛，眇然以思唐虞之風。雄以為臨川羨魚，不如歸而結罔，還上《河東賦》以勸。十二月羽獵，雄從，因《校獵賦》以風。明年，上將大誇胡人以多禽獸，秋命右扶風發民入南山，捕熊羆豪豬虎豹狖玃狐兔麋鹿，載以檻車，輸長楊射熊館，令胡人手搏之，自取其獲，上親臨觀焉。是時農民不得收斂，雄從至射熊館，還上《長楊賦》。聊因筆墨成文章，故藉翰林以為主人，子墨為客卿以風。哀帝時，丁傅、董賢用事，諸附離之者，或起家至二千石。時雄方草《太玄》，有以自守，泊如也。或嘲雄以玄尚白，而雄解之，號曰《解謿》。雄以為賦者將以風之，必推類而言，極麗靡之辭，閎侈鉅衍，競于使人不能加也，既迺歸之于正，然覽者已過矣。往時武帝好神仙，相如上《大人賦》欲以風，帝反縹縹有凌雲之志，繇是言之，賦勸而不止明矣。又頗似俳優淳于髡、優孟之徒，非法度所存，賢人君子詩賦之正也，於是輟不復為。而大潭思渾天，參摹而四分之，極于八十一。旁則三摹九据，極之七百二十九贊，亦自然之道也。故觀《易》者見其卦而名之，觀《玄》者數其晝而定之。《玄》首四重者非卦也，數也。其用自天元推一晝一夜，陰陽數度律歷之紀，九九大運，與天終始。故《玄》三方、九州、二十七部、八十一家，二百四十三表，七百二十九贊，分為三卷，曰一二三，與《泰初歷》相應，亦有顓頊之歷焉，揲之以三策，開之以休咎，絣之以象類，播之以人事，文之以五行，擬之以道德仁義禮智，無主無名，要合《五經》，苟非其事，文不虛生。為其泰曼漶而不可知，故有《首》、《衝》、《錯》、《測》、《攡》、《瑩》、《數》、《文》、《捝》、《圖》、《告》十一篇，皆以解剝《玄》體，離散其文，章句尚不存焉。觀之者難知，學之者難成。客有難《玄》大深，眾人之不好也，雄解之號曰《解難》。雄見諸子各以其知舛馳，大氐詆訾聖人，即為怪迂，析辨詭辭，以撓世事，雖小辯終破大道而惑眾，使溺於所聞，而不自知其非也。及太史公記六國，歷楚漢，訖麟止，不與聖人同是非，頗謬於經。故人時有問雄者，常用法應之，撰以為十三卷，象《論語》，號曰《法言》。《漢書》錄雄自序如此，並載《反騷》、《四賦》、《解嘲》、《解難》及《法言》目等文，並於後分繫各章，茲不著焉。

《漢書》贊曰：初雄年四十餘，自蜀來至游京師，大司馬車騎將軍王音奇其文雅，召以為門下史，荐雄待詔，歲餘，奏《羽獵賦》，除為郎，給事黃門，與王莽、劉歆並。哀帝之初。又與董賢同官。當成、哀、平間，莽、賢皆為三公，權傾人主，所薦莫不拔擢，而雄三世不徙官。及莽篡位，談說之士，用符命稱功德，獲封爵者甚眾，雄復不侯，以耆老久次，轉為大夫，恬於勢利乃如是。實好古而樂道，其意欲求文章成名於後世，以為經莫大於《易》，故作《太玄》；傳莫大於《論語》，作《法言》；史篇莫善於《倉頡》，作《訓纂》；箴莫善於《虞箴》，作《州箴》；賦莫深於《離騷》，反而廣之；辭莫麗於相如，作四賦，皆斟酌其本，相與放依而馳騁云。用心於內，不求於外，於時人皆曶之，唯劉歆及范逡敬焉，而桓譚以為絕倫。王莽時，劉歆、甄豐皆為上公，莽既以符命自立，即位之後，欲絕其原以神前事，而豐子尋、歆子棻復獻之。莽誅豐父子，投棻四裔，辭所連及，便收不請。時雄校書天祿閣上，治獄事使者來，欲收雄，雄恐不能自免，迺從閣上自投下，幾死。莽聞之曰：“雄素不與事，何故在此間？”請問其故，乃劉棻嘗從雄學作奇字，雄不知情。有詔勿問。然京師為之語曰：“惟寂寞，自投閣。爰清靜，作符命。”雄以病免。復召為大夫。家素貧，耆酒，人希至其門。時有好事者，載酒肴從游學，而鉅鹿侯芭常從雄居，受其《太玄》、《法言》焉。劉歆亦嘗觀之，謂雄曰：“空自苦！今學者有祿利，然尚不能明《易》，又如《玄》何？吾恐後人用覆醬瓿也。”雄笑而不應，年七十一，天鳳五年卒。侯芭為起墳，喪之三年。時大司空王邑，納言嚴尤，聞雄死。謂桓譚曰：“子常稱揚雄書，豈能傳於後世乎？”譚曰：“必傳。顧君與譚不及見也。凡人賤近而貴遠，親見揚子雲祿位容貌，不能動人，故輕其書。昔老聃著虛無之言兩篇，薄仁義，非禮學，然後世好之者，尚以為過於《五經》，自漢文、景之君及司馬遷，皆有是言。今揚子之書，文義至深，而論不詭於聖人，若使遭遇時君，更閱賢智，為所稱善，則必度越諸子矣。”諸儒或譏以為雄非聖人而作經，猶春秋吳楚之君，僭號稱王，蓋誅絕之罪也。自雄之沒，至今四十餘年，其《法言》大行，而《玄》終不顯，然篇籍具存。

《藝文類聚》、《太平御覽》並引揚雄家牒，不知何人何時所譔。其文曰：子雲以甘露元年生，以天鳳五年卒，葬安陵阪上。所厚沛郡桓君山，平陵如子禮，弟子鉅鹿侯芭，共為治喪。諸公遣世子朝臣郎吏行事者會送，桓君山為斂賻起祠塋，侯芭負土作墳，號曰玄冢。其餘文不具，惟子雲生年，獨著於此也。

子雲仕宦不顯，故《漢書》所錄，自詞賦外，罕論及政事之文，惟《匈奴傳》有《諫勿許單于朝書》，子雲言事，今可見者，此書而已，故特著之。先是哀帝時單于上書願朝，帝以問公卿，公卿以虛費府帑，可且勿許，單于使辭去，未發，而子雲上書諫曰：

臣聞《六經》之治，貴於未亂，兵家之勝，貴於未戰。二者皆微，然而大事之本，不可不察也。今單于上書求朝，國家不許而辭之，臣愚以為漢與匈奴，從此隙矣。本北地之狄，五帝所不能臣，三王所不能制，其不可使隙甚明。臣不敢遠稱，請引秦以來明之。以秦始皇之彊，蒙恬之威，帶甲四十餘萬，然不敢窺西河，迺築長城以界之。會漢初興，以高祖之威靈，三十萬眾，困於平城，士或七日不食。時奇譎之士，石畫之臣甚眾，卒其所以脫者，世莫得而言也。又高皇后嘗忿匈奴，羣臣廷議，樊噲請以十萬眾橫行匈奴中，季布曰："噲可斬也。妄阿順指？"於是大臣權書遺之，^{師古曰：以權道為書，順辭以答之}然後匈奴之結解，中國之憂平。及孝文時，匈奴侵暴北邊，候騎至雍甘泉，京師大駭，發三將軍屯細柳、棘門、霸上以備之，數月迺罷。孝武即位，設馬邑之權，欲誘匈奴，使韓安國將三十萬眾，徼於便墜，匈奴覺之而去，徒費財勞師，一虜不可得見，況單于之面乎！其後深惟社稷之計，規恢萬載之策，迺大興師數十萬，使衛青、霍去病，操兵，前後十餘年。於是浮西河，絕大幕，破寘顏，襲王庭，窮極其地，追奔逐北，封狼居胥山，禪於姑衍，以臨翰海，^{師古曰：積土為封，而又禪祭也}虜名王貴人以百數。自是之後，匈奴震怖，益求和親，然而未肯稱臣也。且夫前世豈樂傾無量之費，役無罪之人，快心於狼望之北哉？以為不壹勞者不久佚，不暫費者不永寧，是以忍百萬之師，以摧餓虎之喙，運府庫之財，填盧山之壑而不悔也。至本始之初，匈奴有桀心，^{桀，堅也。言其不順}欲掠烏孫，侵公主，迺發五將之師十五萬騎獵其南，而長羅侯以烏孫五萬騎震其西，皆至質而遠。^{至所期地}時鮮有所獲，徒奮揚威武，明漢兵若雷風耳。雖空行空反，尚誅兩將軍，故北狄不服，中國未得高枕安寢也。逮至元康、神爵之間，大化神明，鴻恩溥洽，而匈奴內亂，五單于爭立，日逐、呼韓邪攜國歸死，扶伏稱臣，然尚羈縻之，計不顓制。^{師古曰：顓制，謂}_{為臣妾也}自此之後，欲朝者不距，不欲者不彊，何者？外國天性忿鷙，形容魁健，負力怙氣，難化以善，易隸以惡，其彊難詘，其和難得。故未服之時，勞師遠攻，傾國殫貨，伏尸流血，破堅拔敵，如彼之難也；既服之後，慰荐撫循，交接賂遺，威儀俯仰，如此之備也。往時嘗屠大宛之城，蹈烏桓之壘，探姑繒之壁，籍蕩姐之場，艾朝鮮之旜，拔兩越之旗，近不過旬月之役，遠不離二時之勞，固已犁其庭，埽其閭，郡縣而置之，雲徹席卷，後無餘菑。惟北狄為不然，真中國之堅敵也，三垂比之懸矣，前世重之茲甚，未易可輕也。今單于歸義，懷欵誠之心，欲離其庭，陳見於前，此迺上世之遺策，神靈之所望，國家雖費，不得已者也。奈何距以來厭之辭，疏以無日之期，消往昔之恩，開將來之隙！夫欵而隙之，使有恨心，負前言，緣往辭，歸怨於漢，因以自絕，終無北面之心，威之不可，諭之不能焉，得不為大憂乎！夫明者視於無形，聽者聽於無聲，誠先於未然，即蒙恬、樊噲不復施，棘門、細柳不復備，馬邑之策安所設，衛、霍之功何得用，五將之威安所震？不然，壹有隙之後，雖智者勞心於內，辯者轂擊於外，猶不若未然之時也。且往者圖西域，制車師，置城郭都護三十六國，費歲以大萬計者，豈為康居、烏孫，能踰白龍堆而冠西邊哉，迺以制匈奴也？夫百年勞之，一日失之，費十而愛一，臣竊為國不安也，惟陛下少留意於未亂未戰，以遏邊萌之禍。

書奏，天子寤焉，召還匈奴使者，更報單于書而許之。賜子雲帛五十匹，黃金十斤。又《漢書·五行志》哀帝建平二年四月，御史大夫朱博為丞相，少府趙玄為御史大夫，臨延登受策，有大聲如鐘鳴，上以問黃門侍郎揚雄。雄對曰：“鼓妖，聽失之象也。朱博為人彊毅，多權謀，宜將不宜相。恐有凶惡亟疾之怒。”子雲在漢廷言論，此外無所表見，故附及焉。

　　子雲仕於新室，最為後人詬病。朱晦庵作《綱目》，特書“莽大夫揚雄死”以貶之，亦有慕雄文采，而多方為之辨解者。明人至以《劇秦美新》為谷子雲作，蓋據成帝時雄至京師推算，至其卒年，當近百歲，疑為不合。此說發於焦竑《筆乘》，清《四庫全書提要》始證其謬曰：“焦竑《筆乘》，謂‘《漢書》載雄仕莽，作符命投閣，年七十一，天鳳五年卒。考雄至京見成帝，年四十餘。自成帝建始改元，至天鳳五年，計五十有二歲。以五十二合四十餘，已近百年，則與年七十一者，又相牴牾。又考雄至京師，大司馬王音奇其文，而音薨於永始初年。則雄來必在永始之前，謂雄為仕於莽年者妄也。’近人多祖其說，為雄訟枉。案《文選》任昉所作《王文憲公集・序》，“家牒”字下，李善註引劉歆《七略》曰：“子雲家牒，言以甘露元年生。《漢書・成帝紀》，載行幸甘泉，行幸長楊宮，並在元延元年己酉，上距宣帝甘露元年戊辰，正四十二年，與四十餘之數合。其後元延凡五年，綏和凡二年，哀帝建平凡四年，元壽凡二年，平帝元始凡五年，孺子嬰凡三年，王莽始建國凡五年，積至天鳳五年，正得七十一年，與七十一卒之數亦合。其仕莽十年，毫無疑義，’惟王音卒歲，實與雄傳不合。然‘音’字為‘根’字之誤，宋祁固已言之。其文載今本《漢書註》中，竑豈未見耶？”然則《劇秦美新》，固確為雄作，其文自工，《文選》亦嘗錄之，其詞曰：

　　諸吏中散大夫臣雄稽首再拜上封事皇帝陛下：臣雄經術淺薄，行能無異，數蒙渥恩，拔擢倫比，與羣賢並，媿無以稱職。臣伏惟陛下以至聖之德，龍興登庸，欽明尚古，作民父母，為天下主。執粹清之道，鏡照四海，聽聆風俗，博覽廣包，參天貳地，兼並神明，配五帝，冠三王，開闢以來，未之聞也。臣誠樂昭著新德，光之罔極。往時司馬相如作《封禪》一篇，以彰漢氏之休。臣常有顛眴病，（貫逵《國語注》曰：眴，惑也。眴與眩古字通）恐一旦先犬馬填溝壑，所懷不章，長恨黃泉，敢竭肝膽寫腹心，作《劇秦美新》一篇，雖未究萬分之一，亦臣之極思也。臣雄稽首再拜以聞曰：權輿天地未袪，睢睢盱盱，（言混沌之始，天地未開，萬物睢盱而不定也）或玄而萌，或黃而牙。（言天地方開，故玄黃異色而生萌牙也）玄黃剖判。上下相嘔。（言天地既開，玄黃分判，故天地上下相嘔養萬物也）爰初生民，帝王始存。在乎混混茫茫之時，疊聞罕漫而不昭察，世莫得而云也。（疊聞罕漫，不明之貌）厥有云者。上罔顯於羲皇，中莫盛於唐虞，邇靡著於成周。仲尼不遭用，《春秋》困斯發。（司馬遷書曰：仲尼厄，而作《春秋》）言神明所祚，兆民所託，罔不云道德仁義禮智。獨秦屈起西戎邠荒岐雍之疆，因襄文宣靈之僭跡，立基孝公，茂惠文，奮昭莊，（孝公、惠文君、莊襄王）至政破縱擅衡，并吞六國，遂稱乎始皇。盛從鞅、儀、章、斯之邪政，（商鞅、張儀、呂不韋、李斯皆秦相）馳騖起、翦、恬、賁之用兵。（白起、王翦、蒙恬、荊子賁）劉滅古文，刮語燒書，弛禮崩樂，塗民耳目，遂欲流唐漂虞，滌殷蕩周，（流漂、滌蕩，謂除之也）難除仲尼之篇籍，自勒功業，（難古然字）改制度軌量，咸稽之於秦。（稽，考也。紀，本紀也。言考校而著之秦紀）是以耆儒碩老，抱其書而遠遜；禮宮博士，卷其舌而不談。來儀之鳥，肉角之獸，狙獷而不臻。（來儀，鳳也。肉角，麟也。《說文》曰：狙犬，暫齧人。又曰獷犬，不可親附也）甘露嘉醴景曜浸潭之瑞潛；（嘉醴，泉也。景曜，景星有光曜也。浸潭，謂滋液浸潤能生萬物也。潛，藏也）大茀經實巨狄鬼信之妖發。（茀，彗星也。經謂星出東入西，出西入東也。《史記·始皇本紀》曰：有墜星下東郡。《漢書》曰：始皇時有大人，身長五丈，夷狄之患見臨洮。鬼信，謂告祖龍死也）神歇靈繹，海水羣飛。（繹，猶緒也。言神靈歇其舊緒，不福祐之。繹或為液。海水，喻萬民。羣飛言亂）二世而亡，何其劇與！帝王之道，兢兢乎不可離已。夫能貞而明之者窮祥瑞，回而昧之者極妖懟。（回，邪也）上覽古在昔，有憑應而尚缺，焉壞徹而能全。（言古帝王之興有憑依瑞應而尚毀缺，焉有行壞徹之道而全立者乎）故若古者稱堯舜，咸侮者陷桀紂，況盡汎掃前聖數千載功業，專用己之私而能享祐者哉？會漢祖龍騰豐沛，奮迅宛葉，自武關與項羽戮力咸陽，創業蜀漢，發跡三秦，趫項山東，而帝天下。摛秦政惏酷尤煩者，應時而蠲，如儒林、刑辟、歷紀、圖典之用稍增焉。（歷紀，歷數，綱紀也）秦餘制度，項氏爵號，雖違古而猶襲之。是以帝典闕而不補，王綱弛而未張，道極數殫，闇忽不還。（言天道既極，歷數又殫，故闇忽而滅，不能自還也）逮至大新受命，（大新，王莽也）上帝還資，后土顧懷。（言上帝迴還而資助，后土顧眷而懷歸）玄符靈契，黃瑞涌出。（玄符，天符也。靈契，地契也。黃瑞，謂王莽承黃、虞之後，黃氣之瑞也）渾淳沕潏，川流海淳，雲動風偃，霧集雨散。（言眾瑞之多也）誕彌八圻，上陳天庭。（八圻，猶八埏。言下終八圻，上列天庭）震聲日景，（言威聲如雷，光景若日也）炎光飛響，盈塞天淵之間。（炎光，日景也，飛響，震聲也）必有不可辭讓云爾。於是乃奉若天命，窮寵極崇，與天剖神符，地合靈契。（分天之符，合地之契。言應錄而王也）創億兆，規萬世。（創業經乎億兆，規模至於萬世也）奇偉倘儻譎詭，天祭地事，（言眾瑞所以咸臻者，由能祭天事地）其異物殊怪，存乎五威，將帥班乎天下者，四十有八章。（《漢書》曰莽遣五威將王奇等，班符命四十二篇於天下）登假皇穹，鋪衍下土。（假，至也。言眾瑞升至於皇天，鋪衍於下土也）非新家其疇離之。（離，應也）卓哉煌煌，真天子之表也。（儀也）若夫白鳩丹烏，素魚斷蛇，方斯蔑矣。（吳錄曰：孫策使張紘與袁紹書曰：殷湯有白鳩之祥，然古有此事，未詳其本。《尚書帝驗》曰：太子發渡河中流，火流為烏，其色赤。素魚，白魚也。漢書高祖杖劍斬蛇）受命甚易，格來甚勤。（眾瑞咸至甚勤也）昔帝纘皇，王纘帝，隨前踵古，或無為而治，或損益而亡，豈知新室委心積意，儲思垂務，（委亦積也）旁作穆穆，明旦不寐，勤勤懇懇者，非秦之為與。（以秦之所為為非，故欲勤修德政也）夫不勤勤則前人不當；不懇懇則覺德不愷，（愷，和也）是以發祕府，覽書林，遙集乎文雅之囿，翱翔乎禮樂之場，胤殷周之失業，紹唐虞之絕風，懿律嘉量，金科玉條，神卦靈兆，古文畢發，煥炳照曜，靡不宣臻。（宣，徧也）式軒軒旟旗以示之，（式，用也）揚和鸞肆夏以節之，施黼黻袞冕以昭之，正嫁娶送終以尊之，親九族淑賢以穆之。夫改定神祇，上儀也，欽修百祀，咸秩也，明堂雍臺，壯觀也，九廟長壽，極孝也，（文母長壽宮）制成六經，洪業也，（《漢書》曰：莽奏立樂經，然經有五，而又立樂，故）

147

北懷單于，廣德也。若復五爵，度三壤，經井田，免人役，方甫刑，匡馬法，恢崇祇庸爍德懿和之風，〔懿、爍，美也〕廣彼搢紳講習言諫箴誦之塗，振鷺之聲充庭，鴻鸞之黨漸階。俾前聖之緒，布濩流衍而不韞韣，〔韣與韣古字通，音讀〕郁郁乎煥哉！天人之事盛矣，鬼神之望允塞。曩公先正，岡不夷儀；〔夷儀，言有常儀也〕姦宄寇賊，岡不振威。紹少典之苗，著黃虞之裔。帝典闕者已補，王綱弛者已張，炳炳麟麟，豈不懿哉！〔麟麟，光明也。麟與燐古字同用〕厥被風濡化者，京師沈潛，甸內匝洽，侯衛屬揭，要荒濯沐，〔言風化所被，近者逾深，遠者稍淺，故京師沈潛而要荒濯沐也〕而術前典，巡四民，迄四嶽。〔四民，至於四嶽也〕增封泰山，禪梁父，斯受命者之典業也。〔典，常也。蓋受命日不暇給，或不受命，謂高祖也。言高祖受命而不封禪，始皇不受命猶有事乎泰山。言俱失也〕然猶有事矣。況堂堂有新，正丁厥時，崇嶽渟海通瀆之神，咸設壇場，望受命之臻焉。〔言新既受命，故嶽瀆之神皆設壇場，而望來祭也。堂堂，盛也〕海外遐方，信延頸企踵；回面內嚮，喁喁如也。帝者雖勤，惡可以已乎。宜命賢哲作《帝典》一篇，舊三為一，襲以示來人，撝之罔極。〔言宜命賢智作《帝典》一篇，足舊二典而成三典也。謂堯典、舜典〕令萬世常戴巍巍，履栗栗，臭馨香，含甘實，鏡純粹之至精，聆清和之正聲，則百工伊凝，庶績咸喜。〔喜與憙古字同〕荷天衢，提地釐，〔釐，理也。上荷天道，而下提地理〕斯天下之上則已庶可試哉。

《劇秦美新》之作，或以子雲，為不得已。或以子雲露才耽寵，詭情懷祿，後來學者論之眾矣。獨洪邁以雄頌新莽之德，止能美於暴秦，其深意可知，所言配三冠五，開闢以來未之有者，其以之戲莽耳。使雄善諛佞，撰符命，稱功德，以徼爵位，當與國師公同列，豈固窮如是哉？洪氏之說，亦為賢者諱之意。據子雲自稱相如作封禪，以彰漢氏之休，此文殆欲擬之。子雲文章，本好模擬，聊藉莽以發其詞，文人行誼是非，固有不足深求者。茲編惟就文學之價值而論，至於酌出處之常義，校委質之大節，於古既有異辭，在今尤難論定，蓋屬於倫理上之判斷，非此編所亟談矣。

　　《漢志》揚雄賦十二篇，《訓纂》一篇，《蒼頡訓纂》一篇。儒家有揚雄所序三十八篇。三十八篇者，《太玄》十九篇，《法言》十三篇，《樂》四篇，《箴》二篇也。今所傳又有揚雄《絕代輶軒語》，即《方言》也。當時亦云殊言，諸書所引，又有揚雄《蜀王本紀》，《琴清英》等。隋唐《志》並錄《揚雄集》五卷，其本久佚。宋譚愈仍輯為五卷，文僅四十餘篇。明萬曆中鄭樸輯本，則合《太玄》、《法言》、《方言》等，釐為六卷。蓋子雲自詞賦之外，《太玄》、《法言》、《方言》，尤為學者所重，為之訓釋者，代有多家，不復悉述也。

　　子雲所為詞賦，及《太玄》、《法言》之作，當次第論於後章。子雲當時以奇字教人，故尤邃小學。《訓纂》既不可見，今僅傳《方言》耳，《方言》前有子雲《答劉歆書》，《古文苑》、《藝文類聚》皆錄之，書中頗見《方言》所以作，且多及子雲著述事蹟，《漢書》所不詳者，輒錄於後。

答劉歆書

　　雄叩頭，賜命謹至，又告以田儀事，事窮竟，白案顯出，甚厚甚厚。田儀與雄同鄉里，幼稚為鄰，長艾相更，視覯動精采，似不為非者，故舉至日，雄之任也。不意淫跡暴於官朝，令舉者懷赧而低眉，任者含聲而宛舌。知人之德，堯猶病諸，雄何慚焉？叩頭叩頭。又勅以《殊言》十五卷，君何由知之？謹歸誠底裏，不敢違信。雄少不師章句，亦於五經之訓所不解。嘗聞先代輶軒之使，秦籍之書，皆藏於周秦之室。及其破也，遺棄無見之者。獨蜀人有嚴君平、臨邛林閭翁孺者，深好訓詁，猶見輶軒之使，所奏言。翁孺與雄外家牽連之親，又君平過誤有以私遇，少而與雄也。君平財有千言耳，翁孺梗概之法略有。翁孺經數歲死，婦蜀郡掌氏子，無子而去。而雄始能草文，先作《縣邸銘》、《玉佴頌》、《階闥銘》及《成都城四隅銘》，蜀人有楊莊者為郎，誦之於成帝。成帝好之，以為似相如。雄遂以此得外見。^{一無外字}此數者皆都水君^{謂劉向}常見也，故不復奏。雄為郎之歲，自奏少不得學，而心好沈博絕麗之文，願不奉三歲之奉，且休脫直事之縣，得肆心廣意，以自克就，有詔可不奪奉。令尚書賜筆墨錢六萬，得觀書於石室，如是後一歲，作繡補靈節龍骨之銘詩三章。成帝好之，遂得盡意，故天下上計孝廉，及內郡衛卒會者，雄常把三寸弱翰，齎油素四尺，以問其異語，歸即以鉛摘次之於槧，二十七歲於今矣。而語言或交錯相反，方覆論思詳悉集之，燕其疑。張伯松不好雄賦頌之文，然亦有以奇之，嘗為雄言其父及其先君喜典訓，屬雄以此篇目，頗示其成者。伯松曰：“是懸諸日月不刊之書也。”又言恐雄為《太玄經》，猶鼠坻之與牛場也，如其用，則實五稼，飽邦民，否則為牴糞，棄之於道矣。而雄般之，^{般，樂也}伯松與雄獨何德慧，而君與雄獨何譖隟，而當匿乎哉。其不勞戎馬高車，令人君坐幃幕之中，知絕遐異俗之語，典流於昆嗣，言列於漢籍。誠雄心之所絕極，至精之所想遘也。扶聖朝遠照之明，使君寀此，如君之意，誠雄散之會，死之日，則今之榮也。不敢有貳，不敢有愛，少而不以行立於鄉里，長而不以功顯於縣官，著訓於帝籍，但言詞博覽翰墨為事。誠欲崇而就之，不可以遺，不可以急。即君必欲脅之以威，陵之以武，欲令入之於此，此又未定，未可以見。今君又終之，則繼死以從命也。而可且寬假延期，必不敢有愛。雄之所為，得使君輔貢於明朝，則雄無恨，何敢有匿？唯執事圖之，長監所規，繢之就死以為小，^{繢之，猶輯成之}雄敢行之，謹因還使，雄叩頭叩頭。

　　劉歆欲觀子雲《殊言》，而子雲答之如此，其中所稱諸銘頌，他處未見其目。昔人頗有以為疑者，洪邁以為漢魏之際，好事者所為，莫能詳也。且末云"必欲脅之以威，陵之以武"以及"縊死從命"之語，何廹切至是。豈文人於己所著述，過自矜重之恆態耶。

　　蜀之文章，自相如後，惟王褒稍顯，至子雲益蔚成大宗，同時劉向父子，尤能緣飾儒術。歆為古學大師，而《七畧》之作，又開後世校讐集錄之風。谷永杜欽，長於筆札，桓譚亦好古學，尤與子雲相得，皆並世之英也。

第二章　揚雄與屈原

揚雄於文章最好模擬，故其始則慕《楚詞》。《漢書》稱其作書
摭《離騷》文而反之，以弔屈原，名曰《反離騷》，又旁《離騷》作
重一篇，名曰《廣騷》，又旁《惜誦》以下，至《懷沙》一卷，名曰
《畔牢愁》。雄於屈原之詞，不啻篇篇而效之矣。《漢書》僅著《反離
騷》一篇，《廣騷》與《畔牢愁》，遂不可復見。竊怪王逸集《楚
詞》，下逮莊忌、王褒、劉向之徒，而獨不及雄，雄之詞豈遽不若諸
子，抑以雄嘗仕新室，類於柱下龍蛇之趣，與屈原卷卷之志殊
科，故有所不取耶！子雲晚而悔詞賦，《法言·吾子篇》："或問屈原
智乎？"曰："如玉如瑩，爰變丹青，如其智，如其智。"蓋謂智者
達天命，審行廢，如玉如瑩，磨而不磷。今屈原放逐，感激爰
變，雖有文彩，丹青之倫云爾，此猶反騷之意也。反騷之義，誠不
同屈原，而詞實旁《騷》而作，惟子雲於屈原之文用功深，乃能效
其體也。

《漢書》曰：先是蜀有司馬相如，作賦甚弘麗溫雅，雄心壯
之，每作賦，嘗擬之以為式。又怪屈原文過相如，至不容，作《離
騷》，自投江而死，悲其文，讀之未嘗不流涕也。以為君子得時則大
行，不得時則龍蛇，遇不遇命也，何必湛身哉！迺作書往往摭《離
騷》文而反之，自岷山投諸江流，以弔屈原，名曰《反離騷》，其

辭曰：

有周氏之蟬嫣兮，或鼻祖於汾隅。應劭曰：蟬嫣，連也。言與周氏親連也。劉德曰：鼻，始也。師古曰：雄自言系出周氏，而食采於揚，故云始祖於汾隅也。靈宗初諜伯僑兮，流于末之揚侯。應劭曰：諜，譜也。言從伯僑以來，可得而敍也。淑周楚之豐烈兮，超既離虖皇波。應劭曰：淑，善也。言去汾隅從巫山，得周楚之美烈也。超，速也。晉灼曰：離，歷也。皇，大也。因江潭而注記兮，欽弔楚之湘纍。鄧展曰：注，往也。李奇曰：諸不以罪死曰纍。屈原赴湘死，故曰湘纍也。師古曰：記，書記也，謂弔文也。言因江水之邊，而投書記以往弔也。惟天軌之不辟兮，何純絜而離紛。師古曰：天軌，猶言天路。辟，開也。離，遭也。紛，難也。言天路不開，故使純善貞絜之人，遭此難也。紛纍以其洪沇兮，暗纍以其繽紛。應劭曰：洪沇，穢濁也。師古曰：繽紛，交雜也。漢十世之陽朔兮，招搖紀于周正。晉灼曰：十世，數高祖呂后至成帝也。成帝八年，適稱陽朔。蘇林曰：言已以此時弔屈原也。成帝正皇天之清則兮，度后土之方貞。師古曰：自"漢十世"以下四句，不道屈原也，此乃雄自論己心所履行取法天地耳。自"圖纍"以下，方論屈原云也。圖纍承彼洪族兮，又覽纍之昌辭。師古曰：圖，案其本系之圖書也。洪，大也。覽，省視也。昌，美也。帶鉤矩而佩衡兮，履欃槍以為綦。欃槍，妖星也。此反屈原雖佩帶平之行，而蹈惡人跡，以致放退也。素初貯厥麗服兮，何文肆而質龇。應劭曰：貯，積也。肆，放也。龇，狹也。如淳曰：文肆者，《楚辭·遠游》乘龍之言也。質龇者，恨世不用已，而自沈也。資娭娃之珍髢兮，鬻九戎而索賴。師古曰：娭、娃，皆美女也。賴，利也。言屈原以高行仕楚，亦猶資美女之髢，賣於九戎，而求其利，必不得也。鳳皇翔於蓬陼兮，豈駕鵝之能捷。應劭曰：蓬陼，蓬萊之陼。騁驊騮以曲囏兮，驢騾連蹇而齊足。言使駿馬馳騖於屈曲艱阻之中，則與驢騾齊足也。枳棘之榛榛兮，蝯狖擬而不敢下。師古曰：榛榛，梗穢貌也。蝯，善攀援。狖，似猴，卬鼻而長尾。擬，疑也。靈修既信椒蘭之唼佞兮，吾纍忽焉而不蚤睹。椒蘭，令尹子椒、子蘭也。師古曰：唼佞，譖言也。唼音妾。服虔曰：靈修，楚王也。蘇林曰：衿芰茄之綠衣兮，被夫容之朱裳。衿，帶也。芰，陵也。茄亦荷字也。芳酷烈而莫聞兮，固不如襲而幽之離房。師古曰：襲，疊衣也。離房，別房也。襲音璧。閨中容競淖約兮，相態以麗佳。師古曰：淖約，善容止也。相態以麗佳，言就為佳麗之態，以相傾也。知眾嫭之嫉妒兮，何必颺纍之娥眉？師古曰：嫭，美貌也。娥眉，形若蠶蛾眉也。此亦譏屈原自舉蛾眉，令眾嫉妒也。懿神龍之淵潛兮，竢慶雲而將舉。師古曰：懿，美也。竢，待也。龍以潛居待雲為美，以譏屈原不能隱德，自取禍也。亡春風之被離兮，孰焉知龍之所處？被，讀曰披。愍吾纍之眾芬兮，颺燁燁之芳苓。晉灼曰：雄愍屈原光香，奄先秋遇凋，生亦不辰也。遭季夏之凝霜兮，慶天顇而喪榮。慶讀與羌同橫江湘以南注兮，云走乎彼蒼梧。馳江潭之汎溢兮，將折衷虖重華。舒中情之煩或兮，恐重華之不纍與。陵陽侯之素波兮，豈吾纍之獨見許？言屈原冀陽侯之罪，而欲折中求舜，未必獨見然許之也精瓊靡與

153

秋菊兮，將以延夫天年。臨汨羅而自隕兮，恐日薄於西山。應劭曰：精，細麑，屑也。

瓊，玉之華也。師古曰：此又譏屈原云瓊麑秋菊，將以延年，崦嵫忽迫，喜於未暮，何乃自投汨羅，言行相反。

解扶桑之總轡兮，縱令之遂奔馳。晉灼曰：《離騷》云，總余轡於扶桑，聊消搖以相羊。屈原言結我車轡於扶桑，以留日之入，人年得不老。日以喻君，而反離朝自沈。解轡縱君，使遂奔馳也。

鸞鳳騰而不屬兮，豈獨飛廉與雲師？晉灼曰：縱其轡使之奔馳，鸞鳳迅飛亦無所及，非獨飛廉雲師。言莊嚴未具，使君不適道也。

卷薜芷與若蕙兮，臨湘淵而投之。棍申椒與菌桂兮，赴江湖而漚之。師古曰：《離騷》云：貫薜荔之落蘂，雜杜衡與芳芷。又樹蕙之百畝，雜申椒與菌桂，皆以自喻德行芬芳也。今何為自投江湘，而喪此芳乎？棍，大束也。漚，漬也，今漚麻也。

費椒稰以要神兮，又勤索彼瓊茅。違靈氛而不從兮，反湛身於江皋！纍既仆夫傅說兮，奚不信而遂行？晉灼曰：仆，慕也。師古曰：仆古攀字，既攀援傅說，何不信其所行，自見用而遂去也。

徒恐鵩鴂之將鳴兮，顧先百草為不芳？師古曰：《離騷》云：鵩鴂之先鳴兮，使夫百草為不芳。雄言終以自沈，何惜芳草，而憂鵩鴂之先鳴也。

初纍棄彼虙妃兮，更思瑤臺之逸女。此又譏其執心不定也。

抴雄鴆以作媒兮，何百離而曾不壹耦。乘雲蜺之旖旎兮，望昆侖以樛流。覽四荒而顧懷兮，奚必云女彼高丘？旖旎，雲貌也。樛流，猶周流也。女，仕也。何必要仕於楚也。

既亡鸞車之幽藹兮，焉駕八龍之委蛇？師古曰：言既無鸞車則不得云駕八龍也。幽藹，猶晻藹也。蛇音移。

臨江瀕而掩涕兮，何有《九招》與《九歌》？師古曰：此又譏其哀樂不相副也。招讀曰韶。

夫聖哲之不遭兮，固時命之所有。雖增欷以於邑兮，吾恐靈脩之不纍改。昔仲尼之去魯兮，斐斐遲遲而周邁，師古曰：斐斐，往來貌也。

終回復於舊都兮，何必湘淵與濤瀨！師古曰：言孔子去其本邦，遲遲系戀，意在舊都，裴回反覆，屈原何獨不懷鄢郢，而赴江湘也。

涸漁父之鋪歠兮，絜沐浴之振衣。弃由聃之所珍兮，蹠彭咸之所遺！師古曰：由，許由也。聃，老聃也。二人守道，不為時俗所汙，然保己全身，無殘毀之醜。彭咸，殷之介士也。不得其志，投江而死，此又非屈原不慕由聃高蹤，而遵彭咸遺蹟。

子雲篤好《離騷》，乃至《天問》之屬，皆嘗為之訓釋，《反騷》之作，雖摭屈原之詞而反之，其體勢實相依倣也。朱子《楚詞後語》，錄《反離騷》，而咎雄之出仕莽朝，以為屈原之罪人，而此文為《離騷》之讒賊，是則專即其志言之者也。

第三章　揚雄之賦與司馬相如

　　揚雄最服膺司馬相如之賦，《西京雜記》記其語曰："長卿賦不似從人間來，其神化所至耶。"《法言》又謂使孔門用賦，則賈誼升堂，相如入室矣。其告桓譚，能讀千賦則善賦。子雲於文章，無不主於模擬，後雖以詞賦為童子雕蟲篆刻，壯夫不為，顧有《太玄》以效《易》，《法言》以效《論語》，何莫非模擬之故智乎。《漢書》論子雲曰："詞莫麗於相如，作四賦。又子雲《自序》，亦以蜀司馬相如作賦，甚弘麗溫雅，雄心壯之，每作賦常擬之以為式。"是子雲賦皆以擬相如者也。《漢書》惟錄《甘泉》、《河東》、《羽獵》、《長楊》四賦，殆以四賦之擬相如尤工歟。《文選》僅載《甘泉》、《羽獵》、《長楊》三賦，而不及《河東賦》，今三賦依《文選》，《河東賦》依《漢書》，掇而著之。

甘泉賦并序

　　孝成帝時，客有薦雄文似相如者，上方郊祀甘泉泰畤、汾陰后土以求繼嗣。^{善曰：上，謂成帝也。}召雄待詔承明之庭。正月從上甘泉，還奏《甘泉賦》以風。^{善曰：《漢書》曰：永始四年正月，行幸甘泉}其辭曰：惟漢十世，將郊上玄，^{善曰：上玄，天也}

定泰時雍神，休尊明號，晉灼曰：雍，祐也。善曰：言將祭泰時，冀神擁祐之，以美祥，因尊己之明號也。雍音擁同符三皇，錄功五帝。應劭曰：卹，優也。胤，續也。錫，與也。美，饒也。卹胤錫美，拓跡開統。拓，廣也。時成帝憂無繼嗣，故修祠泰時后土。言神明饒與福祥，廣跡而開統也於是乃命羣僚，歷吉日，協靈辰，星陳而天行。詔招搖與太陰兮，伏鉤陳使當兵，服虔曰：鉤陳，神名也。紫微宮外營陳星也。善曰：當，主也。主調典領也屬堪輿以壁壘兮，捎夔魖而抶獝狂。張晏曰：堪輿，天地總名也。孟康曰：木石之怪曰夔如龍，有角，人面。魖，耗鬼也。獝狂，亦惡鬼也。今皆捎去之。善曰：抶，擊也。丑乙切八神奔而警蹕兮，振殷轔而軍裝；張晏曰：堪輿至獝狂，八神也。善曰：言上諸神，各有職役。夔魖之屬，又捎去之，故令八方之神奔走而警蹕，殷轔之盛而以軍裝也。轔，果忍切。殷轔，言盛多也。軍裝，如軍戎之裝者蚩尤之倫帶干將而秉玉戚兮，飛蒙茸而走陸梁。玉戚，以玉為戚柲也。晉灼曰：飛者，蒙茸而亂；走者，陸梁而跳，謂猛士之筆齊總總以撙撙其相膠轕兮，猋駭雲迅奮以方攘；晉灼曰：方攘，半散也。善曰：總總撙撙，束聚貌也。撙，子本切。迅，音信。攘，人羊切騈羅列布鱗以雜沓兮，柴虒參差魚頡而鳥昈；善曰：騈，猶併也。柴虒，不齊也。頡昈，猶頡頏也。柴，初蟻切。虒音豸。頡，胡結切。昈，胡剛切翕赫智霍霧集而蒙合兮，半散昭爛粲以成章。善曰：翕赫，盛貌。智霍，疾貌。《爾雅》曰：天氣下，地氣不應曰霧。霧與蒙同。智音忽於是乘輿迺登夫鳳皇兮而翳華芝，韋昭曰：鳳皇為車飾也。翳，隱也。服虔曰：華芝，華蓋也。善曰：言以華葢自翳也駟蒼螭兮六素虯蟉略蜿綏瀄庨槮纚，善曰：《春秋命歷序》曰：皇伯駕六龍。蟉略蜿綏，龍行之貌也。瀄庨槮纚，龍翰下垂之貌也。蟉，於鑲切。瀄音離。槮音森。纚，所宜切帥爾陰閉，雲然陽開。晉灼曰：帥，聚也。雲，散也。雲，於甲切騰清霄而軼浮景兮，夫何旗旐郅偈之旖旎也！張晏曰：軼過雲與倒景也。服虔曰：旖旎，從風柔弱貌。善曰：鳥隼為旗，龜蛇為旐，郅，偈竿之貌也。郅音質。偈音桀流星旄以電燭兮，咸翠蓋而鸞旗。善曰：言星旄之流，如電之光也敦萬騎於中營兮，方玉車之千乘。善曰：敦與屯同，陳也。方，併也。玉車，以玉飾車也聲駍隱以陸離兮，輕先疾雷而馺遺風。善曰：陸離，參差也。駍，馳也。郭璞曰：疾也。馺，先合切凌高衍之嵱嵷兮，超紆譎之清澄。孟康曰：衍，無崖岸也。紆譎，曲折也。李奇曰：嵱音踊。嵷音竦。如淳曰：嵱嵷，上下眾多貌也。李奇曰：肛音貢。蘇林曰：肛，至也登椽欒而羾天門兮，馳閶闔而入凌兢。服虔曰：椽欒，甘泉南山也。凌兢，恐懼貌。善曰：羾與臻同，至是時未輳夫甘泉也，迺望通天之繹繹。善曰：輳與臻同，至也。通天，臺名。繹繹，盛兒下陰潛以慘廩兮，上洪紛而相錯；善曰：慘廩，寒貌直嶢嶢以造天兮，厥高慶而不可乎彌度。善曰：言高不可終竟而度量也。慶音羌平原唐其壇曼兮，列新雉於林薄；唐，道也。新雉，香草也。雉夷聲相近。草叢生曰薄攢并閭與茇葀兮，紛被麗其亡鄂。善曰：攢，聚也。并閭，椶也。茇葀，草名也。被麗，分散貌也。鄂，堮也。茇，步末切。葀，音葀。麗音離崇丘陵之駊騀兮，深溝嶔巖而為谷；蘇林曰：駊騀，音叵我。善曰：駊騀，高大貌也。嶔巖，深貌也逴逴離宮般以相爥兮，封巒石關施靡乎延屬。應劭曰：言秦離宮三百，武帝復往往脩理之也。善曰：《說文》曰：遀，古文往字也。般，布也，與班同。甘泉有石闕觀、封巒觀。施靡，相連貌。於是大廈雲譎波詭摧唯而成觀，孟康曰：言廈屋變巧，乃為雲氣，水波相譎詭也。摧唯，子罪切。唯，子水切。觀，工喚切。林木崇積貌也。摧，子罪切。仰撟首以高視兮，目冥眴而亡見。撟，舉也。橋與撟同。冥，昏亂之貌。眴音縣正瀏溿以弘惝兮，指東西之漫漫。孟康曰：溿，清也。服虔曰：惝，大貌也，音敞。善曰：瀏溿，猶言清淨而汎溿也。徒徊徊以徨徨兮，魂眇眇而昏亂。據軨軒而周流兮，忽坱圠而亡垠。韋昭曰：軨，欄也。軒，檻板也。善曰：軮軋，廣大貌也。坱，烏朗切。圠，烏黠切翠玉樹之青蔥兮，璧馬犀之瞵瑚。善曰：璧馬犀，言作馬及犀為璧飾也。瞵瑚，文貌也。瞵音鄰。瑚音胡金人仡仡其承鍾虡兮，嵌巖巖其龍鱗。仡仡，壯勇之貌也。嵌，開張之貌也。龍鱗，似龍之鱗也揚光曜之燎燭兮，垂景炎之炘炘。景，大也。炘，熱也。配帝居之縣圃兮，象泰壹之威神。洪臺崛其獨出兮，扮北極之崢嶸。應劭曰：崛，特貌也。扮，至也。晉灼曰：崢嶸，概緻也列宿迺施於上榮兮，日月纔經於柍桭。韋昭曰：榮，屋翼也。服虔曰：柍，中央也。桭，屋梠也雷鬱律於巖突兮，電儵忽於牆藩。善曰：鬱律，小聲也。突，幽也。儵忽，疾貌也。藩，籬也。善曰：逮，及也。顛，隕也歷倒景而絕飛梁兮，浮蠛蠓而撇天。撇，拂也鬼魅不能自逮兮，半長途而下顛。左欃槍而右玄冥兮，前熛闕而後應門。晉灼曰：熛闕，赤色之闕也。南方之帝曰赤熛怒。應門，正門，在熛闕之內也陰西海與幽都兮，涌醴泪以生川。如淳曰：言闕之高，乃陰西海也。善曰：涌醴，醴泉涌出也。《方言》曰：泪，疾蛟龍連蜷於東厓兮，白虎敦圉于崑崙。善曰：連蜷，長曲貌也。敦圉，盛怒貌也覽樛流於高光兮，溶方皇於西清。服虔曰：高光，宮名也。晉灼曰：樛流，猶繚繞。善曰：樛流，曲曲之貌也。溶，盛貌也。方皇，即彷徨，觀名也。西清，西廂清淨之處也前殿崔巍兮，和氏玲瓏。炕浮柱之飛榱兮，神莫莫而扶傾。善曰：炕，舉也。言檐宇高峻若神，清淨而扶其傾危也。炕與抗古字同。莫莫，清淨也閌閬閬其寥廓兮，似紫宮之崢嶸。善曰：閌，高也。《說文》曰：閬，高大之貌也。寥廓，虛靜貌駢交錯而曼衍兮，嵏嶵隗乎其相嬰。善曰：駢，列也。曼衍，分布也。《埤蒼》曰：嵏，山長貌。嶵隗，高貌。嬰，繞也。嵏，他賄切。嶵音辠乘雲閣而上下兮，紛蒙籠以棍成。蒙籠，膠葛貌。棍成，言自然也。棍與混同曳紅采之流離兮，颺翠氣之宛延。善曰：言宮觀之高，故紅采翠氣流離，宛延在其側而曳颺之襲琁室與傾宮兮，若登高眇遠亡國肅乎臨淵。服虔曰：襲，繼也。桀作琁室，紂作傾宮，以此微諫也。應劭曰：登高遠望，當以亡國為戒，若臨深淵也回猋肆其碭駭兮，翍桂椒而鬱栘楊。善曰：肆，疾也。碭，過也。駭，起也。翍與披同。栘，移也。楊，楊樹也。栘音移香芬茀以穹窿兮，擊薄櫨而將榮。善曰：言香氣芬茀，穹窿而盛，乃拂擊薄櫨，而及屋榮也。《說文》曰：薄櫨，柱上枅也蔱夫咇咈以棍批兮，聲駍隱而歷鍾。善曰：蔱，亦香字也。咇咈，疾貌也。胇，蠻布也。棍，同也。批，擊也。歷鍾，經歷至鍾也。咇，余日切。胇，許一切。棍，下本切。批，薄結切。駍，普耕切排玉戶而颺金鋪兮，發蘭蕙與蘅蕪。【善曰：言風飄香氣，既排玉戶而颭金鋪，又發揚蕙蘭與蘅蕪也】帷弸彋其拂汩兮，稍暗暗而靚深。【善曰：弸彋，風吹帷帳之聲也。拂汩，鼓動之貌。靚即靜字。弸，普萌切。彋音宏】【張晏曰：聲細不過羽穆，然相和也】陰陽清濁穆羽相和兮，若夔、牙之調琴。

般倕棄其剞劂兮，王爾投其鉤繩。【應劭曰：剞，曲刀也。劂，曲鑿也】雖方征僑與偓佺兮，猶彷彿其若夢【晉灼曰：方，常也。征，行也。言宮觀之高峻，雖使仙人行其上，恐遽不識其形觀，猶彷彿若夢也。善曰：鄭玄《毛詩箋》曰，方，且也。征僑，姓征，名僑也】於是事變物化，目眩耳回，【駭，驚也。回，謂回皇也】蓋天子穆然珍臺閒館琁題玉英蜵蜎蠖濩之中，【應劭曰：題，頭也。橑橑之頭，皆以玉飾。言其英華相燭也。張晏曰：蜵蜎蠖濩，刻鏤之形也】惟夫所以澄心清魂，儲精垂恩，感動天地，逆釐三神者。【善曰：三神，天、地、人也。釐音熙】迺搜逑索偶，皋伊之徒，冠倫魁能，【韋昭曰：搜，擇也。逑，匹也。索，求也。偶，對也】函甘棠之惠，挾東征之意，相與齊乎陽靈之宮。【祭天之所，故曰陽靈】靡薜荔而為席兮，折瓊枝以為芳。【善曰：靡，謂偃靡之，藉地而為席也】吸清雲之流瑕兮，飲若木之露英，【瑕與霞古字通】集乎禮神之囿，登乎頌祇之堂。【善曰：禮神，謂祭天也】建光燿之長旓兮，昭華覆之威威。【服虔曰：昭，明也。華覆，華蓋也。善曰：旓，旌旗旒也。威猶葳蕤也】攀琁璣而下視兮，行遊目乎三危。【善曰：《漢書》曰：北斗七星，所謂琁璣玉衡】陳眾車於東阬兮，肆玉軑而下馳。【如淳曰：東阬，東海也。晉灼曰：軑，車轄也。軑音大】漂龍淵而還九垠兮，窺地底而上回。風淒淒而扶轄兮，驚鳳紛其銜蕤。【善曰：淒淒，疾貌也，音悽。晉灼曰：蕤，綏也】梁弱水之濎濙兮，躡不周之逶蛇。【善曰：濎濙，小水貌也】想西王母欣然而上壽兮，屏玉女而卻宓妃。【善曰：言既臻西極，故想王母而上壽，乃悟好色之敗德，故屏除玉女而及宓妃，亦以此微諫也】玉女亡所眺其清臚兮，宓妃曾不得施其娥眉。【服虔曰：臚，目童子也】方攬道德之精剛兮，倖神明與之為資。於是欽柴宗祈。【善曰：恭敬燔祀，尊崇所祈也。《尚書》曰：至于岱宗柴】燎薰皇天，皋搖泰壹。【如淳曰：皋，睪皋也。積柴於睪皋頭，置牲玉於其上，舉而燒之，欲近天也。張晏曰：招搖、泰一，皆神名。善曰：搖與遙同】舉洪頤，【服虔曰：洪頤，姓名也】樹靈旗。燋蒸昆上，配藜四施，【張晏曰：配藜，披離也。善曰：言燔燎之盛，故燋蒸之，光同上而披離四布也】東燭滄海，西耀流沙，北熿幽都，南煬丹厓，【熿與晃音義同。《方言》曰：煬，炙也】玄瓚觩醪，秬鬯泔淡，【服虔曰：以玄玉飾之，故曰玄瓚。應劭曰：泔淡，滿也】肸蠁豐融，懿懿芬芬。【善曰：言秬鬯分布，芬芳盛美也】炎感黃龍兮，熛訛碩麟。【韋昭曰：碩，大也。善曰：言焱熛熾盛，感動神物也。訛，動也】選巫咸兮叫帝閽，開天庭兮延群神。【儐，贊也。暗藹，眾盛貌也】儐暗藹兮降清壇，瑞穰穰兮委如山。於是事畢功弘，迴車而歸，度三巒兮偈棠黎。【偈，息也。音憩】天閽決兮地垠開，八荒協兮萬國諧。登長平兮雷鼓磕，天聲起兮勇士厲，_{長平，坂名。磕，大聲也}雲飛揚兮雨滂沛，于胥德兮麗萬世。_{善曰：言恩澤之多，若雲行雨施，君臣皆有聖德，故華麗至於萬世也}亂曰：崇崇圜丘，隆隱天兮，登降峛崺，單埢垣兮。_{善曰：登降，上下也。峛崺，邪道也。崺，弋爾切。單，大貌。埢垣，圜貌。埢，力爾切。單音嬋。埢音蜷}增宮參差，駢嵯峨兮，_{參與參同}岭嶻嶙峋，洞無厓兮。_{善曰：《埤蒼》曰：岭嶻嶙峋，深無厓之貌}上天之縡，杳旭卉兮，_{善曰：縡，事也。杳，深遠也。旭卉，幽昧之貌。縡與載同}聖皇穆穆，信厥對兮。_{李奇曰：對，配也。能與天相對配也}徠祇郊神，禋所依兮，徘徊招搖，靈迉迡兮。_{善曰：招搖，猶傍徨也。迉迡即摟遲也。迉音摟。迡，大夷反}輝光眩燿，降厥福兮，子子孫孫，長無極兮。

《漢書》曰：“甘泉本因秦離宮，既奢泰，而武帝復增通天、高光、迎風。宮外近則洪厓、旁皇、儲胥、弩陜，遠則石關、封巒、枝鵲、露寒、棠梨、師得，游觀屈奇瑰偉，非木摩而不彫，墻塗而不畫，周宣所考，殷庚所遷，夏卑宮室，唐虞采椽三等之制也。且其為已久矣，非成帝所造，欲諫則非時，欲默則不能已，故遂推而隆之，迺上比于帝室紫宮，若曰此非人力之所為，黨鬼神可也。又是時趙昭儀方大幸，每上甘泉，常法從，在屬車間豹尾中。故雄聊言車騎之眾，參麗之駕，非所以感動天地，逆釐三神。又言‘屏玉女，卻宓妃’，以微戒齋宿之事。賦成奏之，天子異焉。”子雲初至漢廷，實首獻《甘泉賦》，故班固論其諷諫之意如此。

羽獵賦并序

孝成帝時羽獵，_{服虔曰：士卒負羽也}雄從。以為昔在二帝三王，宮館臺榭，沼池苑囿，林麓藪澤，財足以奉郊廟，御賓客，充庖廚而已，不奪百姓膏腴穀土桑柘之地。女有餘布，男有餘粟，國家殷富，上下交足，故甘露零其庭，醴泉流其唐，_{應劭曰：《爾雅》曰：廟中路，謂之唐也}鳳凰巢其樹，黃龍游其沼，麒麟臻其圃，神爵棲其林。昔者禹任益虞而上下和，草木茂；成湯好田而天下用足。^{湯見綱置四面，}^{湯拔其三面也。}文王囿百里，民以為尚小；齊宣王囿四十里，民以為大：裕民之與奪民也。武帝廣開上林，東南至宜春、鼎湖、御宿、昆吾，^{晉灼曰：鼎湖宮，黃圖以}^{為在藍田。昆吾，地名也}旁南山，西至長楊、五柞，北繞黃河，濱渭而東，周袤數百里，^{南北}^{曰袤}穿昆明池，象滇河，營建章、鳳闕、神明、駃娑，^{駃娑，殿名也。建章}^{宮名也。神明，臺名也}漸臺、泰液象海水周流，方丈、瀛洲、蓬萊。^{善曰：《漢書》曰：建章北，治太液也。漸}^{臺高二十餘丈，名曰泰液，中有蓬萊、方丈、}^{瀛洲，象}^{海中仙山}游觀侈靡，窮妙極麗。雖頗割其三垂，以贍齊民，^{善曰：三垂，謂西}^{方、南方、東方。}^{武帝侵三垂，以}^{置郡，故謂之割}然至羽獵甲車戎馬器械儲偫禁禦所營，^{善曰：《說文》曰：儲偫，待}^{也。應劭曰：禦，禁也。謂禁}^{止往來。儲}^{謂造作也}尚泰奢麗誇詡，非堯、舜、成湯，文王三驅之意也。又恐後世復脩前好，不折中以泉臺，^{雄以宮觀之盛，非成帝所造，}^{勿脩而已，當以泉臺為折中也}故聊因《校獵賦》以風之，^{善曰：《七略》曰：《羽}^{獵》永始三年十二月上}其辭曰：

或稱羲農，豈或帝王之彌文哉？^{善曰：假為或人之意。言古之樸素而合禮者，或}^{稱羲農，是則豈或謂後代帝王，彌加文飾，而不}^{合禮哉。故論}^{者答之於下}論者云否，各以並時而得宜，奚必同條而共貫？則泰山之封，焉得七十而有二儀？是以創業垂統者，俱不見其爽，迭遁五三，孰知其是非？^{言創業垂統者，各隨時立制，皆不見其差爽，故五}^{帝三王，誰知其是非乎，但文質不同，明無是非也}遂作頌曰：麗哉神聖，處於玄宮，富既與地乎侔訾，貴正與天乎比崇。齊桓曾不足使扶轂，楚嚴未足以為驂乘；狹三王之阨僻，嶠高舉而大興；^{嶠，舉}^{也，音矯}歷五帝之廖廓，涉三王之登閬；^{登，高也。}^{閬，大也}建道德以為師，友仁義與之為朋。於是玄冬季月，天地隆烈，萬物權輿於內，徂落於外，帝將惟田於靈之囿，開北垠，受不周之制，^{謂不}^{周風}以奉終始顓頊、玄冥之統。^{顓頊、玄冥}^{皆北方之神}遒詔虞人典澤，東延昆鄰，西馳閭閻。儲積共偫，戍卒夾道，^{偫，具}^{事也}斬叢棘，夷野草，禦自汧、渭，經營酆、鎬，章皇周流，出入日月，天與地沓。^{沓，合也}爾遒虎路三嵕，以為司馬，圍經百里，而為殿門。^{晉灼曰：路，音落，落，景也。服虔曰：以}^{竹虎落此山也。應劭曰：外門，為司馬門}外則正南極海，邪界虞

160

淵，〔應劭曰：虞淵，日所入也。善曰：極，至也。〕鴻濛沆茫，揭以崇山。〔韋昭曰：鴻濛沆茫，水草廣大貌也。沆，胡朗切。茫音莽。揭音竭也。〕營合圍會，然後先置乎白楊之南，昆明靈沼之東。〔服虔曰：白楊，觀名也。〕賁育之倫，蒙盾負羽，杖鏌邪而羅者以萬計，其餘荷垂天之畢，張竟壄之罘，靡日月之朱竿，曳彗星之飛旗。青雲為紛，紅蜺為綬，屬之乎崑崙之虛，〔綬，旗上聚也〕渙若天星之羅，浩如濤水之波，淫淫與與，前後要遮，〔善曰：淫淫、與與，皆行貌也〕欃槍為閫，明月為候，熒惑司命，天弧發射，鮮扁陸離，駢衍似路。〔服虔曰：鮮扁，戰門軍陣貌也。駢衍，軍壘駢衍也。扁音篇。善曰：《廣雅》曰：武，健也。鴻絧，相連貌也。緁獵，相次貌也〕徽車輕武，鴻絧緁獵，〔曶灼曰：徽，疾貌也。善〕殷殷軫軫，被陵緣岅，窮夐極遠者，相與列乎高原之上；〔善曰：殷軫，盛貌也。夐或為冥。殷音隱〕羽騎營營，旷分殊事，〔蘇林曰：旷，明也。善曰：謂羽騎明白分別，各殊其事也。旷音戶〕繽紛往來，輻轤不絕，若光若滅者，布乎青林之下。〔孟康曰：輻轤，連屬貌也〕於是天子乃以陽朡始出乎玄宮，〔善曰：陽朝，陽明之朝。朝朡古字同也〕撞鴻鍾，建九旒，六白虎，載靈輿，〔白虎，馬名。靈輿，天子輿也〕蚩尤並轂，蒙公先驅。〔如淳曰：蒙公，髦頭也〕立歷天之旃，曳捎星之旃，〔韋昭曰：歷，於也。捎，拂也〕霹靂烈缺，吐火施鞭。〔應劭曰：霹靂，雷也。烈缺，閃隙也。善曰：言威德之盛，役使百神，故霹靂烈缺，吐火施鞭，而為衛也〕萃傱沈溶，淋離廓落，戲八鎮而開關；〔傱，走貌也。沈溶，盛多之貌也〕飛廉雲師，吸嚊潚率，鱗羅布烈，攢以龍翰。〔吸，喘息也。嚊，喘息聲也。潚率，吸嚊之貌。鱗羅，若鱗之羅也。攢以龍翰，若龍翰之聚也〕啾啾嗆嗆，入西園，切神光；〔張晏曰：切，近也。神光，宮名〕望平樂，徑竹林，〔平樂，館名〕蹈蕙圃，踐蘭唐。〔服虔曰：蘭唐。蘭生唐中也〕舉燧烈火，彎者施技，〔善曰：彎者，執彎之人也〕方馳千駟，狡騎萬師。〔方，併也〕虓虎之陳，從橫膠轕，猋拉雷屬，驒駏駖礚。〔服虔曰：虓音哮。鄧展曰：拉音獵。善曰：拉，風聲也。哮，火交切。轕音葛。驒，足人切。駏，普萌切。駖，力莖切〕洶洶旭旭，天動地岋。〔善曰：洶洶旭旭，鼓動之聲也。韋昭曰：岋，動貌也〕羡漫半散，蕭條數千里外。若夫壯士慷慨，殊鄉別趣，〔善曰：鄉音向。趣，趨也〕東西南北，騁者奔欲。〔善曰：言各隨其者欲也〕拖蒼豨，跋犀，犂蹭浮麋。〔韋昭曰：跋，躐也。應劭曰：蹭，頓也。善曰：《廣雅》曰：拖，引也，音他。浮麋，過麋也〕斬巨狿，搏玄猨，〔韋昭曰：斬，斬也，側略切。服虔曰：巨狿，獸名〕騰空虛，距連卷。〔張晏曰：連卷，木也〕踔天蟜，娛澗間，〔張晏曰：踔天蟜之枝也。善曰：踔，踰也〕莫莫紛紛，山谷為之風猋，林叢為之生塵。〔善曰：莫莫紛紛，風塵之貌也〕及至獲夷之徒，蹴松柏，掌蒺藜，〔服虔曰：獲夷，能獲夷狄者。善曰：蹴，踏也。掌，以掌擊之也〕獵蒙龍，鱗輕飛；〔輕飛，輕獸飛禽也〕

履般首，帶脩蛇；如淳曰：般音班。班首，虎之頭也。善曰：履，謂踐履之也鉤赤豹，摼象犀；韋昭曰：摼，扼也。善曰：摼古牽字跇巒阬，超唐陂。如淳曰：跇，超踰也。《音義》曰：巒，山小而銳。阬，大坂也車騎雲會，登降闇藹，善曰：闇藹，眾盛貌泰華為旒，熊耳為綴。張晏曰：旒，幡綴旌也。善曰：綴，亦旒也木仆山還，漫若天外，如淳曰：還音旋。言山為之回旋也儲與乎大浦，聊浪乎宇內。服虔曰：儲與，相羊貌也。浦，水涯也。善曰：聊浪，放蕩也。與音餘。浪音琅於是天清日晏，逢蒙列眥，羿氏控弦。皇車幽輵，光純天地，服虔曰：皇車，君車也。李奇曰：純，緣繞也。善曰：幽輵，車聲也。《方言》曰：純，文也望舒彌轡，服虔曰：望舒，月御也。善曰：彌轡，按行貌也。彌與弭古字通。彌，莫爾切翼乎徐至於上蘭。晉灼曰：上蘭觀，在上林中也移圍徙陣，浸淫蹙部，善曰：部，軍之部伍也。蹙，促也，蹙古字通，子育切曲隊堅重，各按行伍。壁壘天旋，神抶電擊，善曰：言威之盛也。抶，笞擊也逢之則碎，近之則破，鳥不及飛，獸不得過，軍驚師駭，刮野掃地。言殺獲皆盡，野地似乎刮掃也。駭，起也及至罕車飛揚，武騎聿皇；善曰：罕，畢罕也。聿皇，輕疾貌蹈飛豹，羂嘄陽；善曰：嘄陽，即狒狒也追天寶，出一方；應劭曰：天寶，陳寶也。晉灼曰：天寶，雞頭而人身應駍聲，擊流光。野盡山窮，囊括其雌雄，如淳曰：陳寶神來下時，駍然有聲，又有光精。應劭曰：下時窮極山川天地之間，然後得其雌雄也沇沇溶溶，遙噱乎紘中。晉灼曰：口之上下名為噱。言禽獸奔走倦極，皆遙張噱吐舌於紘網之中也。善曰：噱，其略切三軍芒然，窮冘閼與，孟康曰：冘，行也。閼，止也。言三軍之盛，窮閼禽獸，使不得逸漏也。如淳曰：窮音穹。冘者，懈怠也。晉灼曰：閼與，容貌也。言三軍芒然懈倦，容貌閼與而舒緩也亶觀夫剽禽之紲隃，犀兕之抵觸，韋昭曰：亶，音但。善曰：古但字。紲與跇同熊羆之挐玃，虎豹之凌遽，韋昭曰：挐玃，惶遽也。善曰：凌，越也。遽，窘也徒角槍題，注竦讋，怖魂亡魄，觸輻關脰。晉灼曰：徒，但也。服虔曰：獸以角觸地也。善曰：竦與蹙同。《爾雅》曰：竦，慴懼也。讋與慴同。觸輻關脰，言觸車輻，因關其頸也妄發期中，進退履獲。善曰：言矢雖妄發而期於必中，進退之際，必踐履而獲之也創淫輪夷，丘累陵聚。張晏曰：淫，過也。夷，平也。言獸被創過大，血流與車輪平也於是禽殫中衺，善曰：中，竹仲切相與集於靖冥之館，以臨珍池。晉灼曰：靖冥，深閑之館也。服虔曰：珍池，山下之流灌以岐梁，溢以江河，東瞰目盡，西暢無崖，隨珠和氏，焯爍其陂。善曰：焯，古灼字玉石嶜崟，眩燿青熒，嶜崟，高大貌。青熒，光明貌漢女水潛，怪物暗冥，不可殫形。玄鸞孔雀，翡翠垂榮，王雎關關，鴻鴈嚶嚶，羣娛乎其中，噍噍昆鳴，噍與啾同，子由切。昆，同也鳧鷖振鷺，上下砰磕，聲若雷霆。乃使文身之技，水格鱗蟲，服虔曰：文身，越人也，能入水取物也凌堅冰，犯嚴淵，探巖排碕，薄索蛟螭，薄，迫也蹈獱獺，據黿鼉，獱，似狐，青色，居水中，食魚。音^拔 拔靈蠵。^{拔，捧也。}^{蠵，觜蠵}入洞穴出蒼梧，^{晉灼曰：洞}^{穴，禹穴也}乘巨鱗，騎京魚，^{善曰：京}^{魚，大魚}也。字或為鯨，^{鯨亦大魚也}浮彭蠡，目有虞。^{有虞，}^{謂舜也}方椎夜光之流離，剖明月之珠胎，鞭洛水之宓妃，飽屈原於彭胥，^{彭，咸也。胥，}^{伍子胥也}於茲乎鴻生鉅儒，俄軒冕，雜衣裳，脩唐典，匡《雅》、《頌》，揖讓於前。昭光振燿，蠁智如神，^{善曰：蠁}^{智，疾也}仁聲惠於北狄，武誼動於南鄰。是以游裳之王，胡貉之長，移珍來享，抗手稱臣。前入圍口，後陳盧山。^{孟康曰：單}^{于，南庭山}群公常伯，陽朱、墨翟之徒，喟然並稱曰："崇哉乎德，雖有唐虞、大夏、成周之隆，何以侈茲！夫古之觀東嶽，禪梁基，舍此世也，其誰與哉？"上猶謙讓而未俞也，^{張晏曰：}^{俞，然也}方將上獵三靈之流，下決醴泉之滋，^{三靈：日、月、星垂}^{象之應也。獵，取也}發黃龍之穴，窺鳳凰之巢，臨麒麟之圃，幸神雀之林；奢雲夢，侈孟諸，非章華，是靈臺，^{善曰：言以楚章華為非，}^{而以周之靈臺為是}罕徂離宮而輟觀游，士事不飾，木功不彫，丞民乎農桑，勸之以弗怠，^{善曰：}^{丞，亦}^{拯字}^也儕男女使莫違；恐貧窮者不徧被洋溢之饒，開禁苑，散公儲，創道德之圍，弘仁惠之虞，^{善曰：虞，}^{與娛古字通}馳弋乎神明之囿，覽觀乎群臣之有亡，^{善曰：言馳弋神明之囿，冀以齊}^{其聖德，觀其有無，而加恩施}放雉兔，收罝罘，麋鹿芻蕘，與百姓共之，蓋所以臻茲也。於是醇洪鬯之德，豐茂世之規，加勞三皇，勗勤五帝，不亦至乎！乃祗莊雍穆之徒，立君臣之節，崇賢聖之業，未遑苑囿之麗，游獵之靡也。因回軨還衡，背阿房，反未央。

長楊賦并序

明年上將大誇胡人以多禽獸，^{善曰：明年，謂作《羽獵賦》之明年，即校獵之年}^{也。班欲敘作賦之明年，《漢書成紀》曰：元延二年}^{冬，幸長楊宮，縱胡客大校獵是也。《七畧》曰：《羽獵賦》永始三年十}^{二月上，然永始三年，去校獵之前首尾四載，謂之明年，疑班固誤也}秋命右扶風發民入南山，西自褒斜，東至弘農，南敺漢中，張羅網罝罦，捕熊羆豪豬虎豹狄獲狐兔麋鹿，善曰：《山海經》曰：竹山有獸，其狀如豚，白毛，毛大如笄而黑端，以毛射物，名豪。豪，豵也。《廣雅》曰：狄，雄也，尾長四五尺。郭璞《爾雅注》：獲，似獼猴，豹形如虎，而圜文。鄭玄曰：鳥罟曰羅。狄，弋又切。獲，九縛切載以檻車，善曰：劉熙《釋名》曰：檻車，上施欄檻，以格猛獸，亦囚禁罪人之車也輸長楊射熊館。長楊宮，有射熊館以綱為周阹，李奇曰：阹，遮禽獸圍陣也。阹音袪縱禽獸其中，令胡人手搏之，自取其獲。上親臨觀焉。服虔曰：令胡客自取其得也是時農民不得收斂。雄從至射熊館，還上《長楊賦》，聊因筆墨之成文章，故藉翰林以為主人，子墨為客卿以風。其辭曰：

子墨客卿問於翰林主人曰："蓋聞聖主之養民也，仁霑而恩洽，動不為身，顏師古曰：動不為身，言憂百姓也今年獵長楊，先命右扶風左太華而右褒斜，栜巖薜而為弋，服虔曰：巖薜，山名也。顏師古曰：巖薜，即今謂崖裁也紆南山以為罝，羅千乘於林莽，列萬騎於山隅，帥軍踤阹，《漢書音義》曰：踤，聚也。顏監曰：踤，足蹴也。善曰：錫戎獲胡，言以禽獸錫戎錫戎獲胡。顏師古曰：骨，須也。言有儲搤熊羆，拖豪豬，木擁槍纍，以為儲胥，畜，以待所須也。蘇林曰：木擁柵其外，又以竹槍纍為外儲胥也此天下之窮覽極觀也。雖然，亦頗擾於農人。三旬有餘，其廑至矣，而功不圖，廑，勤字今恐不識者外之則以為娛樂之游，內之則不以為乾豆之事，豈為民乎哉！且人君以玄默為神，澹泊為德，今樂遠出，以露威靈，數搖動以罷車甲，本非人主之急務也，蒙竊惑焉。"翰林主人曰："吁！客何謂之茲耶！若客所謂知其一未睹其二，見其外不識其內者也。僕嘗倦談，不能一二其詳，請略舉凡，而客自覽其切焉。"客曰："唯唯。"主人曰："昔有彊秦，封豕其土，窫窳其民，鑿齒之徒，相與磨牙而爭之，應劭《淮南子注》云：兔之時，窫窳、封豕、鑿齒皆為人害。窫窳，類貙，虎爪食人。服虔曰：鑿齒，齒長五尺，似鑿亦食人。李奇曰：鑿齒之徒，謂六國。窫，烏黠切。窳音庾豪俊麕沸雲擾，羣黎為之不康，於是上帝眷顧高祖，高祖奉命，順斗極，運天關，橫鉅海，漂昆侖，提劍而叱之。所過麾城搟邑，下將降旗，顏監曰：搟，舉手擬也。善曰：鄭玄《禮記注》曰：搟，之言芟也。《字林》曰：搟，山檻切一日之戰，不可殫記。當此之勤，頭蓬不暇梳，飢不及餐，鞮鍪生蟣蝨，介胄被霑汗，鞮鍪，首鎧也以為萬姓請命乎皇天。迺展人之所詘，振人之所乏，規億載，恢帝

業，七年之間，而天下密如也。^{密，靜也。}逮至聖文，隨風乘流，方垂意於

至寧，躬服節儉，綈衣不弊，革鞜不穿，^{鞜，烏也，音沓}大廈不居，木器無

文。於是後宮賤瑇瑁而疏珠璣，卻翡翠之飾，除雕琢之巧，惡麗靡

而不近，斥芬芳而不御，抑止絲竹晏衍之樂，憎聞鄭衛幼眇之

聲，是以玉衡正而太階平也。其後熏鬻作虐，東夷橫畔。羌戎睚

眥，閩越相亂，遐眠為之不安，中國蒙被其難。^{韋昭曰：眠，音萌。萌，人也。}於是聖武

勃怒，爰整其旅，迺命驃、衛，^{應劭曰：驃，驃騎霍去病也。衛，衛青也。}汾沄沸渭，雲合電

發，^{善曰：汾沄沸渭，眾盛貌也。汾音紛。沄音雲。}焱騰波流，機駭蠭軼，^{機駭蠭軼，言其疾也。}疾如奔星，擊如震

霆，碎轒輼，破穹廬，^{應劭曰：轒輼，匈奴車也。《音義》曰：穹廬，旃帳也。服虔曰：轒輼，百二十步兵車，或可寢處。}腦沙幕，髓余

吾。^{服虔曰：破其頭腦，塗沙幕也。余吾，水名。鄭氏曰：折其骨，使髓膏水也}遂躐乎王庭，^{躐，踐也。}歐橐駝，燒熅

蠡，^{張晏曰：熅蠡，乾酪母也。燒之壞其養生之具也。張揖曰：熅蠡，山名。熅音覓。蠡，來戈切}分攣單于，磔裂屬國，^{韋昭曰：攣，割也，音如梨}

夷阬谷，拔鹵莽，刊山石，蹂屍輿厮。係累老弱，^{蹂尸，踐尸也。輿厮，輪踐其厮徒也。係，繫也。}

^{累，係也。}呪鋋瘢者，金鏃淫夷者數十萬人，^{如淳曰：呪，括也。孟康曰：瘢處，馬脊者創瘢處也。善曰：如氏之說，以為箭括及鋋所中皆為創瘢於馬者。孟氏以為，者被金鏃過傷者，甚眾也。服虔曰：者，覲傷者，或矛攢內未出，其瘡如含然，或箭插其項未拔，蔡若覲}皆稽顙樹領，扶服蛾

伏，^{如淳曰：叩頭時，項下向，則領樹上向也。韋昭曰：領音蛤。蛾古蟻字}二十餘年矣，尚不敢惕息。夫天兵四

臨，幽都先加，迴戈邪指，南越相夷，靡節西征，羌僰東馳。是以

遐方疏俗，殊鄰絕黨之域，自上仁所不化，茂德所不綏，莫不蹻足

抗首，請獻厥珍，使海內澹然，永亡邊城之災，金革之患。今朝廷

純仁，遵道顯義，并包書林，聖風雲靡；英華沈浮，洋溢八區，普

天所覆，莫不沾濡；士有不談王道者，則樵夫笑之。意者以為事罔

隆而不殺，物靡盛而不虧，故平不肆險，安不忘危。^{服虔曰：肆，棄也}迺時以有

年出兵，整輿竦戎，^{五穀皆熟為有年。《方言》曰：西秦之間，相勸曰聳。竦與聳古字通}振師五柞，習馬長楊，簡

力狡獸，校武票禽。^{簡，擇也。校，考也。票禽，輕疾之禽也。}迺萃然登南山，瞰烏弋，西厭月

㠟，東震日域。^{服虔曰：㠟音窟，月所生也。日域，日出之域也。}又恐後代迷於一時之事，常以此為

國家之大務，淫荒田獵，陵夷而不禦也。^{顏監曰：禦，止也}是以車不安軔，日未

靡旃，從者彷彿，魁屬而還；^{委屬而還，謂委釋其事，連屬而迴還也。魁，古委字}亦所以奉太尊之烈，遵文武之度，^{太尊，高祖也}復三王之田，反五帝之虞；使農不輟犁，工不下機，婚姻以時，男女莫違；出凱弟，行簡易，矜劬勞，休力役；見百年，存孤弱，帥與之同苦樂。然後陳鐘鼓之樂，鳴鞀磬之和，建碼磋之虞，^{孟康曰：碼磋之虞刻孟獸為之，故其形碼磋而盛怒也}拮隔鳴球，掉八列之舞；^{韋昭曰：拮，擽也。鳴球，玉磬也。古文隔為擊。善曰：賈逵《國語注》曰：掉，搖也。八列，八佾也}酌允鑠，肴樂胥，^{張揖曰：允，信也。鑠，美也。言酌信美以當酒，帥禮樂以為肴}聽廟中之雍雍，受神人之福祐；歌投頌，吹合雅。^{服虔曰：聲之相投也}其勤若此，故真神之所勞也。方將侯元符，^{晉灼曰：元符，大瑞也}以禪梁甫之基，增泰山之高，延光於將來，比榮乎往號，豈徒欲淫覽浮觀，馳騁秔稻之地，周流梨栗之林，蹂踐芻蕘，誇詡眾庶，盛狄獲之收，多麋鹿之獲哉！且盲者不見咫尺，而離婁燭千里之隔；客徒愛胡人之獲我禽獸，曾不知我亦已獲其王侯。"言未卒，墨客降席再拜稽首曰："大哉體乎！允非小人之所能及也。^{善曰：體，猶法也}迺今日發矇，廓然已昭矣。"

河東賦并序

其三月，將祭后土。上迺帥羣臣，橫大河，湊汾陰。既祭行，游介山，回安邑，顧龍門，覽鹽池，登歷觀，陟西岳以望八荒，跡殷周之虛，眇然以思唐虞之風。雄以為臨川羨魚，不如歸而結罔，還上《河東賦》以勸，其辭曰：

伊年暮春，將瘞后土，^{師古曰：伊，是也。祭地曰瘞薶，故曰瘞后土}禮靈祇，謁汾陰於東郊，因茲以勒崇垂鴻，發祥隤祉，欽若神明者，盛哉鑠乎，越不可載已。^{師古曰：勒崇垂鴻，勒崇名而垂鴻業也。隤，降也。祉，福也。欽，敬也。若，順也。鑠，美也。越，曰也。已，辭也。言發祥降福，敬順神明，其事盛美，不可盡載}於是命羣臣齊法服，整靈輿，迺撫翠鳳之駕，六先景之乘。^{師古曰：翠鳳之駕，天子所乘車，為鳳形，而}

飾以翠羽也。先景，為馬行速疾，常在景前也 掉犇星之流旃，彏天狼之威弧。師古曰：彏，急張也，音鐘 張燿日之玄旄，揚左纛，被雲梢。師古曰：梢與旃同。旃者，旌旗之旒，以雲為旃也 奮電鞭，驂雷輜，師古曰：輜，衣車也 鳴洪鍾。建五旗。五旗蓋謂五色之旗 羲和司日，顏倫奉輿，師古曰：倫，古善御者也 風發颱拂，神騰鬼趡。師古曰：颱，回風也。趡，走也。颱，音必遙反。趡，音子笑反 千乘霆亂，萬騎屈橋，師古曰：屈橋，壯捷貌。屈，音其勿反。橋，音其召反 嘻嘻旭旭，天地稠𩰠。服虔曰：稠𩰠，動搖貌。師古曰：嘻嘻旭旭，自得之貌。稠，音徒弔反。𩰠，音五到反 簸丘跳巒，涌渭躍涇，師古曰：山小而銳曰巒。言車騎之盛，旬隱之盛，至於涌躍涇渭，跳簸丘山者也 秦神下讋，跖魂負沴，晉灼曰：沴，渚也。師古曰：跖，蹈也。言此神怖讋，下入水中。自蹈其寬，而負沴渚，蓋戚懼之甚也。跖，音之亦反。抵，音直尸反 河靈矍踢，爪華蹈衰，蘇林曰：河靈，巨靈也。華，華山也。衰，衰山也。掌據之也。師古曰：矍踢，驚動之貌。爪古掌字。凡言此者，以車騎之眾，羽旄之盛，故蒙神河靈莫不恐懼，而自放也 遂臻陰宮。穆穆肅肅，蹲蹲如也。師古曰：陰宮，汾陰之宮也。蹲❶，蹲，行有節也。蹲，音千旬反 靈祇既鄉，五位時敘，服虔曰：五位，五方之神 絪縕玄黃，將紹厥後。言天地之氣大興，發於祭祀之後 於是靈輿安步，周流容與，師古曰：靈輿，天子之輿也 以覽乎介山。嗟文公而愍推兮，勤大禹於龍門。灑沈菑於豁瀆兮，播九河於東瀕。師古曰：灑，分也。菑古災字，沈菑，洪水也。豁，開也。瀆，謂江、河、淮、濟也。播，布也 登歷觀而遙望兮，聊浮游以經營。樂往昔之遺風兮，喜虞氏之所耕。師古曰：舜耕歷山，故云然 瞰帝唐之嵩高兮，眽隆周之大寧。師古曰：瞰眽，皆視也。帝唐，堯也。嵩，亦高也。一曰堯曾遊於陽城，故於嵩高山瞰其遺蹟也。眽即覛字 汩低回而不能去兮，行睌陔下與彭城。晉灼曰：陔下，項羽敗處也。師古曰：汩，往意也。低回，猶言徘徊也。行，且也。意且欲往觀也 溅南巢之坎坷兮，易豳岐之夷平。李奇曰：南巢，桀敗處也。易，樂也。師古曰：溅與濺同。坎坷，不平貌 乘翠龍而超河兮，陟西岳之嶢崝。師古曰：翠龍，穆天子所乘馬也。西岳，即華山也。嶢崝，謂嵯峨而崝嶸也。嶢音堯。崝，士耕反 雲靅靅而來迎兮，澤滲灕而下降。師古曰：靅古霏字。靅靅，雲起貌。滲灕，流貌也 鬱蕭條其幽藹兮，滃汎沛以豐隆。師古曰：皆雲雨之貌 叱風伯於南北兮，呵雨師於西東。參天地而獨立兮，廓溋溋其亡雙。師古曰：天地曰二儀，王者大位，與之合德，故曰參天地。溋溋，大貌 遵逝乎歸來，以函夏之大漢兮，彼曾何足與比功？師古曰：遵路而旋京師也 服虔曰：函夏，函諸夏也。師古曰：函，包容也。彼謂堯、舜、殷、周也。函讀與含同 建《乾》、《坤》之貞兆兮，將悉總之以群龍。麗鉤芒與驂蓐收兮，服玄冥及祝融。師古曰：鉤芒，東方神。蓐收，西方神。玄冥，北方神。祝融，南方神。麗，並駕也。驂，三馬也。言皆役服也 敦眾神使式道兮，奮六經以攄頌。喻於穆之緝熙兮，過《清廟》之

---

❶ "蹭"，據文當為"蹲"。——編者註

雖雖。軼五帝之遐迹兮，躡三皇之高蹤。^{師古曰：軼，亦過也，音逸}既發軔於平盈兮，誰謂路遠而不能從。

《古文苑》及《藝文類聚》、《太平御覽》等所引，尚有子雲《蜀都賦》、《太玄賦》、《逐貧賦》、《酒賦》並為完篇，其殘佚不完者，有《覈靈賦》、《蜀都賦》為左思所本，《逐貧》亦恢詭，然要未及四賦之瑰麗絕倫也。《酒賦》見《漢書·陳遵傳》作《酒箴》，《御覽》引《漢書》作《酒賦》，諸書多同，惟《北堂書鈔》引作《都酒賦》。都酒者，酒器名，玩其文要是賦之別體，今附著之。

酒賦并序

漢孝成皇帝好酒，雄作《酒賦》以諷之。^{《御覽》引此為《酒賦序》}

子猶瓶矣，觀瓶之居，居井之眉。^{師古曰：眉，井邊地}處高臨深，動常近危。酒醪不入口，臧水滿懷。不得左右，牽於纆徽。一旦叀礙，為罋所轠。^{師古曰：纆徽，井索也。叀，縣也。罋，井以瓶為甖者也。轠，擊也。言瓶忽縣礙不得下，而為井罋所擊則破碎也}身提黃泉，骨肉為泥。^{提，擲也。擲入黃泉之中也}自用如此，不如鴟夷。^{師古曰：鴟夷}鴟夷滑稽腹如大壺。^{韋橐以盛酒}^{師古曰：滑稽，轉圓縱捨，無窮之狀。滑音骨}盡日盛酒，人復借酤。常為國器，托於屬車。出入兩宮，經營公家。繇是言之，酒何過乎。

第四章　太玄經

　　《太玄》之為書，蓋出於渾天之術，明陰陽度數律歷之紀，與《太初歷》相應，亦有顓頊之歷焉，開以休咎，列以象類，錯以人事，文以五行。道德仁義，要合五經。雖云擬《易》，實揚子覃精一家之學也，故桓譚、張衡之徒，以為絕倫，豈徒其文章而已哉，函義廣大，非明於道術，殆莫能與於此。茲編所論，則不在究《玄》之義，但略述其文體，以見玄與文學之關係耳。

　　子雲之於文學，惟以模擬為工，前既論之矣。始於詞賦則模擬屈原、相如，既而以為非其至也，乃緣飾儒術，有擬經之志。經莫大於《易》，遂作《太玄》以象之，《太玄》成夫然後小屈原、相如詞賦之道，以為壯夫不為也，自其著述之體而論之，要亦終於模擬而已。蓋詞賦之閎麗，至屈原、相如已極，子雲念終無以勝之，故惟參跡於經，言合道義，質以載文，則彬乎可以度越前人矣，此《太玄》、《法言》之所以作也，而《太玄》尤奧。後世文人，好以儒術緣飾，其子雲啟之歟？子雲之為《太玄》，深以傲然自喜，將以遺棄爵位富貴而專心焉，方其草《玄》之時，則作《解嘲》以見其志。

解嘲并序

　　哀帝時丁傅、董賢用事，諸附離之者，起家至二千石。時雄方草創《太玄》，有以自守，泊如也。人有嘲雄以玄之尚白，^{服虔曰：玄當黑而尚白，將無可用}雄解之，號曰《解嘲》。其辭曰：客嘲揚子曰：“吾聞上世之士，人綱人紀，不生則已，生必上尊人君，下榮父母，析人之珪，儋人之爵，懷人之符，分人之祿，^{儋，荷也}紆青拖紫，朱丹其轂。今吾子幸得遭明盛之世，處不諱之朝，與羣賢同行，歷金門上玉堂有日矣，曾不能畫一奇，出一策，上說人主，下談公卿。目如耀星，舌如電光，一從一橫，論者莫當，顧默而作《太玄》五千文，枝葉扶踈，獨說數十餘萬言，^{以樹喻文也}深者入黃泉，高者出蒼天，大者含元氣，細者入無間，然而位不過侍郎，擢纔給事黃門，意者玄得無尚白乎？何為官之拓落也？”^{拓落，猶遼落不諧偶也}揚子笑而應之曰：“客徒朱丹吾轂，不知一跌將赤吾之族也！往昔周綱解結，羣鹿爭逸，^{服虔曰：鹿，喻在爵位者}離為十二，合為六七，四分五剖，並為戰國。士無常君，國無定臣，得士者富，失士者貧，矯翼厲翮，恣意所存，故士或自盛以橐，或鑿坏以遁。^{范睢入秦，藏於橐中。顏闔，魯君欲相之而不肯，鑿坏而遁之。坏，普米切}是故鄒衍以頡頏而取世資，孟軻雖連^{去聲}蹇猶為萬乘師。今大漢左東海，右渠搜，前番禺，後椒塗。東南一尉，西北一候。徽以糾墨，制以鑕鈇，^{《說文》曰：糾，三合繩也。又曰：墨，索也。鑕鈇，斬臬之刑也}散以禮樂，風以《詩》《書》，曠以歲月，結以倚廬。^{應劭曰：漢律以為親行三年服，不得選舉，結為倚廬，以結其心}天下之士，雷動雲合，魚鱗雜襲，咸營於八區，家家自以為稷契，人人自以為皋陶，戴縰垂纓而談者，皆擬於阿衡，五尺童子，羞比晏嬰與夷吾；當塗者升青雲，失路者委溝渠，旦握權則為卿相，夕失勢則為匹夫；譬若江湖之崖，渤澥之島，乘雁集不為之多，雙鳧飛不為之少。_{四鳬日乘}昔三仁去而殷墟，二老歸而周熾，子胥死而吳亡，種蠡存而越霸，五羖入而秦喜，樂毅出而燕懼，范睢以折摺而危穰侯，蔡澤以噤吟而笑唐舉。故當其有事也，非蕭、曹、子房、平、勃、樊、霍則不能安；當其無事也，章句之徒，相與坐而守之，亦無所患。故世亂則聖哲馳騖而不足，世治則庸夫高枕而有餘。夫上世之士，或解縛而相，或釋褐而傅；或倚夷門而笑，_{應劭曰：侯嬴也}或橫江潭而漁；_{服虔曰：漁父也}或七十說而不遇，_{應劭曰：孔丘也}或立談而封侯；_{《史記》曰：虞卿說趙孝成王，再見為趙上卿，故號為虞卿}或枉千乘於陋巷，或擁篲而先驅。_{擁篲，郤衍也}是以士頗得信其舌而奮其筆，窒隙蹈瑕而無所詘也。當今縣令不請士，郡守不迎師，群卿不揖客，將相不俛眉；言奇者見疑，行殊者得辟，_{《爾雅》曰：辟，罪也}是以欲談者卷舌而同聲，欲步者擬足而投跡。_{欲談者卷舌不言，待彼發，而同其聲；欲行者，擬足不前，待彼行，而投其跡也}嚮使上世之士，處乎今世，策非甲科，行非孝廉，舉非方正，獨可抗疏，時道是非，高得待詔，下觸聞罷，又安得青紫？_{言抗疏有所觸犯者，帝報以聞而罷之。言不任用也}且吾聞之，炎炎者滅，隆隆者絕；觀雷觀火，為盈為實，_{雷極則為水火之光，炎炎不可久}天收其聲，地藏其熱。高明之家，鬼瞰其室。攫拏者亡，默默者存；位極者宗危，自守者身全。是故知玄知默，守道之極；爰清爰靜，游神之庭；惟寂惟漠，守德之宅。世異事變，人道不殊，彼我易時，未知何如。今子乃以鴟梟而笑鳳皇，執蝘蜓而嘲龜龍，不亦病乎！子之笑我玄之尚白，吾亦笑子病甚不遇俞跗與扁鵲也，悲夫！」客曰：「然則靡《玄》無所成名乎？范、蔡以下，何必《玄》哉？」楊子曰：「范睢魏之亡命也，折脅摺骸，免於徽索。_{《埤蒼》曰：骸，膺骨也，口亞切}脅肩蹈背，扶服入橐，_{脅肩，慄體也}激卬萬乘之主，介涇陽抵穰侯而代之，當也。_{激卬，怒也。介者，閒其兄弟使疏也。抵，側擊也，音紙}蔡澤山東之匹夫也，顑頤折頞，涕唾流沫，西揖強秦之相，搤其咽而亢其氣，搦其背而奪其位，時也。韋昭曰：曲上曰頠，欺甚切。《說文》曰：頠，鼻莖也，於達切。沬，洒面也，呼憒切。《廣雅》曰：咽，嗌也。嗌音益天下已定，金革已平，都於洛陽，婁敬委輅脫輓，掉三寸之舌，建不拔之策，舉中國徙之長安，適也。應劭曰：輅，謂以木當胸，以輓車也五帝垂典，三王傳禮，百世不易，叔孫通起於枹鼓之間，解甲投戈，遂作君臣之儀，得也。呂刑靡敝，秦法酷烈，鄭展曰：靡，音靡聖漢權制，而蕭何造律，宜也。故有造蕭何之律於唐虞之世則怩矣，服虔曰：怩，猶繆也。怩，布迷切。怩或作繆有作叔孫通儀於夏殷之時則惑矣，有建婁敬之策於成周之世則乖矣，有談范蔡之說於金張許史之間則狂矣。金日磾、張安世、許廣漢、史恭、史高也夫蕭規曹隨，留侯畫策，陳平出奇，功若泰山，響若坻隤，應劭曰：天水有大坂，名曰隴坻，其山堆傍著，崩落作聲，聞數百里，故曰坻隤。坻，丁禮切。韋昭曰：坻，音若是理之是。《字書》曰：巴蜀名山，堆落曰坻雖其人之膽智哉，亦會其時之可為也。故為可為於可為之時則從，為不可為於不可為之時則凶。若夫蘭生收功於章臺，四皓采榮於南山，采榮，采取榮名也公孫創業於金馬，驃騎發跡於祁連，司馬長卿竊貲於卓氏，東方朔割炙於細君。僕誠不能與此數子並，故默然獨守吾《太玄》。

《太玄》既成，其文艱深，觀之者難知，學之者難成。客有難《玄》太深，眾人不之好也，子雲於是又作《解難》以應之。

解難

客難揚子曰："凡著書者，為眾人之所好也，美味期乎合口，工聲調於比耳。師古曰：比，和也今吾子廼抗辭幽說，閎意眇指，師古曰：眇，讀曰妙獨馳騁於有亡之際，而陶冶大鑪，旁薄群生，師古曰：旁薄，猶言蕩薄也歷覽者茲年矣，而殊不寤。師古曰：茲，益也。茲年，言其久也亶費精神於此，而煩學者於彼，師古曰：亶，讀曰但譬畫者畫於無形，弦者放於無聲，殆不可乎？"師古曰：放，依也揚子曰：

"俞。^{師古曰：}俞，然也若夫閎言崇議幽微之塗，蓋難與覽者同也。昔人有觀象於天，視度於地，察法於人者，天麗且彌，地普而深，^{師古曰：麗，著也，日月星辰之所著也。}彌，廣也，普遍也昔人之辭，迺玉迺金。彼豈好為艱難哉？勢不得已也。獨不見夫翠虬絳螭之將登虖天，必聳身於蒼梧之淵；不階浮雲翼疾風虗舉而上升，則不能撠膠葛，騰九閎。^{師古曰：撠，揭也。膠葛，上清之氣也。騰，升也。九閎，九天之門。撠音戟。揭，音居足反}日月之經，不千里則不能燭六合，燿八紘；泰山之高，不嶕嶢則不能浮澒雲而散歊烝。^{師古曰：嶕嶢，高貌也。澒澒，盛也。澒，雲氣貌也。歊烝，氣上出也。嶕嶢音樵堯。浮音勃。澒，音一孔反。歊，音許昭反}是以宓犧氏之作《易》也，緜絡天地，經以八卦，文王附六爻，孔子錯其象而象其辭，然後發天地之臧，定萬物之基。《典》、《謨》之篇，《雅》、《頌》之聲，不溫純深潤，則不足以揚鴻烈而章緝熙。蓋胥靡為宰，^{張晏曰：胥，相也。靡，無也。言相師，以無為作宰者也}寂寞為尸；大味必淡，大音必希；大語叫叫，大道低回。^{師古曰：叫叫，遠聲也。低回，紆衍也}是以聲之眇者不可同於眾人之耳，形之美者不可棍於世俗之目，^{師古曰：棍，亦同也，音胡本反}辭之衍者，不可齊於庸人之聽。今夫弦者高張急徽。追趨逐者，則坐者不期而附矣；^{追趨逐者，隨所趨憚愛嗜，而追逐之也}試為之施《咸池》，揄六莖，發《簫韶》，詠九成，則莫有和也。^{師古曰：揄，引也。和，應也}是故鐘期死，伯牙絕弦破琴，而不肯與眾鼓；獿人亡，則匠石輟斤而不敢妄斲。^{服虔曰：獿，古之善塗墍者也。施鉼領大袖以仰塗，而領袖不汙。有小飛泥誤著其鼻，因令匠石揮斤而斲，知匠石之善斲，故敢使之也。師古曰：墍，即今之仰泥也。獿拭也，故謂塗者為獿人。獿，音乃高反，又音迺回反}師曠之調鐘，俟知音者之在後也；孔子作《春秋》，幾君子之前睹也。老聃有遺言，貴知我者希，此非其操與！"

　　《解嘲》、《解難》之外，《古文苑》所載，尚有《太玄賦》，其卒章曰："屈子慕清，葬魚腹兮。伯姬曜名，焚厥身兮。孤竹二子，餓首山兮。斷跡屢婁，何足稱兮。辟斯數子，智若淵兮。我異於此，執太玄兮。蕩然肆志，不拘攣兮。"蓋子雲之以玄自喜如此。《太玄》之要，已略舉於第一章中，大抵《玄·首》八十有一。^{《首》以當卦}曰中，曰周，曰礥，曰閑，曰少，曰戾，曰上，曰干，曰

173

狞，曰羡，曰差，曰童，曰增，曰銳，曰達，曰交，曰㚻，曰溪，曰從，曰進，曰釋，曰格，曰夷，曰樂，曰爭，曰務，曰事，曰更，曰斷，曰毅，曰裝，曰眾，曰密，曰親，曰歛，曰彊，曰晬，曰盛，曰居，曰法，曰應，曰迎，曰遇，曰竃，曰大，曰廓，曰文，曰禮，曰逃，曰唐，曰常，曰度，曰永，曰昆，曰減，曰嗆，曰守，曰翕，曰聚，曰積，曰飾，曰疑，曰親，曰沈，曰內，曰去，曰晦，曰瞢，曰窮，曰割，曰止，曰堅，曰成，曰闕，曰失，曰劇，曰馴，曰將，曰難，曰勤，曰養，更有《玄測》，《玄衝》，《玄錯》，《玄攡》，《玄瑩》，《玄數》，《玄文》，《玄掜》，《玄圖》，《玄告》以擬十翼。司馬光說玄曰："《易》與《太玄》，大抵道同而法異。《易》畫有二：曰陽曰陰。《玄》畫有三：曰一，曰二，曰三，《易》有六位，《玄》有四重。《易》以八卦相重為六十四卦，《玄》以一、二、三錯於方、州、部、家為八十一首。《易》每卦六爻，合為三百八十四爻。《玄》每首九贊，合為七百二十九贊。"皆當朞以日。《易》有元、亨、利、貞，《玄》有罔、直、蒙、酋、冥。五者，太玄之德。罔，北方也，于《易》為貞。直，東方也，于《易》為元。蒙，南方也，于《易》為亨。酋，西方也，于《易》為利。冥者未有形也，故玄文曰：罔蒙相極，直酋相勅，出冥入冥，新故更代。玄首起冬至，故分貞以為罔冥。罔者冬至以後，冥者大雪以前也

《易》大衍之數五十，其用四十有九。《玄》天地之策，各十有八，合為三十六策，地則虛三，用三十三策。《易》揲之以四，《玄》揲之以三。《易》有七、九、八、六，謂之四象。《玄》有一、二、三，謂之三摹。《易》有彖，《玄》有首。《易》有爻，《玄》有贊。《易》有象，《玄》有測。《易》有文言，《玄》有文。《易》有繫辭，《玄》有攡、瑩、掜、圖、告。《易》有說卦，《玄》有數。《易》有序卦，《玄》有衝。《易》有雜卦，《玄》有錯：殊塗而同歸，百慮而一致，皆本於太極、兩儀、三才、四時、

五行，而歸於道德仁義禮也。"司馬氏論《玄》所以擬《易》之跡，可謂詳矣。《太玄》之稱經，由來已舊，故史以雄非聖人而作經，猶吳楚之君，僭號稱王，蓋誅絕之罪也。按《法言》、《解嘲》等書，止云太玄，然則經非子雲自稱，殆弟子侯苞之徒，從而尊之，遂立經名耳。《玄》之為文，最詰屈難讀，後世樊宗師之奇澀，未必不取乎此也。今錄《中》《養》二首，以見其體。今本並以《玄測》附《贊》下，茲仍之。

一方一州
一部一家　中

陽氣潛萌於黃宮，信無不在乎中。初一，昆侖旁薄幽。測曰：昆侖旁薄，思之貞也。（昆侖，天之象。旁薄，地之形）次二，神戰於玄，其陳陰陽。測曰：神戰於玄，善惡并也。次三，龍出於中，首尾信，可以為庸。測曰：龍出於中，見其造也。（造，作也）次四，庳虛無因，大受性命，否。測曰：庳虛之否，不能大受也。次五，日正於天，利用其辰作主。測曰：日正於天，貴富位也。次六，月闕其摶，不如開明於西。測曰：月闕其摶，賤始退也。（摶與團同）次七，酋酋，火魁頤，水包貞。測曰：酋酋之包，任臣則也。（首，就也。魁，斗之首也。頤，養也。火烈人畏，民鮮死，故頤水浮天載地，無不包，然不可慄而失正）次八，黃不黃，覆秋常。測曰：黃不黃，失中德也。（黃中之德失位，覆敗，秋之常道）上九，顛靈氣形反。測曰：顛靈之反，時不克也。（顛，隕也。靈，心之主也。有生之終，靈既隕矣，則形氣各反其本也）

䷚三方三州三部三家 養

陰弸於野，陽蓲萬物，赤之於下，^{弸，滿也。蓲，隱也。物之初生，其色赤，謂是時陰氣盛，極于田野，陽隱藏萬物赤之于下}初一，藏心於淵，美厥靈根。測曰：藏心於淵，神不外也。次二，墨養邪，元函，匪貞，墨養邪，中心敗也。^{墨與默同。默然養其邪辟之道。元，始也。謂邪端內函也}次三，糞以肥丘，育厥根英。測曰：糞以肥丘，中光大也。次四，燕食扁扁，其志僵僵，利用征賈。測曰：燕食扁扁，志在賴也。^{扁扁，僵僵，獵食之貌}次五，黃心在腹，白骨生肉，孚德不復。測曰：黃心在腹，上德天也。次六，次次，一日三餽，祇牛之兆，肥不利。測曰：次次之餽，肥無身也。^{次與趑同。次次，不安貌。已卜之牛，待肥則用，故無身}次七，小子牽象，婦人徽猛，君子養病。測曰：牽象養病，不相因也。^{徽大索。猛，猛獸}次八，鯁不脫，毒疾發，鬼上壏。測曰：鯁疾之發，歸於墳也。上九，星如歲如，復繼之初。測曰：星如歲如，終養始也。^{星回于天，歲終則始}

《西京雜記》，謂揚雄作《太玄》。夢白鳳凰集其上。子雲平生覃精之書，莫過於此。《法言·問神》曰："或曰：'述而不作，玄何以作？'曰：'其事則述，其書則作。'育而不苗者，吾家之童烏乎？九齡而與我玄文。"註家以童烏子雲之子，九齡而與子雲論玄，惜其早卒，故傷之也。《玄》之成當時惟桓譚好之，侯芭尚從而受焉。王充、張衡，亦以為絕倫。漢五業主事宋衷，始為《玄》作《解詁》，吳鬱林太守陸績作《釋正》，晉尚書郎范望作《解贊》，唐門下侍郎平章事王涯注經及《首測》，宋都官郎中直昭文館宋為幹，通為之注，秦州天水尉陳漸作《演玄》，司封員外郎吳祕作《音義》，及司馬光始采諸家為《集注》。今惟行《集注》本，光又有潛虛以擬《玄》，後之擬玄者數家，要依放其詞句之艱深者云。

第五章　法言

《漢書》曰："雄見諸子各以其知舛馳，大氐詆訾聖人，即為怪迂析辯詭詞，以撓世事，雖小辯終破大道而惑眾，使溺於所聞而不自知其非也。及太史公記六國，歷楚漢，訖麟止，不與聖人同，是非頗謬於經，故人時有問雄者，常用法應之，譔以為十三卷，象《論語》，號曰《法言》。"蓋自衰周以來，百家爭鳴，子雲《法言》出，而一一為之評論，咸折衷於孔氏，故《法言》實評論之宗也。王充以持論自負，所許者惟子雲《法言》，及桓譚《新論》而已。《法言》所論尤多關於文學，其文體奧約，可為不苟作者。當時侯芭、宋衷註並亡，今存者最古惟李軌《解》，較詳則司馬光《集註》，今先著法言序目。

法言序目 ^{依《漢書》}

天降生民，倥侗顓蒙，恣於情性，聰明不開，訓諸理。譔學行第一。

降周迄孔，成於王道，然後誕章乖離，諸子圖微。^{師古曰：言其後澆末慮涎益章，乖于七十} ^{弟子所譔，微妙之言} 譔吾子第二。

事有本真，陳施於億。^{李奇曰：布陳于億萬事也}動不克咸，本諸身。譔修身第三。

芒芒天道，在昔聖考，過則失中，不及則不至，不可姦罔。譔問道第四。

神心惚恍，經緯萬方，事繫諸道德仁義禮。譔問神第五。

明哲煌煌，旁燭亡疆，遜於不虞，以保天命。^{李奇曰：常行遜順，以保不虞}譔問明第六。

假言周於天地，贊於神明。^{師古曰：假，至也}幽弘橫廣，絕於邇言。譔寡見第七。

聖人聰明淵懿，繼天測靈，冠於羣倫，經諸范。^{師古曰：經，常也。范，法也}譔五百第八。

立政鼓眾，動化天下，莫上於中和。中和之發，在於哲民情。譔先知第九。

仲尼以來，國君將相卿士名臣，參差不齊，壹概諸聖。譔重黎第十。

仲尼之後，訖於漢道，德行顏閔，股肱蕭曹，爰及名將，尊卑之條，稱述品藻。^{師古曰：品藻者，定其差品及文質}撰淵騫第十一。

君子純終領聞，蠢迪檢押，^{師古曰：蠢，動也。迪，道也，由也。檢押，猶隱栝也。言動由檢押也}旁開聖則。譔君子第十二。

孝莫大於寧親，寧親莫大於寧神，寧神莫大於四海之驩心。譔孝至第十三。

《法言》中關於倫理哲學者，茲不具述。惟畧采其關於文學之評論如下。

或問："吾子少而好賦。"曰："然。童子雕蟲篆刻。"俄而曰："壯夫不為也。"或曰："賦有以諷乎？""諷則已，不已，吾恐不免於勸也。"或曰："霧縠之組麗。"曰："女工之蠹矣。"霧縠，蠹害女工。詞賦，惑亂聖典　劍客論曰："劍可以愛身。"言擊劍可以護身，辭賦可以諷喻　曰："狴犴使人多禮乎？"言狴犴使人多禮，詞賦使人放蕩　或問："景差、唐勒、宋玉、枚乘之賦也，益乎？"曰："必也，淫。""淫則奈何？"曰："詩人之賦麗以則，辭人之賦麗以淫。如孔氏之門用賦也，則賈誼升堂，相如入室矣。如其不用何？"

或曰："女有色，書亦有色乎？"曰："有。女惡華丹之亂窈窕也，書惡淫辭之淈法度也。"或問："屈原智乎？"曰："如玉如瑩，爰變丹青。如其智！如其智！"或問："君子尚辭乎？"曰："君子事之為尚。事勝辭則伉，辭勝事則賦，事、辭稱則經。足言足容，德之藻矣。"或問："公孫龍詭詞數萬以為法，法與？"曰："斷木為棊，捖革為鞠，亦皆有法焉。不合乎先王之法者，君子不法也。"觀書者譬諸觀山及水，升東岳而知眾山之峛崺也，況介丘乎？浮滄海而知江河之惡沱也，況枯澤乎？舍舟航而濟乎瀆者末矣；舍五經而濟乎道者末矣。棄常珍而嗜異饌者，惡覩其識味也；委大聖而好乎諸子者，惡覩其識道也。山𡾋之蹊，不可勝由矣；向牆之戶，不可勝入矣。曰："惡由入？"曰："孔氏。孔氏者戶也。"曰："子戶乎？"曰："戶哉！戶哉！吾獨有不戶者矣。"或欲學蒼頡史篇，曰："史乎！史乎！愈於妄闕也。"

好書而不要諸仲尼，書肆也；好說而不要諸仲尼，說鈴也。

古者楊、墨塞路，孟子辭而闢之，廓如也。後之塞路者有矣，竊自比於孟子。或曰："人各是其所是，而非其所非。將誰使正之？"曰："萬物紛錯，則懸諸天；眾言淆亂，則折諸聖。"或曰："惡覩乎聖而折諸？"曰："在則人，亡則書，其統一也。"已上並《吾子》

或問："人有倚孔子之牆，弦鄭、衛之聲，誦韓、莊之書，則引諸門乎？"曰："在夷貉則引之，倚門牆則麾之"《修身》

或曰：「申韓之法非法與？」曰：「法者，謂唐虞、成周之法也，如申、韓！如申、韓！」莊周、申、韓，不乖寡聖人而漸諸篇，則顏氏之子，閔氏之孫其如台。或曰：「莊周有取乎？」曰：「少欲。」「鄒衍有取乎？」曰：「自持。」《問道》

或曰：「經可損益與？」曰：「《易》始八卦而文王六十四，其益可知也。《詩》、《書》、《禮》、《春秋》，或因或作，而成於仲尼，其益可知也。」

昔以說《書》者序以百，而酒誥之篇俄空焉。今亡夫。虞夏之書渾渾爾。_{深大}商書灝灝爾。_{虎曠}周書噩噩爾。_{不阿借也}下周者其書譙乎！_{下周者秦，言酷烈也}

言不能達其心，書不能達其言，難矣哉！惟聖人得言之解，得書之體，白日以照之，江、河以滌之，灝灝乎其莫之禦也！面相之辭相適，捄中心之所欲，通諸人之嚍嚍者，莫如言。彌倫天下之事，記久明遠，著古昔之㖧㖧，傳千里之忞忞者莫如書。故言心聲也，書心畫也。聲畫形，君子小人見矣。聲畫者，君子小人之所以動情乎？聖人之辭，渾渾若川，順則便，逆則否者，其惟川乎！武曰：「仲尼聖者與？何不能居世也，曾范、蔡之不若！」曰：「聖人范、蔡乎？若范、蔡其如聖何？」或曰：「淮南、太史公者，其多知與？曷其雜也！」曰：「雜乎雜！人病以多知為雜，惟聖人為不雜。」書不經非書也，言不經非言也。言、書不經，多多贅矣。_{已上並《問神》}

或曰：「良玉不彫，美言不文，何謂也？」曰：「玉不彫璵璠不作器，言不文典謨不作經。」

或問：「司馬子長有言曰：五經不如老子之約也，當年不能極其變，終身不能究其業。」曰：「若是則周公惑，孔子賊。古者之學，耕且養，三年通一經。今之學也，非獨為之華藻也，又從而繡其鞶帨，惡在其老不老也？”或曰：“學者之說可約耶？”曰：“可約解科。”已上《寡見》

或問：“周官。”曰：“立事。”“左氏。”曰：“品藻。”“太史遷。”曰：“實錄。”《重梨》

或問：“儀、秦學乎鬼谷術，而習乎縱橫言，安中國者各十餘年，是夫？”曰：“詐人也，聖人惡諸？”曰：“孔子讀而儀、秦行何如也？”曰：“甚矣！鳳鳴而鷙翰也。”“然則子貢不為與？”曰：“亂而不解，子貢恥諸；說而不富貴，秦、儀恥諸。”

或問：“公孫弘、董仲舒孰邇？”曰：“仲舒欲為而不可得者也，弘容而已矣。”

或問：“東方生，名過實者何也？”曰：“應諧不窮，正諫穢德，應諧似優，不窮似哲，正諫似直，穢德似隱。”請問：“名。”曰：“詼達”“惡比？”曰：“非夷、齊而是柳下惠，成其子以尚容，首陽為拙，柱下為工，飽食安坐，以仕易農，其滑稽之雄乎！”已上《淵騫》

子雲之為《法言》，頗見重於學者，蓋皆傅儒術以折眾家。韓退之以子雲與荀卿並稱，司馬光則謂揚子大儒，孔子既沒，知聖人之道者，非揚子而誰？孟與荀殆不足擬，況其餘乎？程、朱以來，力倡理學，而於子雲，皆有所取，惟貶其仕新室而已。後世為文章者，必稱仁義，述孔子之道，蓋子雲持論已如此，異於相如之倫，徒誇閎麗者。故文人而緣飾儒術，此風自子雲始成也。

第六章　揚雄之雜文體

《漢書》論揚雄箸述，於《太玄》、《法言》、《訓纂》、《反騷》、《四賦》之外，又曰州莫大於《虞箴》，作《州箴》。《後漢書·胡廣傳》，稱雄依《虞箴》作十二州二十五官箴，其九箴亡闕，後涿郡崔駰及子瑗，又臨邑侯劉騊駼增補十六篇，胡廣復繼作四篇，范曄嘗合四十八篇，號《百官箴》，為之註釋，今曄註已不傳，是雄諸箴，在漢世即多闕佚不具矣。羣書所引，於駰等所補，亦有引為雄作者，要其完篇頗存，在《古文苑》諸書中，後世諸箴，皆依子雲作也。茲錄十二州箴中之《益州牧箴》，其詞曰：

巖巖岷山，古曰梁州。華陽西極，黑水南流。茫茫洪波，鯨埋降陸。於時八都，厥民不隩。禹導江沱，岷嶓啟乾。遠近底貢，磬錯砮丹。絲麻條暢，有粳有稻。自京徂畛，民攸溫飽。帝有桀紂，湎沈頗僻。遏絕苗民，滅夏殷績。三苗之國，境接梁州 爰周受命，復古之常。幽厲夷業，破絕為荒。幽屬陵夷，此州復絕為荒服 秦作無道，三方潰叛。義兵征暴，遂國於漢。拓開疆宇，恢梁之野。列為十二，光羡虞夏。牧臣司梁，是職是圖。經營盛衰，敢告士夫。

任昉《文章緣起》曰：“《連珠》揚雄作。”沈約《上連珠表》曰：“竊尋《連珠》之作，始自子雲。”放《易》象《論》，動模經誥，班固謂之命也，桓譚以為絕倫。連珠者，蓋謂辭句連續，互相發明，若珠之結琲也。《文心雕龍》曰：“揚雄覃思文閣，碎文瑣語，筆為連珠。”然則連珠之原，雖自韓非淮南之書，而標名定體，實始子雲，後之學者，依效而作。《文選》但錄陸機之作，子雲創體，反致擯逸。茲錄《藝文類聚》、《太平御覽》子雲《連珠》二條如下：

臣聞明君取士，貴拔眾之所遺，忠臣薦善，不廢格而^{而當作之}所排，是以巖穴無隱，而側陋章顯也。^{《藝文類聚》五十七}

臣聞天下有三樂，有三憂焉。陰陽和調，四時不忒，年豐物遂，無有夭折，災害不生，兵戎不作，天下之樂也。聖明在上，祿不遺賢，罰不偏罪，君子小人，各處其位，眾人之樂也。吏不苟暴，役賦不重，財力不傷，安土樂業，民之樂也。亂則反焉，故有三憂。^{《御覽》四百六十八}

《漢書·趙充國傳》：“成帝時西羌常有警，上思將師之臣，追美充國，乃召黃門郎揚雄，即充國圖畫而頌之。”按頌之為體，本《詩》六藝之一。漢世如董仲舒《山川頌》，王子淵《聖主得賢臣頌》，其體並與古異，子雲為之，乃協詩雅。後作頌者，並宗子雲體。趙充國《頌》，既見《漢書》，《文選》亦錄之。其詞曰：

明靈惟宣，戎有先零。先零猖狂，侵漢西疆。漢命虎臣，惟後將軍。整我六師，是討是震。既臨其域，諭以威德。有守矜功，謂之弗克。請奮其旅，於罕之羌。天子命我，從之鮮陽。營平守節，屢奏封章。^{充國，封營平侯}料敵制勝，威謀靡亢。遂克西戎，還師於京。鬼方賓服，罔有不庭。昔周之宣，有方有虎。詩人歌功，乃列於雅。在漢中興，充國作武。赳赳桓桓，亦紹厥後。

《漢書·元后傳》，莽篡漢，國號新，更命太皇太后，為新室文母，年八十四崩，莽詔大夫揚雄作誄。《藝文類聚》、《古文苑》載其全詞。雖其中不乏美新之意，然文體整贍，後來曹、潘之誄，大抵用子雲體也。羣書所引，又有子雲《蜀王本紀》、《琴清英》等，則以傳記而兼近小說，或云出自依託，然流傳已久，子雲偶以餘日為之，未可知也。今略著其一二條。

蜀王本紀

蜀之先稱王者，有蠶叢、柏濩、魚鳧、蒲澤、開明，是時人萌椎髻左衽，不曉文字，未有禮樂。從開明已上至蠶叢，積三萬四千歲。《文選·蜀都賦》劉注

秦惠王時，蜀王不降秦，秦亦無道出於蜀。蜀王從萬餘人，東獵褒谷，卒見秦惠王。秦王以金一笥遺蜀王，蜀王報以禮物，禮物盡化為土，秦王大怒。臣下皆再拜賀曰："土者地也，秦當得蜀矣。"《御覽》三十七

於是秦王知蜀王好色，乃獻美女五人於蜀王。蜀王愛之，遣五丁迎女還。至梓潼，見一大虵入山穴中，一丁引其尾不出，五丁共引虵，山乃崩，壓五丁。五丁踏地大呼秦王，五女及迎送者，皆上山化為石。蜀王登臺望之不來，因名五婦侯臺，蜀王親埋作冢，皆致萬石，以誌其墓。《初學記》五

琴清英

尹吉甫子伯奇至孝，後母譖之，自投江中，衣苔帶藻，忽夢見

水仙，賜其美藥。思惟養親，揚聲悲歌。船人聞而學之。吉甫聞船人之聲，疑似伯奇，援琴作《子安之操》。《水經注》三十三

晉王謂孫息曰：“子鼓琴能令寡人悲乎？”息曰：“今處高臺邃宇，連屋重戶，藿肉漿酒，倡樂在前，難可使悲者。乃謂少失父母，長無兄嫂，當道獨坐，暮無所止，於此者乃可悲耳。”乃援琴而鼓之，晉王酸心哀涕曰：“何子來遲也？”《御覽》五百七十七

子雲於古所有文學諸體，無不模擬，且拓而大之，不惟富於詞藻，且推本德義，所謂文質並茂，兼擅眾長。其意固欲度越前人，獨標勝詣，真文章之豪伯，後世之宗師也。故凡詞、賦、論、義、箴、頌、序、記、雜體，無所不具，深湛博大，直差肩於相如，而冠冕兩京者矣。

中國六大文豪卷三終

第四編　李白

第一章　李白傳略

自相如、子雲以後，世之為文章者，但獵其詞采，仰其閎麗，莫敢加焉。東京文人，如班、張、崔、蔡，皆希揚、馬而不逮者也。建安之際，五言大盛，江左而還，儷詞競作，文筆分途，體求美麗。然賦頌不出於緣襲，書詞惟貴於清華，比事駢積，漸傷蕪累。至永明益究聲律，文勝其質，雖體備於宮商，而義牽於藻繢。後世追論，以為文章之衰，其說容有未盡，顧當時作者，並能追摩風氣為組繡之詞，未有囊括眾家，獨為雄伯者，固亦難於優劣矣。至於唐興而後，李、杜集詩人之成，韓愈開古文之宗，李、杜實能盡有前古詩體，韓愈則後之為古文者所不能外也。懿此三豪，並興唐世，故敘之於屈原、揚、馬之後焉。

太白豪情盛概，詩雜仙心，絕塵遐騖，追跡為難。惟子美兼包眾家，好古而不遺近，故丁晉公以子美集開詩世界，後人法杜者多，法李者少，要其才力相埒，未易高下也。李陽冰序太白詩曰：「自三代以來，《風》、《騷》之後，馳驅屈、宋，鞭撻揚、馬，千載獨步，惟公一人。」此其說雖若過當，然若樂府長句，縱橫萬變，無不如意，實為詩人以來未有之奇。今先述太白略傳於下：

李白，字太白，蜀之彰明人也。惟《舊唐書·文苑》，以為山東人，元稹《杜甫墓志》亦云：山東人李白。然據李陽冰、魏顥、劉全白、范傳正諸人之文，皆以太白為蜀人。古今辨此者眾，不詳述此殆據杜子美詩「近來海內為長句，汝與山東李白好”之句，然子美詩當以太白時寓山東而言，別本亦有作東山者，以太白嘗自號東山也。考太白詩亦多自稱蜀為故鄉。《新書》謂太白為興聖皇帝九世孫，其先隋末以罪徙西域，神龍初遁還客巴西，此當較為可信。太白生於唐長安元年，生之夕，母夢長庚星，因字之曰太白。五歲誦六甲，十歲而通《詩》《書》，觀百家。其《上韓荊州書》曰：“十五好劍術，徧干諸侯。”《贈張相鎬》詩曰：“十五觀奇書，作賦凌相如。”今集中《明堂賦》，或曰即十五時作也。至開元八年而太白年二十，性倜儻任俠。蘇頲為益州長史，太白於路中投刺，頲待以布衣之禮，因謂羣僚曰：“此子天才英麗，下筆不休。雖風力未成，且見專車之骨。若廣之以學，可以相如比肩。”逸人東嚴子者，隱於岷山之陽，太白從之游，巢居數年，不跡城市，養奇禽千計，呼皆就掌取食，了無驚猜。郡守聞而異之，詣廬親覩，因舉二人以有道科並不起。未幾，出游襄漢，至金陵維揚，還憩雲夢。故相許圉家以孫女妻之，遂留安陸。其三十歲時，《上安州裴長史書》曰：“常橫經枕藉，制作不倦，迄於今三十春矣。以為士生則桑弧蓬矢射乎四方，故知大丈夫必有四方之志。乃杖劍去國，辭親遠游。南窮蒼梧，東涉溟海。見鄉人相如，大誇雲夢之事，云楚有七澤，遂來觀焉。而許相公家見招，妻以孫女，憩跡於此，至移三霜焉。曩昔東游維揚，不踰一年，散金三十餘萬，有落魄公子，悉皆濟之。又昔與蜀中友人吳指南，同游於楚，指南死於洞庭之上，白伏屍慟哭，若喪天倫。行路聞者，悉皆傷心。猛虎前臨，堅守不動。遂權殯於湖側，便之金陵。數年來觀，筋肉尚在，雪泣持刃，躬申洗削。裹骨徒步，寢興攜持，丐貸營葬於鄂城之東。”又曰：“前此郡督馬公，朝野豪彥，一見盡禮，許為奇才。因謂長史李京之曰：‘諸人之文，猶山無煙霞，春無草樹。李白之文，清雄奔放，名章俊語，絡繹間起，光明洞澈，句句動人。'故交元丹，親接斯議。"此皆太白自述其二十至三十間之事蹟也。

開元二十三年，太白游太原，識郭子儀於行伍中。言於主帥，脫其刑責，已後子儀亦救太白，蓋以報也。已而去之齊魯，寓家任城，與孔巢父、韓準、裴政、張叔明、陶沔，會徂徠山，酣飲縱酒，號"竹溪六逸"。至天寶元年而游會稽，^{時年四十二}與道士吳筠，共居剡中。會筠以召赴闕，薦之於朝，玄宗乃下詔徵之。至京師，與太子賓客賀知章遇於紫極宮，一見賞之曰："此天上謫仙人也。"因解金龜換酒為樂，言於玄宗。召見金鑾殿，論富世務，草答蕃書，辯若懸河，筆不停綴，又上《宣唐鴻猷》一篇，帝嘉之，以七寶牀賜食，御手調羹以飯之，謂曰："卿是布衣，名為朕知。非素蓄道義，何以得此？"命供奉翰林，專掌密命。至是太白居長安凡三年，與賀知章、汝陽王璡、崔宗之、裴周南、李適之、蘇晉、張旭、焦遂日縱酒，時號為酒中八仙人，杜甫為作歌。

天寶三載，太白在翰林，代草王言，然嗜酒沈飲，有時召令撰述，方在醉中不可待，左右以水沃面，稍解即令秉筆，頃之而成，帝甚才之。數侍宴飲，因沈醉引足令高力士脫靴，力士恥之，因摘其詩句以激太真妃。帝三欲官太白，妃輒沮之，又為張垍讒譖，太白自知不為親近所容，懇求還山，帝乃賜金放歸。《松窗錄》云："開元中，禁中初重木芍藥即今牡丹也。得四本紅、紫、淺紅、通白者，上移植於興慶池東沈香亭前。會花方繁開，上乘照夜白，太真妃以步輦從。詔特選梨園弟子中尤者，得樂十六部。李龜年以歌擅一時之名，手捧檀板，押眾樂前，將歌之。上曰：'賞名花，對妃子，焉用舊樂詞？'遂令龜年持金花箋，宣賜翰林供奉李白，立進《清平調》辭三章。白欣然承旨，猶苦宿醒未解，因援筆賦之。其辭曰：

> 雲想衣裳花想容，春風拂檻露華濃。若非羣玉山頭見，會向瑤臺月下逢。

> 一枝紅艷露凝香，雲雨巫山枉斷腸。借問漢宮誰得似，可憐飛燕倚新粧。

> 名花傾國兩相歡，長得君王帶笑看。解釋春風無限恨，沈香亭北倚闌干。

龜年遽以辭進。上命梨園弟子，約略調撫絲竹，遂促龜年以歌。太真妃持玻璃七寶盞，酌西涼州蒲桃酒，笑領歌意甚厚。上因調玉笛以倚曲，每曲徧將換，則遲其聲以媚之。太真妃飲罷，斂繡巾重拜上。龜年常語於五王，獨憶以歌得自勝者，無出於此，抑亦一時之極致耳。上自是顧李翰林尤異於他學士。會高力士終以脫靴為深恥，異日太真妃重吟前詞。力士戲曰：‘比以妃子怨李白深入骨髓，何反拳拳如是？’太真妃驚曰：‘何翰林學士，能辱人如斯？’力士曰：‘以飛燕指妃子，是賤之甚矣。’太真妃深然之。上嘗三欲命李白官，卒為宮中所捍而止。”《松窗錄》唐韋叡撰，今亡此則，自《太平廣記》中錄出。《樂史別集序》中所載，蓋本此書《本事詩》又謂太白以草宮中行樂五言律詩十首，為玄宗所禮異，蓋當時應詔之作當甚多也。

李陽冰《草堂集序》曰：“醜正同列，害能成謗，格言不入，帝用疎之。公乃浪跡縱酒，以自昏穢，詠歌之際，屢稱東山。天子知其不可留，乃賜金歸之。蓋太白之去，不僅由於宮掖之讒沮，並遭同列之搆謗，於是就從祖陳留採訪大使彥允，請北海高天師授道籙於齊州紫極宮。”自是浮游四方，北抵趙魏燕晉，西涉邠岐，歷商於，至洛陽，南遊淮泗，再入會稽，而家寓魯中，故時往來齊魯間。自天寶三載以後，十三載以前，十年之中，惟遊梁宋最久，此其略可考者也。其《贈蔡舍人》詩云："一朝去京國，十載客梁園。"又《梁園吟》曰："我浮黃河去京闕，挂席欲進波連山。天長水闊厭遠涉，訪古始及平臺間。"是去長安之後，即為梁宋之遊矣。中間雖往來不定，而家在東魯，與杜甫、高適過汴州。酒酣登吹臺，慷慨懷古，人莫能測，亦在此時。杜甫《寄太白》詩有云："乞歸優詔許，遇我宿心親。"是其與子美納交，正在賜金放歸之後也。至天寶十三載，游廣陵，與魏萬相遇，^{萬，後更名顥}遂同舟入秦淮，上金陵。與萬相別，復往來宣城諸處，時太白年五十四矣，留宣城幾一年。肅宗至德元載，^{即天寶十五載。七月，肅宗即位，改元至德}太白自宣城之溧陽，又之剡中，遂入廬山。永王璘為江陵府都督，充山南東路及嶺南黔中江南西路四道節度使，重其才名，辟為府僚佐。及璘擅引舟師東下，脅以偕行。明年二月永王璘兵敗，太白亡走彭澤，坐繫尋陽獄。宣慰大使崔渙，及御史中丞宋若思，為之推覆清雪，若思率兵赴河南釋其囚，使參謀軍事，并上書薦太白才可用，不報。執法者猶以太白附璘，當坐死。郭子儀請解官以贖，乃詔長流夜郎，時乾元元年也。乃泛洞庭，上三峽，明年未至夜郎，遇赦得釋。

太白既免罪，又游金陵，往來宣城、歷陽二郡間。寶應元年，從叔李陽冰為當塗令，太白往依之。十一月以疾卒，年六十二。范傳正《新墓碑》曰："晚歲渡牛渚磯，至姑熟，悅謝家青山，有終焉之志。盤桓利居，竟卒於此。"李華《墓志》云："年六十二，不偶，賦《臨終歌》而卒。"^{集中作《臨路歌》}劉全白。《碣記》云："偶游至此，遂以疾終。"代宗即位，廣拔淹滯，時君亦拜拾遺，聞命之後，君亦逝矣。《摭言》曰："李白著宮錦袍，游采石江中，傲然自得，旁若無人，因醉入水中，捉月而死。"《容齋隨筆》曰："世俗多言李太白在當塗采石，因醉泛舟於江，見月影俯而取之，遂溺死，故其地有捉月臺。予按李陽冰作《太白草堂集序》云：'陽冰試絃歌於當塗，公疾亟。草稿萬卷，手集未修，枕上授簡，俾予為序。'乃知俗傳良不足信。"《方輿勝覽》曰："李白初葬采石，後遷青山，去舊墳九里。"

宋揚天惠《彰明遺事》，稱太白生蜀彰明縣清廉鄉，遺地尚在，廢為寺，名隴西院。有唐梓州刺史碑，失其名。^{按《太平寰宇記》云：刺史于邵文}及綿州刺史高祝記，太白有子曰伯禽，女曰平陽，皆生太白去蜀後。有妹月圓，前嫁邑子留不去，以故葬邑下墓。蓋太白去蜀後，始更娶於許氏也，而其後人，亦居當塗。范傳正《李公新墓碑》曰："廉問宣池，按圖得公之墳墓在當塗屬邑，因令禁樵採，備灑掃，訪公之子孫，欲申慰薦。凡三四年，乃獲孫女二人，一為陳雲之室，一為劉勸之妻，皆編戶甿也。因召至郡庭，相見與語。衣服村落，形容朴野，而進退閑雅，應對詳諦，且祖德如在，儒風宛然。問其所以，則曰：'公伯禽以貞元八年，不祿而卒。有兄一人，出游一十二年，不知所在。父存無官，父歿為民，有兄不相保，為天下之窮人。無桑以自蠶，非不知機杼；無田以自力，非不知稼穡。況婦人不任，布裙糲食，何所仰給，儷於農夫，救死而已。久不敢聞於縣官，懼辱祖考，鄉閭逼迫，忍恥來告。'言訖淚下，余亦對之泫然。因告二女，將改適於士族，皆曰："夫妻之道，命也亦分也。在孤窮既失身於下俚，仗威力乃求援於他門，生縱偷安，死何面目見大父於地下？欲敗其類，所不忍聞。"余亦嘉之，不奪其志。復井稅免徭役而已。"

太白遺事，見於說部諸書者，略引數則於下。

《天寶遺事》曰："李太白少時，夢所用之筆，頭上生花。後天才贍逸，名聞天下。”又曰：“李白有天才俊逸之譽，每與人談論，皆成句讀，如春葩麗藻，粲於齒牙之下，時人號曰李白粲花之論。”又曰：“李白嗜酒，不拘小節，然沈酣中所撰文章，未嘗錯誤，而與不醉之人，相對議事，皆不出太白所見，時人號為醉聖。”

《雲仙雜記》：“李白登華山落雁峯，曰：‘此山最高，呼吸之氣，想通天帝座矣。恨不攜謝朓驚人詩來，搔首問青天耳！’”

《侯鯖錄》曰：“李白開元中謁宰相，封一板上題云。‘海上釣鰲客李白。’相問曰：‘先生臨滄海，釣巨鰲，以何物為鈎線？’白曰：‘以風浪逸其情，乾坤縱其志，以虹蜺為絲，明月為鈎。’相曰：‘何物為餌？’曰：‘以天下無義氣丈夫為餌。’時相悚然。”

《酉陽雜俎》曰：“李白前後三擬《文選》，不如意，悉焚之，惟留《恨別賦》。”

《合璧事類》曰：“李白游華陰，縣令開門方決事，白乘醉跨驢過門。宰怒引至庭下：‘汝何人，輒敢無禮？’白乞供狀曰：‘無姓名，曾用龍巾拭吐，御手調羹，力士脫靴，貴妃捧硯，天子殿前尚容走馬，華陰縣裏，不得騎驢？’”

《新唐書·藝文志》，李白《草堂集》二十卷，李陽冰錄。然樂史《李翰林別集序》，曰：“李翰林歌詩，李陽冰纂為《草堂集》十卷，史又別收歌詩十卷，與《草堂集》互有得失，因校勘排為二十卷，號曰《李翰林集》。今於三館中，得李白賦、序、表、讚、書、頌等，亦排為十卷，號曰《李翰林別集》。”則陽冰先錄僅十卷，樂史乃集歌為二十卷，又以雜文為別集十卷也。至宋敏求益廣為搜輯，其《李太白文集後序》曰：“唐李陽冰序李白《草堂集》十卷，云：‘當時著述，十喪其九。’咸平中，樂史別得白歌詩十卷，合為《李翰林集》二十卷，凡七百七十六篇，史又纂雜著為別集十卷。治平元年，得王文獻公溥家藏白詩集上中二帙，凡廣一百四篇，惜遺其下帙。熙寧元年，得唐魏萬所纂白詩集二卷，凡廣四十四篇，因哀唐類詩諸編，洎刻石所傳，別集所載者，又得七十七篇，無慮千篇。_{曾鞏《序》以為
歌詩千有一篇}沿舊目而釐正其彙次，使各相從，以別集附於後。凡、賦、表、書、序、碑、頌、記、銘、讚文六十五篇，合為三十卷。”太白集滋多於是矣，然其中真偽不免雜見。曾子固嘗即宋敏求本，考次其作之先後，元豐初晏處善刻之蘇州，後言李集者，大抵據此本。其註之善者，則宋有楊齊賢《集註》，元蕭士贇刪補。楊、蕭二家之外，又有明林兆珂、胡震亨之註，而清乾隆間錢唐王琦字琢崖，又為集註，別有附錄六卷，較以前諸家為詳云。自來詩家，於太白咸有所評論，不可具述，姑掇其要者，至關於李、杜之優劣，則載之於次編焉。

吳融《禪月集序》曰：“國朝能為歌詩者不少，獨李太白為稱首。蓋氣骨高舉，不失頌詠風刺之道。”皮日休《劉棗強碑》文曰：“歌詩之風，蕩來久矣，大抵喪於南朝，壞於陳叔寶。然今之業是者，苟不能求古於建安，即江左矣；苟不能求麗於江左，即南朝矣。或過為艷傷麗病者即南朝之罪人也。吾唐來有業是者，言出天地外，思出鬼神表，讀之則神馳八極，測之則心懷四溟，磊磊落落，真非世間語者，有李太白。”《唐詩紀事》曰：“張碧，貞元中人，自序其詩云：‘碧嘗讀《李長吉集》，謂春拆紅翠，闢開蟄戶，其奇峭者不可攻也。及覽李太白辭，天與俱高，青且無際，鵬觸巨海，瀾濤怒翻，則觀長吉之篇，若陟嵩之巔，視諸阜者耶！”

《珊瑚鈎詩話》曰：“李唐羣英，唯韓文公之文，李太白之詩，務去陳言，多出新意。至於盧仝、貫休輩效其軹，張籍、皇甫湜輩學其步，則怪且醜僵且仆矣。”

　　嚴滄浪《詩話》曰：“觀太白詩者，要識真太白處。太白天才豪逸，語多卒然而成者，學者於每篇中，要識其安身立命處可也。”又曰：“太白發句，謂之開門見山。”

　　黃山谷曰：“太白歌詩，度越六代，與漢、魏樂府爭衡。”《詩人玉屑》載《臞翁詩評》曰：“李太白如劉安雞犬，遺響白雲，覭其歸存，恍無定處。”釋德洪《跋蘇養直詩》曰：“李太白詩語帶煙霞，肺腑纏錦繡。”

　　《朱子語類》曰：“鮑明遠才健，其詩乃《選》之變體，李太白專學之。”又曰：“李太白詩，非無法度，乃從容於法度之中，蓋聖於詩者也。古風兩卷，多效陳子昂，亦有全用其句處。太白去子昂不遠，其尊慕之如此。然多為人所亂，有一篇分為三篇者，有二篇合為一篇者。”

　　陳繹曾《詩譜》曰：“李白詩祖《風》《騷》，宗漢、魏，下至鮑照、徐、庾，亦時用之。善掉弄造出奇怪，驚動心目，忽然撤出，妙入無聲，其詩家之仙者乎！格高於杜，變化不及。”

　　《韻語陽秋》曰：“李白跌宕不羈，鍾情於花酒風月則有矣，而肯自縛於枯禪，則知淡泊之味，賢於膾炙遠矣。白始學於白眉空，得‘大地了徹鏡，廻旋寄輪風’之旨。中謁泰山君，得‘冥機發天光，獨照謝世氛’之旨。晚見道崖，則此心豁然，更無凝滯矣。所謂‘啟開八窗牖，託宿挈雷霆’”。又有談玄之作云‘茫茫大夢中，惟我獨先覺。騰轉風火來，假合作容貌。問語前後際，始知金仙妙。’則所得於佛氏者益邃。”按太白詩文中多有讚頌佛法之作，則太白不惟好道，晚又好佛，故其詩歌超逸如此。

　　王穉登《合刻李杜詩集序》曰：“李詩之極。如‘羅幃舒卷，似有人開，明月直入，無心可猜’。_{按蘇子由亦以此語為不可及見《欒城集》}‘莫捲龍鬚席，從他生網絲，且留琥珀枕，或有夢來時。'‘東風爾來為阿誰，蝴蝶忽然滿芳草。'‘江上相逢借問君，笑語未了風吹斷。'若其言猶含霞吸月，火食腹腸，疇能貯此，仙與聖、頓與漸之分，何俟更僕數耶？"

第二章　李白與前世之詩體

　　古今詩體，至李、杜而集其大成，亦以所淵源者眾矣。李、杜皆能兼前古諸體，太白尤以復古為任，故其論詩曰："梁陳以來，艷薄斯極，沈休文又尚以聲律，將復古道，非我而誰？"《古風》曰："大雅久不作，吾衰竟誰陳？王風委蔓草，戰國多荊榛。龍虎相啖食，干戈逮狂秦。正聲何微茫，哀怨起騷人。揚馬激頹波，開流蕩無垠。廢興雖萬變，憲章亦已淪。自從建安來，綺麗不足珍。"又曰："希聖如有立，絕筆於獲麟。"是太白之志，惟在擬跡《風》《騷》，以揚馬開流，憲、章已淪，建安而降，每下愈況。李陽冰序《太白集》曰："不讀非聖之書，恥為鄭、衛之作，故其言多似天仙之詞。凡所著述，言多諷興，自三代以來，《風》《騷》之後，馳驅屈、宋，鞭撻揚、馬，千載獨步。惟公一人。"陽冰與太白晚年相處，故能道其懷抱之深也。大抵太白為詩，其豪情逸氣，在與古人爭長而勝之，於近時綺靡之聲，有所不屑。杜子美則好古而不遺近，使古今諸體，盡為我用，端莊流麗，各極其變，與太白之專標復古者不同，是以李、杜並總前古之菁英。李詩務絕塵飄忽，鬼出神入，為後人所不能效。杜詩則洪纖具備，獨開後世詩人之宗，此李、杜二家所以異也，然並光焰千古，莫可優劣。太白雖不數建安以下，顧於二謝極所傾倒。子美又以比諸鮑參軍、庾開

199

府、陰鏗諸人。且在唐世，固自上與陳拾遺齊名，蓋伯玉亦以復古為詩者也。然則不僅子美盡有古今諸體，即太白亦非自建安後，一無所取矣。今於此章，綜敍李、杜以前詩體之變遷，瓱其格勢相承，庶於集大成之說，有所考而無疑云。

魏顥《李翰林集序》曰："伏羲造書契後，文章濫觴者六經。六經糟粕《離騷》，《離騷》糠粃建安七子。"蓋詩之為體，本導源《風》《騷》，五言七字，漢來始盛，而揚、馬不為，大抵建安時乃具體矣。然古詩中雜有枚乘、傅毅之作，蘇、李贈答，詞人以為絕倫，故論詩之流變，最著者，古詩及蘇、李為一體，建安為一體，正始為一體，太康為一體，元嘉為一體，永明為一體，徐、庾為一體，此皆唐以前也。至於唐世，則有上官體，四傑體，沈宋體，又有陳子昂體，並是李、杜所承者矣。今一一略述諸體大概，俾覽者有以見其淵源。至於諸體與子美關係，則當在次編論之焉。

一、古詩

與蘇、李　任昉《文章緣起》，以五古始自李陵、蘇武，然《文選》錄《古詩十九首》，編在李陵之前，不列作者姓氏。《玉臺新詠》錄枚乘詩九首，其八首正在十九首中，是十九首中有枚乘詩矣。或謂其中雜有傅毅諸人之作，要與蘇、李並為五言之原，其風調亦相近，皆所謂："驚心動魄，一字千金者"也。今錄古詩前五首，及蘇、李詩各一首如下。

古詩

行行重行行，與君生別離。相去萬餘里，各在天一涯。道路阻且長，會面安可知。胡馬依北風，越鳥巢南枝。相去日已遠，衣帶日以緩。浮雲蔽白日，游子不顧反。思君令人老，歲月忽已晚。棄捐勿復道，努力加餐飯。^{《玉臺》以此首枚乘作}

青青河畔草，鬱鬱園中柳。盈盈樓上女，皎皎當窗牖。娥娥紅粉妝，纖纖出素手。昔為倡家女，今為蕩子婦。蕩子行不歸，空牀難獨守。^{枚乘}

青青陵上柏，磊磊澗中石。人生天地間，忽如遠行客。斗酒相娛樂，聊厚不為薄。驅車策駑馬，游戲宛與洛。洛中何鬱鬱，冠帶自相索。長衢羅夾巷，王侯多第宅。兩宮遙相望，雙闕百餘尺。極宴娛心意，戚戚何所迫。

今日良宴會，歡樂難具陳。彈箏奮逸響，新聲妙入神。令德唱高言，識曲聽其真。齊心同所願，含意俱未申。人生寄一世，奄忽若飆塵。何不策高足，先據要路津。無為守窮賤，軻轗長苦辛。

西北有高樓，上與浮雲齊。交疏結綺牖，阿閣三重階。上有絃歌聲，音響一何悲。誰能為此曲，無乃杞梁妻。清商隨風發，中曲正徘徊。一彈再三歎，慷慨有餘哀。不惜歌者苦，但傷知音稀。願為雙黃鵠，奮翅起高飛。^{枚乘}

與蘇武詩

李陵

攜手上河梁，游子暮何之。徘徊蹊路側，恨恨^{音亮}不能辭。行人難久留，各言長相思。安知非日月，弦望自有時。努力崇明德，皓首以為期。

別詩

蘇武

骨肉緣枝葉，結交亦相因。四海皆兄弟，誰為行路人。況我連枝樹，與子同一身。昔為鴛與鴦，今為參與辰。昔者長相近，邈若胡與秦。惟念當乖離，恩情日以新。鹿鳴思野草，可以喻嘉賓。我有一尊酒，欲以贈遠人。願子留斟酌，敘此平生親。

二、建安體

建安詩人，七子為盛。七子者孔融、王粲、徐幹、陳琳、阮瑀、應瑒、劉楨也。然曹氏父子，實主持風氣，就中陳思王植，尤骨氣奇高，詞彩華茂，情兼雅怨，體被文質。鍾嶸《詩評》❶以為源出國風者也，七子要非其匹。

---

❶《詩評》今通行名爲《詩品》。──編者註

雜詩

曹植

高臺多悲風，朝日照北林。之子在萬里，江湖迴且深。方舟安可極，離思故難任。孤雁飛南游，過庭長哀吟。翹思慕遠人，願欲託遺音。形影忽不見，翩翩傷我心。

轉蓬離本根，飄飄隨長風。何意迴飈舉，吹我入雲中。高高上無極，天路安可窮。類此游客子，捐軀遠從戎。毛褐不掩形，薇藿常不充。公去莫復道，沈憂令人老。

七哀詩

同上

明月照高樓，流光正徘徊。上有愁思婦，悲歎有餘哀。借問歎者誰，言是宕子妻。君行踰十年，孤妾常獨棲。君若清露塵，妾若濁水泥。浮沈各異勢，會合何時諧。願為西南風，長逝入君懷。君懷良不開，賤妾當何依。

三、正始體

魏正始以來，崇尚道論。王、何始標名理，老莊之書，盛於儒術。阮、嵇並稱放達有文，其詩猶含正始玄風，而籍是元瑜之子，承建安之遺格，導太康之先路，詠懷八十餘首，神致超邁，顏

延年、沈約并為作註。太白古風五十九首頗有十九首遺意，然固近
希伯玉，而遙宗思五步兵者也。

詠懷

阮籍

夜中不能寐，起坐彈鳴琴。薄帷鑑明月，清風吹我衿。孤鴻號
外野，朔鳥號北林。徘徊將何見，憂思獨傷心。

二妃游江濱，逍遙順風翔。交甫懷環珮，婉孌有芬芳。猗靡情
歡愛，千載不相忘。傾城迷下蔡，容好結中腸。感激生憂思，萱草
樹蘭房。膏沐為誰施，其雨怨朝陽。如何金石交，一朝更離傷。

嘉樹下成蹊，東園桃與李。秋風吹飛藿，零落從此始。繁華有
憔悴，堂上生荆杞。驅馬舍之去，去上西山趾。一身不自保，何況
戀妻子。凝霜被野草，歲暮亦云已。

四、太康體

晉太康中。三張^{載、協、兀}、二陸^{機、雲}、兩潘^{岳、尼}、一左思。為文章中興，《雕
龍》所謂"張、潘、左、陸，比肩詩衢。采縟於正始，力柔於建
安"者也。

招隱詩

陸機

明發心不夷，振衣聊踟躕。踟躕欲安之，幽人在浚谷。朝採南澗藻，夕息西山足。輕條象雲搆，密葉成翠幄。激楚佇蘭林，回芳薄秀木。山溜何泠泠，飛泉漱鳴玉。哀音附靈波，頹響赴曾曲。至樂非有假，安事澆醇樸。富貴苟難圖，稅駕從所欲。

詠史

左思

皓天舒白日，靈景耀神州。列宅紫宮裏，飛宇若雲浮。峨峨高門內，藹藹皆王侯。自非攀龍客，何為欻來游。被褐出閶闔，高步追許由。振衣千仞岡，濯足萬里流。

雜詩

張協

秋夜涼風起，清氣蕩暄濁。蜻蚚吟階下，飛蛾拂明燭。君子從遠役，佳人守縈獨。離居幾何時，鑽燧忽改木。房櫳無行跡，庭草萋以綠。青苔依空牆，蜘蛛綱四屋。感物多所懷，沈憂結心曲。

205

五、元嘉體

謝靈運為元嘉之雄，顏延年、鮑明遠為輔。太白有時興慕康樂，而罕稱延年。蓋謝多游山曠夷之詠，顏詩好雕琢，宜非太白所尚。明遠樂府俊邁，工部嘗以擬太白者也。

石壁精舍還湖中作一首

謝靈運

昏旦變氣候，山水含清暉。清暉能娛人，游子憺忘歸。出谷日尚早，入舟陽已微。林壑斂暝色，雲霞收夕霏。芰荷迭映蔚，蒲稗相因依。披拂趨南徑，愉悅偃東扉。慮澹物自輕，意愜理無違。寄言攝生客，試用此道推。

詠史

鮑照

五都矜財雄，三川養聲利。千金不市死，明經有高位。京城十二衢，飛甍各鱗次。仕子彯華纓，游客竦輕轡。明星晨未稀，軒蓋已雲至。賓御紛颯沓，鞍馬光照地。寒暑在一時，繁華及春媚。君平獨寂寞，身世兩相棄。

六、永明體

齊永明中，始尚聲律，而沈約、謝朓、王融，實為之主。太白後游宣州，于玄暉尤所傾倒，最愛其澄江如練之句。

晚登三山還望京邑

謝朓

灞涘望長安，河陽視京縣。白日麗飛甍，參差皆可見。餘霞散成綺，澄江淨如練。喧鳥覆春洲，雜英滿芳甸。去矣方滯淫，懷哉罷歡宴。佳期悵何許，淚下如流霰。有情知望鄉，誰能鬒不變。

早發定山

沈約

夙齡愛遠壑，晚蒞見奇山。標峰綵虹外，置嶺白雲間。傾壁忽斜竪，絕頂復孤圓。歸流海漫漫，出浦水濺濺。野棠開未落，山櫻發欲然。忘歸屬蘭杜，懷祿寄芳荃。眷言采三秀，徘徊望九仙。

七、徐庾體

庾信徐陵，在梁陳之際，文並綺艷，號徐庾體。蓋承永明之風，聲律彌精，情詞增麗。信後入仕北周，陵獨在南國，江總陰鏗諸人，莫非徐庾體之化也，子美以信及陰鏗擬太白。茲各綴其體如下：

擬詠懷

庾信

蕭條亭障遠，悽愴風塵多。關門臨白狄，城影入黃河。秋風別蘇武，寒水送荊軻。誰言氣蓋世，晨起帳中歌。

出自薊北門行

徐陵

薊北聊長望，黃昏心獨愁。燕山獨古刹，代郡隱城樓。屢戰橋恆斷，長冰塹不流。天雲如地陣，漢月帶胡秋。漬土泥函谷，接繩縛涼州。平生燕頷相，會自得封侯。

開善寺

陰鏗

鷲嶺春光遍，王城野望通。登臨情不極，蕭散趣無窮。鶯隨入戶樹，花逐下山風。棟裏歸雲白，牕外落暉紅。古石何年臥，枯樹幾春空。淹留昔未及，幽桂在芳叢。

八、上官體

唐初詩人，緣陳隋遺風。先是沈約為詩，拘四聲八病，後來作者並遵之。至太宗時上官儀復立六對之目，其詩益綺錯婉媚，人多效法，謂之上官體，沈宋之先驅也。

安德山池宴集一首

上官儀

上路抵平津，後堂羅薦陳。締交開狎賞，麗席展芳辰。密樹風煙積，迴塘荷芰新。雨霽虹橋晚，花落鳳臺春。翠釵低舞席，文杏散歌塵。方惜流觴滿，夕鳥已城闉。

九、四傑體

王勃、楊炯、盧照鄰、駱賓王四人,號初唐四傑,詞旨華麗,稍有風骨。盧駱長歌,滔滔洪遠,然屬對錯采,宜非太白所取,惟照鄰間有奇氣耳。

獄中學騷體

盧照鄰

夫何秋夜之無情兮,皎晶幽幽而太長。圍戶杳其幽邃兮,愁人披此嚴霜。見河漢之西落,聞鴻雁之南翔。山有桂兮桂有芳,心思君兮君不將。憂與憂兮相積,歡與歡兮兩忘。風蝒蝒兮木紛紛,凋綠葉兮吹白雲。寸步千里兮不相聞,思公子兮日將曛。林已暮兮鳥羣飛,重門掩兮人徑稀。萬族皆有所託兮,寋獨淹留而不歸。

艷情代郭氏答盧照鄰

駱賓王

迢迢芊^{一作}路望芝田,眇眇函關恨^{一作}蜀川。歸雲已落涪江外,還雁應過洛水湄。洛水傍連帝城側,帝宅層甍垂鳳翼。銅駝路上柳千條,金谷園中花幾色。柳葉園花處處新,洛陽桃李應芳春。妾向雙流窺石鏡,君住三川守玉人。此時離別那堪道,此日空牀對芳沼。芳沼徒遊比目魚,幽徑還生拔心艸。流風回雪儻便娟,驥子魚文實可憐。擲果河陽君有分，貨_{一作賣}酒成都妾亦然。莫言貧賤無人重，莫言富貴應須種。綠珠猶得石崇憐，飛燕曾經漢皇寵。良人何處醉縱橫，直如循默守空名。倒提新縑成慊慊，翻將故劍作平平。離前吉夢成蘭兆，別後啼痕上竹生。別日分明相約束，已取宜家成誡勗。當時擬弄掌中珠，豈謂先摧庭際玉。悲鳴五里無人問，腸斷三聲誰為續。思君欲上望夫臺，端居懶聽將雛曲。沈沈落日向山低，簷前歸燕竝頭栖。抱膝當窗看夕兔，側耳空房聽曉雞。舞蝶臨階祗自舞，啼鳥逢人亦助啼。獨坐傷孤枕，春來悲更甚。峨眉山上月如眉，濯錦江中霞似錦。錦字回文欲贈君，劍壁層峰自糺紛。平江森森分清浦，長路悠悠間白雲。也知京洛多佳麗，也知山岫遙虧蔽。無那短封即疎索，不在長情守期契。傳聞織女對牽牛，相望重河隔淺流。誰分迢迢經兩歲，誰能脈脈待三秋。情知唾井終無理，情知覆水也難收。不復下山能借問，更向盧家字莫愁。

十、沈宋體

沈佺期、宋之問詩，較四傑尤為華美，實集宮體之成，而武后時珠英學士之冠冕也。此宜太白所薄，然其回忌聲病，屬對精密，如錦繡成文，當時學者宗之，號曰沈宋。語曰："蘇李居前，沈宋比肩。"蘇李謂蘇武、李陵也。

古意呈補闕喬知之

沈佺期

盧家少婦鬱金堂，海燕雙棲玳瑁梁。九月寒砧催木葉，十年征戍憶遼陽。白狼河北音書斷，丹鳳城南秋夜長。誰謂含愁獨不見，更教明月照流黃。

明河篇

宋之問

八月涼風天氣晶，_{一作清}萬里無雲河漢明。昏見南樓清且淺，曉落西山縱復橫。洛陽城闕天中起，長河夜夜千門裏。複道連甍共蔽虧，畫堂瓊戶特相宜。雲母帳前初泛濫，水精簾外轉逶迤。倬彼昭回如練白，復出東城接南陌。南陌征人去不歸，誰家今夜擣寒衣。鴛鴦機上疎螢度，烏鵲橋邊一雁飛。雁飛螢度愁難歇，坐見明河漸微沒。已能舒卷任浮雲，不惜光輝讓流月。明河可望不可親，願得乘槎一問津。更將織女支機石，還訪成都賣卜人。

十一、陳子昂體

與沈宋同時，而獨標復古之幟，不屑為齊梁以來綺麗之體者，惟陳伯玉子昂。故太白於唐初上官、四傑、沈宋諸體，咸所鄙薄，獨有契於伯玉也。李陽冰序太白詩曰："陳拾遺橫制頹波，天下

質文，翕然一變。^{此係盧}至今朝詩體，尚有梁陳宮掖之風，至公大
變，掃地併盡，今古文集，遏而不行，唯公橫被六合，可謂力敵造
化歟。”是陽冰亦稱太白於伯玉之後，知其詩格，宗尚相同，至太白
始益雄偉廣大耳。伯玉《與東方虬脩竹篇序》曰：“文章道弊，五百
年矣。漢魏風骨，晉宋莫傳，然而文獻有可徵者，僕嘗暇時觀齊梁
詩，彩麗競繁，而興寄都絕，每以永歎，竊思古人，常恐逶迤頹
靡，風雅不作，以耿耿也。”伯玉《感遇》三十八章學古詩，太白古
風近之。

感遇

陳子昂

微月生西海，幽陽始代昇。圓光正東滿，陰魄已朝凝。太極生
天地，三元更廢興。至精諒斯在，三五誰能徵。

蘭若生春夏，芊蔚何青青。幽獨空林色，朱蕤冒紫莖。遲遲白
日晚，嫋嫋秋風生。歲華盡搖落，芳意竟何成。

蒼蒼丁零塞，今古緬荒途。亭堠何摧兀，暴骨無全軀。黃沙幕
南起，白日隱西隅。漢甲三十萬，曾以事匈奴。但見沙場死，誰憐
塞上孤。

樂羊為魏將，食子殉軍功。骨肉且相薄，他人安得忠。吾聞中
山相，乃屬放麑翁。孤獸猶不忍，況以奉君終。

市人矜巧智，於道若童蒙。傾奪相夸侈，不知身所終。曷見玄
真子，觀世玉壺中。窅然遺天地，乘化入無窮。

太白於已上各體，固皆兼取其所長，而自蘇、李至太康以前諸
家，尤其平日服膺所在，唐世則心折於陳伯玉。四傑、沈、宋諸

人，非其所屑也。至其豪放奔逸之氣，往往見於樂府長句，則直俯視千古，非前人所及矣。

第三章　李白之擬古詩

五言之美者，如《古詩十九首》。建安諸子，及阮嗣宗《詠懷》，陳伯玉《感遇》。太白《古風五十九首》，實欲兼有諸人之體勢，而其俊邁之氣，尤不自失其本色。故太白五言之菁華，當以《古風》為最，今具錄之。

古風五十九首《朱子語類》曰：李太白詩，不專是豪放，亦有雍容和緩的，如首篇"大雅久不作"，多少和緩

大雅久不作，吾衰竟誰陳。王風委蔓草，戰國多荊榛。龍虎相啖食，干戈逮狂秦。正聲何微茫，哀怨起騷人。揚馬激頹波，開流蕩無垠。廢興雖萬變，憲章亦已淪。自從建安來，綺麗不足珍。聖代復元古，垂衣貴清真。羣才屬休明，乘運共躍鱗。文質相炳煥，眾星羅秋旻。我志在刪述，垂輝映千春。希聖如有立，絕筆于獲麟。

蟾蜍薄太清，蝕此瑤臺月。圓光虧中天，金魄逐淪沒。蠕蝀入紫微，大明夷朝暉。浮雲隔兩曜，萬象昏陰霏。蕭蕭長門宮，昔是今已非。桂蠹花不實，天霜下嚴威。沈歎終永夕，感我涕沾衣。

秦王掃六合，虎視何雄哉。揮劍決浮雲，諸侯盡西來。明斷自

天啟，大略駕羣才。收兵鑄金人，函谷正東開。銘功會稽嶺，騁望琅邪臺。刑徒七十萬，起土驪山隈。尚採不死藥，茫然使心哀。連弩射海魚，長鯨正崔嵬。額鼻象五岳，揚波噴雲雷。鬐鬣蔽青天，何由覩蓬萊。徐市載秦女，樓船幾時回。但見三泉下，金棺葬寒灰。<small>三泉，三重之泉。言其深也</small>

鳳飛九千仞，五章備綵珍。銜書且虛歸，空入周與秦。橫絕歷四海，所居未得鄰。吾營紫河車，千載落風塵。藥物秘海嶽，採鉛青溪濱。時登大樓山，舉首望仙真。<small>青溪、大樓山並在池州</small>羽駕滅去影，飆車絕回輪。尚恐丹液遲，志願不及申。徒霜鏡中髮，羞彼鶴上人。桃李何處開，此花非我春。惟應清都境，長與韓眾親。<small>韓眾，古仙人</small>

太白何蒼蒼，星辰上森列。去天三百里，邈爾與世絕。中有綠髮翁，披雲臥松雪。不笑亦不語，冥棲在巖穴。我來逢真人，長跪問寶訣。粲然啟玉齒，授以鍊藥說。銘骨傳其語，竦身已電滅。仰望不可及，蒼然五情熱。吾將營丹砂，永與世人別。

代馬不思越，越禽不戀燕。情性有所習，風土固其然。昔別雁門關，今戍龍庭前。沙驚亂海日，飛雪迷胡天。蟣蝨生虎鶡，心魂逐旌旐。苦戰功不賞，忠誠難可宣。誰憐李飛將，白首沒三邊。

客有鶴上仙，飛飛凌太清。揚言碧雲裏。自道安期名。兩兩白玉童，雙吹紫鸞笙。去影忽不見，回風送天聲。舉首遠望之，飄然若流星。願餐金光草，壽與天同傾。

咸陽二三月，宮柳黃金枝。綠幘誰家子，賣珠輕薄兒。日暮醉酒歸，白馬驕且馳。意氣人所仰，冶游方及時。子雲不曉事，晚獻長楊辭。賦達身已老，草玄鬢若絲。投閣良可嘆，但為此輩嗤。

莊周夢胡蝶，胡蝶為莊周。一體更變易，萬事良悠悠。乃知蓬萊水，復作清淺流。青門種瓜人，舊日東陵侯。富貴故如此，營營何所求。

齊人倜儻生，魯連特高妙。明月出海底，一朝開光曜。卻秦振英聲，後世仰末照。意輕千金贈，顧向平原笑。吾亦澹蕩人，拂衣可同調。

黃河走東溟，白日落西海。逝川與流光，飄忽不相待。春容捨我去，秋髮已衰改。人生非寒松，年貌豈長在。吾當乘雲螭，吸景駐光彩。

松栢本孤直，難為桃李顏。昭昭嚴子陵，垂釣滄波間。身將客星隱，心與浮雲閑。長揖萬乘君，還歸富春山。清風灑六合，邈然不可攀。使我長嘆息，冥棲巖石間。

君平既棄世，世亦棄君平。觀變窮太易，探元化羣生。寂寞綴道論，空簾閉幽情。騶虞不虛來，鸑鷟有時鳴。安知天漢上，白日懸高名。海客去已久，誰人測沈冥。

胡關饒風沙，蕭索竟終古。木落秋草黃，登高望戎虜。荒城空大漠，邊邑無遺堵。白骨橫千霜，嵯峨蔽榛莽。借問誰陵虐，天驕毒威武。赫怒我聖皇，勞師事鼙鼓。陽和變殺氣，發卒騷中土。三十六萬人，哀哀淚如雨。且悲就行役，安得營農圃。不見征戍兒，豈知關山苦。李牧今不在，邊人飼豺虎。

燕昭延郭隗，遂築黃金臺。劇辛方趙至，鄒衍復齊來。奈何青雲士，棄我如塵埃。珠玉買歌笑，糟糠養賢才。方知黃鶴舉，千里獨徘徊。

寶劍雙蛟龍，雪花照芙蓉。精光射天地，雷騰不可衝。一去別金匣，飛沈失相從。風胡歿已久，所以潛其鋒。吳水深萬丈，楚山邈千重。雌雄終不隔，神物會當逢。

金華牧羊兒，乃是紫煙客。我願從之游，未去髮已白。不知繁華子，擾擾何所迫。崑山採瓊蘂，可以鍊精魄。

天津三月時，千門桃與李。朝為斷腸花，暮逐東流水。前水非後水，古今相續流。新人非舊人，年年橋上游。雞鳴海色動，謁帝羅公侯。月落西上陽，餘輝半城樓。衣冠照雲日，朝下散皇州。鞍馬如飛龍，黃金絡馬頭。行人皆辟易，志氣橫嵩丘。入門上高堂，列鼎錯珍羞。香風引趙舞，清管隨齊謳。七十紫鴛鴦，雙雙戲庭幽。行樂爭晝夜，自言度千秋。功成身不退，自古多愆尤。黃犬空歎息，綠珠成釁讎。何如鴟夷子，散髮棹扁舟。

西上蓮花山，迢迢見明星。素手抱芙蓉，虛步躡太清。霓裳曳廣帶，飄拂昇天行。邀我登雲臺，高揖衛叔卿。恍惚與之去，駕鴻凌紫冥。俯視洛陽川，茫茫走胡兵。流血塗野草，豺狼盡冠纓。

昔我游齊都，登華不注峯。茲山何峻秀，綠翠如芙蓉。蕭颯古仙人，了知是赤松。借予一白鹿，自挾兩青龍。含笑凌倒景，欣然願相從。泣與親友別，欲語再三咽。勗君青松心，努力保霜雪。世路多險艱，白日欺紅顏。分手各千里，去去何時還。在世復幾時，倏如飄風度。空聞紫金經，白首愁已誤。撫己忽自笑，沈吟為誰故。名利徒煎熬，安得閒余步。終留赤玉舃，東上蓬萊路。秦帝如我求，蒼蒼但煙霧。

郢客吟白雪，遺響飛青天。徒勞歌此曲，舉世誰為傳。試為巴人唱，和者乃數千。吞聲何足道，歎息空悽然。

秦水別隴首，幽咽多悲聲。胡馬顧朔雪，躞蹀長嘶鳴。感物動我心，緬然含歸情。昔視秋蛾飛，今見春蠶生。嫋嫋桑結葉，萋萋柳垂榮。急節謝流水，羈心搖懸旌。揮涕且復去，惻愴何時平。

秋露白如玉，團團下庭綠。我行忽見之，寒早悲歲促。人生鳥過目，胡乃自結束。景公一何愚，牛山淚相續。物苦不知足，得隴又望蜀。人心若波瀾，世路有屈曲。三萬六千日，夜夜當秉燭。

大車揚飛塵，亭午暗阡陌。中貴多黃金，連雲開甲宅。路逢鬥雞者，冠蓋何輝赫。鼻息干虹蜺，行人皆怵惕。世無洗耳翁，誰知堯與跖。

世道日交喪，澆風散淳源。不采芳桂枝，反棲惡木根。所以桃李樹，吐花竟不言。大運有興沒，羣動爭飛奔。歸來廣成子，去入無窮門。

碧荷生幽泉，朝日豔且鮮。秋花冒綠水，密葉羅青煙。秀色空絕世，馨香誰為傳。坐看飛霜滿，凋此紅芳年。結根未得所，願託華池邊。

燕趙有秀色，綺樓青雲端。眉目豔皎月，一笑傾城歡。常恐碧草晚，坐泣秋風寒。纖手怨玉琴，清晨起長歎。焉得偶君子，共乘雙飛鸞。

容顏若飛電，時景如飄風。草綠霜已白，日西月復東。華鬢不耐秋，颯然成衰蓬。古來賢聖人，一一誰成功。君子變猿鶴，小人為沙蟲。不及廣成子，乘雲駕輕鴻。

三季分戰國，七雄成亂麻。王風何怨怒，世道終紛拏。至人洞玄象，高舉淩紫霞。仲尼欲浮海，吾祖之流沙。聖賢共淪沒，臨歧胡咄嗟。

玄風變太古，道喪無時還。擾擾季葉人，雞鳴趨四關。但識金馬門，誰知蓬萊山。白首死羅綺，笑歌無休閑。淥酒哂丹液，青娥凋素顏。大儒揮金槌，琢之詩禮間。蒼蒼三珠樹，冥目焉能攀。

鄭客西入關，行行未能已。白馬華山君，相逢平原里。璧遺鎬池君，明年祖龍死。秦人相謂曰，吾屬可去矣。一往桃花源，千春隔流水。

　　蓐收肅金氣，西陸弦海月。秋蟬號階軒，感物憂不歇。良辰竟何許，大運有淪忽。天寒悲風生，夜久眾星沒。惻惻不忍言，哀歌達明發。

　　北溟有巨魚，身長數千里。仰噴三山雪，橫吞百川水。憑陵隨海運，燀赫因風起。吾觀摩天飛，九萬方未已。

　　羽檄如流星，虎符合專城。喧呼救邊急，羣鳥皆夜鳴。白日曜紫微，三公運權衡。天地皆得一，澹然四海清。借問此何為，答言楚徵兵。渡瀘及五月，將赴雲南征。怯卒非戰士，炎方難遠行。長號別嚴親，日月慘光晶。泣盡繼以血，心摧兩無聲。困獸當猛虎，窮魚餌奔鯨。千去不一回，投軀豈全生。如何舞干戚，一使有苗平。

　　醜女來效顰，還家驚四鄰。壽陵失本步，笑殺邯鄲人。一曲斐然子，雕蟲喪天真。棘刺造沐猴，三年費精神。功成無所用，楚楚且華身。大雅思文王，頌聲久崩淪。安得郢中質，一揮成風斤。

　　抱玉入楚國，見疑古所聞。良寶終見棄，徒勞三獻君。直木忌先伐，芳蘭哀自焚。盈滿天所損，沈冥道為羣。東海汎碧水，西關垂紫雲。魯連及柱史，可以躡清芬。

　　燕臣昔慟哭，五月飛秋霜。庶女號蒼天，震風擊齊堂。精誠有所感，造化為悲傷。而我竟何辜，遠身金殿旁。^{一本無此二句}浮雲蔽紫闥，白日難回光。羣沙穢明珠，眾草凌孤芳。古來共歎息，流淚空沾裳。

　　孤蘭生幽園，眾草共蕪沒。雖照陽春暉，復悲高秋月。飛霜早淅瀝，綠豔恐休歇。若無清風吹，香氣為誰發。

　　登高望四海，天地何漫漫。霜被羣物秋，風飄大荒寒。榮華東流水，萬事皆波瀾。白日掩徂暉，浮雲無定端。梧桐巢燕雀，枳棘棲鴛鸞。且復歸去來，劍歌行路難。

鳳飢不啄粟，所食唯琅玕。焉能與群雞，刺蹙爭一飡。朝鳴崑丘樹，夕飲砥柱湍。歸飛海路遠，獨宿天霜寒。幸遇王子晉，結交青雲端。懷恩未得報，感別空長歎。

朝弄紫泥海，夕披丹霞裳。揮手折若木，拂此西日光。雲臥游八極，玉顏已千霜。飄飄入無倪，稽首祈上皇。呼我游太素，玉杯賜瓊漿。一飡歷萬歲，何用還故鄉。永隨長風去，天外恣飄揚。

搖裔雙白鷗，鳴飛滄江流。宜與海人狎，豈伊雲鶴儔。寄影宿沙月，沿芳戲春洲。吾亦洗心者，忘機從爾游。

周穆八荒意，漢皇萬乘尊。淫樂心不極，雄豪安足論。西海宴王母，北宮邀上元。瑤水聞遺歌，玉杯竟空言。靈跡成蔓草，徒悲千載魂。

綠蘿紛葳蕤，繚繞松柏枝。草木有所託，歲寒尚不移。奈何天桃色，坐嘆葑菲詩。玉顏豔紅彩，雲髮非素絲。君子恩已畢，賤妾將何為。_{嚴滄浪曰：不言棄絕，但言恩畢，斯得怨而不怒之意，欲言難言，而又下能無言，將何為三字，無限深情。}

八荒馳驚飆，萬物盡凋落。浮雲蔽頹陽，洪波振大壑。龍鳳脫罔罟，飄飄將安託。去去乘白駒，空山詠場藿。

一百四十年，國容何赫然。隱隱五鳳樓，峨峨橫三川。王侯象星月，賓客如雲煙。鬥雞金宮裏，蹴踘瑤臺邊。舉動搖白日，指揮回青天。當塗何翕忽，失路長棄捐。獨有揚執戟，閉關草太玄。

桃花開東園，含笑誇白日。偶蒙春風榮，生比豔陽質。豈無佳人色，但恐花不實。宛轉龍火飛，零落早相失。詎知南山松，獨立自蕭颼。

秦皇按寶劍，赫怒震威神。逐日巡海右，驅石駕滄津。徵卒空九寓，作橋傷萬人。但求蓬島藥，豈思農扈春。_{少昊之世，置九農之官，即九扈也}力盡功不贍，千載為悲辛。

美人出南國，灼灼芙蓉姿。皓齒終不發，芳心空自持。由來紫宮女，共妒青娥眉。歸去瀟湘沚，沈吟何足悲。

宋國梧臺東，野人得燕石。誇作天下珍，卻哂趙王璧。趙璧無緇磷，燕石非貞真。流俗多錯誤，豈知玉與珉。

殷后亂天紀，楚懷亦已昏。夷羊滿中野，菉葹盈高門。比干諫而死，屈平竄湘源。虎口何婉孌，女嬃空嬋娟。彭咸久淪沒，此意與誰論。

青春流驚湍，朱明驟回薄。不忍看秋蓬，飄揚竟何託。光風滅蘭蕙，白露灑葵藿。美人不我期，草木日零落。

戰國何紛紛，兵戈亂浮雲。趙倚兩虎鬥，晉為六卿分。姦臣欲竊位，樹黨自相羣。果然田成子，一旦殺齊君。

倚劍登高臺，悠悠送春目。蒼榛蔽層丘，瓊草隱深谷。鳳鳥鳴西海，欲集無珍木。鷽斯得所居，蒿下盈萬族。晉風日已頹，窮途方慟哭。

齊瑟彈東吟，秦絃弄西音。慷慨動顏魄，使人成荒淫。彼美佞邪子，婉孌來相尋。一笑雙白璧，再歌千黃金。珍色不貴道，詎惜飛光沈。安識紫霞客，瑤臺鳴素琴。

越女採明珠，提攜出南隅。清輝照海月，美價傾皇都。獻君君按劍，懷寶空長吁。魚目復相哂，寸心增煩紆。

羽族稟萬化，小大各有依。周周亦何辜，六翮掩不揮。願銜眾禽翼，一向黃河飛。飛者莫我顧，歎息將安歸。

我行巫山渚，尋古登陽臺。天空綵雲滅，地遠清風來。神女去已久，襄王安在哉。荒淫竟淪沒，樵牧徒悲哀。

惻惻泣路歧，哀哀悲素絲。路歧有南北，素絲易變移。萬事固

如此，人生無定期。田竇相傾奪，賓客互盈虧。世途多翻覆，交道
方嶮巇。斗酒強然諾，寸心終自疑。張陳竟火滅，蕭朱亦星離。眾
鳥集榮柯，窮魚守枯池。嗟嗟失歡客，勤問何所規。

　　劉克莊曰："太白《古風》，與陳子昂《感遇》之作，筆力相上
下。唐之詩人，皆在下風。"胡震亨曰："太白《古風》，其篇富于子
昂之《感遇》，儉于嗣宗之《詠懷》，其抒發性靈，寄托規諷，實相
源流也。但嗣宗詩旨淵放，而文多隱避，歸趣未易測求。子昂淘洗
過潔，韻不及阮，而渾穆之象，尚多包含。太白六十篇中，非指言
時事，即感傷己遭，循徑而窺，又覺易盡，此則役于風氣之遞
盛，不得不以才情相勝，宣洩見長，律之往製，未免言表縶外，尚
有可議，亦時會使然，非後賢果不及前哲也。"宋漫堂《詩說》，阮
嗣宗《詠懷》，陳子昂《感遇》，李太白《古風》。韋蘇州《擬
古》，皆有十九首遺意，竊嘗論之。太白擬古，每以才氣標舉見
長，其樂府長句所以制勝，亦在于此。胡震亨以為律之往製，尚有
可議，是猶求似于形跡之間，而未察及太白之所獨到處也。

第四章　李白之樂府及長句

太白之詩，以樂府及長句，尤能度越前代。蓋其壯浪縱恣，神出鬼入，誠非其餘詩家，所能企及。《本事詩》曰："李太白初自蜀至京師，舍于逆旅。賀監知章聞其名，首訪之，既奇其姿，復請所為文。出《蜀道難》以示之。讀未竟，稱歎者數四，號為謫仙，解金龜換酒與傾盡醉，期不間日。由是稱譽光赫。賀又見其《烏棲曲》，^{或言是《烏
夜啼》}歎賞苦吟曰：'此詩可以泣鬼神矣。'《蜀道難》《烏棲曲》，並太白之樂府也。《唐詩紀事》曰：韋渠年，少警悟，工為詩，李白異之，授以古樂府。^{權載之序，稱、
授以古樂府之學}是太白於樂府尤長，且嘗以其學授人。今略擇錄太白樂府及長句之尤者如下：

蜀道難

噫吁嚱！危乎高哉！蜀道之難，難於上青天。蠶叢及魚鳧，開國何茫然。爾來四萬八千歲，不與秦塞通人煙。西當太白有鳥道，可以橫絕峨眉巔。地崩山摧壯士死，然後天梯石棧相鉤連。上有六龍回日之高標，下有衝波逆折之回川。黃鶴之飛尚不得過，猿猱欲度愁攀援。青泥何盤盤，百步九折縈巖巒。捫參歷井仰脅息，以手撫膺坐長歎。問君西游何時還，畏途巉巖不可攀。但見悲鳥號古木，雄飛雌從繞林間。又聞子規啼，夜月愁空山。蜀道之難，難於上青天，使人聽此凋朱顏。連峯去天不盈尺，枯松倒挂倚絕壁。飛湍瀑流爭喧豗，砅崖轉石萬壑雷，^{砅，水擊} 其險也若此。嗟爾 <small>巖之聲也</small> 遠道之人，胡為乎來哉。劍閣崢嶸而崔嵬。一夫當關，萬夫莫開。所守或匪親，化為狼與豺。朝避猛虎。夕避長蛇，磨牙吮血，殺人如麻。錦城雖云樂，不如早還家。蜀道之難，難於上青天。側身西望長咨嗟。

《新唐書・嚴武傳》曰："武在蜀放肆，房琯以故宰相為巡內刺史，武慢倨不為禮最厚杜甫，然欲殺甫數矣。李白作《蜀道難》者，乃為房與杜危之也。"此說出自《雲溪友議》，而新書據之。洪駒父詩話，以太白天寶初因吳筠被召，亦至長安，而《蜀道難》一篇，已以此時見賞賀知章。與嚴武帥蜀，歲月懸遠，因謂嘗見李集一本，於《蜀道難》題下，註諷章仇兼瓊也，考其年月近之矣，沈存中亦主此說。蕭士贇註則以天寶初天下乂安，四郊無警，劍閣長安入蜀之道，太白乃拳拳然欲嚴劍閣之守，以此知其不為章仇兼瓊作。以詩意考之，蓋太白初聞祿山亂華，天子幸蜀時作也。然玄宗幸蜀，亦在天寶末，若初見賀監之前，已為此詩，則上數說年歲皆不合。要之《蜀道難》是古相和歌辭，梁陳間擬者不乏，非必盡有為而作。太白以蜀人自為蜀詠，言其險以著其戒，風人之義自深，不必故為強解也。

烏夜啼

黃雲城邊烏欲棲，歸飛啞啞枝上啼。機中織錦秦川女，碧紗如煙隔窗語。停梭悵然憶遠人，獨宿孤房淚如雨。

烏棲曲

姑蘇臺上烏棲時，吳王宮裏醉西施。吳歌楚舞歡未畢，青山猶啣半邊日。銀箭金壺漏水多，起看秋月墜江波，東方漸高奈樂何！

梁甫吟

長嘯梁甫吟，何時見陽春？君不見朝歌屠叟辭棘津。八十西來釣渭濱！寧羞白髮清水，逢時壯氣思經綸。廣張三千六百釣，風期暗與文王親。大賢虎變愚不測，當年頗似尋常人。君不見高陽酒徒起草中，長揖山東隆準公！入門不拜騁雄辯，兩女輟洗來趨風。東下齊城七十二，指揮楚漢如旋蓬。狂客落魄尚如此，何況壯士當羣雄！我欲攀龍見明主，雷火砰^{大磬也}震天鼓。帝旁投壺多玉女，三時大笑開電光，倏爍晦暝起風雨。閶闔九門不可通，以額扣關閽者怒。白日不照吾精誠，杞國無事憂天傾。猰貐磨牙競人肉，騶虞不折生草莖。手接飛猱搏彫虎，側足焦原未言苦。智者可卷愚者豪，世人見我輕鴻毛。力拔南山三壯士，齊相殺之費二桃。吳楚弄兵無劇孟，亞夫哈爾為徒勞。〔哈，噱笑也〕梁甫吟，聲正悲。張公兩龍劍，神物合有時。風雲感會起屠釣，大人峴屼當安之。〔峴屼，不安貌。此章亦感士不遇之意。〕

《韻語陽秋》謂：太白悼楊妃而去國，所謂玉女起風雨者，乃怨懟妃子之詞也

上雲樂　〔原註老胡文康辭，或云范雲及周捨所作，今擬之〕

金天之西，白日所沒。康老胡雛，生彼月窟。〔上雲樂，本舞名。樂人扮作老胡之狀，為胡舞以歌，後稱文康，即胡之名也〕嶔巖容儀，戌削風骨。碧玉炅炅〔一作皎皎〕雙目瞳，黃金拳拳兩鬢紅。華蓋垂下睫，嵩岳臨上唇。不睹詭譎貌，豈知造化神？〔戌削，言如刻畫。炅炅，言眼碧而有光。黃金拳拳，言其髮黃而稍卷。華蓋，眉也，言其眉長而下覆于目。嵩岳，鼻也，言其鼻巨而上壓于唇〕大道是文康之嚴父，元氣乃文康之老親。撫頂弄盤古，推車轉天輪。云見日月初生時，鑄冶火精與水銀。陽烏未出谷，顧兔半藏身。女媧戲黃土，團作愚下人。散在六合間，濛濛若沙塵。生死了不盡，誰明此胡是仙真？西海栽若木，東溟植扶桑。別來幾多時，枝葉萬里長。中國有七聖〔七聖，指唐高祖至玄宗六君，其一則武后也〕，半路頹鴻荒。陛下〔謂蕭宗〕應運起，龍飛入咸陽。赤眉立盆子，白水興漢光。〔光武起於春陵白水鄉〕叱咤四海動，洪濤為簸揚。舉足踏紫微，天關自開張。老胡感至德，東來進仙倡。五色師子，九苞鳳皇。是老胡雞犬，鳴舞飛帝鄉。淋漓颯沓，進退成行。能胡歌，獻漢酒。跪雙膝，並兩肘。散花指天舉素手。拜龍顏，獻聖壽。北斗戾，南山摧。天子九九八十一萬歲，長傾萬歲杯。

將進酒

君不見黃河之水天上來，奔流到海不復回！君不見高堂明鏡悲白髮，朝如青絲暮成雪！人生得意須盡歡，莫使金樽空對月。天生我材必有用，千金散盡還復來。烹羊宰牛且為樂，會須一飲三百杯。岑夫子，丹丘生。進酒君莫停。與君歌一曲，請君為我側耳聽。鐘鼓饌玉不足貴，但願長醉不用醒。古來聖賢皆寂寞，惟有飲者留其名。陳王昔時宴平樂，斗酒十千恣歡謔。主人何為言少錢，徑須沽酒對君酌。五花馬，千金裘。呼兒將出換美酒，與爾同銷萬古愁。

行路難

金樽清酒斗十千，玉盤珍羞直萬錢。停杯投箸不能食，拔劍四顧心茫然。欲渡黃河冰塞川，將登太行雪滿山。閒來垂釣碧溪上，忽復乘舟夢日邊。行路難，行路難，多歧路，今安在？長風破浪曾有時，直掛雲帆濟滄海。

大道如青天，我獨不得出。羞逐長安社中兒，赤雞白狗賭梨栗。彈劍作歌奏苦聲，曳裾王門不稱情。淮陰市井笑韓信，漢朝公卿忌賈生。君不見昔時燕家重郭隗，擁篲折節無嫌猜。劇辛樂毅感恩分，輸肝剖膽效英才。昭王白骨縈蔓草，誰人更掃黃金臺？行路難，掃去來！

有耳莫洗潁川水，有口莫食首陽蕨。含光混世貴無名，何用孤高比雲月。吾觀自古賢達人，功成不退皆殞身。子胥既棄吳江上，屈原終投湘水濱。陸機雄才豈自保？李斯稅駕苦不早。華亭鶴唳詎可聞？上蔡蒼鷹何足道？君不見吳中張翰稱達生？秋風忽憶江東行。且樂生前一杯酒？何須身後千載名？

楊叛兒

君歌楊叛兒，妾勸新豐酒。何許最關人，烏啼白門柳。烏啼隱楊花，君醉留妾家。博山爐中沈香火，雙煙一氣凌紫霞。楊升庵曰：古楊叛曲，僅二十字，太白衍之為四十四字，而樂府之妙思益顯，其筆力似烏獲扛龍文之鼎，其精光似光弼領子儀之軍矣

白頭吟 集中《白頭吟》有二篇，其一是改定之作，今仍錄初稿

錦水東流碧，波蕩雙駕鴦。雄巢漢宮樹，雌弄秦草芳。相如去蜀謁武帝，赤車駟馬生輝光。一朝再覽大人作，萬乘忽欲凌雲翔。聞道阿嬌失恩寵，千金買賦要君王。相如不憶貧賤日，位高金多聘私室。茂陵姝子皆見求，文君歡愛從此畢。淚如雙泉水，行墮紫羅襟，五起雞三唱，清晨白頭吟。長吁不整綠雲鬟，仰訴青天哀怨深。城崩杞梁妻，誰道土無心？東流不作西歸水，落花辭枝羞故林。頭上玉燕釵，是妾嫁時物。贈君表相思，羅袖幸時拂。莫卷龍鬚席，從他生網絲，且留琥珀枕，還有夢來時。鸕鸘裘在錦屏上，自君一挂無由披。妾有秦樓鏡，照心勝照井。願持照新人，雙

對可憐影。覆水卻收不滿杯，相如還謝文君回。古來得意不相
負，祇今惟有青陵臺。

猛虎行

　　朝作猛虎行，暮作猛虎吟。腸斷非關隴頭水，淚下不為雍門
琴。旌旗繽紛西河道，戰鼓驚山欲傾倒。秦人半作燕地囚，胡馬翻
銜洛陽草。一輸一失關下兵，朝降夕叛幽薊城。巨鰲未斬海水
動，魚龍奔走安得寧？頗似楚漢時，翻覆無定止。朝過博浪沙，暮
入淮陰市。張良未遇韓信貧，劉項存亡在兩臣。暫到下邳受兵
畧，來投漂母作主人。賢哲栖栖古如此，今時亦棄青雲士。有策不
敢犯龍鱗，竄身南國避胡塵。寶書玉劍挂高閣，金鞍駿馬散故
人。昨日方為宣城客，掣鈴交通二千石。有時六博快壯心，遠牀三
匝呼一擲。楚人每道張旭奇，心藏風雲世莫知。三吳邦伯莫顧
盼，四海雄俠兩追隨。蕭曹曾作沛中吏，攀龍附鳳當有時。溧陽酒
樓三月春，楊花茫茫愁殺人。胡雛碧眼吹玉笛，吳歌白紵飛梁
塵。丈夫相見且為樂，槌牛撾鼓會眾賓。我從此去釣東海，得魚笑
寄情相親。

　　太白七言長句，豪縱與樂府相垺，亦掇錄數章，以見其體。

襄陽歌

　　落日欲沒峴山西，倒著接䍦花下迷。襄陽小兒齊拍手，攔街爭

唱白銅鞮。傍人借問笑何事，笑殺山公醉似泥。鸕鶿杓，鸚鵡
杯。百年三萬六千日，一日須傾三百杯。遙看漢水鴨頭綠，恰似葡
萄初醱醅。此江若變作春酒，壘麴便作糟邱臺。千金駿馬換小
妾，笑坐雕鞍歌落梅。車旁側挂一壺酒，鳳笙龍管行相催。咸陽市
中歎黃犬，^{李斯}何如月下傾金罍。君不見晉朝羊公一片石，龜頭剝落
生莓苔。淚亦不能為之墮，心亦不能為之哀。清風朗月不用一錢
買，玉山自倒非人推。舒州杓，力士鐺。^{《新唐書·地理志》舒州同安郡土貢酒}
^{器，鐵器。又《韋堅傳》有豫章力士瓷}
^{飲，器}
^{茗鐺釜}李白與爾同死生，襄王雲雨今安生？江水東流猿夜聲。

西岳雲臺歌送丹丘子

西岳崢嶸何壯哉！黃河如絲天際來。黃河萬里觸山動，盤渦轂
轉秦地雷。榮光休氣紛五彩，千年一清聖人在。巨靈咆哮擘兩
山，洪波噴流射東海。三峯卻立如欲摧，翠崖丹谷高掌開。白帝金
精運元氣，石作蓮華雲作臺。雲臺閣道連窈冥，中有不死丹丘
生。明星玉女備灑掃，^{郭璞《山海經註》太華山上有明星}^{玉女，持玉漿，得上，服之即仙}麻姑搔背指爪輕。我皇
手把天地戶，丹丘談天與天語。九重出入生光輝，東求蓬萊復西
歸。玉漿儻惠故人飲，騎二茅龍天上飛。

扶風豪士歌^{蕭士贇曰：此太白避亂東土時詩，扶風乃三輔郡，意豪士}^{亦必同時避亂於東吳，而與太白啣杯酒，接殷勤之雕者}

洛陽三月飛胡沙，洛陽城中人怨嗟。天津流水波赤血，白骨相
撐如亂麻。我亦東奔向吳國，浮雲四塞道路賒。東方日出啼早

鴉，城門人開掃落花。梧桐楊柳拂金井，來醉扶風豪士家。扶風豪士天下奇，意氣相傾山可移。作人不倚將軍勢，飲酒豈顧尚書期。雕盤綺食會眾客，吳歌趙舞香風吹。原嘗春陵六國時，開心寫意君所知。堂中各有三千士，明日報恩知是誰。撫長劍，一揚眉，清水白石何離離。脫吾帽，向君笑。飲君酒，為君吟。張良未逐赤松去，橋邊黃石知我心。

鳴皋歌送岑徵君 _{原註時梁園三尺雪，在清冷池作}

若有人兮思鳴皋，_{《河南通志》鳴皋山，在河南府嵩縣東北五十里}阻積雪兮心煩勞。洪河凌競不可以徑度，冰龍鱗兮難容舠。邈仙山之峻極兮，聞天籟之嘈嘈。霜崖縞皓以合沓兮，若長風扇海湧滄溟之波濤。玄猿綠羆，舔舕崟岌。_{舔音餂。舕音啖。舔舕，吐舌貌}危柯振石，駭膽慄魄，群呼而相號。峰崢嶸以路絕，挂星辰於巖嶅。_{山多小石曰嶅}送君之歸兮，動鳴皋之新作。交鼓吹兮彈絲，觴清冷之池閣。君不行兮何待，若返顧之黃鶴。掃梁園之群英，振大雅於東洛。巾征軒兮歷阻折，尋幽居兮越巇崿。盤白石兮坐素月，琴松風兮寂萬壑。望不見兮心氛氳，蘿冥冥兮霰紛紛。水橫洞以下淥，波小聲而上聞。虎嘯谷而生風，龍藏溪而吐雲。冥鶴清唳，飢鼯嚬呻。塊獨處此幽默兮，愀空山而愁人。鸞聚族以爭食，鳳孤飛而無鄰。蝘蜓嘲龍，魚目混珠。嫫母衣錦，西施負薪。若使巢由桎梏於軒冕兮，亦奚異於虁龍蹩躠_{旋行貌}於風塵。哭何苦而救楚，笑何誇而卻秦。吾誠不能學二子沽名矯節以耀世兮，固將棄天地而遺身。白鷗兮飛來，長與君兮相親。

上《鳴皋歌》，本騷體也，《楚詞後語》中錄之，今亦附著於此。晁補之曰：“李白天才俊麗，不可矩嬢。然要長於詩，而文非其所能也，賦近於文，故白大鵬賦，辭非不壯。不若其詩盛行於世。至《鳴皋歌》一篇，本末楚辭也，而世誤以為詩，因為出之。其晷曰：‘螻蜒嘲龍，魚目混珍。嫫母衣錦，西施負薪。’此諄諄放屈原《卜居》及賈誼《弔屈原》語，而白才自逸蕩，故或離而去之云。”《楚辭後語》曰：“白天才絕出，尤長於詩，而賦不能及晉魏，獨此篇近楚辭。然歸來子猶以為白才自逸蕩，故或離而去之，亦為知言云。”

憶舊游寄譙郡元參軍

　　憶昔洛陽董糟邱，為余天津城南造酒樓。黃金白璧買歌笑，一醉累月輕王侯。海內賢豪青雲客，就中與君心莫逆。迴山轉海不作難，傾情倒意無所惜。我向淮南攀桂枝，君留洛北愁夢思。不忍別，還相隨。相隨迢迢訪仙城，三十六曲水迴縈。一溪初入千花明，萬壑度盡松風聲。銀鞍金絡到平地，漢東太守來相迎。紫陽之真人，邀我吹玉笙。湌霞樓上動仙樂，嘈然宛似鸞鳳鳴。袖長管催欲輕舉，漢中太守醉起舞。手持錦袍覆我身，我醉橫眠枕其股。當筵意氣凌九霄，星離雨散不終朝。分飛楚關山水遙。余既還山尋故巢，君亦歸家度渭橋。君家嚴君勇貔虎，作尹并州過戎虜。五月相呼度太行，摧輪不道羊腸苦。行來北涼歲月深，感君貴義輕黃金。瓊杯綺食青玉案，使我醉飽無歸心。時時出向城西曲，晉祠流水如碧玉。涼舟弄水簫鼓鳴，微波龍鱗莎草綠。興來攜妓恣經過，其如楊花似雪何。紅妝欲醉宜斜日，百尺清潭寫翠娥。翠娥嬋娟初月輝，美人更唱舞羅衣。清風吹歌入空去，歌曲自繞行雲飛。此時行樂難再遇，西游因獻長楊賦。北闕青雲不可期，東山白首還歸去。渭橋南頭一遇君，酇臺之北又離羣。問余別恨今多少，落花春暮爭紛紛。言亦不可盡，情亦不可及。呼兒長跪緘此辭，寄君千里遙相憶。

唐仲言曰："寄元參軍詩，歷敘舊游之事，凡合而離者四焉。在洛則我就君游，適淮則君隨我往，并州戎馬之地，而攜妓相過，西游落魄之餘，而不忘晤對。敘事四轉，語若貫珠，絕非初唐牽合之比。"

廬山謠寄廬侍御虛舟

我本楚狂人，鳳歌笑孔丘。手持綠玉杖，朝別黃鶴樓。五岳尋仙不辭遠，一生好入名山游。廬山秀出南斗傍，屏風九疊雲錦張。影落明湖青黛光，金闕前開二峯長，銀河倒挂三石梁。香爐瀑布遙相望，迴崖沓嶂凌蒼蒼。翠影紅霞映朝日，鳥飛不到吳天長。登高壯觀天地間，大江茫茫去不還。黃雲萬里動風色，白波九道流雪山。好為廬山謠，興因廬山發。閑窺石鏡清我心，謝公行處蒼苔沒。早服還丹無世情，琴心三疊道初成。遙見仙人綵雲裏，手把芙蓉朝玉京。先期汗漫九垓上，願接廬敖游太清。

夢游天姥吟留別

　　海客談瀛洲，煙濤微茫信難求。越人語天姥，雲霞明滅或可
覩。天姥連天向天橫，勢拔五岳掩赤城。天台四萬八千丈，對此欲
倒東南傾。我欲因之夢吳越，一夜飛度鏡湖月。湖月照我影，送我
至剡溪。謝公宿處今尚在，淥水蕩漾清猿啼。腳著謝公屐，身登青
雲梯。半壁見海日，空中聞天雞。千巖萬轉路不定，迷花倚石忽已
暝。熊咆龍吟殷巖泉，慄深林兮驚層巔。雲青青兮欲雨，水澹澹兮
生煙。列缺霹靂，邱巒崩摧。洞天石扇，訇然中開。青冥浩蕩不見
底，日月照耀金銀臺。霓為衣兮風為馬，雲之君兮紛紛而來下。虎
鼓瑟兮鸞回車，仙之人兮列如麻。忽魂悸以魄動，怳驚起而長嗟。
惟覺時之枕席，失向來之煙霞。世間行樂亦如此，古來萬事東流
水。別君去兮何時還，且放白鹿青崖間，須行卽騎訪名山。安能摧
眉折腰事權貴，使我不得開心顏。

范德機云："夢吳越"以下夢之源也。以次諸節，夢
之波瀾也其間顯而晦，晦而顯，至失向來之煙霞，夢
極而與人接交，非太白之胷次，筆力亦不能發，此
枕席煙霞二句最有力，結語平衍，亦文勢當如此

魯郡堯祠送竇明府薄華還西京 時久病初起作

　　朝策犁眉騧，舉鞭力不堪。強扶愁疾向何處，角巾微服 一作步 堯祠
南。長楊掃地不見日，石門噴作金沙潭。笑誇故人指絕境，山光五
色青於藍。廟中往往來擊鼓，堯本無心爾何苦。門前長跪雙石
人，有女如花日歌舞。銀鞍繡轂往復廻，簸林蹴石鳴風雷。遠煙空

翠時明滅，白鷗歷亂長飛雪。紅泥亭子赤欄干，碧流環轉青錦湍。深沈百尺洞海底，那知不有蛟龍蟠。君不見綠珠漂水流東海，綠珠紅粉沈光彩。綠珠樓下花滿園，今日曾無一枝在。昨夜秋聲閶闔來，洞庭木落騷人哀。遂將三五少年輩，登高遠望形神開。生前一笑輕九鼎，魏武何悲銅雀臺。我歌白雲倚窗牖，爾聞其聲但揮手。長風吹月渡海來，遙勸仙人一杯酒。酒中樂酣宵向分，舉觴酹堯堯可聞。何不令皋繇擁篲橫八極，直上青天掃浮雲。高陽小飲真瑣瑣，山公酩酊何如我。竹林七子去道賒，蘭亭雄筆安足誇。堯祠笑殺五湖水，至今憔悴空荷花。爾向西秦我東越，暫向瀛州訪金闕。藍田太白若可期，為余掃灑石上月。

宣州謝朓樓餞別校書叔雲

棄我去者，昨日之日不可留；亂我心者，今日之日多煩憂。長風萬里送秋雁，對此可以酣高樓。蓬萊文章建安骨，中間小謝又清發。俱懷逸興壯思飛，欲上青天覽明月。抽刀斷水水更流，舉杯銷愁愁更愁。人生在世不稱意，明朝散髮弄扁舟。

金陵酒肆留別

風吹柳花滿店香，吳姬壓酒勸客嘗。金陵子弟來相送，欲行不行各盡觴。請君試問東流水，別意與之誰短長。

《漁隱叢話》曰：“《詩眼》云：‘山谷言學者若不見古人用意

處，但得其皮毛，所以去之愈遠。若"風吹柳花滿店香"，若人能為此語，亦未是太白。至於"吳姬壓酒勸客嘗"，壓字他人亦難及。《雲麓漫抄》以壓❶ 酒是吳人方言 '金陵子弟來相送，欲行不行各盡觴'，益不同。'請君試問東流水，別意與之誰短長'，此乃真太白妙處，當潛心焉。故學者先以識為主，禪家所謂正法眼，直須具此眼目，方可入道。'"陳傅良曰："近讀古樂府，始知後作者皆有所本。至李謫仙，絕出眾作，真詩豪也，然古詞務協律而猶未工。"周紫芝《古今諸家樂府序》曰："予嘗評諸家之作，李太白最高，而微短於韻。"王世貞《藝苑巵言》曰："太白古樂府杳冥惝恍，縱橫變幻，極才人之致，然自是太白樂府。"《李詩緯》曰："樂府體不尚論宗而敍事，故每以緩失之，故杜少陵無樂府也。太白篇什雖繁，而自放者多矣。然有出乎唐人之上者，似晉雜曲而清雋過之。天實生才，豈易言哉。吾定古唐諸樂府，考其正變，則其人與世可知矣。而獨於太白尤低徊三復云。"又曰："太白慍於羣小，乃放還山，而縱酒以浪游，豈得已哉？夫怨生於情，而情每於兒女間為切切焉。讀者勿以辭害意可矣。"《唐詩品彙》曰："詩至開元、天寶間，神秀聲律，粲然大備。李翰林天才縱逸，軼蕩人羣，上薄曹、劉，下該沈、鮑。其樂府古調，能使儲光羲、王昌齡失步，高適、岑參絕倒，況其下乎！"又曰："太白天仙之詞，語多率然而成者，故樂府歌詞咸善。或謂其始以《蜀道難》一篇，見賞於知音，為明主所愛重，此豈淺材者徼幸際其時而馳騁哉！不然也。白之所蘊非止是。今觀其《遠別離》、《長相思》、《烏栖曲》、《鳴皋歌》、《梁園吟》、《天姥吟》、《廬山謠》等作，長篇短韻，驅駕氣勢，殆與南山秋氣並高可也。雖少陵猶有讓焉，餘子瑣瑣矣。"

---

❶《雲麓漫抄》今通行本寫做《雲麓漫鈔》。——編者註

第五章　李白之近體詩及其他雜著

太白嘗云："齊梁以來，豔薄斯極，沈休文又尚以聲律，將復古道，非我而誰"，故當時太白與陳伯玉齊名。陳、李集中律詩至少，然太白偶為律詩，屬對穩切，氣勢渾厚，蓋以餘力及之耳。《本事詩》記玄宗命太白為宮中行樂五言律詩十首，知其薄聲律，謂非所長。時太白已醉，取筆抒思，略不停綴，十篇立就，更無加點，筆跡遒利，鳳跌龍拏，律度對屬，無不精絕。《宮中行樂詩》，《摭言》作《宮辭》十首，今集中僅八首，錄其四首於下。

宮中行樂詞

小小生金屋，盈盈在紫微。山花插寶髻，石竹繡羅衣。每出深宮裏，幸隨步輦歸。只愁歌舞散，化作綵雲飛。

柳色黃金嫩，梨花白雪香。玉樓巢翡翠，珠殿鎖鴛鴦。選伎隨雕輦，徵歌出洞房。宮中誰第一，飛燕在昭陽。

盧橘為秦樹，蒲桃出漢宮。煙花宜落日，絲管醉春風。笛奏龍吟水，簫鳴鳳下空。君王多樂事，還與萬方同。

玉樹春歸日，金宮樂事多。後庭朝未入，輕輦夜相過。笑出花間語，嬌來燭下歌。莫教明月去，留著醉嫦娥。

《李詩緯》曰："吾讀五言律一體知唐人反正之功為多云。靡麗如南五季，文敝甚矣。文質彬彬，唐人有之。向使唐人無所取裁，其不流為宋元末尚也幾希。然或失之矜持，蓋從齊、梁而變也。若太白五律，猶為古詩之遺，情深而詞顯，又出乎自然，要其旨趣所歸，開鬱宣滯，特於《風》、《騷》為近焉。"《唐詩品彙》曰："盛唐五言律之妙，李翰林氣象雄逸。"茲更錄數首。

贈孟浩然

吾愛孟夫子，風流天下聞。紅顏棄軒冕，白首臥松雲。醉月頻中聖，迷花不事君。高山安可仰，徒此揖清芬。

謝公亭

謝公離別處，風景每生愁。客散青天月，山空碧水流。池花春映日，窗竹夜鳴秋。今古一相接，長歌懷舊游。

夜泊牛渚懷古

牛渚西江夜，青天無片雲。登舟望秋月，空憶謝將軍。余亦能高詠，斯人不可聞。明朝挂帆席，楓葉落紛紛。王漁洋以此詩與《襄陽詩》並色相，俱空如羚羊挂角，無跡

可求，畫家所
謂逸品是也

聽蜀僧濬彈琴

蜀僧抱綠綺，西下峨眉峯。為我一揮手，如聽萬壑松。客心洗流水，遺響入霜鐘。不覺碧山暮，秋雲暗幾重。

《太白集》中，七律最少，今錄《登金陵鳳凰臺》及《鸚鵡洲》二首。

登金陵鳳凰臺

鳳凰臺上鳳凰游，鳳去臺空江自流。吳宮花草埋幽境，晉代衣冠成古邱。三山半落青天外，二水中分白鷺洲。總為浮雲能蔽日，長安不見使人愁。

《珊瑚鉤詩話》曰：“金陵鳳凰臺，在城之東南，四顧江山。下窺井邑，古今題詠，惟謫仙為絕唱。”劉後村曰：“古人服善，李白登黃鶴樓，有‘眼前有景道不得，崔顥題詩在上頭’之語。至金陵乃作《鳳凰臺詩》以擬之。今觀二詩，真敵手某也。”《瀛奎律髓》：“太白此詩，與崔顥《黃鶴樓》相似，格律氣勢。未易甲乙。”此詩以《鳳凰臺》為名，不過起兩句已盡之矣。下六句乃登臺而觀望之景也，三、四懷古人之不見，五、六、七、八，詠今日之景，而慨帝都之不可見。登臺而望，所感深矣。

鸚鵡洲

鸚鵡來過吳江水，江上洲傳鸚鵡名。鸚鵡西飛隴山去，芳洲之樹何青青。煙開蘭葉香風暖，岸夾桃花錦浪生。遷客此時徒極目，長洲孤月向誰明。

《瀛奎律髓》曰：“太白此詩，乃是效崔顥體，皆於五、六加工，尾句寓感歎。是時律詩，猶未甚拘偶也。”

《李詩緯》曰：“小樂府之遺，唐人裁為絕句，體之流變，蓋微有辨焉。惟李白所製，猶得其遺，篇什雖簡，而如入思婦、勞人之心，何婉曲可諷耶。濟南李氏曰：‘李白五七言絕句，實唐三百年一人。蓋以不用意得之，即太白亦不自知其所至而至者。’”屈紹隆《粵游雜詠序》曰：“詩以神行，使人得其意於言之外，若遠若近，若無若有，若雲之於天，月之於水，心得而會之，口不得而言之，斯詩之神者也。而五七言絕，尤貴以此道行之。昔之擅其妙者，在唐有太白一人，蓋非摩詰、龍標之所及。吾嘗以太白為五七言絕之聖，所謂鼓之舞之以盡神，緜神入化，為盛德之至也。”蓋太白於五七言絕最工，昔已有定論矣。

王阮亭曰：“五言絕句，李太白氣體高妙。”徐而菴《說唐詩》曰：“五言絕句，惟太白擅場。杜子美詩曰：‘李侯有佳句，往往似陰鏗。’陰工此體，子美之稱太白在是。”《唐詩品彙》曰：“五言絕句，開元後李白、王維尤勝諸人。”宋《漫堂說詩》曰：“五言絕句，起自古樂府，至唐而盛，李白、崔輔國號為擅場。”茲略錄太白五言絕句數章。

秋浦歌

白髮三千丈，緣愁似箇長。不知明鏡裏，何處得秋霜。

陪侍郎叔游洞庭醉後有作

剗却君山好，平鋪湘水流。巴陵無限酒，醉煞洞庭秋。

獨坐敬亭山

眾鳥高飛盡，孤雲獨去閑。相看兩不厭，只有敬亭山。

勞勞亭

天下傷心處，勞勞送客亭。春風知別苦，不遣柳條青。

《唐詩品彙》曰："七言絕句，太白高於諸人，王少伯次之。"蓋七言絕唐人中惟太白與王昌齡最勝也。王世貞《藝苑卮言》亦云："七言絕句，王少伯與太白爭勝毫釐，俱是神品。"盧世漼《紫房餘論》曰："天生太白少伯，以主絕句之席，勿論有唐三百年，兩人為政，亙古今來，無復有驂乘者矣。"《詩辨坻》曰："七言絕起忌矜勢，太白多直抒旨，兩言後，只用溢思作披掉，唱歎有餘響。拙手往往安排起法，欲留佳思在後作好，首既嚼蠟，後十四字中，地窄而舞拙，意滿而詞滯。"茲掇錄數章。

早發白帝城

朝辭白帝彩雲間，千里江陵一日還。兩岸猿聲啼不住，輕舟已過萬重山。

峨眉山月歌

峨眉山月半輪秋，影入平羌江水流。夜發清溪向三峽，思君不見下渝州。王世貞曰：此是太白佳境，二十八字中有峨眉山、平羌江、清溪、三峽、渝州，使後人為之，不勝痕跡矣。益見此老鑪錘之妙

黃鶴樓送孟浩然之廣陵

故人西辭黃鶴樓，煙花三月下揚州。孤帆遠影碧山盡，唯見長江天際流。

游洞庭

洞庭西望楚江分，水盡南天不見雲。日落長沙秋色遠，不知何處弔湘君。

南湖秋水夜無煙，耐可乘流直上天。且就洞庭賒月色，將船買酒白雲邊。

望天門山

天門中斷楚江開，碧水東流至北迴。兩岸青山相對出，孤帆一片日邊來。

客中作

蘭陵美酒鬱金香，玉椀盛來琥珀光。但使主人能醉客，不知何處是他鄉。

與史郎中欽聽黃鶴樓上吹笛

一為遷客去長沙，西望長安不見家。黃鶴樓中吹玉笛，江城五月落梅花。

長門怨

桂殿長愁不記春，黃金四屋起秋塵。夜懸明鏡青天上，獨照長門宮裏人。

《草堂詩餘》，載太白《菩薩蠻》、《憶秦娥》二闋。黃玉林《絕妙詞選》，以此二詞為百代詞曲之祖。蓋明皇之世，聲樂已甚，太白妙於樂府，固宜偶出餘技，製此別體也。

菩薩蠻

平陵❶漠漠煙如織，寒山一帶傷心碧。暝色入高樓，有人樓上愁。

玉堦空竚立，宿鳥歸飛急。何處是歸程，長亭更短亭。

憶秦娥

簫聲咽，秦娥夢斷秦樓月。秦樓月，年年柳色，灞陵傷別。

樂游原上清秋節。咸陽古道音塵絕。音塵絕，西風殘照，漢家陵闕。

上二詞蕭士贇始以附入《太白集》中。胡應麟《筆叢》，辨為非

---

❶ 當作"平林"。——編者註

太白作。蓋據《杜陽雜編》，以為菩薩蠻之名，自晚唐始當有之，不應太白已制此詞，且謂太白以風雅自任，或不屑為此。詳其語意，絕似溫方城，指為草堂偽題。近人《蓮子居詞話》，則謂“西風殘照漢家陵闕”等語，意致雄渾，非金荃手筆所能。按元瑞謂草堂偽題太白名亦未審，蓋考《湘山野錄》，及楊繪《本事曲子》，則在北宋時，久傳《菩薩蠻》為太白之作，當時編集者偶未采入耳。

《太白集》中雜文僅六十餘篇，今本別以賦一卷，冠於卷首，而雜文則載在詩歌之後。太白少時而誦《子虛賦》，故慕相如之文采，及長，嘗三擬《文選》，皆不如意，焚之，惟留《別限賦》。今觀其賦，雖時有奇致，然究其體勢，尚不得比魏晉之作者，其不逮詩歌遠矣。雜文多率爾之詞，若與裴長史韓荊州諸書，《溧陽瀨水貞義女碑銘》，亦卓犖俊偉，自成一家，要非其至者，故不錄也。《比干碑》是李^{集中}翰作

中國六大文豪卷四終

第五編　杜甫

第一章　杜甫傳略

　　杜甫，字子美，襄陽人也，後徙河南鞏縣。《唐書‧杜甫傳》及元稹所為《墓志》，載杜氏譜系，晉當陽成侯預，下十世而生依藝，以監察御史，令於河南府之鞏縣，依藝生審言。審言善詩，官至修文館學士，尚書膳部員外郎，審言生閑，京兆府奉天縣令。閑生甫，左拾遺尚書工部員外郎。蓋子美為審言之孫，審言當武后朝，與崔融、李嶠、蘇味道，號文章四友，列在珠英學士之間。其詩華藻整栗，子美世其學，而詩道以大。自宋呂微仲大防，始為子美詩年譜，後踵作者數家，所記各有出入。今據本傳，正其所誤，參諸譜，而述其略於此。

　　子美生於唐睿宗先天元年，幼穎悟，蓋七歲而能賦詩，十五而成章，見者以為班、揚之倫也。《進鵰賦表》曰："自七歲所綴詩筆，向四十載矣，約千有餘篇。"又《壯游詩》曰："七齡思即壯，開口詠鳳凰。九齡書大字，有作成一囊。"又曰："往昔十四五，出游翰墨場。斯文崔魏徒，以我似班揚。"二十而游吳越，^{開元十九年}開元二十三年，赴京兆貢舉不第，游齊趙，留滯東都者踰年，子美年三十矣。及天寶三四載之間，李白自翰林放歸，客游梁、宋、齊、魯，因與子美及高達夫適，相從賦詩，過汴州登吹臺，慷慨懷古，人莫測也。是時子美詩益進，與白齊名，時號李杜。旋游齊州，天寶五載而歸長安，十載而進《三大禮賦》，時年四十。魯訔曰：公奏三大禮賦，史集皆以為十三載。按《帝紀》十載行三大禮。十三載，未嘗郊，況表稱臣生長陛下淳朴之俗，行四十年矣，故今定為十載玄宗奇之，命待制集賢院。十三載進封《西岳賦》，明年授河西尉不拜，改名衛率府胄曹參軍，十一月往奉先。明年而祿山亂，玄宗入蜀，肅宗即位靈武，時子美在鄜州，羸服欲趨行在，為賊所得。至德二載，亡走鳳翔上謁，拜左拾遺。房琯者，與子美布衣交，時琯為宰相，請自帥師討賊。是年十月，琯兵敗於陳濤斜。明年春，琯罷相，子美上疏言琯有才，不宜罷免。帝怒，詔三司推問。宰相張鎬曰：“甫若抵罪，絕言者路。”帝乃解，貶琯為刺史，出子美為華州司功參軍。時關輔亂離，穀食踊貴，子美寓居成州同谷縣，自負薪採梠，兒女餓莩者數人，自後惟依嚴武於蜀中最久。

子美在成都，卜居浣花溪，營草堂，蓋在上元元年。子美詩所謂“經營上元始”，又云“頻來語燕定新巢”，則三月堂成也。明年而子美年五十，自草堂至蜀州之新津青城。寶應元年，代宗即位，七月送嚴武還朝，到綿州，未幾西川兵馬使徐知道反。因入梓州，冬復歸成都，迎家至梓。廣德元年，自梓州往漢州，旋如閬州。是歲召補京兆功曹不赴。二年，嚴武再鎮蜀，遂歸成都草堂。武表為節度參謀，檢校工部員外郎。永泰元年正月，辭幕府歸草堂。四月嚴武卒，武與子美世舊，待遇甚隆。子美嘗憑醉放恣，登武之牀，瞪視武曰：“嚴挺之乃有此兒。”武外若不為忤，中深銜之。一日欲殺子美及梓州刺史章彝，集吏於門。武將出，冠鉤於簾三。左右白其母，奔救得止，獨殺彝。此說見於《雲溪友議》，而《新書》因之。子美成都草堂，背郭枕江，種竹植樹，縱酒嘯詠，與田夫野老相狎。嚴武過之，子美有時不冠，其傲誕如此。

嚴武既卒，郭英乂鎮成都，英乂武人麤暴，無能刺謁。會崔寧

殺英乂，楊子琳攻西川，蜀中大亂，子美遂盡室南下。永泰元年
秋，至雲安居之。明年為大歷元年，自雲安如夔州。大歷三年正月
始出峽，三月至江陵，秋移居公安，旋至岳州。明年正月之潭
州，因入衡州，未幾復還潭州。大歷五年夏四月避臧玠，既如彬州
依舅氏崔偉，及耒陽而卒，年五十九。《舊書》以子美寓居耒陽，嘗
游岳廟，為暴水所阻，旬日不得食。耒陽聶令知之，自櫂舟迎之而
還。《新書》又以令嘗饋牛肉白酒，大醉一夕卒。又有以子美游耒陽
江上，宿酒家，是夕江水泛漲，為水漂沒，聶令堆空土為墳。昔人
皆辨其不可信，故不復詳云。子美有子宗武，亦流落卒於湖、
湘。元和中宗武子嗣業，始自耒陽遷子美柩，歸葬偃師西北首陽山
之前。

　　《新唐書》曰：“甫曠放不自檢，好論天下大事，高而不
切。”“數嘗寇亂，挺節無所汙。為歌詩傷時撓弱，情不忘君，人憐
其忠云。”又贊曰：“唐興詩人，承陳隋風流，浮靡相矜。至宋之
問、沈佺期等，研揣聲音，浮切不差，而號律詩，競相襲沿。逮開
元時，稍裁以雅正。然恃華者質反，好麗者壯違，人得一概，皆自
名所長。至甫渾涵汪茫，千彙萬狀，兼古今而有之。他人不足，甫
乃厭餘。殘膏賸馥，沾丐後人多矣。故元稹謂詩人以來，未有如子
美者。又善陳時事，律切精深，至千言不少衰，世號詩史。韓愈於
文章慎許可，至歌詩獨推曰：‘李杜文章在，光燄萬丈長。’誠可
信云。”

　　子美詩集，至王原叔裒輯略備，當時亦據多本，其序曰：“甫集
初六十卷，今祕府舊藏，通人家所有，稱大小集者，皆亡逸之
餘，人自編撼，非當時次第矣。蒐裒中外書凡九十卷，^{古本二卷蜀本二十卷}
^{集略十五卷樊晃序小}
^{集六卷孫光憲序二十卷鄭文寶序少陵集}
^{二十卷別題小集二卷孫僅一卷雜編三卷}除其重複，定取千四百有五篇，凡古詩三百

九十有九，近體千有六。起太平時，終湖南所作，視居行之次，與歲時先後，分十八卷。又別錄賦、筆、雜著二十九篇為二卷，合二十卷。”自原叔以後，校注杜集者多家，黃長睿校本，遂有詩千四百四十七篇。自郭知達集九家注，其後遂有千家註，晚近以來，註者猶不絕，蓋杜集註家，視太白集為尤眾云。

子美既出，詩人莫不宗之。宋孫僅嘗敘子美以後詩體，分為六宗，而六家皆出子美。丁晉公亦謂子美集開詩世界，江西詩派，推杜甫為一祖，黃庭堅、陳與義、陳師道為三宗。《漁洋詩話》曰：“宋、明以來詩人，學杜子美者多矣。予謂退之得杜神，子瞻得杜氣，魯直得杜意，獻吉得杜體，鄭繼之得杜骨，他如李義山、陳無已、陸務觀、袁海叟輩，又其次也，陳簡齋最下。”此蓋推本宋明以來詩體，而皆謂之出於子美者矣。

當時李杜並稱，惟元積、李、杜優劣論，推子美獨至。後當於李杜優劣，別出一章。後人專論子美，能得其允者，如秦少游云。杜子美之於詩，實積眾流之長，適當其時而已。昔蘇武、李陵之詩。長於高妙；曹植、劉公幹之詩，長於豪逸；陶潛、阮籍之詩，長於沖澹；謝靈運、鮑照之詩，長於峻潔；徐陵、庾信之詩，長於藻麗。於是子美窮高妙之格，極豪逸之氣，包沖澹之趣，兼峻潔之姿，備藻麗之態，而諸家之作所不及焉。然不集諸家之長，子美亦不能獨至於斯也，豈非適當其時故耶。孟子曰：“伯夷聖之清者也，伊尹聖之任者也，柳下惠聖之和者也，孔子聖之時者也，孔子之所謂集大成。”嗚呼子美亦集詩之大成者與。

王彥輔《詩話》曰：“唐興承陳隋之遺風，浮靡相矜，莫崇理致。開元之間，去雕篆，黜浮華稍裁以雅正。雖飾句繪章，人既一慄各爭所長。如大羹玄酒者薄滋味；如孤峯絕岸者駭廊廟；穠華可愛者乏風骨；爛然可珍者多玷缺。逮至子美之詩，周情孔思，千彙萬狀，茹古涵今，無有涯涘，森嚴昭煥，若在武庫，見戈戟布列，蕩人耳目，非特語意天然，尤工用字，故卓然為一代冠，而歷世千百，膾炙人口。予每讀其文，竊苦其難曉，如《義鶻行》‘巨顙老拳’之句。劉夢得初亦疑之，後覽《石勒傳》方知其所自。蓋其引物連類，掎摭前事，往往如是。韓退之謂‘光燄萬丈長’，而世號詩史信哉！”

　　然子美雖綜合眾長，又承審言之家學。後山《陳無已詩話》曰：“黃魯直言：‘杜子美之詩法出審言，句法出庾信，但過之耳。’”苕溪胡元任曰：“老杜亦自言‘吾祖詩冠古’。則其詩法又家學所傳矣。”

　　葛立方《韻語陽秋》曰：“子美高自稱許，有乃祖之風。上書明皇云：‘臣之述作，沈鬱頓挫，揚雄、枚皋可跂及。’《壯游》詩則自比於班、揚，又云：‘氣劘屈賈壘，目短曹劉牆。’《贈韋左丞》則曰：‘賦料揚雄敵，詩看子建親。’甫以詩雄於時，自比諸人，誠未為過。至竊比稷與契則過矣。唐史氏稱甫好論天下大事，高而不切，豈自比稷契而然耶！”

　　黃山谷《詩話》又曰：“子美作詩，退之作文，無一字無來處，蓋後人讀書少，故謂韓、杜自作此語耳。古人之為文章，真能陶冶萬物，雖取古人陳言入翰墨，如靈丹一粒，點鐵成金也。”

　　《呂氏童蒙訓》曰：“陸士衡《文賦》：‘立片言以居要，乃一篇之警策。’此要論也。文章無警策，則不足以傳世，蓋不能竦動世人。如杜子美及唐人諸詩，無不如此。但晉宋諸人，專致力於此，故失於綺靡而無高古氣味。子美詩云：‘語不驚人死不休。’所謂驚人語即警策也。”

《捫蝨新語》："老杜詩當是詩中六經，他人詩乃諸子之流也。杜詩有高妙語云：'王侯與螻蟻。同盡隨丘墟。願聞第一義。回向心地初。'可謂深入理窟。晉宋以來詩人無此句也。'心地初'乃《莊子》所謂'游心於淡，合氣於漠'之義也。"按宋以來詩話，論子美詩者甚眾。茲但掇一二要者於此，其餘則略散見諸章中，然固不能備舉也。

子美雜文，亦時見俊瑰。蓋當開元天寶之間，世方重古文，故子美所作，已矯然無復儷偶之習，終未及其詩歌之絕倫也。惟呂東萊嘗好《三大禮賦》，至為之注，要非其至，故此編僅論詩，而不及其文焉。

第二章　杜甫之古體

　　說者謂太白歌行古體尤長，而子美聖於近體，然觀子美歌行變化縱恣，何遽不若太白？至其他古體，卓犖疎宕，各臻妙格。茲析而論之。

（甲）五言古體

　　太白集中，樂府至三卷，皆擬古之作。子美不屑擬古，然五言中如《新婚別》諸篇，七言中如《兵車行》等，固樂府之流也。胡元瑞《詩藪》，以少陵樂府，嗣跡《風》、《雅》。《兵車行》、《新婚別》等作，述情陳事，懇惻如見。《新婚別》作於華州，遭值兵戎繁興，感事而發，與《新安吏》、《潼關吏》、《石壕吏》、《垂老別》、《無家別》等篇同作。茲著《石壕吏》、《新婚別》二篇。

石壕吏　石壕在陝州城東七十里，《草堂詩箋》謂北狄嘗侵太王及此，故築城壕以禦之，因名石壕

　　暮投石壕村，有吏夜捉人。老翁踰牆走，老婦出門看。吏呼一何怒，婦啼一何苦。聽婦前致詞，三男鄴城戍。一男附書至，二男

新戰死。存者且偷生，死者長已矣。室中更無人，惟有乳下孫。孫有母未去，出入無完裙。老嫗力雖衰，請從吏夜歸。急應河陽役，猶得備晨炊。夜久語聲絕，如聞泣幽咽。天明登前途，獨與老翁別。

此詩響悲意苦，最近漢魏。王深父曰：「驅民之丁壯，盡置死地，而復急其老弱，雖秦為閭左之戍不堪也。嗚呼其時急矣哉。」蔡夢弼以此詩作於至德二載秋，子美往鄜迎家，夜投宿於石壕村，因感吏捉人以守河陽，傷之而作是詩也。

新婚別

兔絲附蓬麻，引蔓故不長。嫁女與征夫，不如棄路傍。結髮為君妻，席不煖君牀。暮婚晨告別，無乃太匆忙。君行雖不遠，守邊赴河陽。妾身未分明，何以拜姑嫜。父母養我時，日夜令我藏。生女有所歸，雞狗亦得將。^{舊註女子之嫁，雖雞狗瑣細之物，亦得將去。言無所吝也}君今往死地，沈痛迫中腸。誓欲隨君去，形勢反蒼黃。勿為新婚念，努力事戎行。婦人在軍中，兵氣恐不揚。自嗟貧家女，久致羅襦裳。羅襦不復施，對君洗紅妝。仰視百鳥飛，大小必雙翔。人事多錯迕，與君永相望。

《草堂詩箋》曰：「《采綠》刺怨曠。幽王之時，兵革不息，故男女怨曠。」今肅宗遣九節度圍相州，敗而還，以至捉老嫗以供軍之役，是窮民無告者不得其所，豈知文王發政施仁。必先於斯乎？又新婚不得安其匹偶，豈非幽王之時，男女多怨曠，《采綠》之詩，所由作也？男女居室，人之大欲存焉，是時雖有所怨，猶止乎禮義，不以私恩而害公義，其與殷其雷能勸以義，此所以為仲尼之所取也。趙傁曰：「《石壕吏》，《新婚別》，有詩《采薇》之旨。」按

《新婚別》一篇，《草箋》論其義旨是矣，要其風調尤近建安。《漁隱叢話》，謂子美早年學建安，則此類殆逼真者。

劉後村謂"子美前後《出塞》，筆力高古，可與《十九首》並傳。"范杍曰："前後《出塞》皆傑作，有古樂府之聲而理勝。"今錄前出塞九首。

前出塞　朱鶴齡曰：天寶末，哥舒翰貪功於吐蕃，安祿山搆禍於契丹，於是徵調半天下。前出塞為哥舒翰發，後出塞為祿山發。按九首皆代從征者之言

戚戚去故里，悠悠赴交河。公家有程期，亡命嬰禍羅。君已富土境，開邊一何多。棄絕父母恩，吞聲行負戈。

出門日已遠，不受徒旅欺。骨肉恩豈斷，男兒死無時。二句言骨肉之恩，豈能遽絕。今所以決然舍去者，以男兒死地無常，不如死綏為烈耳。此承上末二句，復作徘徊轉戀語　走馬脫轡頭，手中挑青絲。捷下萬仞岡，俯身試搴旗。

磨刀鳴咽水，水赤刃傷手。欲輕腸斷聲，心緒亂已久。言本不欲以此鳴咽之聲動心，無如心亂已久，故聞水聲觸耳，而不覺手傷也　丈夫誓許國，憤惋復何有。功名圖麒麟，戰骨當速朽。

送徒既有長，遠戍亦有身。生死向前去，不勞吏怒嗔。路逢相識人，附書與六親。哀哉兩決絕，不復同苦辛。

迢迢萬里餘，領我赴三軍。軍中異苦樂，主將寧盡聞。隔河見胡騎，倏忽數百羣。我始為奴僕，幾時樹功勳。

挽弓當挽強，用箭當用長。射人先射馬，擒賊先擒王。殺人亦有限，立國自有疆。苟能制侵陵，豈在多殺傷。

驅馬天雨雪，軍行入高山。逕危抱寒石，指落曾冰間。已去漢月遠，何時築城還。浮雲暮南征，可望不可攀。

單于寇我壘，百里風塵昏。雄劍四五動，彼軍為我奔。虜其名

王歸，繫頸授轅門。潛身備行列，一勝何足論。

從軍十年餘，能無分寸功。眾人貴苟得，欲語羞雷同。中原有
鬥爭，況在狄與戎。丈夫四方志，安可辭固窮。

子美五言，不專法漢魏，且多效鮑、謝者。信其兼包眾體，不
主一家也。如《渼陂西南臺》一首，極似康樂，其餘此類甚多，不
能備述也。

渼陂西南臺

高臺面蒼陂，六月風日冷。蒹葭離披去，天水相與永。懷新目
似擘，接要心已領。仿像識鯨人，空濛辨漁艇。錯磨終南翠，顛倒
白閣影。崱屴增光輝，乘陵惜俄頃。勞生愧嚴鄭，^{嚴君平
鄭子真} 外物慕張
邴，^{張良
邴漢} 世復輕驊騮，吾甘雜蟏螕。知歸俗可忽，取適事莫並。身
退豈待官，老來苦便^{平聲}靜。況資菱芡足，庶結茅茨迥。從此具扁
舟，彌年逐清景。

朱鶴齡曰："此詩中間句多本謝康樂，如'懷新目似擘'，即謝
'懷新道轉迥'也；'乘陵惜俄頃'，即謝'恆充俄頃用'也；'外物
慕張邴'，即謝'偶與張邴合'；'知歸俗可忽'，即謝'適己物可
忽'也；'取適事莫並'。即謝'萬事難並歡'也；'身退豈待
官'，即謝'辭滿豈多秩，謝病不待年'也；'老來苦便靜'，即謝
'拙疾相倚薄，還得靜者便'也。公云精熟《文選》理，豈欺
我哉！"

子美詩當時以為"詩史"，故多感諷時事之作，其慷慨述志，以
明勸戒者，蓋有之矣。亦有寄興微婉，卒不易見，誠詩人之妙旨
也，如《登慈恩寺塔》,《玉華宮》等。

同諸公登慈恩寺塔^{原注：時高適、薛據先有作}

高標跨蒼穹，烈風無時休。自非曠士懷，登茲翻百憂。方知象
教力，足可追冥搜。仰穿龍蛇窟，^{謂塔間磴道，屈曲而升，如穿龍蛇之窟也}始出枝撐幽。七星在
北戶，河漢聲西流。羲和鞭白日，少昊行清秋。秦山忽破碎，涇渭
不可求。俯視但一氣，焉能辨皇州。迴首叫虞舜，蒼梧雲正愁。惜
哉瑤池飲，日晏^{一作宴非}崑崙邱。黃鵠去不息，哀鳴何所投。君看隨陽
雁，各有稻粱謀。

《草堂詩話》引三山老人《胡氏語錄》曰："子美《慈恩寺
塔》詩，乃譏天寶時事也。山者人君之象。'秦山忽破碎'，則人君
失道矣。賢不肖混殽而清濁不分，故曰'涇渭不可求'；天下無綱紀
文章，而上都亦然，故曰'俯仰但一氣，焉能辨皇州'。於是思古之
賢君不可得，故曰'迴首叫虞舜，蒼梧雲正愁'。是時明皇方耽於淫
樂而不已，故曰'惜哉瑤池飲，日晏崑崙邱'。賢人君子多去朝
廷，故曰'黃鵠去不息，哀鳴何所投'。惟小人貪竊祿位者在朝，故
曰'君看隨陽雁，各有稻粱謀'。"

玉華宮^{宮為貞觀二十一年所作}

溪回松風長，蒼鼠竄古瓦。不知何王殿，遺構絕壁下。陰房鬼
火青，^{梅聖俞云：玉華宮近，有晉符堅墓}壞道哀湍瀉。萬籟真笙竽，秋色正瀟灑。美人為
黃土，況乃粉黛假。^{謂殉葬木偶人}當時侍金輿，故物獨石馬。憂來藉草坐，
浩歌淚盈把。冉冉征途間，誰是長年者。

此亦感時憑弔之詞，而張文潛兼賞其音節。《容齋隨

259

筆》曰："張文潛暮年在宛丘，何大圭方弱冠往謁之。凡三日，見其吟哦老杜《玉華宮》詩不絕口。大圭請其故，曰：'此章乃風雅鼓吹，未易為子言。'大圭曰：'先生所賦，何必減此？'曰：'平生極力模寫，僅有一篇稍似之，然未可同日語也。'遂誦其《離黃州》詩。此其音響節奏，固似之矣。"

崔德符曰："少陵《八哀詩》，可以表裏《雅》《頌》，中古作者莫及也。兩紀行詩，《發秦州》至《鳳凰臺》，《發同谷縣》至《成都府》二十四首，皆以經行為先後，無復差舛。昔韓子蒼嘗論此詩筆力變化，當與太史公諸贊並駕，學者宜常諷誦之。"朱文公曰："杜詩初年甚精細，晚年曠逸不可當。如自秦州入蜀諸詩，分明如畫，乃其少作也。"然秦州紀行諸詩，在乾元間，已非少作，惟《八哀詩》作於大曆中居夔州時，是晚年詩。今錄《發秦州》及《八哀詩》之一首。

發秦州 原注：乾元二年，自秦州赴同谷縣紀行

我衰更懶拙，生事不自謀。無食問樂土，無衣思南州。^{同谷在秦州南漢此言同谷風土之煖，利於無衣}源十月交，^{《唐書》漢源縣屬成州}天氣涼如秋。草木未黃落，況聞出水幽。采亭名更嘉，^{《九域志》采亭在成州東五十里}下有良田疇。充腸多薯蕷，崖蜜亦易求。^{石蜜即崖蜜，其蜂黑色，作房於嚴崖高峻處或石窟中，以長竿刺，令蜜出，承取之。此言同谷物產之佳，利於無食}密竹復冬笋，清池可方舟。雖傷旅寓遠，庶遂平生遊。此邦俯要衝，實恐人事稠。應接非本性，登臨未銷憂。谿谷無異名，塞田始微收。豈復慰老夫，惘然難久留。日色隱孤戍，烏嘑滿城頭。中宵驅車去，飲馬寒塘流。磊落星月高，蒼茫雲霧浮。大哉乾坤內，吾道長悠悠。

哀故著作郎貶台州司戶滎陽鄭公虔 《八哀詩》之一

鸂鷘至魯門，不識鐘鼓饗。孔翠望赤霄，愁思雕籠養。滎陽冠眾儒，早聞名公賞。地崇士大夫，況乃精氣爽。天然生知姿，學立游夏上。神農或闕漏，黃石愧師長。藥纂西極名，兵流指諸掌。貫穿無遺恨，薈蕝何技癢。圭臬星經奧，蟲篆丹青廣。子雲窺未遍，方朔諧太枉。神翰顧不一^{顧野王通蟲篆奇字，又善丹青，故曰不一}，體變鍾兼兩^{鍾繇兼擅草隸}文傳天下口，大字猶在牓。昔獻書畫圖，新詩亦俱往。滄洲動玉陛，寡鶴誤一響。^{滄洲二句美其畫}三絕自御題，四方尤所仰。嗜酒益疎放，彈琴視天壤。形骸實土木，親近惟几杖。未曾寄官曹，突兀倚書幌。晚就芸香閣，胡塵昏坱漭。反覆歸聖朝，點染無滌盪。老蒙台州掾，泛泛浙江槳。履穿四明雪，饑拾栖溪橡。空聞紫芝歌，不見杏壇丈。天長眺東南，秋色餘魍魎。別離慘至今，斑白徒懷曩。春深秦山秀，葉墜清渭朗。戲談王侯門，野稅林下鞅。操紙終夕酬，時物集遐想。詞場竟疎闊，平昔濫吹獎。百年見存歿，牢落吾安放。蕭條阮咸在，出處同世綱。他日訪江樓，含悽述飄蕩。

子美五言之本領，尤在自述諸作，縱橫跌蕩，雄奇俊拔，如《贈韋見素》、《赴奉先詠懷》、《北征》諸篇，皆是古今絕作也。讀之可盡五言之變，而子美之素抱，亦於此見之。

奉贈韋左丞丈二十二韻 ^{范溫以為韋見素，趙偯以為韋濟。今從范說}

紈袴不餓死，儒冠多誤身。丈人試靜聽，賤子請具陳。甫昔少年日，早充觀國賓。^{公遊吳越，歸赴鄉舉，時方二十三歲}讀書破萬卷，下筆如有神。賦料揚

261

雄敵，詩看子建親。李邕求識面，王翰願卜鄰。<small>甫少貧不自振，客齊趙間，李邕奇其才，先往見之</small>

<small>王翰，并州晉陽人，及進士第，張說輔政，召為秘書正字，終道州司馬</small>自謂頗挺出，立登要路津。致君堯舜上，再使風俗淳。此意竟蕭條，行歌非隱淪。騎驢三十載，旅食京華春。朝扣富兒門，暮隨肥馬塵。殘杯與冷炙，到處潛悲辛。主上頃見徵，欻<small>許勿切，忽也</small>然欲求伸。青冥卻垂翅，蹭蹬無縱鱗。<small>天寶六載，詔天下有一藝詣轂下。李林甫命尚書省試皆下之，公應詔選下</small>甚愧丈人厚，甚知丈人真。每於百僚上，猥誦佳句新。竊效貢公喜，難甘原憲貧。焉能心怏怏，祗是走踆踆。<small>踆踆，走貌。二句乃心口問答，進退徘徊之狀</small>今欲東入海，即將西去秦。尚憐終南山，回首清渭濱。常擬報一飯，況懷辭大臣。白鷗沒浩蕩，萬里誰能馴。

范元實《詩眼》曰：“黃魯直謂文章必謹布置，以此櫽考古人法度，如杜子美《贈韋見素》詩云：‘紈袴不餓死，儒冠多誤身。’此一篇立意也，故使人靜聽而具陳之耳。自‘甫昔年少日’，至‘再使風俗淳’，皆言儒冠事業也。自‘此意竟蕭條’，至‘蹭蹬無縱鱗’，言誤身事也。則意舉而文備，故已有是詩矣。然必言其所以見韋者，於是有‘厚愧’‘真知’之句。所以真知者，謂傳誦其詩也。然宰相職在薦賢，不當徒愛人而已，士固不能無望，故曰‘竊效貢公喜，難甘原憲貧’。果不能薦賢，則去之可也，故曰‘焉能心怏怏，祗是走踆踆’，又將入海而去秦也。然其去也，必有遲遲不忍之意，故曰‘尚憐終南山，回首清渭濱’。則所知不可以不別，故曰‘常擬報一飯，況懷辭大臣’。夫如此是可以相忘於江湖之外，雖見素亦不得而見矣，故曰‘白鷗沒浩蕩，萬里誰能馴’也。此詩布置最得正體，如官府甲第，廳堂房屋，各有定處，不可亂也。”又云：“詩有一篇命意，有句中命意。如老杜《上韋見素》詩，布置如此，是一篇命意也。至其道遲遲不忍去之意，則曰‘尚憐終南山，回首清渭濱’；其道欲與見素別，則曰‘常擬報一飯。況懷辭大臣’。此句中命意也，蓋如此然後可以頓挫高雅矣。”

自京赴奉先縣詠懷五百字<small>公赴奉先，玄宗時正在華清
宮，故詩中言驪山事特詳</small>

杜陵有布衣，老大意轉拙。許身一何愚，竊比稷與契。居然成濩落，白首甘契<small>音栔</small>闊。<small>契闊，
勤苦也</small>蓋棺事則已，此志常覬豁。窮年憂黎元，歎息腸內熱。取笑同學翁，浩歌彌激烈。非無江海志，蕭灑送日月。生逢堯舜君，不忍便永訣。當今廊廟具，構廈豈云缺。葵藿傾太陽，物性固莫奪。顧惟螻蟻輩，但自求其穴。<small>指瑣瑣事干謁
者。舊解非</small>胡為慕大鯨，輒擬偃溟渤。以茲誤生理，獨恥事干謁。兀兀遂至今，忍<small>甘
也</small>為塵埃沒。<small>因不求穴，故不干
謁，遂至塵沒也</small>終愧巢與由，未能易其節。<small>言不能起
而隱去</small>沈飲聊自遣，放歌破<small>一作
顧</small>愁絕。歲暮百草零，疾風高岡裂。<small>公赴奉先，
在十一月初</small>天衢陰崢嶸，客子中夜發。霜嚴衣帶斷，指直不得結。凌晨過驪山，御榻在嵽<small>徒結
切</small>嵲。<small>魚列
切</small>蚩尤塞寒空，蹴踏崖谷滑。<small>二句言衛
士之苦</small>瑤池氣鬱律，羽林相摩戛。君臣留懽娛，樂動殷<small>音
隱</small>膠葛。賜浴皆長纓，<small>《明皇雜錄》：上嘗於華清宮
中，置長湯數十，賜從臣浴</small>與宴非短褐。彤庭所分帛，本自寒女出。鞭撻其夫家，聚斂貢城闕。聖人筐篚恩，實欲邦國活。臣如忽至理，君豈棄此物。<small>在位者如共休瘁，不恤國
事，則厚賜為虛擲矣，此責</small><small>臣以
諷君</small>多士盈朝廷，仁者宜戰慄。況聞內金盤，盡在衛霍室。<small>衛霍皆漢內戚，
以比國忠</small>中堂有神仙，<small>指貴妃
及諸姨</small>煙霧蒙玉質。煖客貂鼠裘，悲管逐清瑟。勸客駝蹄羹，香橙壓金橘。朱門酒肉臭，路有凍死骨。榮枯咫尺異，惆悵難再述。北轅就涇渭，官渡又改轍。<small>過驪山向北，
往奉先</small>羣水從西下，極目高崒兀。疑是崆峒來，恐觸天柱折。河梁幸未坼，<small>言未為
水所毀</small>枝撐聲窸窣。<small>窸窣聲，
不安也</small>行李相攀援，川廣不可越。老妻寄異縣，<small>指奉
先</small>十口隔風雪。誰能久不顧，庶往共饑渴。入門聞號咷，幼子已餓卒。<small>浦云：卒字
複，下當作歿</small>吾寧捨一哀，里巷亦嗚咽。所愧為人父，無食致夭折。<small>音
哲</small>豈知秋禾登。貧窶有倉卒，<small>音
猝</small>生常免租稅，名不隸征伐。撫跡猶酸辛，平人固騷屑。默思失業徒，^{租稅失業，即指前出帛者言}因念遠戍卒。憂端齊終南，澒洞不可掇。

《庚溪詩說》曰："觀《赴奉先詠懷五百言》，乃聲律中老杜心迹論一篇也。自'杜陵有布衣，老大意轉拙。許身一何愚，竊比稷與契'，其心術祈嚮，自是稷契等人。'窮年憂黎元，歎息腸內熱'，與飢渴由己者何異？然常為不知者何病，故曰'取笑同學翁'。世不我知而所守不變，故曰'浩歌彌激烈'。又曰：'非無江海志，瀟灑送日月。當今廊廟具，構廈豈云缺。葵藿傾太陽，物性固莫奪。'言非不知隱遁為高也，亦非以其國人也，特廢義亂倫，有所不可。'以茲悞生理，獨恥事干謁。'言志大術疎，未始阿附以借勢也。為下士所笑而浩歌自若，皇皇慕君而雅志棲遁，既不合時，而又不為低屈，皆設疑互答，屢致意焉，非巨刃有餘，孰能之乎？中間鋪敘，間關艱辛，宜不勝其戚戚，而'默思失業途，因念遠戍卒'，所謂憂在天下而不為小己失得也。禹、稷、顏子，不害同道，少陵之迹江湖而心稷契，豈為過哉！孟子曰：'窮則獨善其身，達則兼善天下。'其窮也，未嘗無志於國與民；其達也，未嘗不抗其易退之節。蓋謀先定，出處一致矣。是詩先後周復，正合乎此，故余特目此詩為心迹論也。"張上若曰："文之至者，但見精神，不見語言。此五百字，真懇切至，淋漓沈痛，俱是精神，何處見有語言，豈有唐諸家所能及！"李安溪以此篇金聲玉振，為杜集壓卷。

北征 ^{至德二年，子美自賊中竄歸鳳翔，謁肅宗，授左拾遺。時家在鄜州，八月，徒步至三川迎妻子，故作是詩}

皇帝二載秋，閏八月初吉。杜子將北征，蒼茫問家室。維時遭艱虞，朝野少暇日。顧慙恩私被，詔許歸蓬蓽。拜辭詣闕下，怵惕久未出。雖乏諫諍姿，恐君有遺失。君誠中興主，經緯固密勿。東胡反未已，〔謂安慶緒〕臣甫憤所切。揮涕戀行在，道途猶恍惚。乾坤含瘡痍，憂虞何時畢。靡靡踰阡陌，人煙眇蕭瑟。所遇多被傷，呻吟更流血。回首鳳翔縣，旌旗晚明滅。前登寒山重，屢得飲馬窟。邠郊入地底，〔入地底，正顯四面之高〕涇水中蕩潏。猛虎立我前，蒼崖吼時裂。菊垂今秋花，石戴古車轍。青雲動高興，幽事亦可悅。山果多瑣細，羅生雜橡栗。〔橡，櫟實也，似栗而小〕或紅如丹砂，或黑如點漆。雨露之所濡，甘苦齊結實。緬思桃源內，益歎身世拙。坡陀望鄜畤，巖谷互出沒。我行已水濱，我僕猶木末。鴟鴞鳴黃桑，野鼠拱亂穴。夜深經戰場，寒月照白骨。潼關百萬師，往者散〔一作敗〕何卒。〔《哥舒翰傳》翰率兵出關，次靈寶縣之西原，為賊所乘，自相蹂躪，墜黃河死者數萬人〕遂令半秦民，殘害為異物。況我墮胡塵，及歸盡華〔音花〕髮。經年至茅屋，妻子衣百結。慟哭松聲迴，悲泉共幽〔一作嗚〕咽。平生所嬌兒，顏色白勝雪。見耶背面啼，垢膩腳不襪。牀前兩小女，補綻才過膝。海圖拆波濤，舊繡移曲折。天吳及紫鳳，顛倒在裋褐。老夫情懷惡，數日臥嘔泄。那無囊中帛，救汝寒凜慄。粉黛亦解包，衾裯稍羅列。瘦妻面復光，癡女頭自櫛。學母無不為，曉妝隨手抹。移時施朱鉛，狼籍畫眉闊。生還對童稚，似欲忘饑渴。問事競挽鬚，誰能即嗔喝。翻思在賊愁，甘受雜亂聒。新歸且慰意，生理焉得說。至尊尚蒙塵，幾日休練卒。仰觀天色改，坐覺妖氛豁。陰風西北來，慘澹隨回紇。其王願助順，其俗善馳突。送兵五千人，驅馬一萬匹。此輩少為貴，四方服勇決。所用皆鷹騰，破敵過箭疾。聖心頗虛佇，時義氣欲奪。伊洛指掌收，〔指東京〕西京不足拔。官軍請深入，蓄銳可〔一作同〕俱發。此舉開青徐，〔二州更在伊洛東〕旋瞻略恆碣。昊天積霜露，正氣有肅殺。禍轉亡胡歲，勢成擒胡月。胡命其能久，皇綱未宜絕。憶昨狼狽初，事與古先別。姦臣竟葅醢，同惡隨蕩析。不聞夏殷衰，〔胡存云：當作殷周〕中自誅褒妲。〔褒姒、妲己，已比貴妃〕周漢獲再興，宣光果明哲。桓桓陳將軍，仗鉞奮忠烈。微爾人盡非，於今國猶活。淒涼大同殿，寂寞白獸闥。都人望翠華，佳氣向金闕。園林固有神，灑掃數不缺。^{言收京之後，掃灑園陵，禮數可以不缺}煌煌太宗業，樹立甚宏達。

蘇子瞻謂《北征詩》忠義之氣，與秋風爭高，黃魯直曰：“此書一代之事，與《國風》《雅頌》相為表裏也。”按《赴奉先詠懷》，及《北征》二篇，實見子美平生大本領，所謂“巨刃摩天，乾坤雷硠”者，惟此種足以當之。蓋前人五古，多以質厚清遠勝，少陵出而沈鬱頓挫，每多大篇，遂為詩道中另闢一門徑，無一語蹈襲漢魏，正深得漢魏之神理者也。自《贈韋見素》及《詠懷》《北征》，並自述志事，此外尚有《壯游》一章，敘平生所歷尤詳，然《壯游》是晚年之作，奇采略遜，故不復著焉。

（乙）七言古體

王漁洋謂七言古詩，惟杜甫橫絕古今，同時大匠，無敢抗行。蓋子美之作，出入《風》《雅》，兼該齊、梁，其波瀾開合，則用初唐之體勢，而行以縱橫沈鬱之氣，雖有時險怪峻絕，仍從容於法度之中，氣蒸筆力，真已盡七古之變矣，故子美七古中，富有眾體，開後來詩人諸派。今約而論之，如《兵車行》等篇，則最近古樂府者也。

兵車行 ^{玄宗季年，窮兵吐蕃，征戍繹騷內郡幾遍，詩故託為從征者自愬之辭}

車轔轔，馬蕭蕭，行人弓箭各在腰。耶娘妻子走相送，塵埃不見咸陽橋。牽衣頓足攔道哭，哭聲直上干雲霄。道旁過者問行人，行人但云點行頻。或從十五北防河，便至四十西營田。去時里正與裹頭，歸來頭白還戍邊。邊庭流血成海水，武皇開邊意未已。君不聞漢家山東二百州，千村萬落生荊杞。縱有健婦把鋤犁，禾生隴畝無東西。^{此概天下言}況復秦兵耐苦戰，被驅不異犬與雞。^{此指今點行者}長者雖有問，役夫敢伸恨。且如今年冬，未休關西卒。縣官急索租，租稅從何出。^{名隸征伐，則生當免其租稅矣。今以遠戍之身，復督其家之輸賦豈可得哉。此承上更進一層，語亦與上村落荊杞相應}信知生男惡，反是生女好。生女猶得嫁比鄰，生男埋沒隨百草。君不見青海頭，古來白骨無人收。新鬼煩冤舊鬼哭，天陰雨溼聲啾啾。

　　蔡寬夫曰："齊、梁以來文士，喜為樂府詞，往往失其命題本意，惟老杜《兵車行》《悲青坂》《無家別》等篇，皆因時事，自出己意立題，罝不更蹈前人陳跡，真豪傑也。"胡元瑞以《兵車行》與《新婚別》並稱，謂其"述情陳事，懇惻如見。"邵子湘則以《兵車行》是唐詩史，亦古樂府也。然子美固亦有時效齊梁樂府者，如《白絲行》等篇，實上擬叔庠，而下開方城。子美集中，真不拘一體也。

白絲行^{即墨子悲素絲之意，歎士人媚時徒失其。身終歸棄置，故有志者，寧守貧賤也}

　　繰絲須長不須白，^{首句乃有激之詞，喻奔兢之徒，但希榮進，不須名節也}越羅蜀錦金粟尺。象牀玉手亂殷紅，萬草千花動凝碧。已悲素質隨時染，裂下鳴機色相射。^{食亦切}美人細意熨貼平，裁縫滅盡針線跡。春天衣著^{汄略切}為君舞，蛺蝶飛來黃鸝語。落絮游絲亦有情，隨風照日宜輕舉。香汗清塵汙顏色，開新合故置何許。君不見才士汲引難，恐懼棄捐忍羈旅。

　　子美七古，亦有自初唐四家體格，變化而來。如《洗兵馬》《古柏行》之類，多用偶句，對仗工整，然其氣骨沈雄，識議俊偉，則自子美本色，此真能學初唐而又異於初唐者也。唐仲言曰："《洗兵馬》一篇有典有則，雄渾闊大，足稱唐雅。"至《古柏行》，則因弔武侯，兼感士不遇之意，以其體勢相近比錄之。

洗兵馬 <small>原注：收京後作。按時慶緒圍困，官軍勢張，公在東都，作此詩，以鼓其氣，多欣喜願望之語，當在相州未潰時</small>

中興諸將收山東，<small>山東，河北也</small>捷書夜報清晝同。河廣傳聞一葦過，胡危命在破竹中。祇殘鄴城不日得，獨任朔方無限功。<small>是時，命九節度討安慶緒，又以魚朝恩為觀軍容使，雖圍相州，而兵柄不一，此曰"獨任朔方無限功"蓋舉前事，以風之，欲其專任子儀也</small>京師皆騎汗血馬，回紇餧肉蒲萄宮。<small>是年八月，回紇遣驍騎三千，助討安慶緒</small>已喜皇威清海岱，常思仙仗過崆峒。三年笛裏關山月，萬國兵前草木風。成王功大心轉小，<small>《唐書》廣平王俶，進爵楚王，徙封成王。乾元元年四月，立為皇太子</small>郭相謀深古來少。<small>子儀，時進中書令</small>司徒清鑒懸明鏡，<small>李光弼先加檢校司徒</small>尚書氣與秋天杳。<small>王思禮時遷兵部尚書</small>二三豪俊為時出，整頓乾坤濟時了。東走無復憶鱸魚，南飛覺有安巢鳥。青春復隨冠冕入，紫禁正耐煙花繞。鶴駕通宵鳳輦備，雞鳴問寢龍樓曉。攀龍附鳳勢莫當，天下盡化為侯王。汝等豈知蒙帝力，時來不得誇身強。<small>二句即介之推貪天功，以為己力意</small>關中既留蕭丞相，<small>蕭丞相，謂房琯自蜀奉冊，留相肅宗。一說：蔡夢弼謂指杜鴻漸</small>幕下復用張子房。<small>謂張鎬也。至德二載，琯罷相，以張鎬代</small>張公一生江海客，身長九尺鬚眉蒼。徵起適遇風雲會，扶顛始知籌策良。<small>《舊唐書》張鎬，風儀魁岸，廓落有大志，自褐衣拜左拾遺。元宗幸蜀，徒步扈從。元宗遣赴行在至鳳翔，奏議多有宏益，拜諫議大夫，尋代房琯為相</small>青袍白馬更何有，後漢今周喜再昌。<small>以漢光、周宣比肅宗，言能專用鎬，則餘寇不足平，而太平可坐致也</small>寸地尺天皆入貢，奇祥異瑞爭來送。不知何國致白環，復道諸山得銀甕。<small>《瑞應圖》：王者宴不及醉，刑罰中則銀甕出焉</small>隱士休歌紫芝曲，<small>當指李泌，泌時歸衡山</small>詞人解撰清河頌。<small>鮑照作《河清頌》</small>田家望望惜雨乾，布穀處處催春種。淇上健兒歸莫懶，<small>指圍鄴之兵也，歸莫懶，蓋速其成功</small>城南思婦愁多夢。<small>城南，謂長安城南</small>安得壯士挽天河，淨洗甲兵長不用。

268

古柏行

　　孔明廟前有古柏，柯如青銅根如石。霜皮溜雨四十圍，黛色參天二千尺。君臣已與時際會，樹木猶為人愛惜。雲來氣接巫峽長，月出寒通雪山白。憶昨路繞錦亭東，先主武侯同閟宮。崔嵬枝幹郊原古，窈窕丹青戶牖空。落落盤踞雖得地，冥冥孤高多烈風。扶持自是神明力，正直元因造化功。大廈如傾要梁棟，萬牛回首丘山重。不露文章世已驚，未辭翦伐誰能送。苦心豈免容螻蟻，香葉終經宿鸞鳳。志士幽人莫怨嗟，古來才大難為用。

　　子美多感諷時事之言，玄宗幸於楊氏，姊妹兄弟，淫侈專國，以致祿山之亂。子美每於詩中致其意，而《麗人行》《哀江頭》等篇，尤微婉悱惻，深得詩人怨而不怒之旨。至於詞調清麗，節奏雍容，實會梁、陳之神致，奪初唐之骨格，後來元、白詠事，深切朗潤，大抵皆出於此。

麗人行 ^{刺貴妃姊妹而作}

　　三月三日天氣新，長安水邊多麗人。^{此刺諸楊遊宴曲江也}態濃意遠淑且真，^{淑真，婦人美德。公反言以刺之也}肌理細膩骨肉勻。繡羅衣裳照暮春，蹙金孔雀銀麒麟。頭上何所有，翠為匌^{音盍，鳥合切}葉垂鬢脣。^{匌綠，婦人頭花醫飾}背後何所見，珠壓腰衱穩稱身。^{《爾雅》：衱謂之裾，注：衣後裾也。蓋衣裾以珠綴之也}就中雲幕椒房親，賜名大國虢與秦。^{《唐書》太真姊三人皆有才貌，並封國夫人。長姨韓國、三姨虢國、八姨秦國，同日拜命}紫駝之峯出翠釜，水精之盤行素鱗。犀筯厭飫久未下，鸞刀縷切空紛綸。黃門飛鞚不動塵，^{謂閹人在內給事者}御廚絡繹送八珍。簫鼓^{一作管}哀吟感鬼神，賓從雜遝實要津。後來鞍馬何逡巡，當軒下馬入錦茵。楊花雪落覆白蘋，_{樂府《楊白花歌》曰：楊花飄蕩落南家。又曰：願銜楊花入窠裏，此胡太后淫辭，用之亦}以託諷楊氏也青鳥飛去銜紅巾。炙手可熱勢絕倫，慎莫近前丞相嗔。

哀江頭 _{此公在賊中時，親江水江花哀思而作，因帝與貴妃常遊幸曲江，故以《哀江頭》為名}

少陵野老吞聲哭，春日潛行曲江曲。江頭宮殿鎖千門，細柳新蒲為誰綠。_{言無主也}憶昔霓旌下南苑，苑中萬物生顏色。昭陽殿裏第一人，_{指貴妃也}同輦隨君侍君側。輦前才人帶弓箭，白馬嚼齧黃金勒。翻身向天仰射雲，一笑_{一作箭}正墜_{一作墮}雙飛翼。明眸皓齒今何在，血污遊魂歸不得。清渭東流劍閣深，去住彼此無消息。_{清渭，貴妃縊處。劍閣，明皇入蜀所經。彼此無消息，即《長恨歌》所謂}_{"一別音容兩渺茫"也}人生有情淚霑臆，江水_{一作草}江花豈終極。黃昏胡騎塵滿城，欲往城南向城北。_{一作忘南北。舊注：公家居城南，往城南乃向城北，亦不能記南北之意}

蘇子由謂《哀江頭》詩："詞氣如百金戰馬，注城蓆潤，如覆平地也。"張戒《歲寒堂詩話》：則謂"江水江花豈終極"句，無窮之恨，寄于言外，其詞婉而雅，可謂得風人之旨。元白數十百言，竭力摹寫，不如子美一句也。

七古之體，至子美而備，如《同谷歌》等，並子美自創體。李廌《師友記聞》曰："太白《遠別離》《蜀道難》，與子美《寓居同谷七歌》，皆風騷極致，不在屈、宋之下。"朱晦庵則謂《同谷作歌七章》，豪宕奇崛，兼取九歌、四愁、十八拍諸調，而變化出之，遂成創體。

乾元中寓居同谷縣作歌七首

有客有客字子美，白頭亂_{一作短}髮垂過耳。歲拾橡栗隨狙公，_{《莊子》狙公賦}

芧。芧，即橡子，狙公謂畜狙之人　天寒日暮山谷裏。中原無書歸不得，手腳凍皴^{七倫切}皮肉死。《說文》：皴，皮細起也。　嗚呼一歌兮歌已哀，悲風為我從天來。浦二田云：七詩章法本極整密，舊解每於第六首若贅疣，然今按第一首係總攝諸章，白頭肉死，乃作客傷老本旨，故應在末章。其曰拾橡栗，則二章之家計也。天寒山谷，則五章之流寓也。中原無書，則三章四章之弟妹也。歸不得則六章之直亂也。下各章一一承說，條理井然，結獨逗一衰字、悲字，以下諸歌不復言悲哀，而聲聲悲哀矣。每章結句亦多貼定

長鑱長鑱白木柄，我生託子以為命。黃獨^{一作精}無苗山雪盛，《山谷別集》黃獨，狀如芋子。蔡夢弼引別注：歲飢土人掘以充糧，根惟一顆而色黃，故謂之黃獨　短衣數挽不掩脛。此時與子空歸來，男呻女吟四壁靜。張潘曰：既曰呻吟，又曰靜，言除呻吟外，別無所有，別無所聞也　嗚呼二歌兮歌始放，隣^{一作閭}里為我色惆悵。

有弟有弟在遠方，三人各瘦何人強？公四弟，曰潁，曰觀，曰豐，曰占。潁、觀、豐各在他郡，惟占從入蜀。後有《舍弟占歸草堂詩》　生別展轉不相見，胡塵暗天道路長。前飛鴐鵝後鶖鶬。安得送我置汝旁？二句特言道路阻絕，欲假翼飛鳥耳，鳥名不必泥　嗚呼三歌兮歌三發，汝歸何處收兄骨？

有妹有妹在鍾離，良人早歿諸孤癡。公有《元日寄韋氏妹詩》。時已孀居矣　長淮浪高蛟龍怒，十年不見來何時？扁舟欲往箭滿眼，杳杳南國多旌旗。嗚呼四歌兮歌四奏，林猿為我啼清晝。猿多夜嘯，今嘯清晝，極言其悲也。舊作竹林解，穿鑿難信

四山多風溪水急，寒雨颯颯枯樹溼。黃蒿古城雲不開，白狐跳梁黃狐立。言無人也　我生何為在窮谷？中夜起坐萬感集。嗚呼五歌兮歌正長，魂招不來歸故鄉。言欲招魂同歸故鄉，而驚魂欲散，故招之不來也

南有龍兮在山湫，王道俊曰：同谷萬丈潭有龍，此借以起興　古木龍蝦枝相樛。木葉黃落龍正蟄，蝮蛇東來水上游。我行怪此安敢出，拔劍欲斬且復休。嗚呼六歌兮歌思遲，溪壑為我迴春姿。浦二田云：此章慨世亂，乃作客之由也，不敢斥言在位，故借南湫之龍為比。蓋龍蟄山湫，主威不振也。蝮蛇東來，史學寇偪也。我安敢出，所以遠避也。欲斬且休，力不能殄也。舊注牽扯元肅父子，固為不倫，即泛詠龍湫，亦屬無謂

男兒生不成名身已老，三年饑走荒山道。長安卿相多少年，富貴應須致身早。山中儒生舊相識，時必有舊交寓同谷者　但話夙昔傷懷抱。嗚呼七歌兮悄終曲，仰視皇天白日速。

長短句亦七古之變，子美集中，罕長短句。李東陽嘗稱其《桃

竹杖引》，為長短句之有節者。《懷麓堂詩話》曰："古律詩各有音
節，然皆限於字數，求之不難。惟樂府長短句初無定數，最難調
疊，然亦有自然之聲。古所謂'聲依永'者，謂有長短之節，非徒
永也，故隨其長短，皆可以播之律呂，而太長太短之無節者，則不
足以為樂。若反復諷咏。久而自有所得，得之於心，而發之乎
聲，則雖千變萬化，如珠之走盤，自不越乎法度之外矣，如李太白
《遠別離》，杜子美《桃竹杖》，皆極其操縱，曷嘗按古人聲調，而和
順委曲乃如此。固初學所未到，然學而未至於是，亦未可與言詩。"

桃竹杖引贈章留後

江心蟠石生桃竹，蒼波噴浸尺度足。斬根削皮如紫玉，江妃水
仙惜不得。梓潼使君開一束，滿堂賓客皆歎息。憐我老病贈兩莖，出
入爪甲鏗有聲。_{言其堅勁}老夫復欲東南征，乘濤鼓枻白帝城。_{時有下峽之志}路幽必為
鬼神奪，拔劍或與蛟龍爭。重為告曰：杖兮杖兮，爾之生也甚正直，
慎勿見水踴躍學變化為龍。使我不得爾之扶持，滅跡於君山江上之青
峰！噫！風塵澒洞兮豺虎咬人，忽失雙杖兮吾將曷從？

子美七古，善於體物盡事，其敍述處變化不測，雖題畫亦每為
歌行長篇，咸寓悲壯，如《丹青引》、《曹將軍畫馬歌》，筆力排奡如
《史記》，皆世人所膾炙。其餘亦多馳驟生動，沈確士曰："題畫詩自
少陵開出異境，後人往往宗之。"今錄《劉少府山水障歌》一篇。

奉先劉少府新畫山水障歌

堂上不合生楓樹，怪底江山起煙霧。聞君掃卻赤縣圖，_{劉為奉先尉，先寫其邑之山}

乘興遺畫滄洲趣。^{即指本畫障}畫師亦無數，好手不可遇。對此融心神，知君重毫素。豈但祁岳與鄭虔，筆跡遠過楊契丹。^{張彥遠《名畫記》隨楊契丹官至上儀同，}得非元圖裂？毋乃瀟湘翻？悄然坐我天姥下，耳邊已是聞清猿。反思前夜風雨急，乃是蒲城鬼神入。^{蒲城即奉先}元氣淋漓障猶溼，眞宰上訴天應泣。野亭春還雜花遠，漁翁暝踏孤舟立。滄浪水深清且闊，欹岸側島秋毫末。不見湘妃鼓瑟時，至今斑竹臨江活。劉侯天機精，愛畫入骨髓。自有兩兒郎，揮灑亦莫比。大兒聰明到，能添老樹巔崖裏。小兒心孔開，貌^{音莫}得山僧及童子。若耶溪，雲門寺，吾獨何為在泥滓？青鞋布襪從此始。

蘇子瞻解《茅屋為秋風所破歌》，以為古之封諸侯，分之以茅土。所謂茅屋者，制節之方州也。風號令也，所以鼓舞萬民，和四方之義也。天寶十四載，安祿山起漁陽之師，詭言奉詔誅楊國忠，是謂義兵，號令天下，陷河北郡縣，是謂茅屋破也。子瞻於句中各為解釋，似近於附會，不知是否子美眞意，然玩此詩以樸勝，實已開宋派也。^{邵子湘說}

茅屋為秋風所破歌

八月秋高風怒號，卷我屋上三重茅。茅飛渡江灑江郊：高者掛罥長林梢，下者飄轉沈塘坳。南村羣童欺我老無力，忍能對面為盜賊。公然抱茅入竹去，脣焦口燥呼不得，歸來倚杖自歎息。俄頃風定雲墨色，秋天漠漠向昏黑。布衾多年冷似鐵，嬌兒惡^{烏臥切}臥踏裏裂。牀牀^{一作頭}屋漏無乾處，雨腳如麻未斷絕。自經喪亂少睡眠，長夜霑溼何由徹？安得廣廈千萬間。大庇天下寒士俱歡顏，風雨不動安如山？嗚呼！何時眼前突兀見此屋？吾廬獨破受凍死亦足。

蘇子瞻以三重茅為三郡，言是時方陷三郡。謂“南村羣童欺我
老無力，忍能對面為盜賊”者，南明也，村鄙也，童無知也。明明
鄙野無知之輩，以我國家師老而莫能為之敵，所以盜吾疆土，賊吾
善良。風定喻號令無所施；雲黑喻法度不明，餘皆用史事比附，以
明子美憂憤願治之情。蔡夢弼《草堂詩箋》全取之，今從畧焉。

子美始為歌行，或效古樂府，或有取於梁、陳、初唐之體，後
乃務自出奇創格，其馳騁騰躍，激楚悲狀變化而不可測者，蓋往往
見之矣。至晚年則又歸於平淡，雖神境自深，而不專以字句鬭
奇，操縱取勢。黃山谷愛子美夔州以後諸作，意或慕此耶。茲錄子
美夔州以後七言古體數首。

寄韓諫議注^{韓諫議不可考其人，大似李泌，}^{或曰此詩為李泌隱衡山而作}

今我不樂思岳陽，身欲奮飛病在牀。美人娟娟隔秋水，濯足洞
庭望八荒。鴻飛冥冥日月白，青楓葉赤天雨霜。玉京羣帝集北
斗，或騎麒麟翳鳳皇。芙蓉旌旗煙霧落，影動倒景搖瀟湘。星宮之
君醉瓊漿，羽人稀少不在旁。似聞昨者赤松子，恐是漢代韓張
良。昔隨劉氏定長安，帷幄未改神慘傷。國家成敗吾豈敢？色難腥
腐餐風香。周南留滯古所惜，南極老人應壽昌。美人胡為隔秋水？
焉得置之貢玉堂。

寄裴施州

廟廊之具裴施州，宿昔一逢無此流。金鐘大鏞在東序，冰壺玉
衡懸清秋。自從相遇減多病，三歲為客寬邊愁。堯有四岳明至

理，漢二千石真分憂。幾度寄書白鹽北，苦寒寄我青羔裘。霜雪迴光避錦袖，龍蛇動篋蟠銀鉤。紫衣使者辭復命，再拜故人謝佳政。將老已失子孫憂，後來況接才華盛！^{按前二首，山谷七古多效之}

觀公孫大娘弟子舞劍器行^{并序}

大曆二年十月十九日，夔州別駕元持宅，見臨潁李十二娘舞劍器，壯其蔚跂。問其所師，曰：余公孫大娘弟子也。開元三載，余尚童稚，記於郾城，觀公孫氏舞劍器渾脫，瀏灕頓挫，獨出冠時。自高頭宜春梨園二伎坊，內人泊外供奉曉是舞者，聖神文武皇帝初，公孫一人而已。玉貌錦衣，況余白首。今茲弟子，亦匪盛顏。既辨其由來，知波瀾莫二。撫事慷慨，聊為《劍器行》。昔吳人張旭善草書帖，數嘗於鄴縣見公孫大娘舞西河劍器，自此草書長進，豪蕩感激，即公孫氏可知矣。

昔有佳人公孫氏，一舞劍器動四方。觀者如山色沮喪，天地為之久低昂。㸌如羿射九日落，^{㸌戶沃反，灼也}矯如羣帝驂龍翔。來如雷霆收震怒，罷如江海凝清光。絳脣珠袖兩寂寞，晚有弟子傳芬芳。臨潁美人在白帝，妙舞此曲神揚揚。與余問答既有以，感時撫事增惋傷。先帝侍女八千人，公孫劍器初第一。五十年間似反掌，風塵澒洞昏王室。梨園弟子散如煙，女樂餘姿映寒日。金粟堆南木已拱，瞿唐石城草蕭瑟。玳筵急管曲復終，樂極哀來月東出。老夫不知其所往，足繭荒山轉愁疾。

第三章　杜甫之近體

　　王元美《藝苑巵言》曰："杜子美五七言律，廣大悉備。上自垂拱，下逮元和，宋人之蒼，元人之綺，靡不兼總。"辟疆園《杜詩註解序》曰："畢忠吉曰：'予觀唐三百年，以二律並稱擅長者，獨子美一人，供奉長於五而短於七。'"然則子美近體，實獨步前後，有時藻贍精工，有時橫屬悲壯，備具眾體，故獨為後世所宗也。

　　自沈休文尚聲律，梁、陳之際，作者競考論聲病，高以華豔。唐太宗好宮體，上官之徒，製貴輕綺，四傑並興，沈宋嗣作，律體之變斯極。至於子美，兼蓄眾家之長，而詩律益精切深細，故子美於律詩，實即前人之體，拓而大之，非盡變格見奇，此其所以為妙也。范元實《詩眼》曰："世俗喜綺麗，知文者能輕之。後生好風花，老大即厭之。然文章論當理不當理耳。苟當於理，則綺麗風花，同入於妙；苟不當理，則一切皆為長語。上自齊、梁諸公，下至劉夢得輩，往往以綺麗風花，累其正氣，其過在於理不勝而詞有餘也。子美云：'緣垂風折筍，紅綻雨肥梅。''岸花飛送客，檣燕語留人。'亦極綺麗，其模寫景物，意自親切，所以妙絕古今。其言春容閑適，則有'穿花蛺蝶深深見，點水蜻蜓欵欵飛'，'游絲落花白日盡，鳴鳩乳燕青春深'。其言秋景悲壯，則有'藍水遠從千澗落，玉山高並兩峯寒'，'無邊落木蕭蕭下，不盡長江滾滾來'。其富貴之詞，則有'香回合殿春風轉，花覆千官淑景移'，'麒麟不動爐煙轉，孔雀徐開扇影移'。其弔古，則有'映階碧草自春色，隔葉黃鸝空好音'，'竹送清溪月，苔移玉座春'。然窮理盡性，移奪造化。自古詩人巧即不莊，莊即不巧。巧而能莊，如是也夫。

葉夢得《詩話》曰："詩語固忌用巧太過，然緣情體物，自有天然工巧，而不見其刻削之痕。老杜'細雨魚兒出，微風燕子斜'，此十字殆無一字虛設。細雨著水面為漚，魚常上浮而淰。若大雨則伏而不出。燕體輕弱，風猛則不能勝，惟微風乃受以為勢，故又有'輕燕受風斜'之句。至若'穿花蛺蝶深深見，點水蜻蜓款款飛'，'深深'字若無'穿'字，'款款'字若無'點'字，皆無以見，其精微如此。然讀之渾然，全似未嘗用力，此所以不礙其氣格超勝。唐末諸子為之，便當入'魚躍練江拋玉尺，鶯梭絲柳織金梭'體矣。"

子美律詩，下字最工。王介甫曰："老杜云：'詩人覺來往'，下得'覺'字大好。'暝色赴春愁'，下得'赴'字大好。若下'見'字'起'字，即小兒言語，足見吟詩要一字兩字功夫也。"黃常明《詩話》曰："杜甫有用一字凡數十處不易者，如'緣江路熟俯青郊'，'傲睨俯峭壁'，'展席俯長流'，'杖藜俯沙渚'，'此邦俯要衝'，'四顧俯層巔'，'旄頭俯澗瀍'，'層臺俯風渚'，'游目俯大江'，'江檻俯鴛鴦'，其餘一字屢用若此類，多不可具述。"^{上所舉不盡律詩}《螢雪叢說》曰："老杜詩詞，酷愛下'受'字，蓋自得之妙，不一而足。如'修竹不受暑'，'輕燕受風斜'，'吹面受和風'，'野航恰受兩三人'，誠用字之工也。然其所以大過人者無他，只是平易，雖曰似俗，其實眼前事耳。'老妻畫紙為棋局，稚子敲鍼作釣鉤'以

‘老’對‘稚’，以其妻對其子，無如此之親切，又是閨門之事，宜與智者道。”呂居仁曰：“詩每句中，須有一兩字響，響字乃妙指。如子美‘身輕一鳥過’，‘雙燕受風斜’，‘過’字‘受’字，皆一句響字也。”

葛立方《韻語陽秋》曰：“子美詩以後二句續前二句處甚多。如《喜弟觀到》詩曰：‘待爾嗔烏鵲，拋書示鶺鴒。枝間喜不去，原上急曾經。’《晴》詩云：‘啼烏爭引子，鳴鶴不歸林。下食遭泥去，高飛恨久陰。’《江閣臥病》詩云：‘滑憶彫菰飯，香聞錦帶羹。溜匙兼暖腹，誰欲致盃甖。’《寄張山人》詩云：‘曹植休前輩，張芝更後身。數篇吟可老，一字買堪貧。’如此之類多矣。此格起於謝靈運《盧陵王墓下》詩云：‘延州協心許，楚老惜蘭芳。解劍竟何及，撫墳徒自傷。’李太白亦時有此格，‘毛遂不墮井，曾參寧殺人！虛言誤公子，投杼感慈親’是也。”

又曰：“五言律詩，於對聯中十字作一意，詩家謂之十字格。如老杜《放船》詩云：‘直愁騎馬滑，故作泛舟迴。’《對雨》詩云：‘不愁巴道路，恐溼漢旌旗。’《江月》詩云：‘天邊長作客，老去一霑巾。’”

王彥轉《塵史》曰：“子美善用故事及常語，多倒其句而用之。蓋如此則語峻而體健，如‘露從今夜白，月是故鄉明’之類是也。”

《漁隱叢話》曰：“律詩有扇對格，第一與第三句對，第二與第四句對，如少陵《哭台州鄭司戶蘇少監》詩云：‘得罪台州去，時危棄碩儒。移官蓬閣後，穀貴沒潛夫。’蘇子瞻《和鬱孤臺》詩曰：‘邂逅陪車馬，尋芳謝朓州。淒涼望鄉國，得句仲宣樓’之類是也。”

杜律中多以雙聲疊韻屬對。海甯周春,著《杜詩雙聲疊韻譜》,王鳴盛以為得未曾有,序之曰:"夫所謂雙聲者同母之字也,疊韻則同韻字也。杜《何將軍山林》詩:'卑枝低結子,接葉暗巢鶯。'卑枝接葉,是疊韻矣。《贈鮮于京兆》詩:'奮飛超等級,容易失沈淪。'奮飛容易,是雙聲矣。至《送鄭司戶虔》云:'蒼惶已就長途往,邂逅無端出餞遲。'蒼惶為疊韻,邂逅為雙聲,則以二者作對矣。"評注杜詩者,古今亡慮數十家,曾無先覺,蓋子美精於聲律,故詩中以雙聲疊韻作對者甚多也。

子美詩云:"老去漸於詩律細",故子美晚年律對益為精切細熨,惟聲色不若先時之沈雄,故有好子美夔州以後詩者,亦有嫌其近弱,不及中年以來諸作者。茲略依時序,擇錄子美五七言律詩各如干章,可觀覽焉。

(甲)五言律詩

子美天寶間在東都及長安,所為五言律詩未多也,而《游何將軍山林》十首,最閎壯警麗且首尾相貫,恰如游記。王右仲以其中間或賦景,或寫情,經緯錯綜,奇正互用,不可方物,連章律詩,他人集中所少,子美為之,每於章法嚴整中,寓其變化。《游何將軍山林》及《秦州雜詩》,皆可熟玩取法者也。

陪鄭廣文游何將軍山林十首

不識南塘路,今知第五橋。名園依綠水,野竹上青霄。谷口舊相得，濠梁同見招。平生為幽興，未惜馬蹄遙。

百頃風潭上，千章夏木清。卑枝低結子，接葉暗巢鶯。鮮鯽銀絲繪，香芹碧潤羹。翻疑杶樓底，晚飯越中行。_{公年二十時，曾遊吳越，見羹繪而思越，亦猶聞吳詠而思吳也}

萬里戎王子，_{獨活一名戎王使者，此花當是其類} 何年別月支？異花開絕域，滋蔓匝清池。漢使徒空到，神農竟不知。_{神農不知，謂《本草》不載也} 露翻兼雨打，開拆漸離披。_{一作日}

旁舍連高竹，疏籬帶晚花。碾渦深沒馬，_{碾渦，碾磑間水渦淈也，當指水磨} 藤蔓曲藏蛇。詞賦工無益，山林跡未賒。_{賒，遠也。時方在獻賦不遇之後} 盡捻書籍賣，來問爾東家。

膡水滄江破，殘山碣石開。綠垂風折笋，紅綻雨肥梅。銀甲彈箏用，金魚換酒來。興移無灑掃，隨意坐莓苔。

風磴吹陰雪，雲門吼瀑泉。酒醒思臥簟，衣冷欲裝綿。野老來看客，河魚不取錢。只疑淳樸處，自有一山川。

棘_{一作楝 音色}，樹寒雲色，茵蔯春藕香。_{茵蔯，蒿類，經冬不死，更因舊苗而生，故云} 脆添生菜美，陰益食單涼。野鶴清晨出，山精白日藏。石林蟠水府，百里獨蒼蒼。

憶過楊柳渚，走馬定昆池。_{《唐書·安樂公主傳》：嘗請昆明池為私沼，不得，乃自鑿定昆池。定言可抗訂之也} 醉把青荷葉，狂遺白接䍦。刺_{郎達切}船思郢客，解水乞吳兒。_{解水，識水性也。郢客善操舟，吳兒善泅水。圖本以水勝，顧氏謂此遊有馬無舟，故欲思而求之也} 坐對秦山晚，江湖興頗隨。

牀上書連屋，階前樹拂雲。將軍不好武，稚子總能文。醒酒微風入，聽詩靜夜分。絺衣挂蘿薛，涼月白紛紛。

幽意忽不愜，歸期無奈何。出門流水住，回首白雲多。自笑燈前舞，誰憐醉後歌。祗應與朋好，風雨亦來過。

陳秋田云："十首已盡連章之法，而鍊字鍊句之法亦盡。語語切時景，無一字落空。世以潦草湊才，架屋疊牀，徒誇繁富耳。"

秦州雜詩二十首_{乾元中公客秦州作}

満目悲生事，因人作遠遊。^{時公以關輔大饑，棄官西去}遲迴度隴怯，浩蕩及關愁。水落魚龍夜，山空鳥鼠秋。^{渭水出隴西首陽縣渭谷亭南鳥鼠山}西征問烽火，^{時吐蕃未靖}心折此淹留。

秦州城北寺，勝跡^{一作傳是}隗囂宮。苔蘚山門古，丹青野殿空。月明垂葉露，雲逐度溪風。清渭無情極，愁時獨向東。^{渭水在秦州，東流於長安，嘆己之不得趨朝也}

州圖領同谷，驛道出流沙。降虜兼千帳，居人有萬家。馬驕朱汗落，胡舞白題斜。^{薛夢符曰：題者額也，其俗以白塗堊其額因名，舞則首偏，故曰白題斜}年少臨洮子，西來亦自誇。

鼓角緣邊郡，川原欲夜時。秋聽殷^{上聲}地發，風散入雲悲。^{上句見聲之深入，此句見聲之高舉}抱葉寒蟬靜，歸山獨鳥遲。萬方同一概，吾道竟何之。^{言本因避亂而來到此，仍無寧宇，亦更有何地可託足耶？}

南使宜天馬，由來萬匹強。浮雲連陣沒，秋草徧山長。聞說真龍種，仍殘老驌驦。哀鳴思戰鬪，迥立向蒼蒼。

城上胡笳奏，山邊漢節歸。^{指徵兵之使}防河赴滄海，奉詔發金微。^{《唐地理志》：羈縻州有金徽都督府，隸安北都護府。時發金徽之卒防禦河北，途經秦州，故賦其所見}士苦形骸黑，林疏鳥獸稀。那堪往來戍，恨解鄴城圍。^{末句點明徵兵之由，圍不曰潰而曰解，諱之也}

莽莽萬重山，孤城山谷間。無風雲出塞，不夜月臨關。^{山多，故無風而雲常出塞，城迥，故不夜而月先臨關}屬國歸何晚？樓蘭斬未還。煙塵一^{一作獨}長望，衰颯正摧顏。

聞導尋源使，從天此路回。牽牛去幾許，宛馬至今來。一望幽燕隔，何時郡國開。^{時河北幽薊諸州，皆陷史思明}東征健兒盡，羌笛暮吹哀。^{趙汸曰：因秦州為西城驛道，歎漢以一使窺河源，且通大宛，如此其易；而今以天下之力，不能定幽燕，至使壯士幾盡，一何難耶？是可哀也}

今日明人眼，臨池好驛亭。叢篁低地碧，高柳半天青。稠疊多幽事，喧呼閱使星。老夫如有此，不異在郊坰。_{此間直可作幽人別墅，其奈何為倥傯之區何？反看亦好看者測其淺深，有窺覷秦州意}

雲氣接崑崙，涔涔塞雨繁。羌童看渭水，_{使節向河}源。煙火軍中幕，牛羊嶺上村。_{二句言其地軍民雜處}所居秋草靜，正閉小蓬門。

蕭蕭古塞冷，漠漠秋雲低。黃鵠翅垂雨，蒼鷹饑啄泥。薊門誰自北，_{指思明}漢將獨征西。_{指吐蕃}不意書生耳，臨衰厭鼓鼙。

山頭南郭寺，水號北流泉。老樹空庭得，清渠一邑傳。_{謂傳注於一邑也}秋花危石底，晚景臥鐘邊。俛仰悲身世，溪風為颯然。

傳道東柯谷，深藏數十家。對門藤蓋瓦，映竹水穿沙。瘦地翻宜粟，陽坡可種瓜。_{陽坡，坡之向日者}船人近相報，但恐失桃花。

萬古仇池穴，潛通小有天。_{仇池，有九十九泉，萬山環之，可以避世如桃源}神魚今不見，_{世傳仇池穴出神魚，食之者仙勝者耶？}福地語真傳。近接西南境，長懷十九泉。_{按舊志：仇池上有田百頃，泉九十九眼，此云十九泉，豈舉其最}何當_{一作時}一茅屋，送老白雲邊。

未暇泛滄海，悠悠兵馬間。塞門風落木，客舍雨連山。阮籍行多興，龐公隱不還。東柯遂疏懶，休鑷鬢毛斑。_{謂無心出仕也}

東柯好崖谷，不與眾峯羣。落日邀雙鳥，晴天卷_{一作養}片雲。野人矜險絕，水竹會平分。採藥吾將老，兒童未遣聞。

邊秋陰易夕，不復辨晨光。簷雨亂淋幔，山雲低度牆。鸕鷀窺淺井，蚯蚓上深堂。車馬何蕭索，門前百草長。

地僻秋將盡，山高客未歸。塞雲多斷續，邊日少光輝。警急烽常報，傳聞檄屢飛。西戎外甥國，何得迕天威。

鳳林戈未息，_{鳳林，山名}魚海路常難。_{魚海地在河州之西，屬吐蕃境}候火雲峰_{一作烽}峻，_{言烽火多在山上}懸軍幕井乾。_{二句指官軍深入}風連西極動，月過北庭寒。_{《唐書》：北庭大都護府屬隴右道}故老思飛將，何時議築壇？

唐堯真自聖，野老復何知。曬藥能無婦？應門亦_{一作幸}有兒。_{言欲攜家而來。二句見心口相商意}藏書聞禹穴，讀記憶仇池。為報駕行舊，鶺鴒在_{一作寄}一枝。

張上若曰："是詩二十首，首章敍來秦之由，其餘皆至秦所見所聞也；或游覽，或感懷，或即事，間有帶慨河北處，亦由本地觸發。大約在西言西，反復於吐蕃之驕橫，使節之絡繹，無能為朝廷效一籌者。結以唐堯自聖，無須野人，惟有以家事付之婦與兒，此身訪道探奇，窮愁卒歲，寄語諸友，無復有立朝之望矣。公之志可知也。"

子美入蜀後，及居夔州以來，多為五言律，雖微物瑣事，輒見吟詠，緣情藻麗，時有名章，要不可勝載，雖錄居夔州時作《秋野五首》。

秋野五首

秋野日疏蕪，寒江動碧虛。繫舟蠻并絡，^{一作}卜宅楚村墟。棗熟從人打，葵荒欲自鋤。盤飧老夫食，分減及溪魚。

易識浮生理，難教一物違。水深魚極樂，林茂鳥知歸。吾老甘貧病，榮華有是非。秋風吹几杖，不厭北山薇。

禮樂攻吾短，山林引興長。掉頭紗帽側，曝背竹書光。^{竹書，竹簡書也。執書以曝日，故云竹書光}風落收松子，天寒割蜜房。^{蜜房，蜂窠房也}稀疏小紅翠，駐屐近微香。

遠岸秋沙白，連山晚照紅。潛鱗輸駭浪，歸翼會高風。砧響家家發，樵聲箇箇同。飛霜任青女，賜被隔南宮。

身許麒麟畫，年衰駕鷺羣。大江秋易盛，空峽夜多聞。徑隱千重石，帆留一片雲。兒童解蠻語，不必作參軍。

子美五言律，晚年較平近入理。集中多長律，投贈敍懷之作，選言述事，聲情蔚茂，變幻閎深，質而不至於陋，文而不嫌於靡，故長律亦惟子美獨步，後人往往效之，茲不復著焉。

（乙）七言律詩

子美在天寶間，七言律詩，已自工麗，而後人所極稱者，尤在晚年之作。子美七律所以不可及者，亦在清新穠麗，纏綿悲壯，各備其體，後人沾丐不盡。集中七律甚多，茲僅列其早年作一二首，後則錄夔州已後諸作數首而已。

鄭駙馬宅宴洞中

主家陰洞細烟霧，留客夏簟青琅玕。春酒杯濃琥珀薄，冰漿椀碧瑪瑙寒。悮疑茅堂過江麓，已入風磴霾雲端。自是秦樓壓鄭谷，時聞雜佩聲珊珊。

贈田九判官梁邱^{在哥舒翰幕}

崆峒使節上青霄，河隴降王欵聖朝。宛馬總肥春苜蓿，將軍只數漢嫖姚。陳留阮瑀誰爭長，京兆田郎早見招。麾下賴君才並美，獨能無意向漁樵。

上二首並天寶中作。前一首拗體，有蒼秀之致。後一首用事典切，風格高渾，律詩正法眼藏也。此後七律，時多慷慨雄俊之作，入蜀以來，尤愴惻沈鬱。《懷麓堂詩話》曰："文章如精金美玉，經百鍊、歷萬選而後見。今觀昔人所選，雖互有得失，至其盡善盡美，則所謂鳳皇、芝草，人人皆以為瑞。閱數千百年，經千萬人而莫有異議焉。"因舉子美七律，如《秋興》、《諸將》、《詠懷古跡》等篇，皆終日誦之不厭者也。按此並居夔州之作，後來詩人，無不推美此諸首者。今錄之如下。

諸將五首

漢朝陵墓對南山，胡虜千秋尚入關。昨日玉魚蒙葬地，早時金盌出人間。見愁汗馬西戎逼，曾閃朱旗北斗殷。多少材官守涇渭，將軍且莫破愁顏。此以吐蕃侵逼責諸將也。前四句追言祿山破潼關時玉魚金盌，援往事以戒之也，下遂言祿山之禍未已，吐蕃又屢告警急，曾不思朱旗北斗軍容何盛，而但任其深入內地，涇渭戒嚴，爾諸將獨不憂陵墓耶？

韓公本意築三城，擬絕天驕拔漢旌。豈意盡煩回紇馬，翻然遠救朔方兵！胡來不覺潼關隘，龍起猶聞晉水清。獨使至尊憂社稷，諸君何以答昇平。此責諸將之借助於回紇也。自回紇助順，肅宗之復兩京，雍王之討朝義，皆用回紇兵力，卒之恃功侵擾，反合吐蕃入寇。公故追感晉陽起義之盛，而嘆諸將之不能為天子分憂也

洛陽宮殿化為烽，休道秦關百二重！滄海未全歸禹貢，薊門何處盡堯封？朝廷袞職雖多預，天下軍儲不自供。稍喜臨邊王相國，肯銷金甲事春農。此責諸將坐視河北淪棄，不修屯營之制，而猶有取於王相國。曰稍喜者，亦不滿之辭

迴首扶桑銅柱標，冥冥氛祲未全銷。越裳翡翠無消息，南海明珠久寂寥。殊錫曾為大司馬，總戎皆插侍中貂。炎風朔雪天王地，只在忠良翊聖朝。此因南荒不靖，責諸將名位益崇，不思銷氛祲以報聖朝也

錦江春色逐人來，巫峽清秋萬壑哀。正憶往時嚴僕射，共迎中使望鄉臺。主恩前後三持節，軍令分明數舉杯。西蜀地形天下險，安危須仗出羣材。此言蜀中將帥也。時杜鴻漸帥蜀，譏其姑息無威

秋興八首

玉露凋傷楓樹林，巫山巫峽氣蕭森。江間波浪兼天湧，塞上風雲接地陰。叢菊兩開他日淚，孤舟一繫故園心。寒衣處處催刀尺，白帝城高急暮砧。

夔府孤城落日斜，每依北斗望京華。聽猿實下三聲淚，奉使虛隨八月槎。畫省香爐違伏枕，山樓粉堞隱悲笳。請看石上藤蘿月，已映洲前蘆荻花。

千家山郭靜朝暉，日日江樓坐翠微。信宿漁人還泛泛，清秋燕子故飛飛。匡衡抗疏功名薄，劉向傳經心事違。同學少年多不賤，五陵衣馬自輕肥。

聞道長安似奕棋，百年世事不勝悲。王侯第宅皆新主，文武衣冠異昔時。直北關山金鼓震，征西車馬羽書遲。魚龍寂寞秋江冷，故國平居有所思。此嘆長安之游輕喪亂也。金鼓羽，謂吐蕃頻年入寇。前三章俱主夔州言，此章以下皆及長安之事

蓬萊宮闕對南山，承露金莖霄漢間。西望瑤池降王母，東來紫氣滿函關。雲移雉尾開宮殿，日繞龍鱗識聖顏。一臥滄江驚歲晚，幾回青瑣點朝班。此憶獻三賦蓬萊宮之事。王母指貴妃

瞿唐峽口曲江頭，萬里風煙接素秋。花萼夾城通御氣，芙蓉小苑入邊愁。珠簾繡柱圍黃鵠，錦纜牙檣起白鷗。回首可憐歌舞地，秦中自古帝王州。此嘆曲江歌舞之盛不可復覩

昆明池水漢時功，武帝旌旗在眼中。織女機絲虛夜月，石鯨鱗甲動秋風。波漂菰米沈雲黑，露冷蓮房墜粉紅。關塞極天惟鳥道，江湖滿地一漁翁。此嘆昆明荒涼

昆吾御宿自逶迤，紫閣峯陰入渼陂。香稻啄餘鸚鵡粒，碧梧棲

老鳳皇枝。佳人拾翠春相問，仙侶同舟晚更移。綵筆昔曾干氣象，白頭吟望苦低垂。_{此記游渼陂之事。仙侶同舟，指岑參兄弟}

詠懷古跡五首

支離東北風塵際，漂泊西南天地間。三峽樓臺淹日月，五溪衣服共雲山。羯胡事主終無賴，詞客哀時且未還。庾信平生最蕭瑟，暮年詩賦動江關。

搖落深知宋玉悲，風流儒雅亦吾師。悵望千秋一灑淚，蕭條異代不同時。江山故宅空文藻，雲雨荒臺豈夢思。最是楚宮俱泯滅，舟人指點到今疑。

羣山萬壑赴荊門，生長明妃尚有村。一去紫臺連朔漠，獨留青塚向黃昏。畫圖省識春風面，環珮空歸月夜魂。千載琵琶作胡語，分明怨恨曲中論。

蜀主窺吳幸三峽，崩年亦在永安宮。翠華想像空山裏，玉殿虛無野寺中。古廟杉松巢水鶴，歲時伏臘走村翁。武侯祠屋常鄰近，一體君臣祭祀同。

諸葛大名垂宇宙，宗臣遺像肅清高。三分割據紆籌策，萬古雲霄一羽毛。伯仲之間見伊呂，指揮若定失蕭曹。運移漢祚終難復，志決身殲軍務勞。

子美於詩，各體皆善，而五七絕最遜，不若太白之五七絕，為天授神詣也。屈紹隆以杜絕如“窗含西嶺千秋雪，門泊東吳萬里船”，本七律壯語，而以為絕句，則斷錦裂繒類矣。蓋子美七絕惟《江南逢李龜年》云：“正是江南好風景，落花時節又逢君。”此大有風情耳，今附錄其論文數絕於此。

戲為六絕句

　　庚信文章老更成，凌雲健筆意縱橫。今人嗤點流傳賦，不覺前賢畏後生。

　　王楊盧駱當時體，輕薄為文哂未休。爾曹身與名俱滅，不廢江河萬古流。

　　縱使盧王操翰墨，劣於漢魏近風騷。龍文虎脊皆君馭，歷塊過都見爾曹。

　　才力應難跨數公，凡今誰是出羣雄。或看翡翠蘭苕上，未掣鯨魚碧海中。

　　不薄今人愛古人，清詞麗句必為鄰。竊攀屈宋宜方駕，恐與齊梁作後塵。

　　未及前賢更勿疑，遞相祖述復先誰？別裁偽體親風雅，轉益多師是汝師。

　　錢牧齋曰："作詩以論文，而題云《戲為六絕句》。蓋寓言以自況也。韓退之詩：'李、杜文章在，光焰萬丈長。不知羣兒愚，那用故謗傷。蚍蜉撼大樹，可笑不自量。'然則當公之世，羣兒之謗傷，亦不少矣，故借庚信四子以發其意，嗤點流傳，輕薄為文，皆指並時之人也。一則曰爾曹，再則曰爾曹，正退之所謂羣兒也。盧、王之文，劣於漢魏，而能江湖萬古者，以其近於《風》、《騷》也，況其上薄《風》、《騷》，而又不劣於漢魏者乎？'凡今誰是出羣雄'，公所以自命也。'蘭苕翡翠'，指當時研揣聲病，尋摘章句之徒。'鯨魚碧海'，則所謂渾涵汪洋，千彙萬狀，兼古人而有之者也。亦退之所謂'橫空盤硬，妥貼排奡，垠崖崩豁，乾坤雷硡’者也，論至於是，非李杜，誰足以當之乎？‘不薄今人’一章，自明作者之苦心也，齊、梁以下，對屈、宋言，皆今人也，於古人則愛之，於今人則不敢薄，清詞麗句，必與為鄰，惟恐目長足短，自謂竊攀屈、宋，而轉作齊、梁之後塵也，則又正告之曰：今人之未及前賢。無怪其然，以其遞相祖述，沿流失源，而不知誰為之先也。《騷》、《雅》有真《騷》、《雅》，漢、魏有真漢、魏，等而下之，至於齊、梁、唐初，莫不有真面目焉，舍是則皆偽體也，能別裁偽體，則近於《風》、《雅》矣。自《風》、《雅》而下，至於庾信四子，孰非吾師？雖欲為嗤點輕薄之流，其可得乎，故曰‘轉益多師是汝師’。呼之曰汝，所謂爾曹也。‘哀其身與名俱滅’，諄諄然呼而寤之也。題之曰戲，亦見通懷商榷，不欲自以為是，後人之知此意者鮮矣。”按虞山之論，可謂得間，惟引韓公謗傷之言，則昔人以為是因元微之李杜優劣論而發，指謗傷太白，然當時子美固亦宜有人謗傷者，詩意本通說二家也。

第四章　杜甫與李白

　　李杜當時本自齊名，自元微之始為李杜優劣論，優杜而劣李。韓退之為詩斥之，以為二公不可優劣，固足為定論矣。然後人猶紛紛未已，或以李勝，或以杜勝，各持之有故，且謂李杜詩中，即已互有相輕之語，故欲知李杜優劣論之如何，宜先考二公之交際，而後及於眾說，庶可以知所辨矣。

　　李之譏杜，《舊唐書》信之，其於子美傳曰："天寶末詩人，甫與李白齊名，而白自負文格放達，譏甫齷齪，有'飯顆山頭'之嘲誚。"此蓋出於孟棨《本事詩》，嘗紀太白戲杜云："飯顆山頭逢杜甫，頭戴笠子日卓午。借問別來太瘦生，總為從前作詩苦。"蓋譏其拘束也。《酉陽雜俎》亦云："眾言李白惟戲杜考功'飯顆山頭'之句。按此詩太白集不載，柯古所言，特據流俗傳聞。又子美未嘗為考功，其誣可不攻而破。劉煦以之入史謬也。"洪容齋、胡元任皆謂"飯顆山頭"之嘲，為好事者所託，是李之譏杜，不足信也。

　　或云子美譏李者，以子美詩云："李侯有佳句，往往似陰鏗。"又《憶李白》云："白也詩無敵，飄然思不羣。清新庾開府，俊逸鮑參軍。渭北春天樹，江東日暮雲。何時一樽酒，重與細論文。"說者見子美以庾、鮑、陰鏗比太白，又有"重與細論文"之句，遂謂為譏太白之詞。《漁隱叢話》："《學林新編》曰：'或云杜甫、李白同時，以詩名相軋，不能無毀譽。'甫贈白詩云：'李侯有佳句，往往似陰鏗。'此句乃所以鄙白也。某按子美《夔州詠懷·寄鄭監李賓客》詩曰：'鄭李光時論，文章並我先。陰何尚清省，沈宋欻連翩。'蓋謂陰鏗、何遜、沈佺期、宋之問也，四人皆能詩文，為時所稱者。而子美又以陰鏗居四人之首，則知贈太白之詩，非鄙之也，乃深美之也。《陳書·阮卓傳》曰：'武威陰鏗字子堅，五歲能誦詩，日賦千言。及長博涉史傳，尤善五言詩，為當時所重。'以此觀之，則子美乃美太白善為五言詩似陰鏗也。"朱鶴齡《杜詩註》曰："公與太白之詩，皆學六朝，既以李侯佳句，比之陰鏗，又比庾、鮑，蓋舉平生所最慕者以相方也。"王荊公謂少陵於太白，僅比於庾、鮑，陰鏗則又下矣。或遂以細論文，譏其才疏，此真瞽說。公詩云"頗學陰何苦用心"，又云"庾信文章老更成"，又云"流傳江鮑體，相顧免無兒"。公之推服諸家甚至，則其推服太白為何如哉。荊公所云，必是俗子偽託耳。又子美《蘇端薛復筵簡薛華醉歌》曰："坐中薛華能醉歌，歌辭自作風格老。近來海內為長句，汝與山東李白好。何劉沈謝力未工，才兼鮑照愁絕倒。"計東曰："長句謂七言歌行，太白所擅場者。太白長句，其源出於鮑照，故言何劉沈謝，但能五言，於七言則力有未工，必若鮑照七言樂府，如《行路難》之類，方為妙絕耳。公嘗以'俊逸鮑參軍'稱太白詩，正稱其長也。"至於稱太白為白也，輒呼其名，《柳亭詩話》，以為是忘年之交，不妨爾汝，非有他意。然則杜之輕李，又不足信也。

　　說者又謂子美贈太白詩甚多，而太白無一首贈子美者。《漁隱叢話》曰："《藝苑雌黃》云：'《洪駒父詩話》，言子美集中，贈太白詩最多，而李白初無一篇與杜者。'按段成式《酉陽雜俎》云：'李集有《堯祠贈補闕》者，即老杜也。其詩云："我覺秋興逸，誰云秋氣悲。山將落日去，水與晴空宜。雲歸碧海少，雁度青天遲。相失各萬里，茫然空爾思。"又不獨"飯顆山頭"之句也。予嘗考之太白集中，有《沙邱城下寄杜甫》云："我來竟何事，高臥沙邱城。城邊有古樹，日夕連秋聲。魯酒不可醉，齊歌空復情。思君若汶水，浩蕩寄南征。"又有《魯郡東石門送杜二甫》云：'醉別復幾日，登臨徧池臺。何時石門路，重有金樽開。秋波落泗水，海色明徂徠。飛蓬各自遠，且盡手中杯。'洪駒父略不見此何耶？"

按上所引太白寄子美詩神似陰鏗，且有類庾鮑之句。子美低徊太白見寄之章，嘆其工力大近古人，因以為比耳

子美集中，贈太白詩，凡十餘篇，情誼最篤。《滄浪詩話》曰："少陵與太白獨厚，於諸公詩中，凡言太白可十四處。至謂'世人皆欲殺，吾意獨憐才'，'醉眠秋共被，攜手日同行'，'三夜頻夢君，情親見君意'，其情好可想，《遜齋閒覽》，謂二人名既相逼，不能無忌，是以庸俗之見，而度賢哲之心，予故不得不辨。"《容齋四筆》曰：'李太白杜子美，在布衣時，同游梁、宋，為詩酒會心之友。

按太白識子美在入翰林放歸之後。洪說未審

以杜集考之，其稱太白及贈懷之篇甚多，如'李侯金閨彥，脫身事幽討'，'南尋禹穴見李白，道甫問訊今何如'，'李白一斗詩百篇，自稱臣是酒中仙'，'近來海內為長句，汝與山東李白好'，'昔者與高李，晚登單父臺'，'李侯有佳句，往往似陰鏗'，'憶與高李輩，論交入酒壚'，'白也詩無敵，飄然思不羣'，'昔年有狂客，號爾謫仙人'，'落月滿屋梁，猶疑照顏色'，'三夜頻夢君，情親見君意'，'秋來相顧尚飄蓬，未就丹砂愧葛洪'，'寂寞書齋裏，終朝獨爾思'，'涼風起天末，君子意如何'，'不見李生久，佯狂真可哀'，凡十四五篇。"觀滄浪、容齋所引子美贈太白詩，已可見二公相厚意，故不復著其全篇云。

　　李杜優劣之論，自元稹作子美墓志，其敍曰：“余讀詩至杜子美，而知大小之有總萃焉。始堯舜時，君臣以賡歌相和，是後《詩》繼作，歷夏、殷、周千餘年，仲尼緝拾選練，取其干預教化之尤者《三百篇》，其餘無聞焉。《騷》人作而怨憤之態繁，然猶去《風》、《雅》日近，尚相比擬。秦漢以還，採詩之官既廢，天下俗謠民謳，歌頌諷賦，曲度嬉戲之詞，亦隨時間作。至漢武帝賦《柏梁詩》，而七言之體興。蘇子卿、李少卿之徒，尤工為五言。雖句讀文律各異，雅鄭之音亦雜，而詞意簡遠指事言情，自非有為而為，則文不妄作。建安之後，天下文士，遭罹兵戰，曹氏父子，鞍馬間為文，往往橫槊賦詩，其遒壯抑揚，冤哀悲離之作，尤極於古。晉時風概稍存。宋、齊之間，教失根本，士子以簡慢矯飾，翕習舒徐相尚，文章以風容色澤，放蕩精清為高，蓋吟寫性靈，流連光景之文也，意義格力，固無取焉。陵遲至於梁、陳，淫豔刻飾佻巧小碎之詞劇，又宋、齊之所不取也。唐興，學官大振，歷世之文，能者互出。而又沈、宋之流，研練精切，穩順聲勢，謂之為律詩。由是而後，文體之變極焉。然而莫不好古者遺近，務華者去實；效齊、梁則不逮於魏、晉，工樂府則力屈於五言，律切則骨格不存，閒暇則纖濃莫備。至於子美，蓋所謂上薄《風》、《雅》，下該沈、宋，言奪蘇、李，氣吞曹、劉，掩顏、謝之孤高，雜徐、庾之流麗，盡得古人之體勢，而兼今人之所獨專矣。使仲尼考鍛其旨要，尚不知貴其多乎哉！苟以為能所不能，無可無不可，則詩人以來，未有如子美者。是時山東人李白，亦以奇文取稱，時人謂之李、杜。余觀其壯浪縱恣，擺去拘束，模寫物象，及樂府歌詩，誠亦差肩於子美矣。至若鋪陳終始，排比聲韻，大或千言，次猶數百，辭氣豪邁，而風調清深，屬對律切，而脫棄凡近則李尚不能歷其藩翰，況堂奧乎！" <small>元遺山《論詩絕句》云：排比鋪張特一途，藩籬如此亦區區。少陵自有連城璧，爭奈微之識碔砆。蓋元白長篇以排比屬對為工，故尤稱此為李所不能，遺山已譏之矣</small>

微之之論既出，韓退之作詩以譏之，韓集《調張籍》曰："李杜文章在，光燄萬丈長。不知羣兒愚，那用故謗傷。蚍蜉撼大樹，可笑不自量。伊我生其後，舉頸遙相望。夜夢多見之，晝思反微茫。徒觀斧鑿痕，不矚治水航。想當施手時，巨刃磨天揚。垠崖劃崩豁，乾坤擺雷硠。惟此兩夫子，家居率荒涼。帝欲長吟哦，故遣起且僵。翦翎送籠中，使看百鳥翔。平生千萬篇，金薤垂琳琅。仙官勅六丁，雷電下取將。流落人間者，泰山一毫芒。我願生兩翅，捕逐出八荒。精誠忽交通，百我入我腸。刺手拔鯨牙，舉瓢酌天漿。騰身跨汗漫，不著織女襄。顧語地上友，經營無天茫。乞君飛霞佩，與我高頡頏。"《漁隱叢話》："《隱居詩話》云：'元積作李杜優劣論，先杜而後李，韓愈不以為然，作詩云："李杜文章在，光燄萬丈長。不知羣兒愚，那用相謗傷。蚍蜉撼大樹，可笑不自量。"為微之發也。'"然退之以李杜並稱者，尚不止此。《容齋四筆》曰："《新唐書·杜甫傳》贊曰：'昌黎韓愈，於文章慎許可，至歌詩獨推曰："李杜文章在，光燄萬丈長。"誠可信云。'予讀韓詩，其稱李杜者數端，《石鼓歌》曰：'少陵無人謫仙死，才薄將奈石鼓何。'《酬盧雲夫》曰：'高揖羣公謝名譽，遠追甫白感至誠。'《荐士》曰：'國朝盛文章，子昂始高蹈。勃興得李杜，萬類困凌暴。'《醉留東野》曰：'昔年因讀李白杜甫詩，長恨二人不相從。'《感春》曰：'近憐李杜無檢束，爛漫長醉多文辭。'并《唐書》所引，蓋六用之。"

夫李杜不當優劣，有退之之詩，已可為定論矣，而世俗之人，多是丹非素。劉子玄嘗謂文章有貌同心異者，有貌異心同者。太白之於子美，政是貌異心同之類，說者以其形跡求之，無怪乎抑揚出入，終不得決。今不可悉引，姑舉一二持平之論於後，庶可以考爾。

黃山谷曰："予評李白詩，如黃帝張樂於洞庭之野，無首無尾，不主故常，非墨工椠人所可議擬。吾友黃介讀李杜優劣論曰：'論文正不當如此。'余以為知言。"

嚴滄浪《詩話》曰："李杜二公，正不當優劣。太白有一二妙處，子美不能道。子美有一二妙處，太白不能作。"又曰："子美不能為太白之飄逸，太白不能為子美之沈鬱。太白《夢游天姥吟》、《遠別離》等，子美不能道；子美《北征》、《兵車行》、《垂老別》等，太白不能作。論詩以李、杜為準，挾天子以令諸侯也。"

《朱子語類》曰："作詩先看李杜，如士人治本經，本既立，方可看蘇、黃以次諸家。"

王元美《藝苑卮言》曰："李、杜光燄千古，人人知之。滄浪並極推尊，而不能致辨。元微之獨重子美，宋人以為談柄。近是楊用修為李左袒，輕俊之士，往往耳傳，要其所得，俱影響之間。五言"選體"及七言歌行，太白以氣為主，以自然為宗，以俊逸高暢為貴。子美以意為主，以獨造為宗，以奇拔沈雄為貴。其歌行之妙，咏之使人飄飄欲仙者太白也；使人慷慨激烈，歔欷欲絕者子美也。"選"體太白多露語率語，子美多稚語累語，置之陶、謝間，便覺傖父面目，乃欲使之奪曹氏父子位耶。五言律七言歌行，子美神矣，七言律聖矣。五七言絕，太白神矣，七言歌行聖矣，五言次之。太白之七言律，子美之七言絕，皆變體間為之可耳，不足多法也。"又曰："太白不成語者少，老杜不成語者多。如'無食無兒一婦人'，'舉家聞若顛'，及'麻鞋見天子'，'垢膩腳不襪'之類。凡看二公詩，不必病其累句，亦不必曲為之護。正使瑕瑜不掩，亦是大家。"又曰："太白筆力變化，極於歌行。少陵筆力變化，極於近體。李變化在調與詞，杜變化在意與格。然歌行無常孅，易於錯綜；近體有定規，難於伸縮，詞調超逸，驟如駭耳，索之易窮，意格精深，始若無奇，繹之難盡。此其微不同者也。"

胡元瑞《詩藪》曰："才超一代者李也，體兼一代者杜也。李若星懸日揭，照耀太虛。杜若地負海涵，包羅萬彙。李唯超出一代，故高華莫並，色相難求。杜唯兼綜一代，故利鈍雜陳，巨細咸蓄。"又曰："李才高氣逸而調雄，杜體大思精而格渾。超出唐人而不離唐人者李也，不盡唐調而兼得唐調者杜也。"又曰："備諸體於建安者陳王也，集大成於開元者，工部也。青蓮才之逸並駕陳王，氣之雄齊驅工部，可謂撮勝二家，第古風既乏溫醇，律體微乖整栗，故令評者不無軒輊。"

《詩辨坻》曰："工部老而或失於俚，趙宋藉為骿燁。翰林逸而或流於滑，朔元拾為香草。"又曰："歌行李飄逸而失之輕率，杜沈雄而失之粗硬，選家辨其兩短，斯為失之。"

第五章　杜甫與並世詩人

　　唐當開元、天寶之間，詩人輩出，號曰盛唐，而李、杜為稱首，餘人多與李、杜往還相知，或即聲氣未嘗相接，而其風格渾厚，類非大歷以下所及。子美與太白交誼最篤，已見前論，此外常與岑參、高適諸人唱和，又亟稱孟浩然、王摩詰。《解悶》詩云：“曹劉不待薛郎中”，指薛據。“孟子論文更不疑”，指孟雲卿。皮日休《孟亭記》云：“明皇世章句之風，大得建安體。論者推李翰林杜工部為尤，介其間能不愧者，惟吾鄉之孟先生也。”此謂孟浩然。王漁洋評盛唐詩，以李、杜為二聖，王維為一賢。王孟以外，當推高、岑，餘如王昌齡、崔顥、儲光羲、常建、李頎、賈至、王之渙、綦母潛等，並一時之選也。孟雲卿與元結《篋中集》諸人，又別為一體。又賀知章、包融、張旭、劉眘虛，號吳中四傑，而李嘉祐、皇甫曾、韋應物、劉長卿之流，亦嘗及開天之盛。盛唐詩人，何其多乎！然高、岑與子美尤厚，王摩詰、孟浩然、孟雲卿等，並子美所推，故今僅述數人詩體，及其與子美交際贈答者如下。

　　王維，字摩詰，河東人，與弟縉並有名。時議云：論詩則王維、崔顥，論筆則王縉、李邕，祖詠、張說，不得與焉。維乾元中轉尚書右丞，晚年得宋之問藍田別墅，墅在輞川，水周於舍下，竹洲花塢，與裴迪浮舟往來，嘯詠終日。子美與維兄弟並善，亦嘗與裴迪贈答。集中《奉贈王中允維》曰：“中允聲名久，如今契潤深。共傳收庾信，不得比陳琳。一病緣明主，三年獨此心。窮愁應有作，試誦白頭吟。”又《解悶》曰：“不見高人王右丞，藍田丘壑漫寒藤。最傳秀句寰區滿，未絕風流相國能。”^{原注：右丞弟今相國縉}《解悶》詩是在夔州，亦見晚年相憶之意矣。

孟浩然，襄陽人，早隱鹿門山，游京師賦詩，為張九齡、王維所稱，終於處士。皮日休嘗稱浩然介於李杜間而不愧。又曰：“北齊美蕭愨‘芙蓉露下落，楊柳月中疏’，先生則有‘微雲淡河漢，疎雨滴梧桐’。美王融‘日霽沙嶼明，風動甘泉燭’，先生則有‘氣蒸雲夢澤，波撼岳陽城’。謝脁之詩句精者，有‘露溼寒塘草，月映清淮流’，先生則有‘荷風送香氣，竹露滴清聲’，此與古人爭勝於毫釐間也。”子美與孟公交際如何，今無可考。《遣興》詩云：“吾憐孟浩然，短褐即長夜。賦詩何必多，往往淩鮑謝。”又《解悶》有云：“復憶襄陽孟浩然，清詩句句盡堪傳。即今耆舊無新語，漫釣槎頭縮項鯿。”按孟集“鳥泊隨陽雁，魚藏縮項鯿。”又“試垂竹竿釣，果得槎頭鯿”，此或用其詩中語。《解悶》十二首中，所稱如薛據、孟雲卿、王維等，皆平生相契之人，其於浩然，寄慕亦深也。

杜集於並世詩人，自李白以外，惟與高、岑贈答最多。高適字達夫，渤海蓨人，官至劍南西川節度使。適喜功名，尚節義，年過五十，始學為詩，以氣質自高，每吟一篇，已為好事者傳誦。開、寶以來，詩人之達者，惟適而已。《唐書》子美本傳，謂嘗從李白、高適過汴州，酒酣登吹臺，慷慨懷古，人莫測也。故《昔游》詩曰：“昔者與高李，^{原注：高適、李白}晚登單父臺。寒蕪際碣石，萬里風雲來。”又《遣懷》曰：“憶與高李輩，論交入酒壚。兩公壯藻思，得我色敷腴。氣酣登吹臺，懷古視平蕪。"即紀其事也。茲略錄杜集寄達夫詩，可以考焉。

送高三十五書記十五韻 _{時達夫為哥舒翰掌書記，從翰入朝}

崆峒小麥熟，且願休王師。請公問主帥，焉用窮荒為。饑鷹未飽肉，側翅向人飛。高生跨鞍馬，有似幽并兒。脫身簿尉中，始與捶楚辭。《邵氏聞見錄》曰：唐參軍簿尉有罪加捶罰，如今之胥吏。或曰：捶楚是捶有罪者，非身受杖之謂借問今何官，觸熱向武威？答云一書記，所媿國士知。人實不易知，更須慎其儀。十年出幕府，自可持旌麾。此行既特達，足以慰所思。男兒功名遂，亦在老大時。常恨結驩淺，各在天一涯。又如參與商，慘慘中腸悲。驚風吹鴻鵠，不得相追隨。黃塵翳沙漠，念子何當歸。邊城有餘力，早寄從軍詩。

寄高三十五書記

歎息高生老，新詩日又多。美名人不及，佳句法如何？主將收才子，崆峒足凱歌。聞君已朱綬，且得慰蹉跎。

因崔五侍御寄高彭州一絕 _{時高刺彭州，旋刺蜀州}

百年已過半，秋至轉饑寒。為問彭州牧，何時救急難？

299

奉簡高三十五使君

　　當代論才子，如公復幾人。驊騮開道路，鷹隼出風塵。行色秋
將晚，交情老更親。天涯喜相見，披豁對吾真。

酬高使君相贈

　　古寺僧牢落，空房客寓居。故人供祿米，鄰舍與園蔬。雙樹容
聽法，三車肯載書。草玄吾豈敢，賦或似相如。

（附）贈杜二拾遺

　　傳道招提客，詩書自討論。佛香時入院，僧飯屢過門。聽法還
應難，尋經膝欲翻。草玄今已畢，此後更何言。

奉寄高常侍 《唐書·高適傳》為西川節度，亡松維等
州，以嚴武代，還為刑部侍郎、左散騎常侍

　　汶上相逢年頗多，飛騰無那故人何。總戎楚蜀應全未，方駕曹
劉不啻過。今日朝廷須汲黯，中原將帥憶廉頗。天涯春色催遲
暮，別淚遙添錦水波。時高赴召，而子美
在成都，故有末句

追酬故高蜀州人日見寄并序

開文書帙中，檢所遺忘，因得故高常侍郎適，往居在成都時，高任蜀州刺史，人日相憶見寄詩。淚灑行間，讀終篇末。自栢詩已十餘年，莫記存沒，又六七年矣。老病懷舊，生意可知！今海內忘形故人，獨漢中王瑀，與昭州敬使君超先在。愛而不見，情見乎辭。大曆五年正月二十一日却追酬高公此作，因寄王及敬弟。

自蒙蜀州人日作，不意清詩久零落。今晨散帙眼忽開，迸淚幽吟事如昨。嗚呼壯士多慷慨！合沓高名動寥廓。歎我悽悽求友篇，感君鬱鬱匡時略。錦里春光空爛熳，瑤墀侍臣已冥寞。瀟湘水國傍黿鼉，鄠杜秋天失鵰鶚。東西南北更堪論，白首扁舟病獨存。遙拱北辰纏寇盜，欲傾東海洗乾坤。邊塞西羌最充斥，衣冠南渡多崩奔。鼓瑟至今悲帝子，曳裾何處覓王門？文章曹植波瀾濶，服食劉安德業尊。長笛誰能亂愁思，昭州詞翰與招魂。

（附）人日寄杜二拾遺

高適

人日題詩寄草堂，遙憐故人思故鄉。柳條弄色不忍見，梅花滿枝空斷腸。身在南蕃無所預，心懷百憂復千慮。今年人日空相憶，明年人日知何處。一臥東山三十春，豈知書劍與風塵。龍鍾還忝二千石，愧爾東西南北人。

　　岑參南陽人，代宗時為嘉州刺史，杜鴻漸鎮西川，表參為從事，後終於蜀。參詩辭意清切，迥拔孤秀，多出佳境，每一篇出，人競傳寫，比之吳均、何遜。子美為左拾遺時，嘗與韋少游等，薦參識度清遠，議論雅正，佳名蚤上，時輩所仰，其集中贈答之作如下：

九日寄岑參

　　出門復入門，兩脚但如舊。所令泥活活，思君令人瘦。沈吟坐西牖，飲食錯昏晝。寸步曲江頭，難為一相就。吁嗟乎蒼生，稼穡不可救。安得誅雲師，疇能補天漏？大明韜日月，曠野號禽獸。君子強逶迤，小人困馳驟。維南有崇山，恐與川浸溜。是節東籬菊，紛披為誰秀？采采黃金花，何由滿衣袖？

奉答岑參補闕見贈

　　窈窕清禁闥，罷朝歸不同。君隨丞相後，我往日華東。[參為補闕屬中書省，公為拾遺屬門下，居左署]冉冉柳枝碧，娟娟花蕊紅。故人得佳句，獨贈白頭翁。

（附）寄左省杜拾遺

　　聯步趨丹陛，分曹限紫微。曉隨天仗入，暮惹御香歸。白髮悲花落，青雲羨鳥飛。聖朝無闕事，自覺諫書稀。

寄岑嘉州

不見故人十年餘，不道故人無素書。願逢顏色關塞遠，豈意出守江城居。外江三峽此相接，斗酒新詩終自疎。謝朓每篇堪諷誦，馮唐已老聽吹噓。泊船秋夜經春草，伏枕青楓限玉除。眼前所寄選何物？贈子雲安雙鯉魚。<small>時子美在雲安</small>

子美與高、岑甚相契，乾元中在秦州有《寄高岑二公》長律一首，中有云"海內知名士，雲端各異方。高岑殊緩步，沈鮑得同行。"沈鮑謂沈約、鮑照，以擬二子也。

孟雲卿，河南人，或云武昌人。元結《篋中集》，錄沈千運、王季友、于逖、孟雲卿、張彪、趙微明七人之詩，以沈千運為冠，而序之曰："近世作者，更相沿襲，拘限聲病，喜尚形似。且以流易為辭，不知喪於雅正。然哉，彼則指運時物，會諧絲竹，與歌兒舞女，生污惑之聲於私室可矣。若令方直之士，大雅君子，聽而誦之，則未見其可矣。吳興沈千運，獨挺於流俗之中，強攘於已溺之後，窮老不惑，五十餘年，凡所為文，皆與時異，故朋友後生，稍見師效，能似類者，有五六人。"然則雲卿為詩，似效沈千運。觀次山所序，凡《篋中集》詩，並不屑為當世綺麗之體，而有志雅聲，亦豪傑之士也。子美頗與《篋中集》諸人往還，嘗稱豐城客王季友，又有《贈張十二山人彪》詩，於雲卿推服尤至，故與李白猶有"重與細論文"之句，至雲卿則云"孟子論文更不疑"，其心許可知矣。集中有二詩。

酬孟雲卿

樂極傷頭白，更長愛燭紅。相逢難袞袞，告別莫匆匆。但恐天河沒，寧辭酒盞空。明朝牽世務，揮淚各西東。

解悶之一

李陵蘇武是吾師，孟子^{原注：校書孟雲卿}論文更不疑。一飯未曾留俗客，數篇今見古人詩。

觀元結《篋中集序》，其論詩一主雅正，則其自為詩，故當與千運、雲卿諸人同風。子美嘗和其《舂陵行》，深寓傾慕之志。

同元使君舂陵行^{有序}

覽道州元使君結《舂陵行》，兼《賊退後示官吏作》二首，志之曰：當天子分憂之地，效漢官良吏之目。今盜賊未息，知民疾苦，得結輩十數公，落落然參錯天下為邦伯，萬物吐氣天下少安可待矣！不意復見比興體制，微婉頓挫之詞，感而有詩，增諸卷軸。簡知我者，不必寄元。

遭亂髮盡白，轉衰病相嬰。沈綿盜賊際，狼狽江漢行。歎時藥力薄，為客贏瘵成。吾人詩家秀，博采世上名。粲粲元道州，前聖

畏後生。觀乎舂陵作，欻見俊哲情。復覽賊退篇，結也實國楨。賈
誼昔流慟，匡衡嘗引經。道州憂黎庶，詞氣浩縱橫。兩章對秋
月，一字偕華星。致君唐虞際，純樸憶大庭。何時降璽書，用爾為
丹青？獄訟永衰息，豈惟偃甲兵！悽惻念誅求，薄斂近休明。乃知
正人意，不苟飛長纓。涼颸振南嶽，之子寵若驚。色沮金印大，興
含滄浪清。我多長卿病，日夕思朝廷。肺枯渴太甚，漂泊公孫
城。呼童具紙筆，隱几臨軒楹。作詩呻吟內，墨淡字欹傾。感彼危
苦詞，庶幾知者聽。

（附）舂陵行^{有序}

　　癸卯歲，漫叟授道州刺史。道州舊四萬餘戶，經賊已來，不滿
四千，大半不勝賦稅。到官未五十日，承諸使徵求符牒二百餘
封，皆曰失其限者，罪至貶削。嗚呼！若悉應其命，則州縣破亂，
刺史欲焉逃罪；若不應命，又即獲罪戾，必不免也。吾將守官，靜
以安人，待罪而已。此州是舂陵故地，故作《舂陵行》以達下情。

　　軍國多所需，切責在有司。有司臨郡縣，刑法競欲施。供給豈
不憂，徵斂又可悲。州小經亂亡，遺人實困疲。大鄉無十家，大族
命單羸。朝餐是草根，暮食仍木皮。出言氣欲絕，意速行步遲。追
呼尚不忍，況乃鞭撲之。郵亭急傳符，來往跡相追。更無寬大恩，
但有迫促期。欲令鬻兒女，言發恐亂隨。悉使索其家，而又無生
資。聽彼道路言，怨傷復誰知？去冬山賊來，殺奪幾無遺。所願見
王官，撫養以惠慈。奈何重驅逐，不使存活為？安人天子命，符檄
我所持。州縣忽亂亡，得罪復是誰？逋緩違詔令，蒙責固其宜。前

賢重守分，惡以禍福移。亦云貴守官，不愛能適時。顧惟孱弱者，正直當不虧。何人采國風，吾欲獻此詞。

（又）賊退示官吏^{并序}

癸卯歲西原賊入道州，焚燒殺掠幾盡而去。明年賊又攻永破邵，不犯此州邊鄙而退。豈力能制敵歟？蓋蒙其傷憐而已！諸使何為忍苦徵斂？故作詩一篇，以示官吏。

昔歲逢太平，山林二十年。泉源在庭戶，洞壑當門前。井稅有常期，日晏猶得眠。忽然遭世變，數歲親戎旃。今來典斯郡，山夷又紛然。城小賊不屠，人貧傷可憐。是以陷鄰境，此州獨見全。使臣將王命，豈不如賊焉？今彼徵斂者，迫之如火煎。誰能絕人命，以作時世賢？思欲委符節，引竿自刺船。將家就魚麥，歸老江湖邊。

其餘如李邕、賈至、蘇源明、薛據、鄭虔諸人，多為子美所稱。此外酬答之篇，推挹之語，及於並世之英者，每見集中，不可盡載，輒就其最著，且於當時詩體尤有關者，略考而錄之如此。

中國六大文豪卷五終

第六編　韓愈

第一章　韓愈傳略

自宋至今，為古文者，皆稱出自韓退之氏，故杜詩韓文，實為近古詩文之正統，兼併前代眾家，而宰制後世作者，其勢力至今未替也。退之名愈，鄧州南陽人，生於唐大歷三年。《新唐書傳》曰：“王父仲卿，為武昌令，有美政。既去，縣人刻石頌德。終祕書郎。愈生三歲而孤，隨伯兄會貶官嶺表。會卒，嫂鄭鞠之。愈自知讀書，日記數百千言。比長，盡能通六經百家學，擢進士第。會董晉為宣武節度使，表署觀察推官。晉卒，愈從喪出，不四日，汴軍亂，乃去依武寧節度使張建封，建封辟府推官，操行堅正，鯁言無所忌，調四門博士，遷監察御史。上書極論宮市，德宗怒，貶陽山令。有愛在民，民生子多以其姓字之。改江陵法曹參軍。元和初，權知國子博士，分司東都，三歲為真，改都官員外郎，即拜河南令，遷職方員外郎。華陰令柳澗有罪，前刺史劾奏之，未報而刺史罷。澗諷百姓遮索軍頓役直，後刺史惡之，按其獄，貶澗房州司馬。愈過華，以刺史陰相黨，上疏治之。既御覆問，得澗臟，再貶封溪尉。愈坐是復為博士。既才高數黜，官又下遷，乃作《進學解》以自諭，執政覽之，奇其才，改比部郎中，史館修撰。轉考功，知制誥，進中書舍人。初憲宗將平蔡，令御史中丞裴度，使諸軍按視。及還，且言賊可滅，與宰相議不合。愈亦奏言：淮西連年備器械防守，金帛糧畜，耗於給賞，執兵之卒，四向侵掠，農夫織婦，餉於其後，得不償費。比聞畜馬皆上槽櫪，此譬有十夫之力，自朝抵夕，跳躍叫呼，勢不支久，必自委頓。當其已衰，三尺童子，可制其命。況以三州殘弊困劇之餘，而當天下全力，其敗可立而待也。然未可知者，在陛下斷與不斷耳。夫兵不多不足以取勝，必勝之師，利在速戰，兵多而戰不速，則所費必廣。疆場之上，日相攻劫。近賊州縣，賦役百端，小遇水旱，百姓愁苦。方此時，人人異議，以惑陛下，陛下持之不堅，半途而罷，傷威損費，為弊必深。所要先決於心，詳度本末，事至不惑，乃可圖功。又言：諸道兵羈旅單弱不足用，而界賊州縣，百姓習戰鬪，知賊深淺。若募以內軍，教不三月，一切可用。又欲四道置兵，道率三萬，畜力伺利，一日俱縱，則蔡首尾不救，可以責功。執政不喜，會有人訕愈在江陵時，為裴均所厚，均子鍔素無狀，愈為文章字命鍔。謗語囂暴，由是改太子右庶子。及度以宰相節度新義軍，宣慰淮西，奏愈行軍司馬。愈請乘遽先入汴，說韓弘使叶力。元濟平，遷刑部侍郎。憲宗遣使者往鳳翔迎佛骨入禁中，三日乃送佛祠。王公士人，奔走膜唄，至為夷法灼體膚，委珍貝，騰沓係路。愈聞惡之，乃上表曰："伏以佛者夷狄之一法耳。自後漢時流入中國，上古未嘗有也。昔者黃帝在位百年，年百一十歲；少昊在位八十年，年百歲；顓頊在位七十九年，年九十八歲；帝嚳在位七十年，年百五歲；帝堯在位九十八年，年百一十八歲；帝舜及禹年皆百歲。此時天下太平，百姓安樂壽考，然而中國未有佛也。其後殷湯亦年百歲，湯孫太戊在位七十五年，武丁在位五十九年，書史不言其年壽所極，推其年數，蓋亦俱不減百歲。周文王年九十七歲，武王年九十三歲，穆王在位百年。此時佛法亦未入中國，非因事佛而致然也。漢明帝時，始有佛法，明帝在位，纔十八年耳，其後亂亡相繼，連祚不長。宋、齊、梁、陳、元魏已下，事佛漸謹，年代尤促。惟梁武帝在位四十八年，前後三度，捨身施佛，宗廟之祭，不用牲牢，晝日一食，止於菜果，其後竟為侯景所逼，餓死臺城，國亦尋滅。事佛求福，乃更得禍。由此觀之，佛不足事，亦可知矣。高祖始受隋禪，則議除之。當時羣臣材識不遠，不能深知先王之道，古今之宜，推闡聖明以救斯弊，其事遂止，臣常恨焉。伏惟睿聖文武皇帝陛下，神聖英武，數千百年已來，未有倫比。即位之初，即不許度人為僧尼道士，又不許創立寺觀。臣常以為高祖之志，必行於陛下之手。今縱未能即行，豈可恣之轉令盛也？今聞陛下令羣僧迎佛骨於鳳翔，御樓以觀，舁入大內，又令諸寺遞迎供養。臣雖至愚，必知陛下不惑於佛，作此崇奉以祈福祥也。直以年豐人樂，徇人之心，為京都士庶，設詭異之觀，戲翫之具耳。安有聖明若此，而肯信此等事哉？然百姓愚冥，易惑難曉，苟見陛下如此，將謂真心事佛，皆云：‘天子大聖，猶一心敬信；百姓何人，豈合更惜身命？’焚頂燒指，百十為羣，解衣散錢，自朝至暮，轉相倣效。惟恐後世，老少奔波，棄其業次。若不即加禁遏，更歷諸寺，必有斷臂臠身以為供養者。傷風敗俗，傳笑四方，非細事也。夫佛本夷狄之人，與中國言語不通，衣服殊製；口不言先王之法言，身不服先王之法服，不知君臣之義，父子之情。假如其身至今尚在，奉其國命，來朝京師，陛下容而接之，不過宣政一見，禮賓一設，賜衣一襲，衛而出之於境，不令惑眾也。況其身死已久，枯朽之骨，凶穢之餘，豈宜令入宮禁？孔子曰：‘敬鬼神而遠之。’古之諸侯，行弔於其國，尚令巫祝先以桃茢祓除不祥，然後進弔。今無故取朽穢之物，親臨觀之，巫祝不先，桃茢不用，羣臣不言其非，御史不舉其失，臣實恥之。乞以此骨付之有司，投諸水火，永絕根本，斷天下之疑，絕後代之惑，使天下之人，知大聖人之所作為，出於尋常萬萬也。豈不盛哉！豈不快哉！佛如有靈，能作禍祟，凡有殃咎，宜加臣身。上天鑒臨，臣不怨悔。" 表中字句《新書》間
有刪節，今依本集

表入，帝大怒，持示宰相，將抵以死。裴度、崔羣曰："愈言訐忤，罪之誠宜，然非內懷至忠，安能及此？願少寬假，以來諫爭。"帝曰："愈言我奉佛太過猶可容，至謂東漢奉佛以後，天子咸夭促，言何乖剌耶！愈人臣狂妄敢爾，固不可赦。"於是中外駭懼，雖戚里諸貴，亦為愈言，乃貶潮州刺史。既至潮，以表哀謝曰：

臣以狂妄戇愚，不識禮度，上表陳佛骨事，言涉不敬，正名定罪，萬死猶輕。陛下哀臣愚忠，恕臣狂直，謂臣言雖可罪，心亦無他，特屈刑章，以臣為潮州刺史。既免刑誅，又獲祿食，聖恩宏大，天地莫量，破腦刳心，豈足為謝！臣某誠惶誠恐，頓首頓首。臣以正月十四日，蒙恩除潮州刺史，即日奔馳上道。經涉嶺海，水陸萬里，以今月二十五日到州上訖。與官吏百姓等相見，具言朝廷治平，天子神聖，威武慈仁，子養億兆人庶，無有親疏遠邇，雖在萬里之外，嶺海之陬，待之一如畿甸之間，輦轂之下。有善必聞，有惡必見，早朝晚罷，兢兢業業，惟恐四海之內，天地之中，一物不得其所。故遣刺史面問百姓疾苦，苟有不便，得以上陳。國家憲章完具，為治日久，守令承奉詔條，違犯者鮮，雖在蠻荒，無不安泰。聞臣所稱聖德，惟知鼓舞謹呼，不勞施為，坐以無事。臣某誠惶誠恐，頓首頓首。臣所領州，在廣府極東界上，去廣府雖云纔二千里，然來往動皆經月。過海口，下惡水，濤瀧壯

猛，難計程期，颶風鰐魚，患禍不測。州南近界，漲海連天，毒霧
瘴氛，日夕發作。臣少多病，年纔五十，髮白齒落，理不久長；加
以罪犯至重，所處又極遠惡，憂惶慊悸，死亡無日。單立一身，朝
無親黨；居蠻夷之地，與魑魅為羣，苟非陛下哀而念之，誰肯為臣
言者？臣受性愚陋，人事多所不通，惟酷好學問文章，未嘗一日暫
廢，實為時輩所見推許。臣于當時之文，亦未有過人者，至於論述
陛下功德，與《詩》、《書》相表裏，作為歌詩，薦之郊廟；紀泰山
之封，鏤白玉之牒；鋪張對天之閎休，揚厲無前之偉績；編之乎
《詩》、《書》之策而無愧，措之乎天地之間而無虧；雖使古人復
生，臣亦未肯多讓。伏以大唐受命有天下，四海之內，莫不臣
妾，南北東西，地各萬里。自天寶之後，政治少懈，文致未優，武
尅不剛，孽臣姦隸，蠹居棊處，搖毒自防，外順內悖。父死子
代，以祖以孫，如古諸侯，自擅其地。不貢不朝，六七十年。四海
傳序，以至陛下。陛下即位以來，躬親聽斷，旋乾轉坤，關機闔
開，雷厲風飛，日月清照。天戈所麾，莫不寧順；大宇之下，生息
理極。高祖創制天下，其功大矣，而治未太平也。太宗太平矣，而
大功所立，咸在高祖之代，非如陛下承天寶之後，接因循之餘，六
七十年之外，赫然興起，南面指麾，而致此巍巍之治功也。宜定樂
章，以告神明，東巡泰山，奏功皇天，具著顯庸，明示得意，使永
永年代，服我成烈。當此之際，所謂千載一時不可逢之嘉會，而臣
負罪嬰釁，自拘海島，戚戚嗟嗟，日與死迫，曾不得奏薄伎於從官
之內，隸御之間。窮思畢精，以贖罪過，懷痛窮天，死不閉目，瞻
望宸極，魂神飛去。伏惟皇帝陛下，天地父母，哀而憐之，無任感
恩戀闕慙惶懇迫之至。謹附表陳謝以聞。^{依本集}

帝得表，頗感悔，欲復用之，持示宰相曰：“愈前所論，是大愛

朕,然不當言天子事佛乃年促耳。"皇甫鎛素忌愈直,即奏言:"愈終疏狂,可且內移。"乃改袁州刺史。初愈至潮州,問民疾苦,皆曰:"惡溪有鱷魚,食民畜產且盡,民以是窮。"數日,愈自往視之,令其屬秦濟,以一羊一豚,投谿水而祝之。祝之夕,暴風震雷起谿中,數日,水盡涸,西徙六十里。自是潮無鱷魚患。袁人以男女為隸,過期不贖,則沒入之。愈至,悉計庸得贖所沒,歸之父母,七百餘人。因與約,禁其為隸。召拜國子祭酒,轉兵部侍郎。鎮州亂,殺田弘正而立王廷湊,詔愈宣撫。既行,眾皆危之。元積言:"韓愈可惜。"穆宗亦悔,詔愈度事從宜,無必入。愈至,廷湊嚴兵迓之,甲士陳廷。既坐,廷湊曰:"所以紛紛者,乃此士卒也。"愈大聲曰:"天子以公有將帥材,故賜以節,豈意同賊反耶?"語未終,士前奮曰:"先太師為國擊朱滔,血衣猶在,此軍何負,乃以為賊乎?"愈曰:"以為爾不記先太師也,若猶記之固善。天寶以來,安祿山、史思明、李希烈等,有子若孫在乎?亦有居官者乎?"眾曰:"無。"愈曰:"田公以魏、博六州歸朝廷,官中書令,父子受旗節;劉悟、李祐皆大鎮。此爾軍所共聞也。"眾曰:"弘正刻,故此軍不安。"愈曰:"然,爾曹亦害田公,又殘其家矣,復何道?"眾讙曰:"善。"廷湊慮眾變,疾麾使去。因曰:"今欲廷湊何所為?"愈曰:"神策六軍將,如牛元翼者為不乏,但朝廷顧大體,不可棄之。公久圍之何也?"廷湊曰:"即出之。"愈曰:"若爾則無事矣。"會元翼亦潰圍出,廷湊不追。愈歸奏其語,帝大悅,轉吏部侍郎。時宰相李逢吉惡李紳欲逐之,遂以愈為京兆尹,兼御史大夫,特詔不臺參,而除紳中丞。紳果劾奏愈,愈以詔自解。其後文刺紛然,宰相以臺、府不協,遂罷愈為兵部侍郎,而除紳江西觀察使。紳見帝得留,愈亦復為吏部侍郎。長慶四年卒，年五十七，贈禮部尚書，謚曰文。愈性明銳不詭隨。與人交始終不少變。成就後進士，往往知名。經愈指授，皆稱"韓門弟子"，愈官顯，稍謝遣。凡內外親若交友無後者，為遣嫁孤女而卹其家。嫂鄭喪為服朞以報。每言文章自漢司馬相如、太史公、劉向、揚雄後，作者不世出，故愈深探本元，卓然樹立，成一家言。其《原道》、《原性》、《師說》等數十篇，皆奧衍閎深，與孟軻、揚雄相表裏，而佐佑"六經"云。至他文造端置辭，要為不襲蹈前人者。然惟愈為之沛然若有餘，至其徒李翱、李漢、皇甫湜從而效之，遽不及遠甚。從愈游者，若孟郊、張籍，亦皆自名於時。贊曰：唐興承五代剖分，王政不綱，文弊質窮，黽俚混并。天下已定，治荒剔蠹，討究儒術，以興典憲，薰醸涵浸，殆百餘年，其後文章稍稍可述。至貞元、元和間，愈遂以《六經》之文，為諸儒倡，障隄末流，反刓以樸，剗偽以真。然愈之才，自視司馬遷、揚雄、班固以下不論也。當其所得，粹然一出於正，刊落陳言，橫騖別驅，汪洋大肆，要之無牴牾聖人者。其道蓋自比孟軻，以荀況、揚雄為未淳，寧不信然？至進諫陳謀，排難卹孤，矯拂媮末，皇皇於仁義，可謂篤道君子矣。自晉訖隋，老佛顯行，聖道不斷如帶。諸儒倚天下正議，助為怪神。愈獨喟然引聖爭四海之惑，雖蒙訕笑，跆而復奮，始若未之信，卒大顯於時。昔孟軻距楊、墨，去孔子才二百年。愈排二家，乃去千餘歲，撥衰反正，功與齊而力倍之，所以過況、雄為不少矣。自愈沒，其言大行，學者仰之如泰山、北斗云。

凡退之事蹟之大者，略已具於《新書》。宋祁本慕退之之文，故其贊推之甚至。退之年譜，有呂大防、程俱、洪興祖三家所撰，^{程俱所撰名《韓文公歷官記》}而洪譜最詳。宋魏仲舉刊韓集，併載三譜共七卷，名曰《韓文類譜》，中有附錄六十餘條，或云方崧卿所增，於退之行事及作文歲月，考證尤備矣。退之既卒，門人李漢集其文，得賦四，古詩二百五，聯句十，律詩一百七十三，雜著六十四，書啟序八十六，哀辭、祭文三十八，碑誌七十六，筆硯鱷魚文三，表、狀四十七，總七百，并目錄，合為四十一卷。漢序稱"收拾遺文，無所失墜"。又有《注論語》十卷，傳學者。《順宗實錄》五卷，列於史書，不在集中。^{後人刻韓文亦有附載《順宗實錄》者，劉煦《唐書》曰：時謂愈有史筆，及撰《順宗實錄》，繁簡不當，敍事拙於取舍，頗為當代所非。穆宗、文宗嘗詔史臣添改，時愈壻李漢、蔣係在顯位，諸公難之。而韋處厚竟別撰《順宗實錄》三卷}愈集在當時已大行，宋時集註韓文，其議論所采，已及五百家。先是唐末至五季，文章中衰，宋興柳開、穆修、蘇舜欽之徒，始復倡古文，皆以《韓集》為法。及歐陽修出，厥流彌廣。後人嘗集退之與柳宗元、歐陽修、曾鞏、蘇洵、蘇軾、蘇轍、王安石八家古文，宋獨有六家，行文矩矱，並宗退之。更元、明至清，為古文者代有，要其淵源莫能外云。

第二章　六朝駢體之反動及古文之淵源

　　文章之原，出於五經，至於揚、馬而極麗。揚、馬之文，並為古文、駢文之宗，其詞旨閎贍，而氣足以副之。至谷永輩漸趨於對偶，而古文始衰矣。^{朱晦庵、虞伯生並有此說}東京以下，日就萎弱，至於齊、梁而極矣。韓退之為文，雖號起八代之衰，然於西京，極稱子長、相如、子雲。蓋上規三代，下逮揚、馬，外此則無取矣。後來為古文者，其趣尚亦大抵如此，故退之《進學解》曰："上規姚姒，渾渾無涯；《周誥》、《殷盤》，佶曲聱牙；《春秋》謹嚴，《左氏》浮誇；《易》奇而法，《詩》正而葩；下逮《莊》、《騷》，太史所錄，子雲、相如，同工異曲。先生之於文，可謂閎其中而肆其外矣。"嘗考晉宋以下，始重文筆之分。史傳之類，皆謂之筆，其所為辭達而已，《昭明文選》，缺而不載。若夫為文，則必以縟藻為工。永明之間，聲律大盛，不僅施於詞賦，即議對書翰之屬，莫不宮羽相變，低昂舛節，以見其美。徐、庾嗣出，韻調彌精，但以浮豔相夸，而經典古文之遺則，杳不復存。雖始以文筆分途，卒且以文變筆。及夫古文盛行，則又往往以筆為文，此則至退之其體始大，故言古文者必自退之。要亦駢體萎弱之弊日甚，不得不革，其機動於北朝，盛於唐開元、天寶之間，退之不過集其成耳。茲輒略論其淵源，可以考焉。

　　蓋駢文屬對之精切巧麗，實在齊永明以後，亦學者研求聲律之效也。然此風本倡於江左，北朝文士，雖雅慕南邦，而風氣究有所不同，故《北史·文苑傳序》曰：“暨永明、天監之際，太和、天保之間，洛陽、江左，文雅尤盛，彼此好尚，雅有異同。江左宮商發越，貴於清綺；河朔詞氣貞剛，重乎氣質。氣質則理勝其詞，清綺則文過其意。理深者便於時用，文華者宜於詠歌。此其南北詞人得失之大較也。”由斯以談，則北朝文學，重氣質而理勝，又主便於時用。後來為古文之所致意，亦在於此。顏之推曰：“文章當以理致為心腎，氣調為筋骨，事義為皮膚，華麗為冠冕。今世相承，趨末棄本，率多浮豔。辭與理競，辭勝而理伏；事與才爭，事繁而才損。放逸者流宕而忘歸，穿鑿者補綴而不足。時俗如此，安能獨違？但務去泰去甚耳。”之推之說，固若近於折衷，然亦歸本理致，以辭為末。之推雖南人，而久居北方，故亦標慕於氣質耳。要之古文改革之動機，始見於北周時蘇綽之言復古，繼見於隋文之抑黜浮華，皆駢體之反動也。今略述之。

　　先是北周文帝創業之際，頗欲革士習之浮靡，於是蘇綽倡言古文。及後南士北來，如王褒、庾信，並以側豔為宗，當世復靡然宗之。言古文者謂王、庾為今文，互相非詆。《周書·柳虯傳》曰：“時人論文體者，有今古之異；綽以為時有古今，非文有古今，乃為文質論，以和二派之爭。”又《蘇綽傳》曰：“自有晉之季，文章競為浮華，遂以成俗。周文欲革其弊，因魏帝祭廟，羣臣畢至，乃命綽為大誥奏行之。”大誥文繁，茲錄其前段。其詞曰：

　　惟中興十有一年仲夏，庶邦百辟，咸會於王庭。柱國泰洎羣公列將，罔不來朝。時迺大稽百憲，敷於庶邦，用綏我王虔。皇帝若曰：“昔堯命羲和，允釐百工。舜命九官，庶績咸熙。武丁命說，克號高宗。時休哉，朕其欽若。格爾有位，胥暨我太祖之庭，朕將丕命女以厥官。”六月丁巳，皇帝朝格於太廟，凡厥具僚，罔不在位。皇帝若曰：“咨我元輔、羣公、列將、百辟、卿士、庶尹、御事，朕惟黉敷祖宗之靈命，稽於先王之典訓，以大誥乎爾在位。昔我太祖神皇，肇膺明命，以創我皇基。烈祖景宗，廓開四表，底定武功。暨乎文祖，誕敷文德，襲惟孝武，不賁其舊。自時厥後，陵夷之弊用興，大難於彼東土，則我黎庶或墜塗炭。惟台一人，纘戎下琥，夙夜祇畏，若涉大川，罔識攸濟。是用稽於帝典，揆於王度，拯我人瘼。惟彼哲王，示我通訓曰，天生黎蒸，罔克自乂，上帝降鑒叡聖，植元后以乂之。時惟元后，弗克獨乂，博求明德，命百辟羣吏以佐之。肆天子命辟，辟之命官，惟以卹人，弗惟逸豫，辟惟元首，庶黎惟趾，股肱惟弼，上下一體，各勤攸司，茲用克臻於皇極。故皇其彝訓曰：‘后克艱厥后，臣克艱厥臣，政乃乂。’今台一人，膺天之暇，既陟元后，股肱百辟。乂服我國家之命，罔不咸守厥職。嗟后弗艱厥后，臣弗艱厥臣，政於何弗繹？嗚呼艱哉！凡爾在位，其敬聽命。”^{下略}

綽此文作於魏世，頗效《尚書》典謨之體。及宇文建國，綽參贊機密，文筆皆依此體。《周書》以為綽建言務存質樸，遂糠粃魏晉，憲章虞夏，雖屬辭有師古之美，矯枉非適時之用，故莫能尝行焉。綽字令綽，武功人，其文體雖未大行於時，然復古文之功，當推綽為首也。

《隋書·文苑傳序》曰：“梁自大同之後，雅道淪缺，漸乖典則，爭馳新巧。簡文、湘東，啟其淫放；徐陵、庾信，分路揚鑣。其意淺而繁，其文匿而彩，詞尚輕險，情多哀思。格以延陵之聽，蓋亦亡國之音也。”“隋文初統萬幾，每念剞彫為樸，發號施令，咸去浮華。然時俗詞藻，猶多淫麗，故憲臺執法，屢飛霜簡。煬帝初習藝文，有非輕側之論。暨乎即位，一變其風，《與越公書》、《建東都詔》、《冬至受朝詩》及《擬飲馬長城窟》，並存雅體，歸於典制。雖意在驕淫，而詞無浮蕩，故當時綴文之士，遂得依而取正焉。"然則隋文御極，頗惡江左輕華，故煬帝蚤年，亦研習雅體。李諤上文帝《論文體輕薄書》曰："及大隋受命，聖道聿興，屏黜浮詞，遏止華偽，自非懷經抱質，志道依仁，不得引預搢紳，參廁纓冕。開皇四年，普詔天下公私文翰，並宜實錄。其年九月，泗州刺史司馬幼之，文表華豔，付所司推罪。自是公卿大臣，咸知正道，莫不鑽仰墳素，棄絕華綺。"是當時於釐正文體，制法頗嚴。惜煬帝即位，又變而崇尚浮詞，故古文未能盛也。若夫草野之間，則有龍門王通，講學河、汾之間，述作多依經典，亦為古文之先導。《中說》論六代文士曰：

子謂荀悅："史乎史乎！"謂陸機："文乎文乎！"皆思過半矣。子謂："文士之行可見：謝靈運，小人哉？其文傲，君子則謹。沈休文小人哉？其文冶，君子則典。鮑照、江淹，古之獨者也，其文急以怨。吳均、孔珪，古之狂者也，其文怪以怒。謝莊、王融，古之纖人也，其文碎。徐陵、庾信，古之夸人也，其文誕。"或問孝綽兄弟。子曰："鄙人也，其文淫。"或問湘東王兄弟。子曰："貪人也，其文繁。謝朓淺人也，其文捷。江總詭人也，其文虛。皆古之不利人也。"子謂："顏延之、王儉、任昉，有君子之心焉，其文約以則。"房玄齡問文。子曰："古之文也約以達，今之文也繁以塞。"

文體浮靡，至永明以後而極。沈、謝、徐、庾，實為之巨子，《中說》皆深貶之，卒乃謂"古之文約以達"，此後之言古文者所不能外也。王氏之門，多顯於唐初，其遺說往往而在，故古文雖盛於唐，而其淵源，實自周隋之際矣。

唐時言古文始自陳子昂，至開元、天寶之間而彌甚。今考而述之，蓋有數家，並退之之所淵源者也。

（一）陳子昂

《唐書·陳子昂傳》曰：“唐興文章承徐、庾餘風，天下祖尚，子昂始變雅正，”故退之詩曰：“國朝盛文章，子昂始高蹈。”柳子厚《楊評事文集序》，亦謂張說工著述，張九齡善比興，兼備者子昂而已。蓋子昂並為韓、柳所推如此。盧藏用序《子昂集》曰：“孔子沒二百歲而騷人作，於是怨麗浮侈之法行焉。漢興二百年，賈誼、馬遷為之傑，憲章禮樂，有老成之風；長卿、子雲之儔，瑰詭萬變，亦奇特之士也。惜其王公大人之言，溺於流雜而不顯。其後班、張、崔、蔡、曹、劉、潘、陸，隨波而作，雖大雅不足，其遺餘烈，尚有典刑。宋、齊之末，蓋顗頓矣。逶迤陵穨，流靡忘反，至於徐、庾，天之將喪斯文也。後進之士，若上官儀者，繼踵而生，於是《風》、《雅》之道，掃地盡矣。《易》曰：‘物不可以終否，故受之以泰。’道喪五百歲而得陳君，君諱子昂，字伯玉，蜀人也，崛起江漢，虎視函夏，卓立千古，橫制頹波，天下翕然，質文一變。非夫岷峨之精，王巫之靈，則何以生此。”蓋子昂詩文，皆以復古為志，是以李、杜、韓、柳，咸推重之。今錄其文一首於下，以見其體。

我府君有周居士文林郎陳公墓志銘

陳子昂

公諱元敬，字某，其先陳國人。五世祖太樂，梁大同中為新城郡司馬，生高祖王方慶。方慶好道，得墨子《五行秘書》、《白虎七變法》，遂隱於郡武東山，生曾祖湯。湯為郡主簿，湯生祖通。通早卒，生皇考辯，為郡豪傑。公河目海口，欽頤虎頭，性英雄而尚玄默，羣書秘學，無所不覽。年弱冠，早為州閭所服，耆長童幼，見之若大賓。二十二，鄉貢明經擢第，拜文林郎。屬憂艱不仕，潛道育德，穆其清風，邦人馴致，如眾鳥之從鳳也。時有決訟，不取州郡之命，而信公之言。四方豪傑，望風景附，朝廷聞名。或以為西南大豪，而不知深慈恭懿敬讓以得也，州將縣長，時或陳議。青龍癸未，唐曆之微，公乃山棲絕穀，放息人事，餌雲母以怡其神，居十八年，玄圖大象，無所不達。嘗宴坐，謂其嗣子子昂曰："吾幽觀大運，賢聖生有萌芽，時發乃茂，不可以智力圖也。氣同萬里而合，不同造膝而悖。古之合者，百無一焉。嗚呼！昔堯與舜合，舜與禹合，天下得之，四百餘年；湯與伊尹合，天下歸之五百餘年；文王與太公合，天下順之四百餘年。幽、厲板蕩，天紀亂也，賢聖不相逢；老耼、仲尼，淪溺溷世，不能自昌，彌四百餘年。戰國如糜，至於赤龍。赤龍之興四百年，天紀復亂，胡夷奔突，賢聖淪亡，至於今四百年矣。天意其將周復乎？於戲吾老矣，汝其志之。"太歲己亥，享年七十有四，七月七日己未，隱化於私宮。孤子子昂愚昧，鞠然在疚，不知所從，乃祇馴聖人卜宅之義，是歲十月己酉，遂開拭舊塋。奉寧神於此山，石仙谷之中岡也。銘曰：

　　賢者避地，邈其往兮。鳳兮鳳兮，誰能象兮？嗚呼我君，懷寶不試，孰知其深廣兮？悠悠白雲，自怡養兮。大運不齊，聖賢圖兮。南山四君，不遭漢天子，亦商丘之遺壤兮。

（二）蕭穎士

　　子昂蚤卒，其體未大，燕許繼作，猶雜駢偶之詞。及蕭、李諸人出，而後古文復盛。李丹《獨孤常州集序》曰："天后朝廣漢陳子昂，獨泝頹波，以趣清源，自茲作者，稍稍而出。先大夫嘗因講文謂小子曰：'吾友蘭陵蕭茂挺，趙郡李遐叔，長樂賈幼幾，洎所知河南獨孤至之，皆憲章六藝。能探古人述作之旨。"然惟蕭、李在當時齊名，獨孤至之則出於李華之門者也。

　　蕭穎士，字茂挺，開元二十三年進士，官至揚州功曹參軍，時號蕭夫子，門人共謚曰文元先生。茂挺好古文，於當世所許可者，惟陳子昂、富嘉謨、盧藏用之文章。子存，字伯誠，亦能文辭。退之少時，為存所知，自袁州還，過存廬山故居，而諸子前死，惟二女在，因賦詩曰："中郎有女能傳業，伯道無兒可主家。今日匡山過舊隱，空將衰淚對煙霞。"留百縑以拯之。退之既受知於存，則必獲茂挺之緒論矣。

送門人劉太真詩序

蕭穎士

　　記有之。尊道成德，嚴師其難哉！故在三之禮，極乎君親，而師也參焉。無犯與隱，義斯貫矣。孔聖稱顏子有視余猶父，歎其至歟？今吾於太真也然乎爾，且後進而余師者，自賈邕、盧冀之後，比歲舉進士登科，名與實皆相望騰遷，凡數子。其他自京畿太學，踰於淮、泗，行束脩以上，而未及門者，亦云倍之。余弗敏，曷云當乎而莫之讓？蓋有來學，微往教。蒙匪余求，若之何其拒哉？狥爾之所以求，我之所以誨，學乎文乎？學也者，非云徵辨說，摭文字，以扇夫談端，輡厥詞意。其於識也，必鄙而近矣，所務乎憲章典法，膏腴德義而已。文也者，非云尚形似，牽比類，以局夫儷偶。其於言也，必淺而乖矣，所務乎激揚雅訓，彰宣事實而已。眾之言文學者或不然。於戲！彼以我為僻，爾以我為正，同聲相求，爾後我先，安得而不問哉？問而教，教而從，從而達，欲辭師也得乎？孔門四科，吾是以竊其一矣。然夫德、行、政、事，非學不言，言而無文，行之不遠，豈相異哉！四者一夫正而已矣。故曰：“詩三百，一言以蔽之曰思無邪。”不正之謂也。吾嘗謂門弟子有尹徵之學，劉太真之文，首其選焉。今茲春連茹甲乙，淑問休閵，為時之冠。浹旬有詔，俾徵典核秘書，且馳傳隴首，領元戎書記之事。四牡騑騑，薄言旋歸，聲動日下，浹於寰外，而太真元昆，前已甲科。未始間歲，翩連舉。謂予不信，豈其然乎？夏五月，迴棹京洛，告歸江表，岵兮屺兮，歡既萃矣。兄矣弟矣，榮斯繼矣。搢紳之徒，習禮聞詩者，僉曰劉氏二子，可謂立乎身，光乎親，蹈極致於人倫者矣。上京餞別，庭闈望歸，從古已來，未之聞也。余羈宦此都，色斯云舉，彼吳之丘，曾是昔游，心乎往矣。有懷伊阻，行矣風帆，載飛載揚，爾思不及，黯然以泣。先師孝弟謹信，泛愛親仁，餘力學文之訓，爾其志之。南條北固，朱方舊里，昔與太真初會於茲。余之門人有柳并者，前是一歲，亦嘗觀茲地，其請業也，必始乎此焉。并也有尹之敏，劉之工，其少且疾，故莫之逮。太真亦嘗曰："何敢望并！"并與真難乎其相奪矣。緬彼江陰，京阜是臨，言念二子，從予於此，爾之過之，其可忘諸！同是餞者，賦《江有歸舟》，以寵夫嘉慶焉爾。詩曰："江有歸舟，亦亂其流。之子言旋，嘉名孔修。揚於王庭，允焯其休。舟既歸止，人亦榮止。兄矣弟矣，孝斯踐矣。稱觴燕喜，於岵於屺。彼游惟帆，匪風不揚。有彬伊父，匪學不彰。予其懷爾，勉爾無忌。"

（三）李華

李華，字遐叔，趙州贊皇人，天寶中嘗為監察御史，晚去官，客隱山陽，勤子弟力農，安於窮槁，慕浮圖法，不甚著書。文章與蕭穎士齊名，天下士大夫家傳墓版文，及州縣碑頌，時時齎金帛往請，乃強應之。生平愛獎士類，名隨以重。所知如獨孤及、韓雲卿、柳識、李紓、皇甫冉後並顯達。宗子翰，從子觀，皆有名。退之嘗稱翰文章，而尤與觀善者也。

唐揚州功曹蕭穎士文集序

李華

　　開元、天寶間，詞人以德行著於時者，曰河南元君德秀，字紫芝，其行事趙郡李華為墓碣已書之矣。以文學著於時者，曰蘭陵蕭君穎士，字茂挺，梁國鄱陽忠烈王之後。曾祖某官，大父某官，考諱某，莒縣丞，咸有德不至尊位。君七歲能誦數經，背碑覆局。十歲以文章知名，十五譽滿天下。十九進士擢第，歷金壇尉、桂^{一作揚}州參軍、秘書正字，河南參軍。辭官避地江左。永王修書請君，君遁逃不與相見。淮南連帥表君為揚州功曹參軍，相國諸道租庸使，第五琦請君為介，君以先世寄殯蒿條，因之遷祔，終事至汝南而歿，春秋若干。嗚呼！天下儒林，為之憔悴。君為金壇尉也，會官不成。為揚州參軍也，丁家艱去官。為正字也，親故請君著書未終篇。御史府以君為慢官離局，奏謫罷職。為河南參軍也，僚屬多嫉君才名，上司以吏事責君。君拂衣渡江，遇天下多故。其高節深識，皎皎如此。君謂六經之後，有屈原、宋玉，文甚雄壯，而不能經。厥後有賈誼文辭詳正，近於理體。枚乘、司馬相如，亦瓌麗才士，然而不近《風》、《雅》，揚雄用意頗深，班彪識理，張衡宏曠，曹植豐贍，王粲超逸，嵇康標舉，此外皆金相玉質，所尚或殊，不能備舉。左思詩賦，有《雅》、《頌》遺風，干寶著論，近乎王化根源，此外皆敻絕無聞焉。近日陳拾遺子昂，文體最正，以此而言，見君之述作矣。君以文章制度為已任，時人咸以此許之，不幸沒於旅次。有文十卷行於世，其篇目雖存，章句遺逸，古所謂有其義而無其辭者也。後之為文者，取以為法焉。今海內至廣，人民至眾，求君之比，不可復得，難乎哉！君有子一人曰存，為蘇州常熟縣主簿，雅有家風，知名於世。以華平生最深，見託為序，力疾直書云爾。

（四）獨孤及、梁肅

晁公武《讀書志》，引《唐實錄》，謂“韓退之學獨孤及之文”。《舊唐書·韓愈傳》曰：“大曆、貞元之間，文字多尚古學，效揚雄、董仲舒之述作而獨孤及、梁肅最稱淵奧，儒林推重，愈從其徒游。愈意鑽仰，欲自振於一代。洎舉進士，投文於公卿間，故相鄭餘慶頗為之延譽，由是知名於時。”《北夢瑣言》：“葆光子曰：‘唐代韓愈、柳宗元，洎李翱、李觀、皇甫湜數君子之文，凌轢荀、孟，糠粃顏、謝。其所宗仰者，惟梁補闕一人而已，乃諸人之龜鑑。而梁之聲采寂寂，豈《陽春白雪》之流乎！是知俗譽喧喧者，宜鑑其濫吹也。”按獨孤及字至之，河南人。梁肅字敬之，陸渾人。自蕭穎士、李華，同倡古文，相友善，而獨孤及之學出於華，梁肅則又及之門人也，其淵源相承，有可考者。退之雖罕稱獨孤與梁，然見於史傳，當不誣矣。

游雲門序

梁肅

上德以汗漫為友，無江海之閒；其次則仁智相從，山水為樂。故合志同方，賢者有柴桑之隱；游道同趣，吾徒有雲門之會，其造適一也。先會一日，沙門釋去誼，命我友相與探玉笥，上會稽，然後沂若耶，過鳳林而南。意欲脫人世之羈鞅，窮林泉之遐奧。於是捨舟清瀾，反策閑原；遞杳靄而歷嶇嶷，入深翠以泛迴環，遂至雲門。觀其羣山疊翠，秦望拔起；五峯巉巉，列壑沈沈，上摩碧落，旁湧金界。其下則百泉會流，蓄為澄潭，涵虛鏡徹，鳴瀨玉漱。泠泠之聲，與地籟唱和，不待笙磬而五音迭作。眺聽不足，則凝思宴息，怳然疑諸天樓觀，列在咫步。庭衢之中，別有日月。既而動步真境，靜聆法音。合漆園一指之喻，詣淨名無住之本。萬慮如洗，百骸坐空。視松喬為弱喪，輕世界於棗葉。蓋道由境深，理自外獎故也。昔之遠公紀廬山，謝客題石門，道流勝賞，古今一貫。曷可不賦，貽雲山羞？乃各為詩，以誌斯會。同乎道者，有隴西李公受，高陽齊霞舉，約會未至，亦請同賦此篇，用廣夫游衍之致也。

（五）元結

　　元結，字次山，河南人，天寶間進士，官至道州刺史。容管經略使，為詩文戛戛自異，變綺麗之習。蘇源明尤善杜甫、鄭虔，而於文章則稱梁肅及結。或謂退之以前，為古文者，實當推結，餘人不及也。結雖與退之不見有相淵源之跡，要亦蕭、李之流，在退之前而能為古文者也。皇甫湜題其《浯溪中興頌》曰：「次山有文章，可惋只在碎，然長於指敘，約結有餘態，心語適相應，出句多分外。於諸作者間，拔戟成一隊。」其品題亦近實也。

目釋

河南元氏，[元，姓也。《左傳》衛大夫元咺。又後魏孝文改拓拔為元氏，望在河南也]望也，結元子名也，次山結字也。世業載國史，世系在家牒。少居商餘山，著《元子》十篇，故以元子為稱。天下兵興，逃亂入猗玗洞，[玗，雲俱反，玉名]始稱猗玗。子後家瀼濱，乃自稱浪士。及有官，人以為浪者亦漫為官乎，呼為漫郎。既客樊上，漫遂顯，樊左右皆漁者，少長相戲，更曰聱叟。[聱，午交反，語不入也]彼誚以聱者，為其不相從聽，不相鉤加，帶苓箵而盡晝船，[苓，郎丁反。箵，蘇脡反。苓箵，籯寵。籯，先代反。《說文》曰：行蓁相塞謂之籯。又《玉篇》：苓，盈也，寵也，舟中牀也]獨聱齗而揮車，[五加反，不平也]酒徒得此，又曰：“公之漫其猶聱乎？公守著作不帶苓箵乎？又漫浪於人間，得非聱齗乎？公漫久矣，可以漫為叟。”於戲！吾不從聽於時俗，不鉤加於當世，誰是聱者？吾欲從之，彼聱叟不憖帶乎苓箵，吾又安能簿乎箸作？彼聱叟不羞異聱齗於鄰里，吾又安能憖漫浪於人間，取而醉人議當以漫叟為稱？直荒浪其情性，誕漫其所為，使人知無所存有，無所將待。乃為語曰：能帶苓箵全獨而保生，能學聱齗保宗而全家。聱也如此，漫乎非邪？

綜而論之，自周隋以來，學者漸厭駢儷之詞，而思復古文。然蘇綽之擬典誥，但剽竊其字句形似而已。唐興陳子昂出，氣體歸於雅正。蕭、李諸人嗣起，抑其亞也。要之至於退之，乃盡掩前後，獨成大家。退之雖與獨孤及、梁肅之門人游，而於當世惟許子昂，以諸人才力，子昂為尤高。蓋究其淵源所自，而退之益為不可及矣。

第三章　韓愈之儒術

　　《新書》稱退之之《原道》、《原性》、《師說》等數十篇，皆奧衍
閎深，與孟軻、揚雄相表裏，而佐佑六經。蓋自漢歷告終，經籍道
息，正始以來，玄風大盛，永嘉之後，義學漸興。及羅什廣譯釋
書，遠公開社江，在宋、齊、梁、陳之交，上自人主公卿，下逮文
人隱士，莫不耽玩內典，相習成風。唐興雖重五經，詔學者撰定正
義，為儒學之洪績，顧以同姓之故，特尊老子。又遣玄奘躬至西
域，傳法相宗，所譯經論，益眾於前。華嚴、慈恩諸派，名師遞
出，講會迭啓，猶復借勢帝王，辯動士林。天寶間言古文者，如李
華、梁肅之倫，並棲心梵籍，修習禪觀，陽儒陰釋，所在多有。退
之獨以斯道為任，昌言闢之，佛骨之表，既具於傳略中矣。先是張
籍嘗勸退之著書，以“自揚子雲作《法言》，至今近千載，莫有言聖
人之道者，言之者惟執事焉耳。習俗者聞之，多怪而不信，徒相為
訾，終無裨於教也。執事聰明，文章與孟軻、揚雄相若，盍為一
書，以興存聖人之道，使時之人、後之人知其去絕異學之所為
乎？”退之始雖謝以為不可，後卒出《原道》諸篇，自比於孟軻之
距楊、墨。宋人以退之有與於斯道之傳，亦以其作《原道》也，故
退之既雄於文材，又同時為言理學者所尚。在當時佛老最隆，退之
獨卓然不惑，亦可為豪傑之士已。

原道

　　博愛之謂仁，行而宜之之謂義，由是而之焉之謂道，足乎己無待於外之謂德。仁與義為定名，道與德為虛位，故道有君子有小人，而德有凶有吉。老子之小仁義，非毀之也，其見者小也。坐井而觀天，曰天小者，非天小也。彼以煦煦為仁，孑孑為義，其小之也則宜。其所謂道，道其所道，非吾所謂道也；其所謂德，德其所德，非吾所謂德也。凡吾所謂道德云者，合仁與義言之也，天下之公言也。老子之所謂道德云者，去仁與義言之也，一人之私言也。周道衰，孔子沒，火於秦，黃、老於漢，佛於晉、宋、齊、梁、魏、隋之間，其言道德仁義者，不入於楊，則入於墨；不入於墨，則入於老；不入於老，則入於佛。入於彼必出於此。入者主之，出者奴之；入者附之，出者汙之。噫！後之人其欲聞仁義道德之說，孰從而聽之？老者曰：“孔子吾師之弟子也。”佛者曰：“孔子吾師之弟子也。”為孔子者，習聞其說，樂其誕而自小也，亦曰：“吾師亦嘗師之云爾。”不惟舉之於口，而又筆之於書。噫！後之人雖欲聞仁義道德之說，其孰從而求之？甚矣人之好怪也！不求其端，不訊其末，惟怪之欲聞。古之為民者四，今之為民者六；古之教者處其一，今之教者處其三。農之家一而食粟之家六，工之家一而用器之家六，賈之家一而資焉之家六，奈之何民不窮且盜也！古之時人之害多矣。有聖人者立，然後教之以相生相養之道。為之君，為之師，驅其蟲蛇禽獸而處之中土。寒然後為之衣，饑然後為之食。木處而顛，土處而病也，然後為之宮室。為之工以贍其器用，為之賈以通其有無，為之醫藥以濟其夭死，為之葬埋祭祀以長其恩愛，為之禮以次其先後，為之樂以宣其湮鬱，為之政以率其怠勦，為之刑以鋤其強梗。相欺也，為之斗斛權衡以信之；相奪也，為之城郭甲兵以守之，害之而為之備，患生而為之防。今其言曰：「聖人不死，大道不止；掊斗折衡而民不爭。」嗚呼！其亦不思而已矣！如古之無聖人，人之類滅久矣。何也？無羽毛鱗介以居寒熱也，無爪牙以爭食也。是故君者出令者也，臣者行君之令而致之民者也，民者出粟米麻絲、作器皿、通貨財以事其上者也。君不出令，則失其所以為君；臣不能行君之令而致之民，民不出粟米絲麻、作器皿、通貨財以事其上則誅。今其法曰：「必棄而君臣，去而父子，禁而相生養之道。」以求其所謂清淨寂滅者。嗚呼！其亦幸而出於三代之後，不見黜於禹、湯、文、武、周公、孔子也；其亦不幸而不出於三代之前，不見正於禹、湯、文、武、周公、孔子也。帝之與王，其號各殊，其所以為聖一也。夏葛而冬裘，渴飲而饑食，其事雖殊，其所以為智一也。今其言曰：「曷不為太古之無事？」是亦責冬之裘者曰：「曷不為葛之之易也？」責饑之食者曰：「曷不為飲之之易也？」《傳》曰：「古之欲明明德於天下者，先治其國；欲治其國者，先齊其家；欲齊其家者，先修其身；欲修其身者先正其心；欲正其心者，先誠其意。」然則古之所謂正心而誠其意者，將以有為也。今也欲治其心，而外天下國家，滅其天常，子焉而不父其父，臣焉而不君其君，民焉而不事其事。孔子之作《春秋》也，諸侯用夷禮則夷之，夷而進於中國則中國之。《經》曰：「夷狄之有君，不如諸夏之亡。」《詩》曰：「戎狄是膺，荊舒是懲。」今也舉夷狄之法，而加之先王之教之上，幾何其不胥而為夷也！夫所謂先王之教者何也？博愛之謂仁，行而宜之之謂義，由是而之焉之謂道，足乎己無待於外之謂德。其文《詩》、《書》、《易》、《春秋》，其法禮、樂、刑、政，其民士、農、工、賈，其位君臣、父子、師友、賓主、昆弟、夫婦，其服絲麻，其居宮室，其食粟米、蔬果、魚肉。其為道易明，而其為教易行也。是故以之為己則順而祥，以之為人則愛而公，以之為心則和而平，以之為天下國家，無所處而不當。是故生則得其情，死則盡其常；郊焉而天神假，廟焉而人鬼饗。曰：斯道何道也？曰：斯吾所謂道也，非向所謂老與佛之道也。堯以是傳之舜，舜以是傳之禹，禹以是傳之湯，湯以是傳之文、武、周公。文、武、周公傳之孔子，孔子傳之孟軻，軻之死不得其傳焉。荀與楊也，擇焉而不精，語焉而不詳。由周公而上，上而為君，故其事行；由周公而下，下而為臣，故其說長。然則如之何其可也？曰：不塞不流，不止不行。人其人，火其書，廬其居，明先王之道以道之，鰥寡孤獨廢疾者有養也，其庶乎其可也。

退之之《原道》，若自哲學上之價值言之，固不免於淺薄。其所以闢釋老，蓋僅論其粗而未及其精也，昔人固多論之者。蘇子由曰："愈之學朝夕從事於仁義禮智刑名度數之間，自形而上者，愈所不知也。《原道》之作，遂指道德為虛位，而斥佛老與楊、墨同習，豈為知道？"張芝叟曰："張籍嘗勸愈排佛老不若著書，愈亦嘗以書反復之。既而《原道》、《原性》等篇，皆緣籍而作。其《原道》也，大抵言教；其《原性》也，大抵言情。要之其文章自工，大似孟子，而法度森然。"黃山谷曰："文章必謹布置，每見後學，多告以《原道》命意曲折，後以此概求古人法度。"至於所論道統相傳及闢異端之意，宋世固極多稱之者，如石徂徠曰："孔子之《易》、《春秋》，自聖人以來未有也。吏部《原道》、《原人》、《原毀》、《行難》、《禹問》、《佛骨表》、《爭臣論》，自諸子以來未有也。"蘇子瞻曰："自孟子後，能將許大見識，尋求古人，其斷然曰孟子醇乎醇，荀與揚也擇焉而不精，語焉而不詳。若非有見識，豈千餘年後，便斷得如此分明？"程伊川亦曰："退之晚年作文，所得甚多。如曰'軻之死不得其傳'，似此言語，非是蹈襲前人，又非鑿空撰得，必有所見。"自道學既興，其言理雖視退之為密，而論道統之傳，實本諸退之《原道》云。

中國倫理學者，必論人性之善惡，於是孟子道性善，荀卿言性惡，揚雄言善惡混，至退之則言性有三品。三品之說，自劉向、荀悅已發之，而退之《原性》，獨為學者所重，要之言性者至張橫渠、二程分別天地之性與氣質之性而後始備。退之之論，猶有所未晰也，故退之於儒術上之偉績：（一）在闢佛老。（二）在論荀、楊之未醇。（三）在言道統自孟軻後不得其傳。此三者既為道學派之所取，又為古文家之所宗，宋、明以來為古文，無不緣飾儒術，莫不致意於退之所論三者。蓋自六朝聲律藻麗之體，而文章極於藝，至退之因文貫道，則文由藝而進與道合，斯固文學之巨變，而世之治文章者，所由奉退之之言以為金科玉律者也。推退之之於文詞，未必如屈原、司馬相如，而切於實用過之。退之之於儒術，未必如揚雄而其說平近易曉過之。此近古以來退之於文學上之勢力所以獨盛歟！蘇子由謂形而上之道，退之不知。然《原人》、《原鬼》諸篇，亦似非無意於形上之學者，見有審不審耳，茲特著之。

原人

　　形於上者謂之天，形於下者謂之地，命於其兩間者謂之人。形於上日、月、星辰皆天也；形於下草、木、山川皆地也，命於其兩間，夷狄禽獸皆人也。曰：“然則吾謂禽獸曰人可乎？”曰：“非也。”指山而問焉，曰山乎？曰山可也。山有草木禽獸皆舉之矣。指山之一草問焉，曰山乎？曰山則不可。故天道亂而日月星辰不得其行，地道亂而草木山川不得其平，人道亂而夷狄禽獸不得其情。天者日月星辰之主也，地者草木山川之主也，人者夷狄禽獸之主也。主而暴之，不得其為主之道矣，是故聖人一視而同仁，篤近而舉遠。

原鬼

　　有嘯於梁，從而燭之無見也。斯鬼乎？曰非也，鬼無聲。有立於堂，從而視之無見也。斯鬼乎？曰非也，鬼無形。有觸吾躬，從而執之，無得也。斯鬼乎？曰非也，鬼無氣。鬼無聲與形，安有氣。曰鬼無聲也，無形也，無氣也，果無鬼乎？曰：有形而無聲者，物有之矣，土石是也；有聲而無形者，物有之矣，風霆是也；有聲與形者，物有之矣，人獸是也；無聲與形者，物有之矣，鬼神是也。曰：然則有怪而與民物接者何也？曰：是有二說。漠然無形與聲者，鬼之常也。人有忤於天，有違於民，有爽於物逆於倫而感於氣，於是乎鬼有託於形有憑於聲以應之，而下殃禍焉，皆民之為也。其既也，又反乎其常。曰：何謂物？曰：成於形與聲者，土石、風霆、人獸是也；不能有形與聲，不能無形與聲者，物怪是也。故其作而接於民也無恆，故有動於民而為福，亦有動於民而為禍，亦有動於民而莫之為禍福，適丁民之有是時也。作《原鬼》。

李石曰："退之作《原鬼》，與晉阮千里相表裏。"然阮瞻無鬼之論，實本於王充。退之贊後漢三賢，充實與焉，則退之殆有取於《論衡》訂鬼之說，而為之文者爾。然退之作《羅池碑》，明鬼之威德，與《原鬼》異。其他謂孔、墨必相用，不相用不足為孔、墨，又好博篡為游戲諛墓之文，治儒術者或非之，茲不具論。

第四章　韓愈擬古文及其心得

　　退之之文，擬三代兩漢，至其後則西京以下，蓋不道也。大抵以力去陳言為始，而終之以養氣，及夫沛然而皆醇，則放之如長江、大河，渾浩流轉，杳乎不知其所際焉。說者謂退之潮州以後之文，皆不煩繩削而自合，蓋其養而致之，非一朝一夕之故矣。夫善擬古者，不擬其貌而擬其神。擬其貌者，即不免勦襲其陳言，故有時貌合而神離。擬其神者，惟陳言之務去，而用心於氣之清濁，聲之高下。故有時貌離而神合。退之擬六經、先漢，可謂遺其神而得其貌，然早年亦未必遽至於此也。故退之之擬古及其心得，見於《答李翊》一書。其辭曰：

　　六月二十六日愈白，李生足下：生之書辭甚高，而其問何下而恭也！能如是，誰不欲告生以其道。道德之歸也有日矣，況其外之文乎？抑愈所謂望孔子之門牆而不入於其宮者，焉足以知是且非邪？雖然。不可不為生言之。生所謂立言者是也，生所為者與所期者，甚似而幾矣。抑不知生之志，蘄勝於人而取於人邪？將蘄至於古之立言者邪？蘄勝於人而取於人，則固勝於人而可取於人矣。將蘄至於古之立言者，則無望其速成，無誘於勢利，養其根而俟其實加其膏而希其光。根之茂者其實遂；膏之沃者其光曄；仁義之人，其言藹如也。抑又有難者，愈之所為，不自知其至猶未也。雖然，學之二十餘年矣。始者非三代兩漢之書不敢觀，非聖人之志不敢存。處若忘，行若遺，儼乎其若思，茫乎其若迷。當其取於心而注於手也，惟陳言之務去，戛戛乎其難哉！其觀於人，不知其非笑之為非笑也。如是者亦有年，猶不改，然後識古書之正偽。與雖正而不至焉者，昭昭然白黑分矣，而務去之，乃徐有得也。當其取於心而注於手也，汩汩然來矣。其觀於人也，笑之則以為喜，譽之則以為憂，以其猶有人之說者存也。如是者亦有年，然後浩乎其沛然矣。吾又懼其雜也，迎而距之，平心而察之，其皆醇也，然後肆焉。雖然，不可以不養也。行之乎仁義之途，游之乎《詩》、《書》之源，無迷其途，無絕其源，終吾身而已矣。氣，水也；言，浮物也。水大而物之浮者大小畢浮，氣之與言猶是也，氣盛則言之短長，與聲之高下者皆宜。雖如是，其敢自謂幾於成乎？雖幾於成，其用於人也奚取焉？雖然，待用於人者，其肖於器邪？用與舍屬諸人。君子則不然，處心有道，行己有方，用則施諸人，舍則傳諸其徒，垂諸文而為後世法。如是者其亦足樂乎？其無足樂也。有志乎古者希矣！志乎古必遺乎今，吾誠樂而悲之。亟稱其人，所以勸之，非敢褒其可褒，而貶其可貶也。問於愈者多矣，念生之言，不志乎利，聊相為言之。愈白。

呂居仁曰："退之此書，最見其為文養氣妙處。"蓋此書自言用功為文之道，其漸進之序有四。非三代兩漢之書不觀，而務去陳言，此一時也。已能去陳言，得心應手，而猶有人之見者存，此第二時也。迎而距之，皆醇焉而後肆，此第三時也。能養氣使盛，言之短長與聲之高下皆宜，此第四時也。然退之擬古之文，今觀其集中，猶有轍跡可見，特錄數首，以見必如退之而後可以言擬古也。

唐宋間文士，多謂退之能以六經為文，殆指《原道》等作，而

《平淮西碑》，乃欲希詩書，其猶在相如、子雲之間乎？李商隱為《韓碑詩》，直曰：“點竄堯典舜典字，塗改清廟生民詩。”又曰：“湯盤孔鼎有述作，今無其器存其辭。”或謂推獎過情，然商隱故知古文者，如蘇綽《大誥》，僅襲字句，視此猶魚目之見大珍矣。陳無已亦云：龍圖孫學士覺，謂退之《淮西碑》，“敍如《書》，銘如《詩》”。

平淮西碑

　　天以唐克肖其德，聖子神孫，繼繼承承，於千萬年，敬戒不怠，全付所覆，四海九州，罔有內外，悉主悉臣。高祖太宗，既除既治；高宗中睿，休養生息；至于玄宗，受報收功，極熾而豐，物眾地大，蘖牙其間；肅宗代宗，德祖順考，以勤以容，大慝適去。稂莠不薅，相臣將臣，文恬武嬉，習熟見聞，以為當然。^{以上歷敍
唐之先朝}睿聖文武皇帝，既受羣臣朝，乃考圖數貢曰：“嗚呼！天既全付予有家，今傳次在予，予不能事事，其何以見於郊廟？”羣臣震懾，奔走率職。明年平夏，又明年平蜀，又明年平江東，又明年平澤潞，遂定易定，致魏、博，貝、衛、澶、相，無不從志。皇帝曰：“不可究武，予其少息。”^{以上憲宗，
前此武功}九年蔡將死。蔡人立其子元濟，以請不許。遂燒舞陽，犯葉襄城；以動東都，放兵四刼。皇帝歷問于朝，一二臣外，皆曰：“蔡帥之不廷授，于今五十年，傳三姓四將；其樹木堅，兵利卒頑，不與他等。因撫而有，順且無事。”大官臆決唱聲，萬口附和，并為一談，牢不可破。^{以上廷臣
不願伐蔡}皇帝曰：“惟天惟祖宗所以付任予者，庶其在此，予何敢不力。況一二臣同，不為無助。”曰：“光顏，汝為陳、許帥，維是河東、魏博、郃陽三軍之在行者，汝皆將之。"曰："重胤，汝故有河陽、懷，今益以汝，維是朔方、義成、陝、益、鳳翔、延慶七軍之在行者，汝皆將之。"曰："弘，汝以卒萬二千，屬而子公武往討之。"曰："文通，汝守壽，維是宣武、淮南、宣歙、浙西四軍之行于壽者，汝皆將之。"曰："道古，汝其觀察鄂岳。"曰："愬，汝帥唐、鄧、隨，各以其兵進戰。"曰："度，汝長御史，其往視師。"曰："度，惟汝予同，汝遂相予，以賞罰用命不用命。"曰："弘，汝其以節都統諸軍。"曰："守謙，汝出入左右，汝惟近臣，其往撫師。"曰："度，汝其往衣服飲食予士，無寒無飢。以既厥事，遂生蔡人。賜汝節斧，通天御帶，衛卒三百。凡茲廷臣，汝擇自從，惟其賢能，無憚大吏。庚申，予其臨門送汝。"曰："御史，予閔士大夫戰甚苦，自今以往，非郊廟祠祀，其無用樂。"^{以上部署
諸將相}顏、胤、武合攻其北，大戰十六，得柵城縣二十三，降人卒四萬。道古攻其東南，八戰，降萬三千，再入申，破其外城。文通戰其東，十餘遇，降萬二千。愬入其西，得賊將輒釋不殺，用其策，戰比有功。十二年八月，丞相度至師，都統弘責戰益急，顏、胤、武合戰益用命，元濟盡并其眾洄曲以備。十月壬申，愬用所得賊將自文城因天大雪疾馳百二十里，用夜半到蔡，破其門，取元濟以獻，盡得其屬人卒。辛巳，丞相度入蔡，以皇帝命赦其人。淮西平，大饗賚功，師還之日，因以其食賜蔡人。凡蔡卒三萬五千，其不樂為兵願歸為農者十九，悉縱之。斬元濟京師。^{以上平
蔡戰功}冊功：弘加侍中；愬為左僕射，帥山南東道；顏、胤皆加司空；公武以散騎常侍帥鄜坊丹延；道古進大夫；文通加散騎常侍。丞相度朝京師，道封晉國公，進階金紫大祿大夫，以舊官相，而以其副總為工部尚書，領蔡任。既還奏，羣臣請紀聖功，被之金石。皇帝以命臣愈，愈再拜稽首而獻文曰：

　　唐承天命，遂臣萬邦。孰居近土，襲盜以狂。往在玄宗，崇極而圮。河北悍驕，河南附起。四聖不宥，屢興師征。有不能克，益戍以兵。夫耕不食，婦織不裳。輪之以車，為卒賜糧。外多失朝，曠不岳狩。百隸怠官，事忘其舊。^{以上唐中興後，
方鎮多叛} 帝時繼位，顧瞻咨嗟。惟汝文武，孰恤予家。既斬吳蜀，旋取山東。魏將首義，六州降從。淮蔡不順，自以為彊。提兵叫讙，欲事故常。始命討之，遂連軒鄰。陰遣刺客，來賊相臣。方戰未利，內驚京師。羣公上言，莫若惠來。帝為不聞，與神為謀。乃相同德，以訖天誅。^{以上憲宗與
裴相同謀}乃敕顏胤，愬武古通。咸統于弘，各奏汝功。三方分攻，五萬其師。大軍北乘，厥數倍之。常兵時曲，軍士蠢蠢。既翦陵雲，蔡卒大窘。勝之郾陵，郾城來降。自夏入秋，復屯相望。兵頓不勵，告功不時。帝哀征夫，命相往釐。士飽而歌，馬騰於槽。試之新城，賊遇敗逃。盡抽其有，聚以防我。西師躍入，道無畞者。^{以上
破蔡}額額蔡城，其疆千里。既入而有，莫不順俟。帝有恩言，相度來宣：誅止其魁，釋其下人。蔡之卒夫，投甲呼舞；蔡之婦女，迎門笑語。蔡人告飢，船粟往哺；蔡人告寒，賜以繒布。始時蔡人，禁不往來；今相從戲，里門夜開。始時蔡人，進戰退戮；今胿而起，左飧右粥。為之擇人，以收餘燼；選吏賜牛，教而不稅。^{以上裴
公惠政}蔡人有言，始迷不知。今乃大覺，羞前之為。蔡人有言，天子明聖；不順族誅，順保性命。汝不吾信，視此蔡方；孰為不順，往斧其吭。凡叛有數，聲勢相倚；吾彊不支，汝弱奚恃；其告而長，而父而兄；奔走偕來，同我太平。淮蔡為亂，天子伐之；既伐而飢，天子活之。^{以上蔡
人知感}始議伐蔡，卿士莫隨。既伐四年，小大竝疑。不赦不疑，由天子明。凡此蔡功，惟斷乃成。既定淮蔡，四夷畢來。遂開明堂，坐以治之。

先是裴度為淮西宣慰處置等使，退之為行軍司馬。蔡平隨度還朝，詔撰此碑。退之以元濟之平，多歸功於度，而李愬以入蔡功最高，其妻唐安公主女也，出入禁中，訴碑不實。有詔斲其文，更命翰林學士段文昌為之。文昌之文，見姚鉉《文粹》，與退之作不待較而明。蘇子瞻錄《臨江驛》詩云：“淮西功業冠吾唐，吏部文章日月光。千載斷碑人膾炙，不知世有段文昌。”或云即子瞻詩託之昔人題壁間者。政和間陳珦守蔡州，始視事，謁裴晉公廟，讀《平淮西碑》，乃文昌所作者，忿然不平，即日磨去，別寫韓文刻之。

晁无咎《續楚詞》，取於退之者甚多。蓋退之固亦好屈原騷人之文，无咎所取有《復志賦》、《閔已賦》、《別知賦》、《訟風伯》、《弔田橫》、《享羅池》、《琴操》等篇。朱子作《後語》因之，蘇子美又謂《感二鳥賦》，悲激頓挫，有騷人之致。要之退之擬屈原，亦不專襲其貌者，故今觀其詞不甚似也。《羅池碑集註》引邵氏，謂楚詞文章，屈原一人耳。宋玉尚不得其髣髴，惟退之《羅池碑》可方駕以出。_{《羅池碑》晁氏錄之為享羅池，而刪其敘文}然《舊書》嘗譏此又惑於鬼神，為退之之過。今錄《訟風伯》、《祭田橫》二首，以見退之之極思於楚騷也。

訟風伯

維茲之旱兮，其誰之由？我知其端兮，風伯是尤。山升雲兮澤上氣，雷鞭車兮電搖幟。雨濛濛兮將欲墜，風伯怒兮，雲不得止。暘烏之仁兮，念此下民，閟其光兮，不鬮其神。嗟風伯兮，其將謂何；我於爾兮豈有其他？求其時兮修祀事，羊甚肥兮酒甚旨；食足飽兮飲足醉，風伯之怒兮誰使？雲屏屏兮，吹使醨^{薄也}之，氣將交兮，吹使離之；鑠之使氣不得化，寒之使雲不得施。嗟爾風伯，欲逃其罪，其又何辭？上天孔明兮，有紀有綱；今我上訟兮，其罪誰當？天誅加兮不可悔。風伯雖死兮，人誰爾傷！

《集註》樊曰：“德宗貞元十九年，正月不雨，至七月甲戌始雨。公時為四門博士，作此專以刺權臣。裴延齡、李齊運、李實等，壅蔽聰明，不順旱饑，專於誅求，使人君恩澤不得下流，如風吹雲而雨澤不得墜也。是年冬公拜御史，竟以言旱饑謫山陽令。”晁无咎既繫此篇於《續楚詞》而論之曰：“旱以諭時澤不下流，風以比小人實為此厲，雲以媲君子欲施而不可得，以夫為此厲者間之也。此楚辭也，而近詩投畀有昊之義。”

祭田橫墓文

貞元十一年九月，愈如東京，道出田橫墓下，感橫義高能得士，因取酒祭橫，為文而弔之。其辭曰：事有曠百世而相感者，余不自知其何心。非今世之所稀，孰為使余歔欷而不可禁？余既博觀乎天下，曷有庶幾乎夫子之所為？死者不復生，嗟余去此其從誰？當秦氏之敗亂，得一士而可王。何五百人之擾擾，而不能脫夫子於劍鋩？抑所寶之非賢，亦天命之有常。昔闕里之多士，孔聖亦云其遑遑。苟余行之不迷，雖顛沛其何傷？自古死者非一，夫子至今有耿光。聒陳辭而薦酒，魂髣髴而來享。

晁无咎曰：“愈有大志，不為世知，故行經橫墓，感其義高能得士，而取酒祭橫，為文以弔之。有傷時思古，慨然有不可復見之意。然田橫安足道哉。故其言曰'非今世之所希，孰為使余歔欷而不可禁'也。又唐宰相如董晉，亦未足言，而晉為汴州，纔奏愈從事，愈終始感遇，唐稱隴西公而不姓。後從裴度，亦自謂度知己，然度亦終不引愈共天下事。自古以文學擅世名，世忌之卒不得大柄，雖有世名，如世不知，故愈躊躇發憤，太息於區區之橫，以為夫苟如橫之好士，天下將有賢於五百人者至焉。"按此文作於貞元十一年，次年乃應董晉之辟，而從裴度更在其後。晁氏引喻及此，殊為未審。姚姬傳以此文是退之少作，故猶用屈子成句也。

退之《平淮西碑》，雖擬《詩》、《書》，而氣象宏富，要是法相如此。《進學解》、《送窮文》，則擬東方朔、揚雄。孫樵嘗謂韓文公以《進學解》窮，又樵《與王霖秀才書》曰："玉川子《月蝕詩》，韓吏部《進學解》，莫不拔地倚天，句句欲活。讀之如赤手捕長蛇，不施鞿勒騎生馬，急不得暇，莫不捉搦。"按本傳再為國子博士，既才高數黜，官又下遷，乃作《進學解》以自喻，執政奇其才，改比部郎中史館修撰，元和八年三月事也。

進學解

國子先生晨入太學，招諸生立館下誨之曰："業精於勤，荒於嬉；行成於思，毀於隨。方今聖賢相逢，治具畢張，拔去兇邪，登崇畯良。占小善者率以錄，名一藝者無不庸。爬羅剔抉，刮垢磨光。蓋有幸而獲選，孰云多而不揚。諸生業患不能精，無患有司之不明；行患不能成，無患有司之不公。"言未既，有笑於列者曰："先生欺余哉！弟子事先生，於茲有年矣。先生口不絕吟於六藝之文，手不停披於百家之編；記事者必提其要，纂言者必鉤其元；貪多務得，細大不捐；焚膏油以繼晷，恆兀兀以窮年。先生之業，可謂勤矣。觝排異端，攘斥佛老；補苴罅漏，張皇幽眇；尋墜緒之茫茫，獨旁搜而遠紹；障百川而東之，迴狂瀾於既倒。先生之於儒，可謂有勞矣。沈浸醲郁，含英咀華；作為文章，其書滿家；上規姚姒，渾渾無涯；《周誥》、《殷盤》，佶屈聱牙；《春秋》謹嚴，《左氏》浮誇；《易》奇而法，《詩》正而葩；下逮莊騷，太史所錄；子雲、相如，同工異曲。先生之於文，可謂閎其中而肆其外矣。少始知學，勇於敢為；長通於方，左右具宜。先生之於為人，可謂成矣。然而公不見信於人，私不見助於友；跋前躓後，動輒得咎。暫為御史，遂竄南夷。三年博士，冗不見治，命與仇謀，取敗幾時。冬煖而兒號寒，年豐而妻啼飢，頭童齒豁，竟死何裨？不知慮此，而反教人為？"先生曰："吁，子來前。夫大木為杗，細木為桷，欂櫨、侏儒，椳闑扂楔各得其宜，施以成室者，匠氏之工也。玉札丹砂，赤箭青芝，牛溲馬勃，敗鼓之皮，俱收並蓄，待用無遺者，醫師之良也。登明選公，雜進巧拙，紆餘為妍，卓犖為傑，校短量長，惟器是適者，宰相之方也。昔者孟軻好辯，孔道以明。轍環天下，卒老於行；荀卿守正，大論是宏，逃讒於楚，廢死蘭陵。是二儒者，吐辭為經，舉足為法，絕類離倫，優入聖域，其遇於世何如也？今先生學雖勤而不繇其統，言雖多而不要其中，文雖奇而不濟於用，行雖修而不顯於眾。猶且月費俸錢，歲靡廩粟。子不知耕，婦不知織，乘馬從徒，安坐而食。踵常途之促促，窺陳編以盜竊。然而聖主不加誅，宰臣不見斥，非其幸歟？動而得謗，名亦隨之；投閒置散，乃分之宜。若夫商財賄之有亡，計班賞之崇卑，忘己量之所稱，指前人之瑕疵，是所謂詰匠氏之不以杙為楹，^{杙小，}^{楹大}而訾醫師以昌陽引年，欲進其豨苓也。^{昌陽即菖蒲，}^{服之延年}

送窮文

元和六年正月乙丑晦，主人使奴星，結柳作車，縛草為船，載糗與糧，牛繫軛下，引帆上檣，三揖窮鬼而告之曰："聞子行有日矣，鄙人不敢問所塗。竊具船與車，備載糗糧。日吉時良，利行四方。子飯一盂，子啜一觴。攜朋挈儔，去故就新。駕塵彍^{音霍，張弩也直}風，與電爭先。子無底滯之尤，我有資送之恩。子等有意於行乎？"屏息潛聽，如聞音聲。若嘯若啼，音炷嚶嚶。毛髮盡豎，竦肩縮頸，疑有而無，久乃可明。若有言者曰："吾與子居四十年餘。子在孩提，吾不子愚。子學子耕，求官與名，惟子是從，不變於初。門神戶靈，我叱我呵，包羞詭隨，志不在他。子遷南荒，熱爍濕蒸，我非其鄉，百鬼欺陵。大學四年，朝齏暮鹽，惟我保汝，人皆汝嫌。自初及終，未始背汝，心無異謀，口絕行語。於何聽聞，云我當去？是必夫子信讒，有間於予也。我鬼非人，安用車船？鼻齅馨香，糗糧可捐。單獨一身，誰為朋儔？子苟備知，可數已不？子能盡言，可謂聖知。情狀既露，敢不迴避？"主人應之曰："子以吾為真不知也耶？子之朋儔，非六非四，存十去五，滿七除二。各有主張，私立名字。捩手覆羹，轉喉觸諱。凡所以使吾面目可憎語言無味者，皆子之志也。其名曰智窮；矯矯亢亢，惡圓喜方，羞為奸欺，不忍害傷。其次名曰學；傲數與名，摘抉杳微，高把麈言，執神之機。又其次曰文窮；不專一能，怪怪奇奇，不可時施，祇以自嬉。又其次曰命窮；影與形殊，面醜心妍，利居眾後，責在人先。又其次曰交；磨肌戞骨，吐出心肝，企足以待，寘我讎冤。凡此五鬼，為吾五患。飢我寒我，興訛造訕。能使我迷，人莫能間。朝悔其行，暮已復然。蠅營狗苟，驅去復還。”言未畢，五鬼相與張眼吐舌，跳踉偃仆，抵掌頓腳，失笑相顧。徐謂主人曰：“子知我名，凡我所為。驅我令去，小黠大癡。人生一世，其久幾何？吾立子名，百世不磨。小人君子，其心不同。惟乖於時，乃與天通。攜持琬琰，易一羊皮。飫於肥甘，慕彼糠糜。天下知子，誰過於余？雖遭斥逐，不忍子疏。謂余不信，請質《詩》、《書》。”主人於是垂頭喪氣，上手稱謝，燒車與船，延之上座。

宋子京曰：“退之《送窮文》、《進學解》、《毛穎傳》等篇，皆古人意思未到，可以名家矣。然《送窮文》與揚子雲《逐貧賦》，大率相類。”蓋古人作文，皆有所祖述，如司馬相如《大人賦》，全用屈原《遠游》中語。杜云遞相祖述復先誰，長卿、子美，豈剽竊前人者耶？張文潛曰：“韓公《送窮文》，蓋出子雲《逐貧賦》，然文彩過逐貧矣。”大抵擬前人文章，如子雲擬方朔《答客難》，退之《進學解》擬子雲《解嘲》，柳子厚《晉問》擬枚乘《七發》，皆文章之美也。晁无咎《續楚詞》，載《送窮文》而系之曰：“愈以屢窮不遭時，若有物焉為之，故託於鬼，謮彼窮我者，車船飲食，謝而遠之，而窮不可去也，則燒車與船，延之上坐，亦卒歸於正之義焉。”

文章至漢之西京，已極閎侈辨麗。揚子雲乃欲會眾體而出奇，故其晚年尤好奇字，務為艱深，又緣傅儒術，將與相如爭雄，然其弊即流於蹇澀，至於唐樊宗師極矣。退之始有志於文章，則務去陳言，顧去陳言不可不用奇字，是以說者謂退之《曹成王碑》，造語實法子雲。《集註》洪曰：“退之性不喜書，然嘗云：‘凡為文詞，宜略識字。’如《曹成王碑》用剟、鞣、鐷、掀、撇、掇、箆、趾等字是也。”惟退之為文，不以奇為嫌，故於宗師之

文，稱其文從字順。今觀世傳宗師《絳守居園記》，雖經訓釋，猶多
不可讀，其艱深過揚雄遠矣。退之稱之，殆以為猶愈於雷同勦說
也。今錄《曹成王碑》，而附以《樊紹述墓志銘》，庶於退之擬古之
意，及所以去陳言之道，可以有所會心焉。

曹成王碑

　　王姓李氏，諱皋，字子蘭，謚曰成。其先王明，以太宗子國
曹，絕復封，傳五王至成王。成王嗣封，在元宗世，蓋於時年十七
八。紹爵三年而河南北兵作，天下震擾。王奉母太妃逃禍民伍，得
間走蜀，從天子。天子念之，自都水使者拜左領軍衛將軍，轉貳國
子祕書。王生十年而失先王，哭泣哀悲，弔客不能聞。喪除，痛刮
磨豪習，委己於學。稍長，重知人情急世之要，恥一不通。侍太妃
從天子於蜀，既孝既忠；持官持身，內外斬斬。由是朝廷滋欲試之
於民。上元元年，除溫州長史行刺史事。江東新剗於兵，郡旱，饑
民交走，死無弔。王及州，不解衣，下令掊鎖擴門，悉棄倉實與
民，活數十萬人。奏報，升秩少府。與平袁賊，仍徙祕書兼州別
駕，部告無事。遷真於衡，法成令修，治出張施，聲生勢長。觀察
使喧媚^{喧，妬也。}^{媚，怒也}不能出氣。誣以過犯，御史助之，貶潮州刺史。楊炎
起道州相德宗，還王於衡，以直前譖。王之遭誣在理，念太妃
老，將驚而戚，出則凶服就辯，入則擁笏垂魚，坦坦施施。即貶於
潮，以遷入賀，及是，然後跪謝告實。初觀察使虐使將國良，往戍
界，良以武岡畔，戍眾萬人。斂兵荊黔洪桂，伐之二年，尤張。於
是以王帥河南將五萬士，以討良為事。王至，則屏兵，投良以書中

其忌諱。良羞畏乞降，狐鼠進退。王即假為使者，從一騎，蹄五百里，抵良壁，鞭其門，大呼："我曹王來受良降，良今安在？"良不得已，錯愕迎拜，盡降其軍。太妃薨，王棄部，隨喪之河南，葬及荊，被詔責還。會梁崇義反，王遂不敢辭以還，升秩散騎常侍。明年，李希烈反，遷御史大夫，授節帥江西，以討希烈。命至，王出止外舍，禁無以家事關我。哀兵，大選江州，羣能著職。王親教之搏力勾卒嬴越之法，曹誅五昇，艦步二萬人，以與賊遻。〔遻也，音悟〕嘬鋒蔡山踏之，〔嘬，楚快切，謂一舉盡臠。《禮記》無嘬，炙踏僵也〕剜蘄之黃梅，〔剜，削也，烏丸切〕大鞣長平；〔鞣，熟皮也。《說文》奧也〕〔《說文》鑱，兩刃〕鑱廣濟〔木柄可以刈草〕掀蘄春，〔掀，舉出也〕撖蘄水，〔撖，普滅切，擊也〕掇黃崗〔掇，拾取也〕筴漢陽，〔筴音夾。筴，著鍼箭具〕行趾汊洲，〔趾音紫，蹈也〕還大胉蘄水界中；〔胉音博，磔也〕披安三縣，〔披，開也，裂也〕誅其州，斬偽刺史；標光之北山。〔標，木杪也。光，光州〕碯隋光化。〔碯，他合切，大食也。隋、光化，二縣名〕梧其州，〔《後漢》梧羽翬注：案《字書》從手即古文攬字，謂攬援也〕十抽一推，〔抽，引也。推，擊也〕救兵州東北屬鄉，還開軍受降。大小之戰五十有二，取五州十九縣。民老幼婦女不驚，市買不變；田之果穀下無一迹。加銀青光祿大夫，工部尚書，改戶部，再換節臨荊及襄，真食三百。王之在兵，天子西巡於梁。希烈北取汴鄭，東略宋圍陳，西取汝亳東都。王坐南方北向，落其角距，賊死咋，〔咋，仄革切，大聲也〕不能入寸尺，亡將卒士萬，盡輸其南州。王始政於溫，終政於襄，恆平物估，賤斂貴出，民用有經，一吏軌民，使令家聽戶視，姦宄無宿。府中不聞急步疾呼。治民用兵，各有條次，世傳為法。任馬彝、伊慎、王鍔將，王皆盡其力能。薨贈右僕射。元和初，以子道古在朝，更贈太子太師。道古中進士第，遷司門郎。剌利、隋、唐、睦，徵為少宗正，兼御史中丞，以節督黔中。朝京師，改命觀察鄂、岳、蘄、沔、安、黃。提其師以伐蔡，且行，泣曰："先王討蔡，實取蘄、沔、安、黃，其惠未亡。今余亦受命，有事於蔡，而四州適在吾封，庶其有集。先王薨於今二十五年，吾昆弟在，而墓碑不刻無文，子無用辭！"序而詩之。辭曰：

太支十三，曹於弟季。（太宗十四子，其一高宗，餘十三，曹王為季）或亡或微，曹始就事。曹之祖王，畏塞絕遷，（謂黔州安置）零王黎公，（零陵王，黎國公）不聞僅存。子父易封，三王守名。延延百載，以有成王。成王之作，一自其躬。文被明章，武薦晙功。蘇枯弱彊，釅其姦猖。（釅，醲也。謂破希烈之罪）以報於宗，以昭於王。王亦有子。處王之所，唯舊之視。蹶蹶陛陛，（蹶蹶，行遽也）實取實似。刻詩其碑，為示無止。

南陽樊紹述墓志銘

樊紹述既卒且葬，愈將銘之，從其家求書，得書號《魁紀公》者三十卷，曰《樊子》者又三十卷，《春秋集傳》十五卷，表箋、狀策，書序、傳記，紀誌、說論，今文讚銘，凡二百九十一篇；道路所遇，及器物門里雜銘，二百二十，賦十，詩七百一十九。曰：多矣哉，古未嘗有也。然而必出於己，不襲蹈前人一言一句，又何其難也！必出入仁義，其富若生蓄，萬物必具，海含地負，放恣橫從，無所統紀，然而不煩於繩削而自合也。嗚呼！紹述於斯術，其可謂至於斯極矣。生而其家富貴，長而不有其藏一錢。妻子告不足，顧且笑曰："我道蓋是也。"皆應曰："然。"無不意滿。常以金部郎中告哀南方，還言某帥不治，罷之，以此出為縣州刺史。一年，徵拜左司郎中，又出刺絳州。縣、絳之人，至今皆曰："於我有德。"以為諫議大夫，命且下，遂病以卒，年若干。紹述諱宗師。父諱澤，嘗帥襄陽江陵，官至右僕射，贈某官。祖某官，諱泳。自祖及紹述，三世皆以軍謀堪將帥，策上第以進。紹述無所不學，於辭於聲天得也，在眾若無論者。嘗與觀樂，問曰："何如？"曰："後當然。"已而果然。銘曰：

惟古于詞必己出，降而不能乃剽賊。後皆指前公相襲，從漢迄今用一律。寥寥久哉莫覺屬，神徂聖伏道絕塞。既極乃通發紹述，文從字順各識職。有欲求之此其躅。

退之《答李翊書》，言始惟陳言之務去，今稱紹述辭必己出，異於世之剽襲者，因推漢迄今之弊，有"神徂聖伏"之歎，真以革衰自任者耶。蓋文章不出難易二端，與為其易者而公相襲，不如為其難者之文從字順者也，是退之之微旨也。然退之所為擬古者，自三代《詩》、《書》以及《莊》、《騷》、太史、相如、揚雄，皆其心慕所在。雄以後則蔑之焉，斯不可不察矣。

第五章　文筆合轍及實用文體

古有文筆之分，今有駢散之別。駢文近於文，而散文近於筆。然曰文曰筆曰駢曰散者，其始皆統於文而已，後則其流漸分，劃然若不可復合。然有志之士，未嘗不欲統而一之，惟所見有淺深，才力有大小，是以厥績未覯也。文筆之分，始於漢晉，其後學者務工於文而不重筆。至隋唐而文極敝，退之雖若偏長於筆，^{退之善文，孟郊善詩。當時稱孟詩韓筆。劉夢得《祭退之之文》亦云：子長在筆，余長在論}然其志實欲合文筆而一之，而終又歸之於實用，此退之之所獨到，不可不論者也。

自退之為文，以統合文筆為志，而學者從之，此後文筆之分幾泯，然作者才或不逮退之，則其體勢，每偏近於筆。更宋、明以逮於清，號稱為古文者，大抵皆雜筆也，於是又漸覺文筆之不可不兼重。清世已多肆力於駢文者，即古文家亦申陰陽奇偶之說，以謂毗於單行者之未能盡美。姚姬傳嘗曰："天地之道，陰陽剛柔而已。文者天地之精英，而陰陽剛柔之發也。惟聖人之言，統二氣之會而弗偏。然而《易》、《詩》、《書》、《論語》所載，亦間有可以剛柔分矣。值其時其人，告語之體，各有宜也。自諸子而降，其為文無弗有偏者。"於是謂"有得於陽與剛之美者，有得於陰與柔之美者"，而"宋歐陽曾公之文，皆偏於柔之美者也"。姚氏惟論歐陽曾公偏於柔之美，而不及退之，殆以退之能會陰陽剛柔之美而得中者歟！

雖然，姚氏之論，似專即散文言之。蓋就其大別，則駢文毗於陰，散文毗於陽；就其小別，則同為散文而有毗於陰有毗於陽，同為駢文而亦有毗於陰有毗於陽。姚氏特究散文一體之陰陽，曾滌生《送周荇農序》，又以陰陽奇偶而論駢文散文之大別，其言曰："一者陽之變，兩者陰之化。故曰：一奇一偶者，天地之用也。文字之道，何獨不然？六籍尚已。自漢以來為文者，莫善於司馬遷。遷之文其積句也皆奇，而義必相輔，氣不孤伸，彼有偶者存焉。其他善者，班固則毗於用偶，韓愈則毗於用奇。蔡邕、范曄以下，如潘、陸、沈、任等比者，皆師班氏者也。茅坤所稱八家，皆師韓氏者也。轉相祖述，源遠而流益分，判然若白黑之不類，於是刺議互興，尊丹者非素。而六朝、隋、唐以來駢偶之文，亦已久王而將厭。宋代諸子乃承其敝，而倡為韓氏之文。而蘇軾遂稱曰：'文起八代之衰'。非直其才之足以相勝，物窮則變，理固然也。豪傑之士，所見類不甚遠。韓氏有言：'孔子必用墨子，墨子必用孔子，不相用不足為孔墨。'由是言之，彼其於班氏，相師而不相非明矣。耳食者不察，遂附此而抹摋一切。又其言多根柢六經，頗為知道者所取，故古文之名獨尊，而駢偶之文，乃屏而不得與於其列。數百千年，無敢易其說者，所從來遠矣。"滌生之說，於駢散奇偶之辨加詳，然未由歷史上文筆分別之源流考之，故猶有所未盡也。

今世通論文學之大別殆不過二種：一美文學，二實用文學是也。美文學近於古者之所謂文，實用文學近於古者之所謂筆。然真工文者，必於美與實用文學無所不能，即於文與筆之體兼擅而無所於偏。論美文學之形式，用偶恆多於用奇；實用文學之形式，用奇恆多於用偶。惟神明於用奇用偶，一無畸重，然後可以謂之文豪。在漢則相如、子雲，後乎相如、子雲，則退之而已。退之與相如、子雲，其所以為文之道雖不盡同，至於兼妙文筆，而神明於用奇用偶無所畸重，是則所同也，故滌生謂退之毗於用奇非矣。惟司馬遷實毗於用奇，遷不能為詞賦，^{今傳遷賦一篇，
不逮揚、馬遠甚}而但為史書。後人師揚、馬，則謂史籍事異篇章，顧師揚、馬者日趨於縟美，其用偶益多，至齊、梁而極。雖自班、蔡以下，班、蔡尚未可謂之偏於用偶也，故相如、子雲以奇偶兼運之文體，自然而變為用偶獨多之文體，為美文學之宗，亦時勢所趨也。隋唐以來，世競為用偶之文，不勝其弊，退之欲復返之於揚、馬之本，故曰：“子雲相如，同工異曲。”退之希三代六經下至揚、馬而止，於馬遷之毗於用奇者，雖亦有所取焉，然退之固不專效馬遷也。至後之師退之者，皇甫湜、孫樵之徒，猶欲奇偶兼運。及宋之歐、曾以後，不復能為退之效揚、馬之文，乃偏於用奇，是退之亦以奇偶兼運之文，後世自然變而為偏於用奇之文體，為實用文學之宗，亦時勢所趨也。此文筆奇偶變遷之大略也。

然則六朝為美文學之中心，顧無不推尊揚、馬；宋世為實用文學之中心，顧無不推尊退之。揚、馬與退之，並能為奇偶兼運之文體，其流一則偏於用偶，一則偏於用奇。前章所錄退之擬古之文，偏於用奇者未必能也。後人偏於用奇，故近稱退之，而遠宗司馬遷，要之偏於用奇者，亦實用文學所不得不然。茲姑論實用文學之淵源於退之者如下。

宋之為古文者，皆承歐陽修。歐公最號為能效法退之者也，而嘗言曰：“吾不能為《畫記》。”蘇子瞻不信此言，以為非歐公語。以今考之，殆真歐公之言也。^{秦少游亦好退之《畫記》，
其《畫羅漢記》以擬之也}蓋實用文學之所以貴者，不在於文采之縟麗，而在於辭能達意，故尤在模寫一切事物，洪纖委曲，無不盡其情為主，狀物書事，其大者多可依傍，惟間漫細瑣，反難著筆，宜歐公不能不歎退之《畫記》之工也。

畫記

　　雜古今人物小畫共一卷。騎而立者五人，騎而被甲載兵立者十人，一人騎執大旗前立，騎而被甲載兵行且下牽者十人，騎且負者二人，騎執器者二人，騎擁田犬者一人，騎而牽者二人，騎而驅者三人，執羈靮立者二人。騎而下倚馬臂隼而立者一人，騎而驅涉者二人，徒而驅牧者二人。坐而指使者一人，甲冑手弓矢鈇鉞植者七人，甲冑執幟植者十人，負者七人，偃寢休者二人，甲冑坐睡者一人，方涉者一人，坐而脫足者一人，寒附火者一人，雜執器物役者八人，奉壺矢者一人，舍而具食者十有一人，挹且注者四人，牛牽者二人，驢驅者四人，一人杖而負者，婦人以孺子載而可見者六人，載而上下者三人，孺子戲者九人。凡人之事三十有二，為人大小百二十有三，而莫有同者焉。馬大者九匹，於馬之中，又有上者，下者，行者，牽者，涉者，陸者，翹者，顧者，鳴者，寢者，訛者，立者，人立者，齕者，飲者，溲者，陟者，降者，痒磨樹者，噓者，嗅者，喜相戲者，怒相踶齧者，秣者，騎者，驟者，走者，載服物者，載狐兔者。凡馬之事二十有七，為馬大小八十有三，而莫有同者焉。牛大小十一頭，橐駝三頭，驢如橐駝之數，而加其一焉。隼一，犬羊狐兔麋鹿共三十，旃車三兩。雜兵器、弓矢、旌旗、刀劍、矛楯、弓服、矢房、甲冑之屬，缾、盂、笠、簦、筐、筥、錡、釜飲食服用之器，壺、矢博弈之具，二百五十有一，皆曲極其妙。貞元甲戌年，在京師，甚無事，同居有獨孤生申叔者，始得此畫，而與余彈碁，余幸勝而獲焉，意甚惜之，以為非一工人之所能運思，蓋聚集眾工人之所長耳，雖百金不願易也。明年出京師，至河陽，與二三客論畫品格，因出而觀之。座有趙侍御者，君子人也，見之戚然若有感然，少而進曰："噫！余之手之所摸也，亡之且二十年矣。余少時常有志乎茲事，得國本，絕人事而摸得之，遊閩中而喪焉。居閑處獨，時往來余懷也，以其始為之勞，而夙好之篤也。今雖遇之，力不能為已，且命工人存其大都焉。"余既甚愛之，又感趙君之事，因以贈之，而記其人馬之形狀與數，而時觀之以自釋焉。

歐公而外，筆力最高，能效退之之文，莫如王介甫。介甫尤長於碑誌之作，而最稱退之王適、張微二志，<small>或云介甫僅稱其銘詞，非也。志文固佳</small>蓋二志效史記，最能寫生也。

試大理評事王君墓志銘

君諱適，姓王氏。好讀書，懷奇負氣，不肯隨人後舉選。見功業有道路可指取，有名節可以庶幾，致困於無資地，不能自出。乃以干諸公貴人，借助聲勢。諸公貴人既志得，皆樂熟輭媚耳目者，不喜聞生語，一見，輒戒門以絕。上初即位，以四科募天下士，君笑曰："此非吾時邪！"即提所作書，緣道歌吟，趨直言試。既至，對語驚人，不中第，益困。久之，聞金吾李將軍年少喜事可撼，乃踏門告曰："天下奇男子王適，願見將軍白事。"一見語合意，往來門下。盧從史既節度昭義軍，張甚，奴視法度士，欲聞無顧忌大語，有以君生平告者，既遣客鉤致。君曰："狂子不足以共事。"立謝客。李將軍由是待益厚，奏為其衛胄曹參軍，充引駕仗判官，盡用其言。將軍遷帥鳳翔，君隨往，改試大理評事，攝監察御史，觀察判官。櫛垢爬痒，民獲蘇醒。居歲餘，如有所不樂，一旦載妻子入閿鄉南山不顧。中書舍人王涯、獨孤郁，吏部郎中張惟素，比部郎中韓愈，日發書問訊，顧不可強起，不即薦。明年九月，疾病，輿醫京師。某月某日卒，年四十四。十一月某日，即葬京城西南長安縣界中。曾祖爽，洪州武寧令；祖微，右衛騎曹參軍；父嵩，蘇州崑山丞。妻上谷侯氏處士高女。高固奇士，自方阿衡、太師，世莫能用吾言，再試吏，再怒去，發狂投江水。初，處士將嫁其女，懲曰：“吾以齟齬窮，一女憐之，必嫁官人，不以與凡子。”君曰：“吾求婦氏久矣，惟此翁可人意，且聞其女賢，不可以失。”即謾謂媒嫗：“吾明經及第且選，即官人。侯翁女幸嫁，若能令翁許我，請進百金為嫗謝。”諾許白翁。翁曰：“誠官人耶？取文書來。”君計窮吐實，嫗曰：“無苦，翁大人，不疑人欺。我得一卷書，粗若告身者，我襃以往，翁見未必取際，幸而聽我。”行其謀。翁望見文書銜軸，果信不疑，曰：“足矣。”以女與王氏。生三子，一男二女。男三歲夭死；長女嫁亳州永城尉姚倳，其季始十歲。銘曰：

鼎也不可以挂車，馬也不可使守閭。佩玉長裾，不利走趨。祇繫其逢，不繫巧愚。不諧其須，有銜不祛。鑽石埋辭，以列幽墟。

給事中清河張君墓志銘

張君名徹，字某，以進士累官至范陽府監察御史。長慶元年，今牛宰相為御史中丞，奏君名節中御史選，詔即以為御史。其府惜不敢留，遣之，而密奏："幽州將父子繼續不廷選且久，今新收，臣又始至孤怯，須強佐乃濟。"發半道，有詔以君還之，仍遷殿中侍御史，加賜朱衣銀魚。至數日，軍亂，怨其府從事，盡殺之而囚其帥，且相約："張御史長者，無侮辱轢蹙我事，毋庸殺。"置之帥所。居月餘，聞有中貴人，自京師至，君謂其帥："公無負此土人。上使至，可因請見自辨，幸得脫免歸。"即推門求出。守者以告其魁，魁與其徒皆駭曰："必張御史！張御史忠義，必為其帥告此餘人，不如遷之別館。"即與眾出君。君出罵眾曰："汝何敢反？前日吳元濟斬東市，昨日李師道斬於軍中，同惡者父母妻子皆屠死，肉餧狗鼠鴟鴉。汝何敢反！汝何敢反！"行且罵，眾畏惡其言不忍聞，且虞生變，即擊君以死。君抵死口不絕罵，眾皆曰："義士義士！"或收瘞之以俟。事聞，天子壯之，贈給事中。其友侯雲長佐鄆使，請於其帥馬僕射，為之選於軍中，得故與君相知張恭、李元章者，使以幣請諸范陽，范陽人義而歸之，以聞。詔所在給船轝，傳歸其家，賜錢物以葬。長慶四年四月某日，其妻子以君之喪葬於某州某所。君弟復亦進士，佐汴、宋，得疾，變易喪心，驚惑不常。君得間，即自視衣襦薄厚，節時其飲食，而匕筯進養之，禁其家無敢高語出聲。醫餌之藥，其物多空青、雄黃諸奇怪物，劑錢至十數萬，營治勤劇，皆自君手，不假之人。家貧，妻子常有飢色。祖某，某官。父某，某官。妻韓氏，禮部郎中某之孫，汴州開封尉某之女。於余為叔父孫女。君嘗從予學，選於諸生而嫁與之。孝順祗修，羣女效其所為。男若干人，曰某，女子某。銘曰：

嗚呼微也！世慕顧以行，子揭揭也。嗋唈以為生，子獨割也。汶波不清，作冰雪也。仁義以為兵，用不缺折也。知死不失信，行猛厲也。自申於闇，明莫之奪也。我銘以貞之，不肖者之咀也。

　　宋以來之實用文學主義，雖出自退之，而實本於歐陽永叔與曾子固，後人為古文雖稱八家，實宗歐、曾二家而已。蓋不惟重在模寫事物，曲盡其狀，又在模寫處極平正不務出奇。子固文最從容和緩，朱子以理學之儒，而為文慕子固，故論韓文尤取其規模闊大而平正者，至是而實用文學之體成矣。自宋、明以來至清世之所謂桐城派，治古文者，莫不持實用文學主義，即行文貴寫生，能委屈達其意，又忌奇險巉刻是也，此實合歐陽、曾之體而一之。子固論韓文不多見，若朱子則云退之墓誌有怪者了，又喜韓文《宴喜亭記》及《韓弘碑》，以碑為老年筆，並語類二篇皆韓文中平正者，是宋以後實用文學，同祖述退之之大略也。

宴喜亭記 _{貞元十九年作}

　　太原王弘中在連州，與學佛之人景常、元慧者游。異日從二人者，行於其居之後，丘荒之間，上高而望，得異處焉，斬茅而嘉樹列，發石而清泉激，輦糞壤，焚榴翳，_{木立死曰榴 自斃曰翳}卻立而視之：出者突然成丘，陷者呀然成谷；窪者為池，而缺者為洞；若來鬼神異物，陰來相之。自是弘中與二人者，晨往而夕忘歸焉，乃立屋以避風雨，御寒暑。既成，愈請名之。其丘曰“俟德之丘”，蔽於古而顯於今，有俟德之道也。其石谷曰“謙受之谷”，瀑曰“振鷺之瀑”，谷言德，瀑言容也；其土谷曰“黃金之谷”，瀑曰“秩秩之瀑”，谷言容，瀑言德也；洞曰“寒居之洞”，志其入之時也；池曰“君子之池”，虛以鍾其美，盈以出其惡也；泉之源曰“天澤之泉”，出高而施下也；合而言之以屋曰“燕喜之亭”，取《詩》所謂“魯侯燕喜頌"者也。於是州民之聞者，相與觀焉，曰："吾州之山水名於天下，然而無與'燕喜'者比。經營於其側者相接也，而莫宜其地。凡天作而地藏之，以宜其人乎？弘中自吏部外郎貶秩而來，次其道途所經，自藍田山，入商洛，涉浙湍，臨漢水，升峴首，以望方城；出荊門，下岷江，過洞庭，上湘水，行衡山之下；緜郴踰嶺，猿狖所家，魚龍所宮，極幽遐瓌詭之觀，宜乎於山水飫聞而厭見也。今其意乃若不足。《傳》曰："智者樂水，仁者樂山。"弘中之德，與其所好，可謂協矣。智以謀之，仁以居之，吾知其去是而羽儀於天朝也不遠矣，遂刻石以記。

贈太尉許國公神道碑

韓姬姓，以國氏。其先有自潁川徙陽夏者，其地於今為陳之太康。太康之韓，其稱蓋久，然自公始大著。公諱宏。公之父曰海，為人魁偉沈塞，以武勇游仕許、汴之間，寡言自可，不與人交，眾推以為鉅人長者。官至遊擊將軍，贈太師，娶鄉邑劉氏女，生公，是為齊國太夫人。夫人之兄曰司徒元佐，有功建中、貞元之間，為宣武軍帥，有汴、宋、亳、潁四州之地，兵士十萬人。公少依舅氏，讀書習騎射，事親孝謹，偲偲自將，不縱為子弟華靡遨放事。出入恭敬，軍中皆目之。嘗一抵京師，就明經試，退曰："此不足發名成業。"復去從舅氏學。將兵數百人，悉識其材鄙怯勇，指付必堪其事，司徒歎奇之。士卒屬心，諸老將皆自以為不及。司徒卒，去為宋南城將。比六七歲，汴軍連亂不定。貞元十五年，劉逸淮死，軍中皆曰："此軍司徒所樹，必擇其骨肉為士卒所慕

賴者付之。今見在人，莫如韓甥，且其功最大而材又俊。”即柄授之
而請命於天子。天子以為然，遂自大理評事拜工部尚書，代逸淮為
宣武軍節度使，悉有其舅司徒之兵與地。眾果大悅便之。當此
時，陳、許帥曲環死而吳少誠反，自將圍許，求援於逸淮，啗之以
陳歸汴，使數輩在館。公悉驅出斬之。選卒三千人，會諸軍擊少
誠，許下，少誠失勢以走，河南無事。公曰：“自吾舅沒，五亂於汴
者，吾苗薅而髮櫛之幾盡，然不一揃刈，不足令震駴。”命劉鍔以其
卒三百人，待命於門，數之以數與於亂自以為功，並斬之以徇，血
流被道。自是訖公之朝京師，廿有一年，莫敢有譁呶叫號於城郭
者。李師古詐言起事，屯兵於曹，以嚇滑師，且告假道。公使謂
曰：“汝能越吾界而為盜邪？有以相待，無為空言。”滑師告急，公
使謂曰：“吾在此，公無恐。”或告曰：“翦棘夷道，兵且至矣，請備
之。”公曰：“兵來不除道也。”不為應。師古詐窮變索，遷延旋
軍。少誠以牛皮鞬材遺師古，師古以鹽資少誠，潛過公界，覺皆
留。輸之庫曰：“此於法不得以私相餽。”田宏正之開魏博，李師道
使來告曰：“我代與田氏約相保援，今宏正非其族又首變，兩河事亦
公之所惡。我將與成德合軍討之。敢告！”公謂其使曰：“我不知利
害，知奉詔行事耳。若兵北過河，我即東兵以取曹。”師道懼不敢
動，宏正以濟誅吳元濟也，命公部統將軍，曰：“無自行以過北
寇。”公請使子公武以兵萬三千人會討蔡下，歸財與糧以濟諸軍，卒
擒蔡姦。於是以公為侍中，而以公武為鄜坊丹延節度使。師道之
誅，公以兵東下，進圍考城，克之；遂進迫曹，曹寇乞降。鄆部既
平，公曰：“吾無事於此。其朝京師。”天子曰：“大臣不可以暑行，
其秋之待。”公曰：“君為仁，臣為恭可矣。”遂行。既至，獻馬三千
四，絹五十萬，他錦紈綺纈又三萬，金銀器千，而汴之庫廄，錢以

貫數者，尚餘百萬，絹亦合百餘萬匹。馬七千，糧三百萬斛，兵械多至不可數。初公有汴，承五亂之後，掠賞之餘，且斂且給，恆無宿儲。至是公私充塞，至於露積不垣。冊拜司徒兼中書令，進見上殿，拜跪給扶。贊元經體，不治細微，天子敬之。元和十五年，今天子即位，公為冢宰，又除河中節度使。在鎮三年，以疾乞歸，復拜司徒中書令。病不能朝，以長慶二年十二月三日薨於永崇里第，年五十八。天子為之罷朝三日，贈太尉，賜布粟，其葬物有司官給之，京兆尹監護。明年七月某日，葬於萬年縣少陵原，京城東南三十里，楚國夫人翟氏祔。子男二人：長曰肅元，某官；次曰公武，某官。肅元早死。公之將薨，公武暴病先卒，公哀傷之，月餘，遂薨。無子，以公武子孫紹宗為主後。汴之南則蔡，北則鄆，二寇患公居間，為己不利，卑身佞辭，求與公好。薦女請昏，使日月至。既不可得，則飛謀釣謗以間染我。公先事候情，壞其機牙，姦不得發，王誅以成。最功定次，孰與高下。公子公武，與公一時俱授弓鉞，處藩為將，疆土相望。公武以母憂去鎮。公母弟充，自金吾代將渭北。公以司徒中書令治蒲，於時弟充，自鄭滑節度平宣武之亂，以司空居汴。自唐以來，莫與為比。公之為治嚴，不為煩，止除害本，不多教條。與人必信，吏得其職賦，人無所漏失，人安樂之，在所以富。公與人有畛域，不為戲狎，人得一笑語，重於金帛之賜。其罪殺人，不發聲色，問法何如，不自為輕重，故無敢犯者。銘曰：在貞元世，汴兵五猘。將得其人，眾乃一愒。其人為誰？韓姓許公。磔其梟狼，養以雨風。桑穀奮張，厥壤大豐。貞元元孫，命正我宇。公為臣宗，處得地所。河流兩壖，盜連為羣。雄倡雌和，首尾一身。公居其間，為帝督姦。察其嚬呻，與其睋眴；左顧失視，右顧而毦。蔡先鄆鉏，三年而墟。槀乾四呼，終莫敢濡。常山幽都，孰陪孰扶？天施不留，其討不遺。許公預焉，其賚何如。悠悠四方，既廣既長。無有外事，朝廷之治。許公來朝，車馬干戈；相乎將乎，威儀之多。將則是矣，相則三公。釋師十萬，歸居廟堂。上之宅憂，公讓太宰。養安蒲坂，萬邦絕等。有弟有子，提兵守藩。一時三侯，人莫敢攀。生莫與榮，歿莫與令。刻文此碑，以鴻厥慶。

　　退之所以為實用文學之宗者，固不止此。茲述其略，餘可以類求焉。

第六章　雜文及游戲

　　前二章一論退之擬古之心得，以見退之為文之淵源；一論退之所以為後世實用文學之宗者。然退之自述為文之極則，則在養其氣使之皆醇，而言之短長與聲之高下皆宜。蓋能綜合文筆之長，以幾於神妙不測，而後可以為至也。雖其縱橫變化，往往入於游戲而不害其工，退之所以不可及者此耳。今觀集中，若此類者亦多有。李習之獨舉其《獲麟解》，嘗書以贈陸傪曰：“韓愈非茲世之文，古之文也。其詞與意適，則孟軻既沒，亦不見其有過於斯者。嘗書其一章曰《獲麟解》，其他可以類知也。”夫退之文眾矣，而習之舉此篇以其他可類知，謂之“詞與意適”，非即縱橫變化無不如意之謂乎？今特著之。

獲麟解

　　麟之為靈昭昭也，詠於《詩》，書於《春秋》，雜出於傳記百家之書，雖婦人小子，皆知其為祥也。然麟之為物也，不畜於家，不恆有於天下。其為形也不類，非若馬牛犬豕豺狼麋鹿然。然則雖有麟不可知其為麟也。角者吾知其為牛，鬣者吾知其為馬，犬豕豺狼麇鹿，吾知其為犬豕豺狼麇鹿，惟麟也不可知。不可知則謂之不祥也亦宜。雖然，麟之出必有聖人在乎位，麟為聖人出也。聖人者必知麟，麟之果不為不祥也。又曰：麟之所以為麟者，以德不以形。若麟之出不待聖人，則其謂之不祥也亦宜哉。

退之為文，既以養其氣之浩瀚為主，故神而明之，以適其變，不為舊時體格所拘。如頌颺、哀祭之詞，漢以來多用韻文，退之為之，則有有韻者，有無韻者。蓋不惟詞必己出，即體格亦縱意所如，不主故常者也。今錄《伯夷頌》、《祭十二郎文》二首。

伯夷頌

士之特立獨行適於義而已，不顧人之是非，皆豪傑之士，信道篤而自知明者也。一家非之，力行而不惑者寡矣；至於一國一州非之，力行而不惑者，蓋天下一人而已矣；至若舉世非之，力行而不惑者，則千百年乃一人而已耳。若伯夷者，窮天地亘萬世而不顧者也。昭乎日月不足為明，崒乎泰山不足為高，巍乎天地不足為容也。當殷之亡周之興，微子賢也，抱祭器而去之；武王、周公賢人也，率天下之賢與天下之諸侯而往攻之，未嘗聞有非之者也。彼伯夷、叔齊者，乃獨以為不可。殷既滅矣，天下宗周，彼二子者，獨恥食其粟，餓死而不顧。繇是而言，夫豈有求而為哉？信道篤而自知明也。今世之所謂士者，凡一人譽之，則自以為有餘；凡一人沮之，則自以為不足。彼獨非聖人，而自是如此。夫聖人乃萬世之標準也。余故曰：若伯夷者，特立獨行，窮天地亘萬世而不顧者也。雖然，微二子，亂臣賊子接跡於後世矣。

祭兄子十二郎老成文

年月日，季父愈聞汝喪之七日，乃能銜哀致誠，使建中遠具時羞之奠，告汝十二郎之靈。嗚呼！吾少孤，及長，不省所怙，惟兄嫂是依。中年兄沒南方，吾與汝俱幼，從嫂歸葬河陽。既又與汝就食江南，零丁孤苦，未嘗一日相離也。吾上有三兄，皆不幸早世。承先人後者，在孫惟汝，在子惟吾；兩世一身，形單影隻。嫂嘗撫汝指吾而言曰：“韓氏兩世，惟此而已！”汝時尤小，當不復記憶；吾時雖能記憶，亦未知其言之悲也。吾年十九，始來京城，其後四年而歸視汝。又四年，吾往河陽省墳墓，遇汝從嫂喪來葬。又二年，吾佐董丞相於汴州，汝來省吾，止一歲，請歸取其孥。明年，丞相薨，吾去汴州，汝不果來。是年吾佐戎徐州，使取汝者始行，吾又罷去，汝又不果來。吾念汝從於東，東亦客也，不可以久圖。久遠者莫如西歸，將成家而致汝。嗚呼！孰謂汝遽去吾而沒乎！吾與汝俱少年，以為雖暫相別，終當久與相處。故捨汝而旅食京師，以求斗斛之祿。誠知其如此，雖萬乘之公相，吾不以一日輟汝而就也！去年孟東野往，吾書與汝曰：“吾年未四十，而視茫茫，而髮蒼蒼，而齒牙動搖。念諸父與諸兄，皆康彊而早世。如吾之衰者，其能久存乎？吾不可去，汝不肯來，恐旦暮死，而汝抱無涯之戚也。”孰謂少者歿而長者存，彊者夭而病者全乎！嗚呼！其信然邪？其夢邪？其傳之非其真邪？信也，吾兄之盛德而夭其嗣乎？汝之純明而不克蒙其澤乎？少者彊者而夭歿，長者衰者而存全乎？未可以為信也，夢也，傳之非其真也。東野之書，耿蘭之報，何為而在吾側也？鳴呼其信然矣！吾兄之盛德而夭其嗣矣！汝之純明宜業其家者，不克蒙其澤矣！所謂天者誠難測，而神者誠難明矣！所謂理者不可推，而壽者不可知矣！雖然，吾自今年來，蒼蒼者或化而為白矣；動搖者或脫而落矣。毛血日益衰，志氣日益微，幾何不從汝而死也！死而有知，其幾何離，其無知，悲不幾時而不悲者無窮期矣！汝之子始十歲，吾之子始五歲，少而彊者不可保如此，孩提者又可冀其成立邪？鳴呼哀哉，鳴呼哀哉！汝去年書云："比得輭腳病，往往而劇。"吾曰："是疾也，江南之人常常有之。"未始以為憂也，鳴呼其竟以此而殞其生乎？抑別有疾而至斯乎？汝之書六月十七日也，東野云汝歿以六月二日，耿蘭之報無日月。蓋東野之使者，不知問家人以日月，如耿蘭之報，不知當言月日。東野與吾書，乃問使者，使者妄稱以應之耳。其然乎？其不然乎？今吾使建中祭汝，弔汝之孤，與汝之乳母。彼有食可守以待終喪，則待終喪而取以來；如不能守以終喪，則遂取以來。其餘奴婢，並令守汝喪。吾力能改葬，終葬汝於先人之兆，然後惟其所願。鳴呼！汝病吾不知時，汝歿吾不知日；生不能相養以共居，歿不得撫汝以盡哀；斂不憑其棺，窆不臨其穴；吾行負神明，而使汝夭，不孝不慈，而不得與汝相養以生，相守以死；一在天之涯，一在地之角，生而影不與吾形相依，死而魂不與吾夢相接。吾實為之，其又何尤！彼蒼者天，曷其有極。自今已往，吾其無意於人世矣。當求數頃之田於伊、潁之上，以待餘年，教吾子與汝子，幸其成；長吾女與汝女，待其嫁。如此而已。鳴呼！言有窮而情不可終，汝其知也邪？其不知也邪？鳴呼哀哉尚饗。

　　蘇子瞻曰："歐陽公言晉無文章，唯陶淵明《歸去來》一篇而已。余亦謂唐無文章，惟韓退之《送李願歸盤谷序》一篇而已。平生欲效此作一篇，每執筆輒罷，因自笑曰：'不若且放教退之獨步。'"子瞻推此序至此，然與淵明之《歸去來》並舉，殆重其隱退之意耶，要其文亦極縱橫變恣。退之贈人序，不主一格，多可喜，有時雜以詼謿戲謔之詞，並極其妙。茲獨著《送李愿》一首。

送李愿歸盤谷序

太行之陽有盤谷，盤谷之間，泉甘而土肥草木叢茂，居民鮮少。或曰："謂其環兩山之間，故曰盤。"或曰："是谷也，宅幽而勢阻，隱者之所盤旋。"友人李愿居之，愿之言曰："人之稱大丈夫者，我知之矣。利澤施於人，名聲昭於時，坐於廟朝，進退百官，而佐天子出令。其在外則樹旗旄，羅弓矢，武夫前呵，從者塞塗，供給之人，各執其物，夾道而疾馳。喜有賞，怒有刑。才畯_{一作俊}滿前，道古今而譽盛德，入耳而不煩。曲眉豐頰，清聲而便體，秀外而惠中。飄輕裾，翳長袖，粉白黛綠者，列屋而閒居，妒寵而負恃，爭妍而取憐。大丈夫之遇知於天子，用力於當世者之為也。吾非惡此而逃之，是有命焉，不可幸而致也。窮居而野處，升高而遠望，坐茂樹以終日，濯清泉以自潔。採於山，美可茹；釣於水，鮮可食。起居無時，惟適所安。與其譽於前，孰若無毀於其後；與其樂於身，孰若無憂於其心。車服不維，刀鋸不加，理亂不知，黜陟不聞，大丈夫不遇於時之所為也，我則行之。伺候於公卿之門，奔走於形勢之途，足將進而趑趄，_{行不進貌}口將言而囁嚅，處污穢而不羞，觸刑辟而誅戮，僥倖於萬一，老死而後止者，其於為人賢不肖何如也！"昌黎韓愈聞其言而壯之，與之酒而為之歌曰："盤之中惟子之宮，盤之下^{一作土}惟子之稼。盤之泉可濯可湘，^{湘，烹也。一作沿}盤之阻誰爭子所。窈而深，廓其有容。繚而曲，如往而復。嗟盤之樂兮，樂且無央。虎豹遠跡兮，蛟龍遁藏。鬼神守護兮，呵禁不祥。飲且食兮壽而康，無不足兮奚所望？膏吾車兮秣吾馬，從子於盤兮，終吾生以徜徉。"

退之固嘗以文為戲，子瞻詩所謂退之仙人也，游戲於斯文。當時尤以《毛穎傳》為游戲之尤者，柳子厚甚以為怪。舊史云："愈作《毛穎傳》，譏戲不近人情，此文章之甚紕繆者。"然李肇《國史補》，獨以《毛穎傳》文尤高，不下史遷。談藪亦謂似太史公筆。宋子京以與《送窮文》等並稱，以為皆古人意思未到，所謂"善戲謔兮不為虐兮"者也。退之合觀古來文章，極意變化自肆，為後世文體，拓無數境界，寧得以其游戲議之乎？

毛穎傳

毛穎者，中山人也。其先明眎，^{兔曰明眎}佐禹治東方土，養萬物有功，因封於卯地，死為十二神。嘗曰："吾子孫神明之後，不可與物同，當吐而生。"已而果然。明眎八世孫䨽。世傳當殷時居中山，得神仙之術，能匿光使物，竊姮娥，騎蟾蜍入月，其後代遂隱不仕云。居東郭者曰㕙。狡而善走，與韓盧爭能。^{韓盧，天下之疾犬}盧不及。盧怒，與宋鵲^{音鵲，宋之良犬}謀而殺之，醢其家。秦始皇時，蒙將軍恬南伐楚，次中山，將大獵以懼楚。召左庶長與軍尉，以《連山》筮之，得天與人文之兆。筮者賀曰："今日之獲，不角不牙，衣褐之徒，缺口而長鬚，八竅而趺居，獨取其髦，簡牘是資，天下同其書。秦其遂兼諸侯乎！"遂獵，圍毛氏之族，拔其豪，載穎而歸，獻俘於章臺宮，聚其族而加束縛焉。秦始皇使恬賜之湯沐，而封諸管城，號管城子，日見親寵任事。穎為人強記而便敏，自結繩之代以及秦事，無不纂錄。陰陽、卜筮、占相、醫方、族氏、山經、地志、字書、圖畫、九流百家、天人之書，及至浮屠、老子、外國之說，皆所詳悉。又通於當代之務，官府簿書，市井貨錢注記，惟上所使。自秦皇帝及太子扶蘇、胡亥，丞相李斯，中車府令高，下及國人，無不愛重。又善隨人意，正直、邪曲、巧拙，一隨其人；雖後見廢棄，終默不漏。惟不喜武士，然見請亦時往。累拜中書令，與上益狎，上嘗呼為"中書君"。上親決事，以衡石自程。<small>《秦始皇紀》：天下之事，無大小皆決於上。上至以衡石量書，日夜有程，不中程不得休息。石，百二十斤也</small>雖宮人不得立左右，獨穎與執燭者常侍，上休乃罷。穎與絳人陳玄，弘農陶泓，及會稽楮先生友善，相推致，其出處必偕。上召穎，三人者不待詔輒俱往，上未嘗怪焉。後因進見，上將有任使，拂拭之，因免冠謝。上見其髮禿，又所摹畫，不能稱上意。上嘻笑曰："中書君老而禿，不任吾用。吾嘗謂君中書，而今不中書耶？"對曰："臣所謂盡心者。"因不復召，歸封邑，終於管城。其子孫甚多，散處中國夷狄，皆冒管城，惟居中山者，能繼父祖業。太史公曰：毛氏有兩族，其一姬姓，文王之子，封於毛，所謂魯、衛、毛、聃者也。戰國時有毛公毛遂。獨中山之族，不知其本，所出子孫，最為蕃昌。《春秋》之成，見絕於孔子而非其罪。及蒙將軍拔中山之豪，始皇封之管城，世遂有名，而姬姓之毛無聞。穎始以俘見，卒見任使。秦之滅諸侯，穎與有功，賞不酬勞，以老見疏，秦真少恩哉！

退之之文，善者最多，有諸家選錄與全集在。今僅論次其體勢之尤有關者，及與退之所以自得之大而為後人尤所推重效法者也。

第七章　韓愈之詩體

　　退之詩體亦自成一家，宋人蓋多宗之。《中山詩話》曰："歐陽
永叔不甚喜杜詩，謂韓吏部絕倫，吏部於唐世文章未嘗屈下，獨稱
道李杜不已，歐貴韓而不悅子美，所不可曉。"然宋之重韓詩者，固
不惟永叔，即蘇、黃亦多學韓詩。平心考之，退之詩自不逮李
杜，其閎博壯偉，亦特有所長。退之先嘗學《文選》詩，如《秋
懷》詩等是也，後乃汪洋浩瀚，以文勢行之。蘇、黃大抵多效退之
七言古。退之七古，《感春》四首、《石鼓歌》之類，是學子美，餘
多自出一體，如《和皇甫湜渾陸山火》，效玉川子《月蝕詩》，尤奇
怪縱恣，亦有律調深穩婉易之作。今略錄一二首。

山石

　　山石犖确行徑微，黃昏到寺蝙蝠飛。升堂坐堦新雨足，芭蕉葉
大梔子肥。僧言古壁佛畫好，以火來照所見稀。鋪牀拂席置羹
飯，疎糲亦足飽我飢。夜深靜臥百蟲絕，清月出嶺光入扉。天明獨
去無道路，出入高下窮煙霏。山紅澗碧粉爛漫，時見松櫪皆十
圍。當流赤足踏澗石，水聲激激風生衣。人生如此自可樂，豈必局
束為人鞿。嗟哉吾黨二三子，安得至老更不歸。

贈侯喜

　　吾黨侯生字叔起，呼我持竿釣溫水。平明鞭馬出都門，盡日行行荊棘裏。溫水微茫絕又流，深如車轍闊容輈。蝦蟆跳過雀兒浴，此縱有魚何足求。我為侯生不能已，盤鍼擘粒投泥滓。晡時堅坐到黃昏，手倦目勞方一起。暫動還休未可期，蝦行蛭渡似皆疑。舉竿引綫忽有得，一寸纔分鱗與鬐。是日侯生與韓子，良久歎息相看悲。我今行事盡如此，此事正好為吾規。半世遑遑就舉選，一名始得紅顏衰。人間事勢豈不見，徒自辛苦終何為。便當提攜妻與子，南入箕潁無還時。叔起君今氣方銳，我言至切君無嗤。君欲釣魚須遠去，大魚豈肯居沮洳。

寒食日出游夜歸
張十一院長見示病中憶花九篇因此投贈

　　李花初發君始病，我往看君花轉盛。走馬城西怊悵歸，不忍千株雪相映。邇來又見桃與梨，交開紅白如爭競。可憐物色阻攜手，空展霜縑吟九詠。紛紛落盡泥與塵，不共新粧比端正。桐花最晚今已繁，君不強起時難更。關山遠別固其理，寸步難見始知命。憶昔與君同貶官，夜渡洞庭看斗柄。豈料生還得一處，引袖拭淚悲且慶。各言生死兩追隨，直置心親無貌敬。念君又署南荒吏，路指鬼門幽且夐。三公盡是知音人，何不薦賢陛下聖。囊空甔倒誰救之，我今一食日還併。自然憂氣損天和，安得康強保天信。今朝寒食行野外，綠楊匝岸蒲生迸。宋玉庭邊不見人，輕浪參差魚動鏡。飲酒寧嫌瑤底深，題詩尚倚筆鋒勁。明宵固欲相就醉，有月莫愁當火令。（火令，謂禁煙節）

退之五言絕作，實在《南山詩》，其鋪敍閎侈，蓋出相如《上林》、《子虛賦》，才力小者不可到也。南山蓋終南山。潛溪《詩眼》云：「孫莘老嘗謂老杜《北征》，勝退之《南山詩》，王平甫以為《南山》勝《北征》，終不能相服。時山谷尚少，乃曰：'若能工巧，則《北征》不及《南山》；若書一代之事，以與《國風》、《雅》、《頌》相為表裏，則《北征》不可無，而《南山》雖不作未害也。'二公之論遂定。」要之《北征》與《南山》不可並論，殆是各有所長耳。

南山詩

吾聞京城南，茲維羣山圍。東西兩際海，巨細難悉究。山經及地志，茫昧非受授。團辭試提挈，（團辭，謂團集其詞）挂一念萬漏。欲休諒不能，粗敍所經覯。常昇崇丘望，戢戢見相湊。晴明出稜角，縷脈碎分繡。蒸嵐相澒洞，表裏忽通透。無風自飄簸，融液煦柔茂。橫雲時平凝，點點露數岫。天空浮修眉，濃綠畫新就。孤撐有巉絕，海浴褰鵬噣。（噣，鳥口。已上總敍南山大概）春陽潛沮洳，濯濯吐深秀。巖巒雖嵂崒，（峻貌）弱類含酎。（輭酎，之言醇也）夏炎百木盛，蔭鬱增埋覆。神靈日歊歔，（氣出貌。言山谷鳴吼如神靈也）雲氣爭結構。秋霜喜刻轢，磔卓立癯瘦。（磔，裂也開也）參差相疊重，剛耿陵宇宙。冬行雖幽墨，冰雪工琢鏤。新曦照危峨，億丈恆高裒。明

昏無停態，頃刻異狀候。[已上敍四時變態] 西南雄太白，[山名] 突起莫間篷。[篷，倅也，齊也]

藩都配德運，分宅占丁戊。[丁戊謂西南] 逍遙越坤位，[逍遙谷名] 祗訐陷乾竇。[太白，非特占西南坤位，又侵東北乾位]

空虛寒兢兢，風氣較搜漱。朱維方燒日，陰霰縱騰糅。昆明大池北，去覿偶晴晝。縣聯窮俯視，倒側困清漚。微瀾動水面，踴躍躁猱狖。驚呼惜破碎，仰喜呀不仆。[已上言南山方隅連亘之所] 前尋經杜墅，[即杜陵] 坌蔽畢原陋。[畢原，周文武葬處] 崎嶇上軒昂，始得觀覽富。行行將遂窮，嶺陸煩互走。勃然思圻裂，擁掩難恕宥。巨靈與夸娥，[夸娥負山見《列子》] 遠賈期必售。還疑造物意，固護蓄精祐。力雖能排幹，[幹，輚也] 雷電怯呵詬。攀緣脫手足，蹭蹬抵積甃。茫如試矯首，堛塞生怐愗。[堛，土塊。怐音寇。愗音茂。怐愗，愁怨貌] 威容喪蕭爽，近新迷遠舊。拘官計日月，欲進不可又。因緣窺其湫，凝湛閑陰竇。[陰竇，謂湫中蚊。竇言也] 魚蝦可俯掇，神物安敢寇。林柯有脫葉，欲墮鳥驚救。爭銜彎環飛，投棄急哺穀。[鳥生須哺曰穀，音寇] 旋歸道迴睨，達枿壯復奏。吁嗟信奇怪，峭質能化貿。[貿，易也] 前年遭譴謫，[謂貞元十九年十二月，自監察御史，謫連州山陽縣令] 探歷得邂逅。初從藍田入，顧盼勞頸脰。時天晦大雪，淚目苦矇瞀。峻塗拖長冰，直上若懸溜。褰衣步推馬，顛蹶退且復。蒼黃忘遐眴，[眴，視也] 所矚繞左右。杉篁咤蒲蘇，杲耀攢介冑。專心憶平道，脫險逾避臭。昨來逢清霽，宿願忻始副。崢嶸躋冢頂，倏閃雜鼯鼬。前低劃開闊，爛漫惟眾皺。或連若相從，或蹙若相鬥。或妥若弭伏，或竦若驚雊。或散若瓦解，或赴若輻湊。或翩若船游，或決若馬驟。或背若相惡，或向若相佑。或亂若抽筍，或嵲若炷灸。或錯若繪畫，或繚若篆籀。或羅若星離，或蓊若雲逗。或浮若波濤，或碎若鋤耨。或如賁育倫，賭勝勇前購。先強勢已出，後鈍嗔詬譑。[詬譑，不能言也。上音闒，下音棷] 或如帝王尊，叢集朝賤幼。雖親不褻狎，雖遠不悖謬。或如臨食案，肴核分飣餖。又如游九原，墳墓包槨柩。或纍若盆甖，或揭若登豆。或覆若曝鱉，或頹若寢獸。或蜿若藏龍，或翼若搏鷙。或齊若友朋，或隨若先後。或逆若流落，或顧若宿留。_{宿留，有所須待也}或庲若仇讎，或密若婚媾。或儼若峨冠，或翩若舞袖。或屹若戰陣，或圍若蒐狩。或靡然東注，或偃然北首。或如火熺焰，或若氣饙餾。_{饙餾，蒸飯}或行而不輟，或遺而不收。或斜而不倚，或弛而不彀。或赤若禿鬝，或燻若柴樴。或如龜坼兆，或如卦分繇。或前橫若剝，或後斷若姤。_{剝、姤，二卦}延延離又屬，夬夬叛還遘。喁喁魚闖萍，落落月經宿。_{宿，列星}閭閭樹牆垣，巀嶭架庫廄。參參削劍戟，煥煥銜瑩琇。_{瑩琇，美石}敷敷花搜萼，闃闃屋摧雷。悠悠舒而安，兀兀狂以狃。超超出猶奔，蠢蠢駭不懋。_{已上並敍其經歷所見之狀}大哉立天地，經紀肖營腠。_{象營衞腠理}厥初孰開張，僶俛誰勸侑。創茲樸而巧，戮力忍恥疚。得非施斧斤，無乃假詛呪。鴻荒竟無傳，功大莫酬僦。_{僦，賃也}嘗聞於祠官，芬苾降歆齅。斐然作歌詩，惟用贊報酭。

退之聯句諸詩，亦前古未有。聯句創自柏梁，後偶有嗣作，皆落落短篇。退之為之，始加以巨麗竟如揚、馬諸賦。劉貢父論《城南聯句》曰："東野與退之聯句，宏壯辯博，似若不出一手。"王深父曰："退之究有潤色。"惟黃山谷謂退之不能潤色東野，東野或能潤色退之。要之韓集聯句諸篇，其署名同作，雖非一人，而句調氣勢，政復相類，不惟前古所無，後亦未見能繼者，則此體不得不謂退之獨勝也。茲錄《城南》一首。

城南聯句一百五十韻

竹影金鏷碎，（郊）泉聲玉淙琤。瑠璃翦木葉，（愈）翡翠開園英。流滑隨尺步，（郊）搜尋得深行。遙岑出寸碧，（愈）遠目增雙明。乾籟紛挂地，（郊）化蠱枯搹莖。〔化蠱已枯，尚搹持草木之莖〕木腐或垂耳，（愈）草珠競駢晴。浮虛有新屭，（郊）摧抓饒孤撑。囚飛黏網動，（愈）〔囚飛，謂蛛所囚蟲類〕盜啅接彈驚。〔啅，眾口，謂鳥雀〕脫實自開坼，（郊）〔實，果也〕牽柔誰繞縈。〔柔，蔓草〕禮鼠拱而立，（愈）駁牛躑且鳴。蔬甲喜臨社，（郊）田毛樂寬征。露螢不自暖，（愈）凍蝶尚思輕。〔欲飛〕宿羽有先曉，（郊）食鱗時半橫。〔方食之魚〕菱翻紫角利，（愈）荷折碧圓傾。楚膩鱸鮪亂，（郊）獠羞螺蟹并。〔羞，食也〕桑蠖見虛指，（愈）〔言桑蠖空有跡〕穴狸聞鬪獰。逗翳翅相築，（郊）〔言鳥止林陰翼相觸〕擺幽尾交榜。〔薄庚反。擺於幽僻，如蛇類〕蔓涎角出縮，（愈）〔謂蝸牛〕樹啄頭敲鏗。〔謂啄木鳥〕脩箭裹金餌，（郊）〔謂竹〕羣鮮沸池羹。〔鮮，小魚〕岸殼坼玄兆，（愈）野蕨漸豐萌。窰煙羃疏島，（郊）沙篆印迴平。〔鳥跡在沙〕瘁肌遭蚝刺，（愈）〔蚝，七吏反，毛蟲〕啾耳聞難生。奇慮恣迴轉，（郊）遐睎縱逢迎。巔林戢遠睫，（愈）縹氣夷空情。歸跡歸不得，（郊）捨心捨還爭。靈麻撮狗虱，（愈）〔狗虱，胡麻也〕村稚啼禽狌。紅皴曬簷瓦，（郊）〔果實紅而皴者，或謂乾棗〕黃圍繫門衡。〔黃圍，瓜蔞。衡，橫木〕得儁蠅虎健，（愈）相殘雀豹趟。〔雀豹，雀之鷙者。趟，跳躍〕束枯樵指禿，（郊）刈熟擔肩頹。澀旋皮卷臠，（愈）〔澀旋，轉肩也。卷臠，皮皴貌〕苦開腹膨脖。〔苦開，力苦作氣也。膨脖，腹脹貌〕機舂潻渡力。（郊）〔機舂杵白也〕吹簸飄飆精。賽饌木盤蔌，（愈）〔蔌饌，祭食〕靰妖藤索絣。〔靰，小兒屨。一云此句疑指靰繩。已上泛言城南景物之盛〕荒學五六卷，（郊）古藏四三塋。里儒拳足拜，（愈）土怪閃眸偵。蹄道補復破，（郊）絲竅掃還成。〔指蛛網之類〕暮堂蝙蝠沸，（愈）破竈蚼蟻盈。追此訊前主，（郊）答云皆冢卿。敗壁剝寒月，（愈）折簠嘯遺笙。袿薰霏霏在，（郊）墓跡微微呈。劍石猶竦欂，（愈）獸材猶挐楹。〔欂刻獸形〕寶唾拾未盡，（郊）玉啼墮猶鎗。緫綃疑闃黰，（愈）粧燭已銷鶯。綠髮抽珉甃，（郊）〔綠髮謂苔〕青膚聳瑤楨。〔瑤楨，剛木〕白蛾飛舞地，（愈）幽蠹落書棚。〔已上言郊墟宅塋之古廢〕惟昔集嘉詠，（郊）吐芳類鳴嚶。窺奇摘海異，（愈）恣韻激天鯨。腸胃繞萬象，（郊）精神驅五兵。蜀雄李杜拔，（愈）嶽力雷車轟。大句斡元造，（郊）高言軋霄崝。[宵崝，山之切雲者] 芒端轉寒燠，（愈）神助溢盃觥。巨細各乘運，（郊）湍潤亦騰聲。[湍，急水。潭，不流水] 凌花咀粉藥，（郊）削縷穿珠櫻。[櫻桃如珠] 綺語洗晴雪，（愈）嬌辭呀鶬鶊。酣歌雜弁珥，（郊）繁價流金瓊。菡萏寫紅調，（郊）菶蓊綴藍瑛。庖霜繪玄鯽，（愈）浙玉炊香粳。朝饌已百態，（郊）春醪又千名。哀匏瘵駃景，（愈）冽唱凝餘晶。解魄不自主，（郊）[解魄，謂魂魄解散] 痺肌坐空瞠。扳援賤蹊絕，（愈）[謂賤者不得扳援而至] 炫燿仙吏更。叢巧競採笑，（郊）駢鮮互探嬰。[鮮，新也] 桑變忽蕪蔓，（愈）樟裁浪登丁。[言裁斷木，其聲登丁然] 霞闢詎能極，（郊）風期誰復賡。皋區扶帝壤，（愈）[皋，神皋也] 瓌蘊郁天京。祥色被文彥，（郊）良材插杉桱。隱伏饒氣象，（愈）興潛示堆坑。孼華露神物，（郊）擁終儲地禎。[終南] 訏謨壯締始，（愈）輔弼登階清。[階，泰階] 坌秀恣填塞，（郊）呀靈滴淳澄。益大連漢魏，（愈）肇初邁周嬴。積照涵德鏡，（郊）傳經儷金籯。食家行鼎鼐，（愈）寵族餙弓旌。奕制盡從賜，（郊）殊私得逾程。飛橋上架漢，（愈）繚岸俯窺瀛。瀟碧遠輸委，（郊）湖嵌費攜擎。[湖嵌謂石] 萄首從大漢，（愈）楓槠至南荆。嘉植鮮危朽，（郊）膏埋易滋榮。懸長巧紐翠，（愈）[紐，結也] 象曲善攢珩。[攢，聚也] 魚口星浮沒，（郊）馬毛錦斑騂。五方亂風土，（愈）百種分鋤耕。葩蕚相妬出，（郊）菲茸共舒晴。類招臻倜詭，（愈）翼萃伏衿纓。危望跨飛動，（郊）[危望，登高望也] 冥升蹻登閎。春游輠霹靡，（愈）[霹靡，草木弱貌] 彩伴颭婎娙。[婎娙，新婦貌] 遺燦飄的爍，（郊）[的爍，白狀] 淑顏洞精誠。嬌應如在寢，（愈）頹意若含酲。鵝毲翔衣帶，（郊）鵝肪截珮璜。[珮，玉白如鵝肪] 文昇相照灼，（愈）[文，謂文士] 武勝屠攙搶。割錦不釂價，（郊）構雲有高營。[營屋於高處] 通波物鱗介，（愈）疏畹富蕭蘅。買養馴孔翠，（郊）遠苞樹蕉栟。鴻頭排刺芰，（愈）鵝㲉攢瓌橙。[苦角切，卵也][鴻頭鵝㲉，喻芰橙之狀。已上言土地人物富華之盛] 驚廣雜良牧，（郊）蒙休賴先盟。罷旄奉環衛，（愈）守封踐忠貞。戰服脫明介，（郊）朝冠飄彩紘。爵勳逮童隸，（愈）簪笏自懷緔。^{袒裼膚爵}乳下笑嶷嶷，（郊）椒蕃泣喤喤。^{兒啼喤喤，喻子孫之多}

貌鑑清溢匣，（愈）眸光寒發硎。館儒養經史，（郊）綴戚觴孫甥。考鐘饋肴核，（愈）蔞鼓侑牢牲。飛膳自北下，（郊）函珍極東烹。如瓜煮大卵，（愈）比線茹芳菁。海嶽錯口腹，（郊）燕趙錫媌娙。一笑釋仇恨，（愈）百金交弟兄。貨至貊戎市，（郊）呼傳鸚鴒令。順居無鬼瞰，（愈）抑橫免官評。^{已上言門第舊纓之家}

（郊）^{殺候，謂肅殺之候}殺候肆陵翦，籠原帀置紘。羽空顛雉鷇，（愈）血路迸狐貍。^{大鹿}折足去蹢躅，（郊）廢礨怒礧礧。^{音彭停}躍犬疾蒿鳥，（愈）呀鷹甚飢虻。算蹏記功賞，（郊）裂眦相撜振。^{相撜，拄也}猛甍牛馬樂，（愈）^{謂猛獸甍}妖殘梟鵂悍。窟窮尚嗔視，（郊）箭出方驚抨。連箱載已實，（愈）礙轍棄仍贏。喘麛鋒刃點，（郊）^{點，擊也}困衝株柹盲。掃淨谿曠曠，（愈）騁遙略萃萃。饒叔飽活臠，（郊）惡嚼噂腥鯖。^{已上言射獵之盛}

歲律及郊至，（愈）古音命韶韰。旗旆流日月，（郊）帳廬扶棟甍。磊落奠鴻璧，（愈）^{大璧}參差席香薲。^{香茅}玄祇祉兆姓，（郊）黑秬鐌豐盛。慶流蠋瘯癀，（愈）威暢捐轀輈。^{兵車}靈燔望高同，（郊）龍駕聞敲飈。^{飈，暴風}是惟禮之盛，（愈）永用表其宏。德孕厚生植，（郊）恩熙完刖剠。^{已上言行郊祀之禮}

宅土盡華族，（愈）連田間強圳。蔭廈森嶺檜，（郊）啄場劇祥鵬。畦肥剪韭虇，（愈）陶固收盆甖。利養積餘健，（郊）孝思事嚴祊。掘雲破嶙峋，（愈）採月漉坳泓。寺砌上明鏡，（郊）^{石光如鏡}僧盂敲曉鉦。泥像對騁怪，（愈）鐵鐘孤舂鍠。癭頸鬧鳩鴿，（郊）蜿垣亂蚨蛷。^{蛷，多足蟲}

蛷。^{蛷，蜥蜴}甚黑老蠶蠋，（愈）麥黃韻鸝鶊。韶曙遲勝賞，（郊）賢明戒先庚。馳門填偪仄，（愈）競墅輾砯砰。碎纈紅滿杏，（郊）稠凝碧浮錫。蹴繩觀娥嫛，（愈）^{城嫛、嫛繩，謂鞦韆戲}鬪草擷騣珵。粉汗澤廣額，（郊）金星墮連璎。鼻偷困淑郁，（愈）^{淑郁，香氣}眼剽強盯瞠。是節飽顏色，（郊）茲疆稱都城。書饒罄魚繭，（愈）紀盛播琴箏。^{已上言里人遊行之樂}奚必事遠覿，（郊）無端逐羈儈。將身親魍魅，（愈）浮跡侶鷗鶄。腥味空莫屈，（郊）^{屈原}天年徒羨彭。驚魂見蛇蚓，（愈）觸嗅值蝦蟹。幸得履中氣，（郊）忝從拂天根。歸私暫休暇，（愈）驅明出庠黌。^{已上言退之出為山陽令，召為國子博士也}鮮意竦輕暢，（郊）連輝照瓊瑩。陶暄逐風乙，（愈）^{乙，燕也}躍視舞晴蜻。足勝自多詣，（郊）心貪敵無勍。始知樂名教，（愈）何用苦拘儜。畢景任詩趣，（郊）焉能守硜硜。（愈）

李漢謂稱聯句十篇，今集中實十一篇，皆閎侈瓌瑋。又有《石鼎聯句》，託以為軒轅彌明作，或曰退之自作，以寓其滑稽耳。退之詩要以《南山》及聯句諸作，體自己創，不依傍前人，故具錄之如此。

第八章　韓愈與並世文人

　　與退之同舉進士，並以文學著者，有李觀、歐陽詹，而平日同官相契，則柳宗元、劉禹錫，獨子厚與退之齊名，後世稱曰韓、柳，李觀才力，亦差肩於韓、柳之間，惜其蚤卒。然當日與退之以古文砥礪，聲氣相等，在朋友之間者，惟此數子而已。茲論諸人文章所長，及其與退之之交際於後。

（一）柳宗元

　　柳宗元，字子厚，其先河東人，後徙於吳。貞元間為禮部員外郎，與王叔文善，叔文敗，貶永州司馬，後移撫州刺史。子厚與退之並為古文，平日貽書往來甚眾，盛相推許。子厚之卒，退之志其墓曰：「雄深雅健，似司馬子長。崔蔡不足多也。」先是李華、梁肅之徒，雖以古文倡於世，顧好浮屠之學，獨退之闢佛老而子厚又信釋氏。子厚諸文，後人尤稱其山水記最工。又或謂子厚詩律精美，過於退之云。子厚《答韋中立論師道書》，頗自述為文之要，今節錄之。其詞曰：

　　^{上略}始吾幼且少，為文章以辭為工。及長，乃知文者以明道，是

固不苟為炳炳烺烺，務采色衒聲音而為能也。凡吾所陳，皆自謂近道，而不知道之果近乎，遠乎？吾子好道而可吾文，或者其於道不遠矣。故吾每為文章，未嘗敢以輕心掉之，懼其剽而不留也；未嘗敢以怠心易之，懼其弛而不嚴也；未嘗敢以昏氣出之，懼其昧沒而雜也；未嘗敢以矜氣作之，懼其偃蹇而驕也。抑之欲其奧，揚之欲其明；疏之欲其通，廉之欲其節；激而發之欲其清，固而存之欲其重，此吾所以羽翼夫道也。本之《書》以求其質，本之《詩》以求其恆，本之《禮》以求其宜，本之《春秋》以求其斷，本之《易》以求其動，此吾所取道之原也。參之穀梁氏以屬其氣，參之《孟》、《荀》以暢其支，參之《莊》、《老》以肆其端，參之《國語》以博其趣，參之《離騷》以致幽，參之太史以著其絜，此吾所以旁推交通而以為之文也。^{下略}

（二）李觀

　　李觀字元賓，華之族子也，與退之同舉進士，相友善。退之贈以詩曰：“北極有羈羽，南溟有沈鱗。川源浩浩隔，影響兩無因。風雲一朝會，變化成一身。誰言道里遠，感激疾如神。我年二十五，求友昧其人。哀歌西京市，乃與夫子親。所尚苟同趨，賢愚豈異倫。方為金石姿，萬世無緇磷。無為兒女態，憔悴悲賤貧。”觀之卒，年才二十九。退之志其墓，謂“元賓文高乎當世，行過乎古人。”李翱稱觀文不遠於揚子雲。後陸希聲序觀文集，以為“貞元中文尤高者，李元賓觀，韓退之愈。始元賓舉進士，其文稱居退之右，及元賓死，退之之文日益高。今之言文章，元賓反出退之之下。論者以元賓早世，其文未極，退之窮老不休，故能卒擅其名。予以為不然，要之所得不同，不可以相上下者。文以理為本，而辭質在所尚。元賓尚於辭，故辭勝其理；退之尚於質，故理勝其辭。退之雖窮老不休，終不能為元賓之辭。假使元賓後退之之死，亦不能及退之之質。”希聲此論最尤。

項籍碑銘

李觀

鋪周秦之顛亡，粲乎簡冊，吁！可駭也。惟秦失在暴，惟周失在弱，上慢下黷，政無紀綱。若然者神靈不得不哀，世教不得不張。且天地不可以無主，故帝必誕，眷命不可以坐得，故有心者經綸。於是漢祖起於豐沛，公起於會稽，陳吳之徒，自稱乎假王。其餘揭竿而呼，爭先刺秦者，如林如藪。於時亂浩浩，兵憧憧；風從虎，雲從龍；三靈昏而四海空。公乃杖撥亂之劍，希當世之功。浮江而西，有壯士八千，枹鼓於舟中。吁嗟乎無人，誰禦乎輩兇。所以謀大業，拯萬靈而爭雌雄者，獨漢祖與公。遂號百勝之師，趣累卵之危，活趙歇，擒王離。十壁愕眙，一麾靡餘。然後飄銳氣，聳利鋒，扼秦關怒漢公。因語曰：“揭約則違人，固信則自違，惡取乎？”乃軍鴻門，屠咸陽，鼎峙於神州，幅裂於四方，始退與漢祖東西而王天下，是以知量不足謀不長矣。然雖兵眾於漢，戰捷於漢，其後則有靈壁之敗太公虜，滎陽之圍紀信焚，廣武之守傷其胸，長陵之役撓其師。與漢祖龍虎相逐，干戈合離，五年之後，而勝敗乃知。是知兵之不可窮，物之不可終。天地否而開，雲雷屯而通。故有三將潰圍，孤軍曷歸。良馬在御，美人在帷。楚歌夜聞，哀泣垂綾。遂飲帳中，申令麾下，鏡分美人，飆舉良馬。曉漫漫，雲茫茫。失道於陰陵，問津於烏江。其猶魚遭網而游，鳥嬰羅而翔，終不免矣。尚能合從亡之人，禦追逃之兵，旗鼓指掌，鵝鸛丘陵，足罔不躓，首胡不橫，然始解馬於舟子，結纓於死地。痛矣夫！何自慷慨斯焉之甚耶！而曰：“天實亡我，非戰之罪。”何執而不寤哉？公實勇而無謀，剛而無親，忌而信讒，暴而殘人，是以人得蹈其資，兵得害其身。真自亡也，豈天亡乎？使公勇而能謀，關中可據矣；剛而能親，諸將不攜矣；明以察讒，奇計得施矣；恕而愛人，百姓樂推矣。若然則舉天下如轉圜，何漢氏與二臣能計之哉？至於謀於漢者，皆其臣也，公實棄之；兵於漢者，亦其將也，公不庸之。故曰：“得人者昌，失人者亡。”噫！從始而言之，蓋天理有素乎？故生項以靜難，生漢以牧人；靜難者授勇，牧人者授仁。不然何鴻門眙而復持，成皋跳而復振，入關而緩來，王楚而驟歸者哉？《釋名》曰：“碑，悲也。”觀嘗尋《楚漢春秋》，見公帳中之歌而詠之，輒泫然而悲，爰刻石為文，多不究其終始。銘曰：姬屏而絕，嬴虐而滅。九陽鬱結，九州危脆。必生聖哲，以起滅絕。維漢自豐，維楚自東。偕伐寇戎，反相戰攻。戰攻不罷，洎乎垓下。彼眾我寡，就死於野。

（三）歐陽詹

歐陽詹字行周，泉州晉江人。李貽孫《詹集序》曰：“韓侍郎愈，李校書觀，洎君，並數百歲傑出。”今觀詹文，固不逮元賓，其去退之益遠。然退之實數稱之。詹死，退之為哀辭，曰：“建中、貞元間余就食江南，未接人事，往往聞詹名閭巷間，詹之稱於江南也久矣。貞元三年，余年十九，始至京師，舉進士，聞詹名尤甚。八年春，遂與詹文辭同考試登第，始相識。自後詹歸閩中，余或在京師他處，不見詹久者，惟詹歸閩中時為然，其他時與詹率不歷歲移時則必合，合必兩忘其所趨，久然後去。然余與詹相知為深。詹事父母盡孝道，仁於妻子，於朋友義以誠，氣醇以方，容貌巍巍然。其燕私善謔以和，其文章切深喜往復，善自道。讀其書知其於慈孝最隆也。"觀此知退之與行周交最篤也。退之既為哀辭，嘗書兩通，一遺崔羣，一遺劉伉，且題其後曰："伉喜古文，以吾所為合於古，詣吾廬而來請者八九至，而其色不怨，志益堅。凡愈之為此文，蓋痛歐陽生之不顯榮於前，又懼其泯滅於後也。今劉君之請，未必知歐陽生之志，其志在古文耳。雖然苟愛吾文，必求其義，則進知於歐陽生矣，必時觀愈之為古文，豈獨取其句讀不類於今者耶？思古人而不得見，學古道則欲兼通其辭。通其辭者，本志於古道者也。古之道不苟毀譽於人，然則吾之所以為文，皆有實也。劉君好其辭，則其知歐陽生也無惑焉。"退之於此，明己所以為古文之道，又深推歐陽生之志在古文，可見其引行周為同調也。

驥驥吟贈歐陽詹

韓愈

驥駘誠齷齪，市者何其稠。力小苦易制，價微良易酬。渴飲一斗水，飢食一束芻。嘶鳴當大路，志氣若有餘。騏驥生絕域，自矜無匹儔。牽驅入市門，行者不為留。借問價幾何，黃金比嵩丘。借問行幾何，咫尺視九州。飢食玉山禾，渴飲醴泉流。問誰能為

御，曠世不可求。惟昔穆天子，乘之極遐游。王良執其轡，造父挾
其輈。因言天外事，怳惚使人愁。鴛鴖謂駃騠，餓死余爾羞。有能
必見用，有法必見收。孰與時與命，通塞皆自由。駃騠不敢言，低
徊但垂頭。人皆劣駃騠，其以鴛鴖優。喟余獨興歎，才命不同
謀。寄詩同心子，為我商聲謳。

答韓十八鴛鴖吟

歐陽詹

故人舒其憤，作爾鴛鴖篇。鴛取易售陳，鴖以難知言。委曲感
既深，咨嗟詞亦殷。伊情有遠瀾，余志游其源。室有周孔堂，道適
堯舜門。調雅聲寡同，途遐勢難翻。顧茲萬恨來，假使二物云。賤
貴而貴賤，世人良其然。芭蕉一葉妖，茂葵一花妍。異無材實
資，手植堦墀前。梗楠十圍瑰，松柏百尺堅。罔念棟梁功，野長丘
墟邊。傷哉昌黎韓，焉得不迍邅。上帝本厚生，大君方逮元。實將
庇羣甿，庶此規崇軒。班爾圖永安，掄擇其精焉。君看廣廈中，豈
有庭前萱！

（四）劉禹錫

劉禹錫，字夢得，彭城人，始與韓、柳交最篤，後與白居易善，為
詩相倡答，時號劉白。退之《赴金陵途中》詩曰：“同官盡才俊，偏善柳
與劉。”《夢得集·祭韓侍郎文》曰：“子長在筆，予長在論。持矛舉
楯，卒不能困。”是夢得之於古文，尤以持論自負也，今著其體。

天論上

劉禹錫

　　世之言天者二道焉。拘於昭昭者，則曰：“天與人實影響：禍必以罪降，福必以善來，窮阨而呼必可聞，隱痛而祈必可答，如有物的然以宰者。”故陰騭之說勝焉。泥於冥冥者，則曰：“天與人實刺異：霆震於畜木，未嘗在罪；春滋乎堇荼，未嘗擇善，跖蹻焉而遂，孔、顏焉而危，是茫乎無有宰者。”故自然之說勝焉。余之河東解人柳子厚，作《天說》以折韓退之之言，文信美矣，蓋有激而云，非所以盡天人之際。故余作《天論》以極其辯云。大凡入形器者，皆有能有不能。天有形之大者也，人、動物之尤者也。天之能，人固不能也；人之能，天亦有所不能也。故余曰：天與人交相勝耳。其說曰：天之道在生植，其用在彊弱；人之道在法制，其用在是非。陽而阜生，陰而肅殺；水火傷物，木堅金利；壯而武健，老而耗眊；氣雄相君，力雄相長：天之能也。陽而藝樹，陰而斂；防害用濡，三禁用光；斬材竅堅，液礦硎芒；義制強訐，禮分長幼；右賢尚功，建極閑邪：人之能也。人能勝乎天者法也。法大行則是非為公。天下之人，蹈道必賞，違之必罰。當其賞，雖三旌之貴，萬鍾之祿，處之咸曰宜。何也？為善而然也。當其罰，雖族屬之夷，刀鋸之慘，處之咸曰宜。何也？為惡而然也。故其人曰：“天何預乃人事耶！雖告虔報本，肆類授時之禮，曰天而已矣。福兮可以善取，禍兮可以惡召，奚預乎天耶？”法小弛則是非駁，賞不必盡善，罰不必盡惡。或賢而尊顯，時以不肖參焉；或過而繆辱，時以不辜參焉。故其人曰：“彼宜然而信然，理也。彼不當然而固然，豈理耶？天也。福或可以詐取，而禍或可以苟免。"人道駁，故天命之說亦駁焉。法大弛則是非易位。賞常在佞，而罰常在直。議不足以制其強，刑不足以勝其非。人之能勝天之具盡喪，而名徒存，彼昧昧者方挈挈然提無實之名，欲抗乎言天者，斯數窮矣。故曰：天之所能者，生萬物也；人之所能者，治萬物也。法大行則其人曰："天何預人耶？我蹈道而已。"法大弛則其人曰："道竟何為耶？任天而已。"法小弛則天人之論駁焉。今人以一己之窮通，而欲質天之有無，惑矣！余曰：天常執其所能以臨乎下，非有預乎治亂云爾；人常執其所能以仰乎天，非有預乎寒暑云爾。生乎治者，人道明，咸知其所自，故德與怨不歸於天；生乎亂者，人道昧不可知，故由人者舉歸乎天，非天預乎人爾！

上所舉數家，柳子厚本與退之齊名，李元賓、劉夢得，抑其次也。歐陽行周，微若不逮，自餘並世工文章者甚眾，要尚非數子之匹，茲但述才力尤高而與退之尤厚者云爾。

第九章　韓門諸子

　　所謂韓門諸子者，非必皆受業退之之門者也。宋稱蘇子瞻之門，有六君子，其人固不必子瞻弟子矣。凡由退之獎借而得名聲者，如孟郊之屬，並列於此，用蘇門六君子例也。然亦惟舉其最著者而已。

　　《唐書》稱孟郊、張籍，從退之游，而李翱、李漢、皇甫湜，皆承退之之學，賈島、劉乂，亦韓門弟子，此外沈亞之學於退之，來無擇得作文訣於退之，以授孫樵，此皆韓門諸子之著者也。然孟郊、張籍，尤長於詩，李翱、孫樵，尤長於文，故韓門並為詩文之宗。今分別論之。

（甲）韓門之詩人

　　孟郊少隱嵩山，稱處士。李翱分司洛中與之游，薦於留守鄭餘慶，辟為賓佐。性孤僻寡合，韓愈一見，以為忘形之契，常稱其字曰東野，與之唱和於文酒之間。《因話錄》曰：“韓文公與孟東野友善。韓公文至高，孟長於五言，時號孟詩韓筆。”李翱薦郊於張建封云：“郊為五言詩，自前漢李都尉、蘇屬國，及建安諸子，南朝二謝，郊能兼其體而有之。"李觀薦郊於梁肅曰："郊之五言詩，其高處在古無上，平處下顧兩謝。"蓋東野之詩，為當時所重如此。退之與東野贈答甚多，其《孟先生》詩曰："孟郊江海士，古貌又古心。書讀古人書，謂言古猶今。作詩三百首，冥默咸池音。騎驢到京國，欲和薰風琴。豈識天子居，九重鬱沈沈。一門百夫守，無籍不可尋。晶光蕩相射，旗戟翻以森。遷延乍卻走，驚怪靡自任。舉頭看白日，泣涕下霑襟。揭來游公卿，莫肯低華簪。諒非軒冕族，應對多差參。萍蓬風波急，桑榆日月侵。奈何從進士，此路轉嶇嶔。異質忌處羣，孤芳難寄林。誰憐松桂性，競愛桃李陰。朝悲辭樹葉，夕感歸巢禽。顧我多慷慨，窮簷時見臨。清宵靜相對，髮白聆苦吟。採蘭起幽念，眇然望東南。秦吳修且阻，兩地無數金。無論徐州牧，^{此指張建封}好古天下欽。竹實鳳所食，德馨神所歆。求觀眾丘小，必上泰山岑。求觀眾流細，必泛滄溟深。子其聽我言，可以當所箴。既獲則思返，無為久滯淫。卞和試三獻，期子在秋砧。"東野為詩，枯槁艱澀。元遺山以為"高天厚地一詩囚"，世尤稱其"長安無緩步"一首。

灞上輕薄行

孟郊

　　長安無緩步，況值天景暮。相逢灞滻間，親戚不相顧。自歎方拙身，忽隨輕薄倫。常恐失所避，化為車轍塵。此中生白髮，疾走亦未歇。

　　孟郊既卒，賈島為詩，亦務枯澀，退之深契之。島字浪仙，范陽人，初為浮屠，名无本，來東都時，退之憐其才，俾反俗應舉。《全唐詩話》，載退之貽島詩曰："孟郊死葬北邙山，日月星辰頓覺閑。天恐文章中斷絕，故生賈島在人間。"^{或謂此非}退之詩 一說島初赴舉在京，一日驢上得句云："鳥宿池邊樹，僧敲月下門。"思易"敲"為"推"，引手作推敲之勢。韓退之為京兆尹，車騎方出。島不覺，左右擁至尹前，島具道所得詩句，退之遂與並轡歸為布衣交。《長江集》中，此詩為《題李疑幽居》，其全章曰：

閑居少鄰竝，草徑入荒園。鳥宿池中樹，僧敲月下門。過橋分野色，移石動雲根。暫去還來此，幽期不負言。

張籍雖稱學文於退之，而實工於詩，得名最久。籍字文昌，和州烏江人，第進士為秘書郎。退之薦為國子博士，歷水部員外郎，主客郎中。當時有名士皆與游，而退之尤賢重之。籍性狷直，嘗責退之喜博簺及為駁雜之說，又論議好勝人，排釋老不能著書，若孟軻、揚雄以傳世，其往復論此事，書凡二通，附見退之集。籍本工樂府，與王建齊名，又雅擅近體。《雲仙雜記》，謂籍取杜甫詩一帙，焚取灰燼，副以膏蜜，頻飲之曰："令吾肝腸，從此改易。"籍晚年以詩律教學者，及門者頗眾。《全唐詩話》："始水部張籍為律格詩，惟朱慶餘親受其旨，既而任蕃、陳標、章孝標、司空圖，咸及門焉。"又曰："寶歷、開成之際，項斯字子遷，尤為水部所知，聲價特甚，故其詩格與之相類。"按律格詩殆指近體，律體至杜甫而矩矱大備於前。大歷諸子，益以清新之致，籍既篤好杜詩，又與韓公遊，晚乃傳律格之法，全開晚唐之風氣矣。退之頗有詩與籍贈答，且時相會聯句，茲不悉著，惟附籍詩數章，以見其體。

遠別離

張籍

蓮葉團團荇葉折，長江鯉魚鬐鬣赤。念君少年棄親戚，千里萬里獨為客。誰言遠別心不易，天星墜地能為石。幾時斷得城南陌，勿使居人有行役。

薊北旅思

張籍

日日望鄉國，空歌白苎詞。長因送人處，憶得別家時。失意還獨語，多愁祗自知。客亭門外柳，折盡向南枝。

書懷寄王秘書

張籍

白頭如今欲滿頭，從來百事盡應休。祗於觸目須防病，不擬將心更養愁。下藥遠求新熟酒，看山多上最高樓。賴君同在京城住，每到花前免獨游。

唐詩人其吐詞驚邁詭麗者，莫如李賀，其樂府當世莫能效者。賀於退之為後進，而退之亦絕重之，嘗以父名晉肅，不肯舉進士，退之特為作《諱辨》以解之。賀卒年僅二十七。相傳賀七歲能辭章，退之始聞未信，與皇甫湜過其家，使賦詩，賀援筆立就，如

宿構,名曰《高軒過》,其詞曰:

華裾織翠青如蔥,金環壓轡搖玲瓏。馬蹄隱耳聲隆隆,入門下馬氣如虹。云是東京才子,文章鉅公。二十八宿羅心胸,元精昭昭貫當中。殿前作賦聲摩空,筆補造化天無功。厖眉書客感秋蓬,誰知死草生華風。我今垂翅附冥鴻,他日不羞蛇作龍。

此外有盧仝、劉义,退之亟稱其詩。沈亞之學文於退之,而亦工詩,要之盧仝詩尤奇。劉义作《冰柱》、《雪車》二詩,出盧仝、孟郊右,能面道人短長。既歸退之,以爭語不能下賓客,因持退之金數斤去曰:“此諛墓中人得耳,不若與劉君為壽。”盧仝居東都時,退之為河南令,愛其詩,厚禮之。仝自號玉川子,嘗為《月蝕》詩,詼怪無兩。退之《寄仝》詩曰:“玉川先生洛城裏,破屋數間而已矣。一奴長鬚不裹頭,一婢赤腳老無齒。辛勤奉養十餘人,上有慈親下妻子。先生結髮憎俗徒,閉門不出動一紀。至今鄰僧乞米返,僕忝縣令能不恥。俸錢供給公私餘,時致薄少助祭祀。勸參留守謁大尹,言論纔及輒掩耳。”觀此則仝亦高絜之士,後以宿王涯第,及於甘露之禍。《月蝕》詩,《唐書》以為譏切元和逆黨而作,韓集《孫註》曰:“按仝詩作於元和五年,而宦官陳洪志之亂,乃在於十五年,安得預知而刺之?”蓋唐史誤也,要之《月蝕》詩最奇恣,別為一體,其辭曰:

新天子即位五年,歲次庚寅,斗柄插子,律調黃鐘。森森萬木死僵立,寒氣屭屭頑無風。<small>屭屭,作力貌。上平秘切,下許氣切</small>爛銀盤從海底出,來照我家草屋東。天色沺滑凝不流,<small>米泔瀋也</small>冰光交貫寒瞳矓。初疑白蓮花,浮出龍王宮。八月十五夜,比並不可雙。此時怪事發,有物吞食來。輪如壯士斧斫壞,<small>輪,月輪</small>桂似雪山風拉摧。<small>桂,月中桂樹</small>百鍊鏡,照見膽,平地埋寒灰。火龍珠,飛出腦,卻入蚌蛤胎。摧輪破壁眼看盡,當天一搭如炲煤。磨踪滅跡須臾間，便似萬古不可開。不料至神物，有此大狼狽。星如撒沙出，爭頭事光大。奴婢炷暗燈。捚焚如玳瑁。（捚焚，黑暗貌）今夜吐燄長如虹，孔隙千道射戶外。玉川子，涕泗下，中庭獨自行。念此日月者，太陰太陽精。皇天要識物，日月乃化生。走天汲汲勞四體，與天作眼行光明。此眼不自保，天公行道何由行。吾見陰陽家，有說望日蝕月月光滅，朔月掩日日光缺。兩眼不相攻，此說吾不容。又孔子師老子云，五色令人目盲。吾恐天似人，好色即喪明。辛且非春時，萬物不嬌榮。青山破瓦色，綠水冰崢嶸。花枯無女豔，鳥死沈歌聲。頑冬何所好，偏使一目盲。傳聞古老說，蝕月蝦蟆精。徑圓千里入汝腹，汝此癡駭阿誰生。可從海窟來，便解緣青冥。恐是眶睫間，捚塞所化成。黃帝有四目，帝舜重瞳明。二帝懸四目，四海生光輝。吾不遇二帝，混沌不可知。何故瞳子上，坐受蟲豸欺。長嗟白兔搗靈藥，恰似有意防姦非。藥成滿臼不中度，委任白兔夫何為。憶昔堯為天，十日燒九州。金爍水銀流，玉燦丹砂焦。六合烘為窰，堯心增百憂。帝見堯心憂，勃然發怒決洪流。立擬沃殺九日妖，天高日走沃不及，但見萬國赤子鱭鱭（魚多貌）生魚頭。此時九御導九日，（九御，九日之御）爭持節幡麾幢旒。駕車六九五十四頭蛟螭虯，（駕六車，故九日駕五十四頭蛟。蛟、螭、虯三者皆龍屬）掣電九火輈。汝若蝕開齱齬輪，御彎執索相爬鉤，推蕩轟訇入汝喉。紅鱗燄鳥燒口快，翎鬣倒側聲醆鄒。（醆鄒，即齾齧）撐腸拄肚偪傀如山丘，自可飽死更不偷。不獨填飢坑，亦解堯心憂。恨汝當食藏頸壓腦不肯食。不當食張脣哆觜食不休。（當食，謂日。不當食謂月。哆，張也）食天之眼養逆命，安得天帝請汝劉。（殺也）嗚呼！人養虎，被虎齧。天昏暮得瞖疾。蝦蟇敢將天眼瞎。乃知恩非類，一一自作孽。吾見患眼人，必索良工訣。想天不異人，愛眼固應一。安得常娥氏，來習扁鵲術。手操捊喉戈。（《左傳》叔孫得臣獲長狄僑如，富父終甥椿其喉，以戈殺之）去此睛上

393

物。初既猶朦朧，既久如抹漆。但恐功業成，便此不吐出。玉川子
又涕泗下，心禱再拜額榻^{胛也}沙土中，地上蟻虱臣全，告訴帝天皇。臣
心有鐵一寸，可剗妖蟇癡腸。上天不為臣立梯橙，臣血肉身無由飛
上天揚天光。封辭付與赤心風，越排閶闔入紫宮。密邇玉几前。擘
拆奏上臣全頑愚胸。敢死橫干天，代天謀其長。東方青龍角，挺戟
尾拽風。當心開明堂。^{東方角、亢、氐、房、心、尾、箕，房居其中，凡四星為明堂}統領三百六十鱗蟲，坐
理東方宮。月蝕不救援，安用東方龍。南方火鳥赤潑血，項長尾短
飛跋躠，^{飛貌}頭戴井冠高達枒。^{高貌}月蝕烏宮十三度，烏為居停主人不覺
察，貪向何人家。行赤口毒舌，毒蟲頭上喫卻月不啄殺。盧貶鬼眼
明突窩。^{窩，於八反。慎，呼穴反，深貌}烏罪不可雪。西方攫虎立踦踦，^{虎立貌}斧為牙，鑿
為齒。偷犧牲，食封豕。大蟇一嚵，固當頓美。見似不見，是何道
理。爪牙根天不念天，天若准擬錯。准擬北方寒龜被蛇縛，藏頸入
殼如入獄。蛇筋束緊束破殼，寒龜夏鱉一種味。且當以其肉充
臏，死殼沒信處，唯堪支牀腳，不堪鑽灼與天卜。歲星主福德，官
爵奉董秦。^{孫註曰：董秦，唐季忠臣也。朱泚反，以為司空兼侍中，泚遁奉天以為京城留守}忍使黔婁生，覆尸無衣巾。天
失眼不弔，歲星胡其仁。熒惑矍鑠翁，執法大不中。月明無罪
過，不糺食月蟲。年年十月朝太微。支盧讁罰何災凶。土星與土性
相背，反養福德生禍害。到人頭上死破敗，今夜月蝕安可會。太白
真將軍，怒激鋒鋩生。恆州陣斬酈定進，^{孫曰：元和五年討恆州王承宗，神策大將酈定進戰死}項骨脆甚
春蔓菁。天唯兩眼失一眼，將軍何處行天兵。辰星任廷尉，^{辰星主廷尉}天
律自主持。人命在盆底，固應樂見天盲時。天若不肯信，試喚皋陶
鬼。^{皋陶主刑}一問如今時，三台文昌宮，作上天紀綱。環天二十宿磊磊尚
書郎。整頓排班行，劍握他人將。一四太陽側，一四天市旁。操斧
伐大匠，兩手不怕傷。弧矢引滿反射人，^{天彌九星，在東井東南}天狼呀啄明煌
煌。癡牛與騃女，不肯勤農桑。徒勞淫思旦夕遙相望。蚩尤簸旗弄

旬朔，^{蚩尤，旗妖星}始挺天鼓鳴瑲琅。枉矢^{枉矢，類流星}能蛇行，眊目森森張。天狗下舐地，^{天狗星所墜見，則千里破軍殺將}血流河滂滂。譎險萬萬黨，構架何可當。眛目疊成就，害我光明王。請留北斗一星相北極，指揮萬國懸中央。此外盡掃除，堆積如山岡，贖我父母光。當時常星沒，星雨如坏漿。^{坏漿者，言如酒漿之墜}似天會事發，叱喝誅姦彊。何故中道廢，自遺今日殃。善善又惡惡，郭公所以亡。^{《新序》齊桓公出游，見郭氏之墟，問野人曰：郭氏盍為墟？野人曰：善善而惡惡。桓公曰：善善而惡惡，人之善行也。其墟何也？野人曰：善善而不能用，惡惡而不能去，是以為墟}願天神聖心，無信他人忠。玉川子辭訖，風色緊格格。近月黑暗邊，有似動劍戟。須臾癩蝦精，兩吻自決拆。初露半個璧，漸吐滿輪魄。眾星盡原赦，一蟆獨誅磔。腹肚忽晚落，依舊挂穹碧。光彩未蘇來，慘淡一片白。奈何萬里光，受此吞吐厄。再得見天眼，感荷天地力。或問玉川子，孔子修春秋。二百四十年，月蝕盡不收。今子咄咄辭，固合孔意不。玉川子笑答，或請聽逗留。孔子父母魯，諱魯不諱周。書外書大惡，^{《春秋傳》曰：外大惡書，內大惡不書}故月蝕不見收。予命唐天，口食唐土。唐禮過三，唐樂過五。小猶不說，大不可數。災珍無有小大瘉，安得引衰周，研覈其可否。日分晝，月分夜，辨寒暑。一主刑，一主德，政乃舉。孰為人面上，一目偏可去。願天完兩目，照下萬方土，萬古更不瞽，萬萬古更不瞽，萬萬古。

退之於詩，兼推李、杜，其所自為，則別為一體，而又宏獎風氣。於當世詩人，雖與己體格不類者，皆多方推挹之，如孟郊、賈島之苦澀，李賀之詭麗，盧仝之奇恣，並卓然自成一家。至於張籍之律格詩，又為晚唐、北宋諸家所宗，故韓門雖並言古文，亦開後世無數詩派也。^{元和以來，詩體惟元白一派，與溫李一派最為大宗。沈亞之詩格穠麗已近溫李，故李義山、杜牧之並擬其詩，張籍則實兼擅元白之體。《歲寒堂詩話》曰：張司業詩與元白一律專以道得人心中事為工，但白才多而意切，張思深而語精，元體輕而詞躁爾}

（乙）韓門之文人

韓門為古文最著者李翱、李漢、皇甫湜，次為沈亞之，再傳有孫樵，皆其傑出者也。茲略述之。李翱，字習之，蓋退之姪婿。元和初為國子博士，史館修撰，後官至山南東道節度使。其為文章，大抵承退之之緒論，《與從弟正辭書》曰："人號文章為一藝者，乃時所好之文。其能到古人者，則仁義之詞，惡得以一藝名之。"故習之立言多溫厚和平，具有根柢。蘇舜欽謂其詞不逮韓，而理過於柳，誠為篤論。習之答皇甫湜書，自稱所作《高愍女碑》、《楊烈婦傳》，不在班固、蔡邕下，今著《高愍女碑》於後。

高愍女碑

李翱

愍女姓高，妹妹名也。生七歲，當建中二年。父彥昭，以濮陽歸天子。前此逆賊質妹妹與其母兄，而使彥昭守濮陽，及彥昭以城歸，妹妹與其母兄皆死。其母李氏也，將死，憐妹妹之幼無辜，請獨免其死，而以為婢於官，眾皆許之。妹妹不欲，曰："生而受辱，不如死，母兄皆不免，何獨生為？"其母與兄將被刑，咸拜於四方。妹妹獨曰："我家為忠，宗族誅夷，四方神祇尚何知？"問其父母所在之方，西嚮哭，再拜，遂就死。明年太常諡之曰愍。當此之時，天下之為父母者聞之，莫不欲愍女之為子也；天下之為夫者聞之，莫不欲愍女之為室家也；天下之為女與妻者聞之，莫不欲愍女之行在其身也。昔者曹娥思盱，自沈於江；獄吏嚇囚，章女悲號；思唁其兄，作詩載馳；緹縈上書，乃除肉刑。彼四女者，或孝或智，或義或仁。噫此愍女，厥生七年，天生其知，四女不倫。向遂推而布之於天下，其誰不從而化焉？雖有逆子必改行，雖有悍妻必易心。賞一女而天下勸，亦王化之大端也。異哉愍女之行，而不家聞戶知也。貞元十三年，翱在汴州，彥昭時為潁州刺史，昌黎韓愈始為余言之。余既悲而嘉之，於是作高愍女碑。

李漢為退之之婿，其序《退之集》曰：

文者，貫道之器也。不深於斯道，有至焉否也。《易》繇爻象，《春秋》書事，《詩》詠歌，《書》《禮》別其偽，皆深矣乎。秦漢以前，其氣渾然，迨乎司馬遷、相如、董生、揚雄、劉向之徒，尤所謂傑然者也。至後漢、曹魏，氣象萎爾。司馬氏已來，規範蕩盡。謂《易》已下為古文，剝掠僭竊為工耳，文與道蓁塞，固然莫知也。先生生於大歷戊申，幼孤，隨兄播遷韶嶺。兄卒，鞠於嫂氏，辛勤來歸。自知讀書為文，日記數千百言。比壯，經書通會曉析，酷排釋氏，諸史百子，皆搜抉無隱。汗瀾卓踔，奫泫澄深，詭然而蛟龍翔，蔚然而虎鳳躍，鏘然而韶鈞鳴。日光玉潔，周情孔思，千態萬貌，卒澤於道德仁義，炳如也。洞視萬古，愍惻當世，遂大拯頹風，教人自為。時人始而驚，中而笑且排，先生志益堅，其終人亦翕然而隨以定。嗚呼先生於文，摧陷廓清之功，比於武事，可謂雄偉不常者矣。長慶四年冬，先生歿。門人隴西李漢，辱知最厚且親，遂收拾遺文，無所失墜。得賦四，古詩二百五，聯句十，律詩一百七十三，雜著六十四，書啟序八十六，哀辭祭文三十八，碑誌七十六，筆硯鱷魚文三，表狀四十七，總七百，並目錄合為四十一卷，目為《昌黎先生集》傳於代。又有注

《論語》十卷，傳學者；《順宗實錄》五卷，列於史書，不在集中。先生諱愈，字退之，官至吏部侍郎，餘在國史本傳。

皇甫湜，字持正，睦州新安人，擢進士第，為陸渾尉，仕至工部郎中。裴度留守東都，辟為判官。度修福先寺，將立碑，求文於白居易。湜怒曰：“近舍湜而遠取居易，請從此辭。”度謝之，湜即請斗酒，飲酣援筆立就。度贈以車馬彩繒甚厚，湜大怒曰：“自吾為《顧況集序》，未嘗許人。今碑字三千，字三縑，何遇我薄耶？”度笑曰：“不羈之才也。”從而酬之。沈亞之字下賢，亦學於退之，與皇甫湜以文往來，其文務為險崛。《答學文僧請益書》，謂“陶器速售而易敗，煨金難售而經久”，可見其意。亞之本以詩名，故杜牧、李商隱集，均有擬沈下賢詩。如皇甫二李，則不以詩稱也。皇甫湜之學，傳於來無擇，無擇傳於孫樵，樵《與王霖秀才書》曰：“樵嘗得為文真訣於來無擇。來無擇得之於皇甫持正，皇甫持正得之於韓吏部退之。”按無擇名擇。《唐志》有來擇《秣陵子集》一卷，今不傳。樵字可之，其文亦戛然自異，今著其一首於下。

龍多山記

孫樵

梓潼南鄙，越五百里，其中有山，崛起中天。即山之趾，得逶蜿蜒。舉武三十，北出其嶺。氣象鮮妍，孕成陰煙。矴石巉巖，別為東巖。槎牙重複，爭先角逐。若絕若裂，若缺若穴。突者虎怒，企者猿踞。橫者木仆，挺者碑植。又有似乎飛簷連軒，櫟櫨交攢，鼓撐兀柱，懸棟危礎。殊狀詭類，愕不得視。下有敞平，砥若戶庭，擩乳側脈，膏停泓石。俯對絕壑，杪臨蘭薄。仙臺標異，叢石負起。屹與山別，猿鳥蹟絕。腹實而空，路由其中。斷齾相望。攀緣下上。闃然而出，曜見白日。始時永嘉，飛真蓋羅。玄蹤斯存，石刻傳聞。丹成而仙，駕鶴騰天。一去遼廓，千載寂寞。澄泉傳靈，別壑鏡明。風間景清，寂寥無聲。嘉木美竹，岡巒交植。風來怒黑，雷動崖谷。嵒獸山禽，捷翔呀驚。曉吟暝啼，聽之悽悽。迴環下矚，萬類在目。因山帶川，青縈碧聯。芬蒼際雲，杳杳不分。月上於天，日薄於泉。魄朗輪昏，出入目前。其或宿霧朝雲，糊空縛山。漠漠漫漫，莫知其端。陽曜始浴，微天昏紅。輪高而赤，洪流散射。濃透薄釋，錦裂綺拆。千狀萬態，倐然收霽。樵起來而游，泊車而休。登降信宿，聞見習熟。始曰山乎，曾未始有得乎？無使夸世釣名者污此嚴扃乎？且欲聞於潁陽之徒乎？

《唐書》稱"退之成就後進士，往往知名，經其指授，皆稱韓門弟子"，是退之在當時，弟子固甚眾也。又曰："惟愈為之，沛然若有餘。至其徒李翱、李漢、皇甫湜從而效之，遽不及遠甚。"蓋元和之間，文章極盛，退之倡導風氣，厥功尤偉。雖樊宗師文最為艱澀，退之猶屢薦之，至誌其墓，則許其詞必己出，又謂其"文從字順各識職"，則退之即於文體與己稍異者，亦未嘗不竭力獎進也。杜牧之李義山皆能為古文，不云出於退之，蓋一時風氣所趨，終使排偶之習大變，而古文之體，遂大行於宋以來矣。

中國六大文豪卷六終

編後記

中國古代文學發源甚早，原始時代的《蜡歌》，春秋戰國之《詩經》《楚辭》，其後漢賦、唐詩、宋詞、元曲、明清小說隨代而興，其間作家輩出、各種文體紛紜繁雜。深厚的文學沉淀，非任何一本薄薄的文學史所能囊括。謝無量先生有感於中國古代文學"博洽者尚無以核其是，弇陋者尤不足觀其通"，選取了屈原、司馬相如、揚雄、李白、杜甫與韓愈六位古典文學大家，編成《中國六大文豪》，展示中國文學發展史上一段歷程。

在作家的選取上，屈原在文學史上的地位毫無疑問；司馬相如、揚雄處於詞賦史上的最高峰，他們引領了自漢至魏晉的文學主流思想；李白集古詩之成；杜甫則導後世律詩之流；韓愈的古文思想一直引導著實用文學的發展。所以，謝無量先生"綜論古今文人，其足以代表一國之文學者，不外屈原、司馬相如、揚雄、李白、杜甫、韓愈六家，乃敍六人，為《中國六大文豪》，冀為學者研精之助焉"。此書並非僅陳列諸家作品，而是"先論其文章與時勢關系及其作文歲月先後，並證以行事所歷。文之精粹，頗加采擷，悉下詮註，並著後之評論，以見指歸"，結合傳記及文論來評價各位文學家，且聯繫他們的文學源流與並世文人，以圖呈現一個完整的作家，使讀者全面地了解此人及其時代。

　　本書編者謝無量，字仲清，號希範，先後名謝蒙、謝錫清、謝沈、謝澄、謝大澄，後更名為謝無量，別號嗇庵，1884年生於四川樂至。自小從其父學習古文，繼拜師於清末著名實業家湯壽潛。17歲時入南洋公學，與馬一浮編輯出版《翻譯世界》，後結識章太炎、鄒容、章士釗、張瀾等人，曾撰寫《國會請願書》，建議召開國會以求救國，參與四川保路運動。"五四"新文化運動中，他是"白話運動"積極的擁護者，出版《平民文學之兩大文豪》。1936年，他參加上海各界救國聯合會；1937年抗日戰爭爆發，他輾轉於漢口、香港、重慶、成都等地，依文而生。新中國成立後，主要任川西文物管理委員會委員、川西博物館館長等，1964年12月病逝。他並在哲學方面的研究成果頗多，如《中國哲學史》、《王充哲學》等。

　　本書整理所用底本為1939年10月中華書局印行的第五版。以真實保留原書內容為宗旨，只改變原書豎排版式為橫排，對原文存在的錯誤，以"編者註"的方式加以說明，原文仍作保留，此編者指本書整理者。此外，需要說明的是：第一，原書只有句讀，無標點，現採用當代語言規範予以標點；第二，原書因為豎排版式，常用"左"、"右"來指示文字方位，本書則依文改為"上"、"下"；第三，民國時代的文字語言處於古今變化之中，本書存在繁簡混用現象，整理者並未改動，所以存在部分簡體文字。限於整理者水平，書稿不免有遺漏與不妥之處，請讀者批評指正。

羅　慧

2012年10月

《民國文存》第一輯書目